U0569772

看似寻常最奇崛 成如容易却艰辛
文章合为时而著 歌诗合为事而作

讲话文稿里的丰厚遒美

讲话文稿，企业管理中一个不可或缺的工具

庄 涛 主编

思想是讲话文稿的"海拔线"，
高水平的讲话对企业发展的推动作用十分巨大

☐ 精选的讲话写作范例　　☐ 培养你的系统思维能力
☐ 系统的讲话写作讲解　　☐ 提升你的价值创造能力
☐ 实用的讲话写作点评

浙江工商大学 出版社
ZHEJIANG GONGSHANG UNIVERSITY PRESS

·杭州·

图书在版编目（CIP）数据

讲话文稿里的丰厚遒美 / 庄涛主编 . —杭州：浙

江工商大学出版社，2024.7（2024.12 重印）

ISBN 978-7-5178-6053-2

Ⅰ. ①讲… Ⅱ. ①庄… Ⅲ. ①应用文–写作 Ⅳ.

① H152.3

中国国家版本馆 CIP 数据核字 (2024) 第 111710 号

讲话文稿里的丰厚遒美
JIANGHUA WENGAO LI DE FENGHOU QIUMEI
庄　涛主编

策划编辑	杨　戈	
责任编辑	杨　戈	
责任校对	胡辰怡	
封面设计	王　玲	
责任印制	包建辉	
出版发行	浙江工商大学出版社	
	（杭州市教工路 198 号邮政编码 310012）	
	（E-mail：zjgsupress@163.com）	
	（网址：http://www.zjgsupress.com）	
	电话：0571-88904980，88831806（传真）	
排　　版	北京试比高科技发展有限公司	
印　　刷	杭州捷派印务有限公司	
开　　本	710mm×1000mm　1/16	
印　　张	30	
字　　数	480 千	
版 印 次	2024 年 7 月第 1 版　2024 年 12 月第 2 次印刷	
书　　号	ISBN 978-7-5178-6053-2	
定　　价	168.00 元	

版权所有　　侵权必究

如发现印装质量问题，影响阅读，请和营销发行中心联系调换

联系电话　0571-88904970

《讲话文稿里的丰厚遒美》编写组

高级顾问

张宝增　朱庆忠　胡欣峰　王一端　郝鸿毅

潘　登　张少华　王长根　王　珂　陈家军

编写人员

主　编：庄　涛

副主编：韩　鑫　宿永鹏

编　辑：曹雪峰　陈集军　陈　凡　陈　华　程云涛

董银梦　郭杨锋　高　攀　黄祺茗　韩欣澎

韩金萍　孔繁喜　卢尚勇　李润泽　廉秀军

雷春荣　林大朋　林腾飞　刘旭明　刘思冬

刘思辰　刘　豪　罗　凡　栾　肖　刘　陈

马廷雷　阙龙伍　孙　侠　孙胜丰　师欢欢

魏　枫　王华东　王道勇　王　博　魏颂珂

许　均　杨光强　岳渤峥　赵　伟　张　业

（排名不分先后）

序 言

语言是思想的载体　思想是语言的灵魂

　　文章合为时而著，歌诗合为事而作。重视讲话是我国历史悠久的文化传统。不同历史时期，统治阶级都善于利用讲话来表达思想、治理国家、管理社会和促进交流。讲话特别注重时效性和艺术性，两国之间话讲得好，可以化干戈为玉帛；反之，就有可能兵戎相见。帝王将相、仁人志士、各界名流的讲话在我国古代典籍里都有大量的记载。孔子、庄子等诸子百家留下了大量的原始讲话材料。时至今日，这一历史文化传统依然对国家治理、社会发展产生着极其重要的影响，发挥着难以替代的重要作用。

　　不同国家、不同层面、不同领域的讲话内容不同，产生的影响和发挥的作用也大为不同。中国共产党自诞生以来，其重要领导人的讲话在治党治国治军、内政外交国防等方面发挥着重要作用。《毛泽东选集》《邓小平文选》《习近平著作选读》《习近平谈治国理政》等书籍都收录了中国共产党的主要领导人在不同历史时期的大量讲话原稿（或节选），这些讲话对中国革命、建设、改革的引领和推动作用无法估量。这些讲话谋篇精巧、引经据典，不仅具有很高的实用价值，还具有很高的欣赏价值，从中可以看出我国优秀历史文化传统的深远影响。

　　在我国国有企业的实际应用中，讲话文稿属于综合文稿的一种，但讲话文稿不同于一般的公文文稿，讲话文稿的主要目的就是贯彻上级重要精神、实施本级决策部署、对某一时期或某一阶段的工作提出指导性意见或务实可行的具体要求。各级领导干部都高度重视讲话文稿，高质量的讲话对企业发展的推动作用显著。中华人民共和国成立以来，无论哪个历史时期，学习贯彻上级领导讲话精神都是贯彻落实会议精神的主要内容和有效载体。由此可见讲话文稿的重要地位。

在企业生产经营过程中，很多工作都与讲话密切相关。无论是工作报告，还是会议讲话稿、会议致辞稿等，本质上都是讲话文稿。起草讲话文稿是干部成长成才的重要经历，对于提高站位、拓宽视野以及提高发现问题、分析问题、解决问题的能力很有帮助。文字工作者一般站位高、视野广、格局大，语言表达能力强，善于思考问题，是企业领导的得力助手。

善于总结、善于思考是很好的工作方法，非常有助于个人素质能力的提升。在本书编写过程中，编写组倾注了大量心血和汗水。书中有很多亮点，给我留下了很深的印象。本书语言通俗易懂，详细讲解了多种讲话文稿的独有特点、写作要点、写作方法，提供了大量的写作范例，有的附上了写作点评或讲解。书中所选范例均来自能源央企内质量较高的讲话文稿，具有一定的代表性和参考价值。希望这本书能够促进能源央企各级干部在文字工作方面有所进步，并为从事和热爱文字工作的朋友提供些许帮助。

张宝增

2023 年 12 月 1 日

（作者简介：张宝增，男，河北遵化人，某国有大型骨干企业原执行董事、党委书记，教授级高级工程师，天津市优秀企业家，主持编写了多部文学作品和专业书籍。）

前言 PREFACE

　　文字材料是指导工作的主要方式、请示汇报的重要手段、交流信息的有效载体。讲话文稿是企业各类会议不可或缺的材料。讲话水平的高低在很大程度上决定了会议的质量和效能，体现的是企业软实力。任何单位、任何部门、任何级别的领导干部，都需高度重视讲话文稿写作。很多会议讲话是企业领导班子尤其是主要领导战略思想和管理思想的集中体现，服务于组织决策和企业发展。

　　起草讲话文稿，需要深厚的文字功底、高远的思想境界、宽广的人生格局和超强的奋斗意志。为帮助本系统各级干部员工提高文稿写作水平，编写组查阅和学习了我们党主要领袖的著作、文选，以及多层级多领域的讲话文稿，系统总结了多年的写作经验和体会，组织编写了《讲话文稿里的丰厚遒美》这本书。

　　本书系统整理了报告和讲话的种类、特点、写作难点和写作方法，以及公文写作的基本认识与思维方法、一般技巧与能力提升路径，是一本针对系统内相关人员而写的学习参考用书。书中大部分内容是编写组的所思所想，同时也吸纳了系统内一些领导人员的思想和观点，目的是希望通过本书，加深相关人员对文字材料起草的认识，逐步改变他们对讲话文稿的错误认识，提升其自身的专业写作水平。

　　本书在编写过程中，也参考了一些当代文字大咖、文字高手的最新研究成果和经验体会，学习借鉴了一些书籍、网络媒体上的写作知识，旨在帮助大家加深对讲话文稿写作的认识。本书的编写，得到了集团公司综合管理部、政策研究室等总部部门的大力支持和无私帮助，得到了系统内几位领导和离退休干部的大力支持和关心帮助，也得到了出版社编审人员的大力支持和审校指导，在此一并表示衷心感谢和诚挚敬意！

　　本书分为 8 章、51 节，近 50 万字，对国有企业常用的 25 类讲话进行了系统梳理，总结了写作要点，并附上了 53 篇写作范例，这些文稿之前均从未公开发表。因出版需要，在编校过程中对写作范例进行了细微改动。为了帮助大家学习，写作范例中标示深红色的一般是文章主旨和正文二、三级标题，标示红色的一般是引用内容，标示绿色的一般是精彩的语句、词语，标示紫色的是笔者讲解的内容。各章主要内容如下。

第一章　工作报告的基本知识、常用种类、特点难点、主题和主线，以及几种工作报告的起草要点提示和写作范例等。

第二章　工作会议讲话的基本知识、常用种类、特点难点、主题和主线，以及工作会议讲话的起草要点提示和写作范例等。

第三章　专业会议讲话的基本知识、常用种类、特点难点、主题和主线，以及专业会议讲话的起草要点提示和写作范例等。

第四章　党建会议讲话的基本知识、常用种类、特点难点、主题和主线，以及党建会议讲话的起草要点提示和写作范例等。

第五章　公文写作的基本认识与思维方法，强调从事公文写作必须注重培养战略思维、系统思维、逻辑思维、创新思维、辩证思维五种能力，深入剖析公文写作的认知难点、畏惧思想、突破方法，以及提升公文写作能力的思维方法等。

第六章　公文写作的一般技巧与能力提升路径，强调从事公文写作应该重视及时总结经验体会，不断丰富自己的写作技巧，加快促进写作能力提升，以更好地满足工作需要。

第七章　应该引起高度重视的系统思维养成，强调无论从事任何业务，都必须注重培养自己的系统思维，都必须不断提高自己的系统思维能力。系统思维能力是干好本职工作的基本技能。

第八章　公文写作的三重境界和一些思想感悟，借用国学大师王国维先生描述人生三境界的词句，强调从事公文写作也必须经历三个阶段，引导公文写作人员在三个阶段充分发挥自己的潜力和才华，实现自己的人生价值和目标。

本书内容比较全面，涉及的讲话文稿种类、写作范例比较多，时间紧、任务重、文字工作量大，难免存在一些不足和瑕疵。如有发现，烦请及时相告，以便我们在后续工作中持续完善提升。衷心感谢每位读者的关注和支持！

编写组

2024 年 1 月 20 日

目录 CONTENTS

讲话文稿里的丰厚遒美

目录

第一章　工作报告

苏州司业诗名老，乐府皆言妙入神。

看似寻常最奇崛，成如容易却艰辛。

这是王安石的《题张司业诗》。诗的大意是：苏州司业的诗歌久负盛名，人人称赞他的乐府高妙入神。看似寻常实际最奇崛，写成好像容易却饱含艰辛。

这首诗是对张籍创作经验和诗人自己经验的总结。就诗歌创作而言，一首诗看上去平淡无奇，无华丽辞藻，无艰字僻典，无斧凿痕，但这是平淡，而不是平庸。这是淡而有味，是诗人着力追求的一种艺术境界。"看似寻常最奇崛，成如容易却艰辛"不仅适用于诗歌创作，也适用于文稿写作。对于"看似寻常"的东西，不要轻视，不可忽视，有的"奇崛"就隐藏在"看似寻常"的外表中。只有付出艰辛的劳动，才能作出看似寻常实则奇崛的事来。

工作报告乍看起来感觉就是寻常文章，细读起来才发现字字珠玑，全篇上万字甚至是几万字，没有一句废话，没有一个字多余。党的二十大报告如此，政府工作报告亦是如此。即便是企业工作报告，也有相当多的精品和上品。读懂党的历届大会报告和每年的政府工作报告，就会更清楚什么是大局、更明白什么是大势，就会深切地体会到什么是胸怀天下和坚持以人民为中心，就会深刻理解中华民族的"根"与"魂"是什么，就会更加坚定为实现中华民族伟大复兴而不懈奋斗的决心。读懂中国的国有企业工作报告，就会明白国有企业领导人员为什么要胸怀"国之大者"、心系"企之要情"，就会更加清楚国有能源企业领导人员为什么要牢固树立系统观念，坚决履行好责任使命、当好能源供保的"顶梁柱"。国有企业领导人员是党在经济领域的执政骨干，是治国理政复合型人才的重要来源，肩负着经营管理国有资产、实现国有资产保值增值的重要责任。国有企业领导人员必须做到对党忠诚、勇于创新、治企有方、兴企有为、清正廉洁，才能引领和推动企业高质量发展，加快建设世界一流企业，不负党的信任，不负人民的期盼。

第一节　工作报告的显著特点

工作报告重在写实，走的是"事实论证"的路子，强调实践是检验真理的唯一标准。也就是据事直书，如实地描绘出事物的本质，就像"会当凌绝顶，一览众山小""玉衡指孟冬，众星何历历；白露沾野草，时节忽复易"这样的诗句。起草工作报告，就是要根据事实、材料进行加工，通过总结、分析、研判，尽力更形象、更真实地展示出事物最美、最真切的一面。比如工作总结部分，就是通过总结，更系统、更完美地展现出过去一年工作中的亮点。比如形势研判部分，就是通过深入剖析，更系统、更清晰地反映国内外形势对于企业的影响。比如工作部署部分，就是在前面总结、分析的基础之上，通过深入研究和上下统筹，更系统、更精准地反映企业领导班子的战略决策。

每年年初，企业一般都要召开年度工作会议。有人认为，工作会议召开与否都没关系，即便召开意义也不大。笔者认为，这种认识狭隘、偏颇且不负责任。无论国内企业，还是国外企业，都需要召开年会、编发年报，都需要进行战略统筹，系统部署全年工作，这是正常的企业经营管理行为。召开年度工作会议的作用在于，全面总结成绩和经验，查摆问题和不足，分析短板和弱项，通过充分研判形势，研究确定下一步工作的方向、目标和思路，制订科学计划，引导广大干部员工保持战略定力、坚定发展自信，集聚力量推动各项工作向纵深发展。

工作报告有着显著的特点，除了全面、概括、精练特点外，还有统筹战略谋划、精准部署工作、推动科学发展等作用。

一、统筹战略谋划

战略谋划，是战略思维的具体运用，是战略指导艺术的具体体现。统筹战略谋划，就是要对既定战略（比如"十四五"规划）面临的问题进行主客观因素分析，找出规律性，把握特性，再确定某一阶段（或某一时期）

的战略目标、任务、方针、政策、方法和举措。之所以讲工作报告注重战略谋划，是因为起草工作报告的过程，就是分析客观形势、把握客观规律、确定战略方针、制定或优化战略政策的过程。

一般来讲，工作报告包括工作总结、形势分析、工作部署三个部分，重心在工作部署。工作总结部分要高度凝练，不需要太长篇幅。工作报告中的客观形势分析，具有很强的系统性和层次性。尊重客观实际，遵循发展规律，坚持问题导向，是企业领导班子战略思维能力、系统思维能力、辩证思维能力、法治思维能力、底线思维能力的集中体现，是企业领导班子尤其是主要领导人员综合思维能力的集中展现。战略思维能力，就是站在企业发展高度乃至行业发展高度，高瞻远瞩、统揽全局，准确把握政治方向和发展方向的能力。系统思维能力，就是着眼过去、现在和将来，着眼全产业链高质量协同发展，统筹思考、系统分析，不断凝聚力量和引领发展的能力。辩证思维能力，就是能够充分认识自身的优势、存在的问题，突出重点、找准关键，善于抓住主要矛盾和矛盾的主要方面的能力。法治思维能力，就是重视依法合规经营、精通公司治理，善于运用法治思想推动和化解矛盾与问题的能力。底线思维能力，就是敬畏法纪、敬畏生命，能够统筹安全、廉洁、稳定与发展的能力。工作部署部分是基于对上年度（上半年）工作成绩和客观形势的分析，制订的符合发展实际和现实需要的下一步工作计划。重点就是明确下一步的工作目标、任务和重点举措。

二、精准部署工作

部署工作是企业领导班子综合思维能力、战略研判能力和集体决策能力的集中体现，是推动企业各项工作高质高效开展的靶向举措。战略思维能力深刻影响着战略谋划能力。单一思维方式得出的往往是片面的、简单的、经不起推敲的结论。综合思维能力是立体思维方式的集中展现，通常会得出更全面、更缜密、更有深度的科学结论。企业领导班子集体只有针对存在的问题和面临的挑战，进行通盘思考、缜密研判，才能作出系统、理性、精准的工作部署，才能对引领和推动各项工作起到积极、有力的作用。

对于本企业来讲，工作部署主要包括服务保障、技术立企、价值创造

（提质增效）、公司治理（改革重组）、安全管理、党的建设等几个方面，具体可结合本企业实际确定。那么，如何做到精准部署呢？这要从战略谋划谈起。

战略谋划质量决定着工作部署质量。何谓"精准部署"？就是坚持刀刃向内、直面问题挑战，能够实实在在化解矛盾、解决问题的工作部署。这样的工作部署就是精准部署、靶向举措。有的工作报告篇幅很长，涉及的举措很多，但是布局编排没有体现出较强的系统性和逻辑性，很多工作部署都是自说自话，没有依据和来源，这样的工作部署就是想当然，称不上精准部署。精准部署，必须深刻领会上级决策和文件精神，具有较强的针对性，充分体现对上级决策和文件精神的贯彻落实。比如，2023 年是贯彻党的二十大精神的开局之年，也是实施"十四五"规划承上启下的关键一年。这一年，中国石油工作会议的主题为"深入学习全面贯彻党的二十大精神，为建设基业长青的世界一流综合性国际能源公司而团结奋斗"，中国石油化工集团有限公司（简称中国石化）工作会议的主题为"深入学习贯彻党的二十大精神，满怀信心谱写中国式现代化石化新篇章"，中国海洋石油集团有限公司（简称中国海油）工作会议的主题为"牢记嘱托担使命，砥砺奋进再出发，全面开启加快建设世界一流企业新征程"。石油央企均将深入学习全面贯彻党的二十大精神作为首要政治任务，并将世界一流企业建设摆在突出位置。这表明，我国石油石化企业开启了新航程，目标就是"世界一流"。精准部署，必须按照上级战略指引和业绩考核导向，抓住企业面临的主要矛盾和矛盾的主要方面进行系统部署，充分体现上级决策意志和企业发展实际。比如，2023 年国务院国资委将考核央企的"两利四率"调整为"一利五率"，提出"一增一稳四提升"总体目标，引导国有企业更加注重投入产出效率和经营活动现金流，不断提升资本回报质量和经营业绩"含金量"。中国石油更加注重油田技术服务企业的价值创造，大幅提升百元收入营业成本考核权重。中国石油集团油田技术服务有限公司（简称中油技服）作出的相应工作部署是，新增"人均营业收入增长率"考核指标，提高工资总额挂钩比例，明确做大主营业务规模的导向，进一步夯实了利润总额和净利润增长基础。精准部署，必须立足当前、着眼长远，树牢系统观念，统筹安全与发展，坚持党的领导，加强和改进党的建设，对改革创新、企业治理、风险防控等方面进行系统部署和专项安排，充分体现以人民为中心的发展思想。比如，某公司2023年工作会议报告提出，要按照"十四五"发展规划，聚焦"供给高效、产品卓越、品牌卓著、创新领先、治理现代"的标准，加快推动从服务保障为主向自立自强的战略支持转变，确保2025年世界一流示范企业建设取得显著成效。由此可见，只有准确把握上情、吃透下情，精准研判形势，紧密结合企业实际，才能做到精准部署工作。

三、推动科学发展

科学务实是对企业工作报告的基本要求。新时代，坚持稳字当头、稳中求进是国有企业发展的总基调。越是在形势复杂的关键时期，越要坚持稳字当头、稳中求进，这是我们党驾驭经济工作的成功实践反复证明的一条重要经验。稳字当头、稳中求进是党的二十大报告提出的明确要求。2023年中央经济工作会议，坚持稳中求进、以进促稳、先立后破。"稳"的基调更加明确，"进"的要求更加积极，"先立后破"传递的信息十分丰富。对于我国如此庞大的经济体来说，保持经济平稳运行至关重要。唯有这样，才能有效化解各类风险挑战，在国际竞争中获得优势、稳固基础。

精准部署主要体现在具有很强的前瞻性、科学性和实用性上。无论对于哪个层级、哪个领域，精准部署都十分重要，也十分必要。稳健务实的标准是战略判断准确、战略方针明确、战略目标具体、战略举措可行。下面，简要谈一下笔者对以上标准的理解和认识，希望能够给大家带来一些有益的启示。什么是战略判断准确？就是对当前和今后一个时期面临的形势、任务、目标的研判，基本符合发展大势，能够为全年任务目标的实现发挥重要作用。什么是战略方针明确？就是制定的工作方针，是基于以往经验的总结提炼和对面临的形势的综合研判，能够有效指导当前和今后一个时期的工作开展。什么是战略目标具体？就是基本符合某个五年计划的阶段性工作目标，是基本准确的、符合预期的、可以实现的，而不是空中楼阁、画饼充饥。什么是战略举措可行？这就涉及战略筹划的细节管理。细节决定成败。每个方面的工作都要进行细节管理，工作部署也是一样，不是像某项业务的年度工作要点一样精细，而是重在解决每个方面存在的突出矛盾和问题。制定的战略举措必须可操作、可执行，能见到实实在在的成效。由此可见，企业工作报告有利于推动企业科学发展。

第二节　工作报告的写作难点

工作报告是工作会议的灵魂。工作靠实干，报告是基于实干而总结提炼出来的。工作是报告的源泉和基础，报告是工作的归纳和升华。报告起草的过程是对工作的概括、总结和深度思考，报告应用的过程是对工作的指导、部署和推动。工作报告对于企业发展的重要性由此可见一斑。

起草工作报告的过程可以用一句话来概括：事非经过不知难，成如容易却艰辛。以前经常听同事讲，开完工作会议要好好休息几天，这几天又被"扒"了一层皮。这句话饱含着文字工作者的辛酸苦辣，也是文字工作者的心里话，说明要想起草一份高质量的工作报告是多么不容易。为什么这么讲？将企业全年工作筹划集中体现在一两篇报告之中，本身就不是一件容易的事。工作报告体现的是集体智慧，尤其是企业主要领导和领导班子引领推动企业发展的智慧和本领。工作报告是否具有鲜活的灵魂，主要取决于企业领导班子尤其是主要领导的战略高度、战略思想、战略意图和引领能力。虽说工作报告是集体智慧的结晶，但工作报告的起草人员更为辛苦，需要深入学习领会企业领导班子尤其是主要领导的思想理念和战略决策，确定工作报告的主题，系统谋划整篇报告的框架结构，还要根据确定好的报告主题和框架结构（主线），挖掘大量素材，吃透上情、把握下情，系统分析、融会贯通，才能创作出一篇质量上乘的工作报告。

为什么说工作报告是文字工作者创作的作品呢？这是因为，工作报告不是简单的文字材料堆砌和罗列，而是起草人员"兵位帅谋"，站在领导立场统筹思考问题的结果，是领导思路和观点的一种系统、全面、深刻的表达。为了更好地体现领导的思路和观点，起草人员需要紧紧围绕报告主题（文章的灵魂），跳出局部、感性、表象，总结提炼出大量共性、规律性的东西，既要搭建好报告的"四梁八柱"（提纲），还要兼顾好"穿针引线"（主线），主要目的就是提炼升华领导的思路和观点，对领导的思想理念进行精准表达和适度延展。所以说，起草工作报告就是在创作思想作品、思想精品。俗话说："玉不琢不成器。"由此可见，起草工作报告也是对文字工作者理论功底和创新能力的一种考验。

要读懂一篇工作报告，就要知其所来、识其所在、明其将往。只有全面、系统、深入地学习了，才能完整、准确领会报告精神，对为什么、是什么、干什么、怎么干了然于胸，为相关举措、政策的贯彻落实打下坚实基础。只有认真研读，并加以专题辅导，才能对工作报告有更深入的理解和认识，才会更清晰地了解到，企业工作报告的战略方向、鲜明主题、深邃思想和丰富内涵。为什么这么讲？因为企业工作报告是指引当前和今后一个阶段生产经营、企业治理、党的建设等工作的统筹性、纲领性文件，需要缜密思考、精准研判、科学布局。起草工作报告需要系统性思考、战略性统筹，一般需要比较长的时间。前期准备工作包括工作调研、座谈、访谈、讨论等。只有前期准备充分，才能起草出具有较强系统性、前瞻性、创新性的工作报告，才能更好地引导和指导企业发展。

下面简要谈一谈工作报告的写作体会，与君共勉。

一、起笔贵有势

何谓"起笔贵有势"？书画家云：一味逞力，非知力者也。真知力者，不在于"剑拔弩张"，关键在于要把住其气势。对于工作报告起草者而言，不要一开始就想着拟个响亮的题目、装修好大小标题这些"门面"，而要着重研究确定符合上级决策部署和企业客观发展实际的报告主题和主线，主题要鲜明、布局要深厚、立意要高远，主线要清晰、系统、前后贯通，具有很强的逻辑性。还是以中国石油 2023 年工作会议报告为例，其主题为"深入学习全面贯彻党的二十大精神，为建设基业长青的世界一流综合性国际能源公司而团结奋斗"。为什么将"深入学习全面贯彻党的二十大精神"放在前面？因为 2023 年是全面贯彻党的二十大精神的开局之年，深入学习全面贯彻党的二十大精神是首要政治任务。为什么最后强调"团结奋斗"？旨在强力推进一体化统筹、各产业链协同发展。这就叫"主题鲜明"。

大家经常讲，工作报告的意境最难把握。为什么这样讲？这既与报告起草者对企业战略全局和工作重点的掌握有关系，也与报告起草者的格局、胸襟和眼界有着密切的关系。古人云："读万卷书，行万里路。"为的就是要放开胸襟、开阔眼界，提高思想认识，不断转变观念。正所谓"真理永远不过时"，正确的观念不需要转变，需要转变的是过时的、不合时宜的观念。孟子曰："我善养吾浩然之气。"是气也，寓于寻常之中，而塞于天地之间。大致意思是：孟子说，他善于修养盛大正直的气。这种气，寄托在平常事物中，又充满于天地之间。再谈回起草工作报告，不是说起笔就用锋芒毕露的语句，这样的奇不叫奇，看似平实但却奇崛的句子才可称为奇，就像"凉风雁啼天在水"这样的句子，看着平淡却显露着奇崛。由此可见，平实的句子未必不显露奇崛，平实的句子未必不暗藏深邃。报告语言讲求"恰当、庄重、生动"，首先应符合上级决策精神、符合企业客观实际，还要尽量使用规范的报告语言，否则语言再华美、文字再奇崛都无关紧要。还要谨记一点，就是若作平实而止于平淡，则平实之外无物也。工作报告的语句，平实之外须有物（要清楚为什么而作），暗含弦外之音，则平实自不平实。比如某公司 2022 年工作会议报告的形势分析部分，开头即指出，公司上下要准确领会会议精神，坚持稳字当头、稳中求进，把稳增长、防风险摆在更加突出的位置，在把握"时与势"、应对"危与机"、认清"优与劣"、统筹"破与立"中，奋力谱写高质量协同发展新篇章。这段话语句平实，但创新性地指出了企业面临的挑战与机遇，这就是起笔有势的一个生动体现。这篇报告的创新性还在于，在把握"时与势"、应对"危与机"、认清"优与劣"、统筹"破与立"中分析形势、找准策略，体现了领导班子的辩证思维和系统观念，有效增强了引领广大干部员工干事创业的坚定信心、开拓进取的奋斗精神和勇开新局的责任意识。

二、运笔贵有神

何谓"运笔贵有神"？书法贵在用笔，而用笔贵在得势，得势方有神韵。笔者认为，工作报告的"神韵"主要体现在主题和主线上。为什么这样说呢？首先，报告主题要方向正确、突出特色，必须符合宏观战略，具有十分鲜明的时代特色。以党的二十大报告为例，大会的主题是"高举中国特色社会主义伟大旗帜，全面贯彻新时代中国特色社会主义思想，弘扬伟大建党精神，自信自强、守正创新，踔厉奋发、勇毅前行，为全面建设社会主义现代化国家、全面推进中华民族伟大复兴而团结奋斗"。大会的主题，就是报告的主题。这是时代发展的最强音，是大会精神的灵魂和主旨。再如，某公司 2022 年工作会议报告，其主题是"牢记责任使命，强化创新驱动，奋力谱写'十四五'高质量协同发展新篇章"。报告通篇围绕主题布局，"协同发展"贯穿全文。其次，报告主线就是战略决策引领下的重点工作部署和实现路径解说，既要充分体现报告的"神韵"，又要展现出战略引领的核心与魅力。纵观党的二十大报告，"人民"是贯穿始终的鲜明主线。民生系着民心，是党执政之本、人民幸福之基、社会和谐之源，这就是最大的政治。再看该公司2022年工作会议报告，"协同"是贯穿始终的鲜明主线。这是贯彻落实集团公司党组"四个坚持"兴企方略和"四化"治企准则的战略部署，是坚决履行集团公司党组关于推动全产业链高质量发展的统筹安排。认真履行"一体两面"责任、支撑集团公司履行保障国家能源安全责任，需要甲方和乙方同心同向发力。实现工程技术服务业务高质量发展，需要该公司和成员企业协同奋斗、挺膺担当。

那么，何谓"协同"？就是同心协力、互相配合。这不是一个新概念。2014年2月26日，习近平总书记主持召开座谈会，专题听取京津冀协同发展工作汇报，明确提出实现京津冀协同发展是一个重大国家战略。何谓"协同发展"？就是指不同的发展主体或区域之间，以及其内部各个子系统、各种要素之间，在发展过程中协作互动、优势互补、同向发力，达到互利共赢、协调发展、共同发展的效果。习近平总书记说："京津冀如同一朵花上的花瓣，瓣瓣不同，却瓣瓣同心。"怎样"坚持协同发展"？对于国家而言，就是倡导构建人类命运共同体，支持多边主义，推动区域经济协同发展、合作共赢。对于企业而言，就是要学懂用好"两论"，准确把握主要矛盾和矛盾的主要方面，突破关键"卡点"，共同下好"一盘棋"，集中力量"办大事"，不断增强国有企业的核心功能和核心竞争力。

三、收笔贵有锋

何谓"收笔贵有锋"？书法讲究用笔，确切地说就是"用锋"，也叫"使锋""运锋""行锋"，笔锋有一定的方向和路线，笔锋的使用有规律。在用锋的过程中，心中要时刻有意和气。意是用意，意中产生情感；气是书写者写字时用劲的程度。起草报告和练习书法是同样的道理，报告中的"锋"也是意（思想、理念、观点）和气（气势、气度、气场）的体现，具有方向和路线。

有的报告和讲话思想、观点都很犀利，大家一般都比较喜欢这样的文章。那么，工作报告中的"锋"究竟体现在哪里呢？一是思想观点准确、新颖，能够合理运用新发展理念，结合企业发展实际提出一些新观点、新论断、新思想、新举措、新要求。二是语言表达简洁、灵活，多用短句，多用排比句，多用具有较强冲击力的句子，用最简短的句子表达最精准的思想。三是结构、内容逻辑严密，能够做到因果照应、前后呼应。归纳起来，就是能够做到"思想要聚焦、观点要创新、表达要准确、定位要精准、语言要干净"。比如，某公司2022年工作会议报告中，报告主题、发展思路、"两个理念、一个信念"、"四铁精神"、全面开展"我为企业提高1%利润率作贡献"活动等都是收笔有锋的体现。

在学习各层级的工作报告中可以深刻体会到，收笔有锋才能更好地体现出工作报告的高超水准和深刻内涵。这里提到的"收笔"不仅是指文章结尾，更是指文章的每一部分、每一段落甚至是每一句话。这样写出来的文章才会气势磅礴、旷达豪迈，才是全面性、系统性、逻辑性较强的文章。要想起草出意境深远、质量上乘的工作报告，就要多学多写多练多琢磨，在总结、提炼、升华领导的思想理念上下功夫，在报告语言表达精准上下功夫。这样才能起草出主题明确、思路清晰、逻辑严谨、层次分明、详略得当、首尾照应、过渡自然，思想、内容与形式和谐统一的精彩报告。

第三节　工作报告的主题和主线

在所有类型的公文中，讲话文稿可谓是"皇冠上的明珠"。因为讲话文稿运用的是高位思维，它是跳出了一般思维方式的立体式、综合式思维。就像四维之于二维、三维一样，高位思维与普通思维完全不在一个层面。工作报告属于领导讲话的一种。无论是工作报告，还是领导讲话，都是基于高位思维的思想作品，都有明确的主题和主线。主题是灵魂，主线是线索，它们是决定讲话思路和前后逻辑关系的"定海神针"。

怎样确定讲话的主题呢？

有的人一到起草领导讲话文稿时就愁上眉梢，抓耳挠腮，把自己的头发都要抓没了。确定讲话的主题很难吗？其实，找"主题"看起来千难万难，但只要把握了领导的意图就不难。所以，起草领导讲话文稿之前，要先问清楚或者琢磨清楚领导的意图，搞清楚为什么要开会、要召集哪些人开会、发生了什么事情或者要干什么事情、要实现什么目的或达到什么样的目标。准确把握了召开会议的目的、背景和意义，就可以领悟领导讲话的准确指向及核心要义，就可以确定讲话的主题。这是一个思想酝酿的过程，只有想通透了再动笔，写出来的东西才能切中主题。否则，就会出现"欲速则不达"的结果。有的企业工作会议一般只有一个报告，这种工作报告的主题和主线相对容易确定。有的企业工作会议安排了两个报告，即主题报告（也可称为主题讲话）和生产经营报告（也可称为生产经营情况通报）。安排两个报告的时候，如何确定报告的主题和主线呢？初次起草工作报告的人员可能搞不清楚这个问题。其实，会议无论安排几个报告，主题都只能有一个，我们确定的报告主题其实就是会议主题。无论是生产经营报告，还是财务工作报告，抑或是其他方面的报告，都必须按照会议主题去安排。那么，主题报告和生产经营报告（或其他报告）又该怎么去统筹谋划呢？一般而言，主题报告内容偏宏观，是战略层面的宏观安排；生产经营报告等内容偏具体，是企业生产经营的具体措施。

确定讲话的主题有什么要求？

一是立意要高远，注重系统性思考和逻辑性推断，能"统"得住、"拎"得起，能够发挥政治引领、思想引领、战略引领作用，具有很强的号召力和引领力。讲话主题要坚决避免简单地就事论事，过于平实，止于平淡。二是针对性要强，主题要契合语境，要结合会议的场合和讲话的受众等要素来确定。表述要准确，表意要明确。三是思想要聚焦，突出战略性思考，让核心思想"突"出来、"明"起来，让受众能够抓住重点、便于理解和执行。

下面，我们以党的二十大报告为例进行剖析。

党的二十大报告的主题内涵丰富，意蕴深邃，字字如金，至真至重。概括地说，就是"一个高举""三个全面"，即高举中国特色社会主义伟大旗帜，全面贯彻习近平新时代中国特色社会主义思想，全面建设社会主义现代化国家，全面推进中华民族伟大复兴。简而言之，就是一句话：坚持和发展中国特色社会主义。

坚持和发展中国特色社会主义是当今时代的最强音和主旋律。党的二十大报告把坚持和发展中国特色社会主义确立为鲜明主题和逻辑主线，不仅高度契合了时代的最强音和主旋律，也深刻揭示了党的二十大报告的精髓要义和核心精神。

党的二十大报告的主题和主线都是坚持和发展中国特色社会主义。那么，是不是所有报告的主题和主线都是重合的呢？其实不然。比如，某省政府某年工作报告是以科学发展为主题，以加快转变经济发展方式为主线，以坚定不移地富民强省为目标。主题、主线、目标均十分明确。

如何在报告中体现主题和主线呢？

要依据主题和主线确定报告内容，进行谋篇布局。谋篇布局最重要的就是纲举目张，做到"纲目清楚，思路贯通；层层独立，段落完整；衔接紧密，逻辑流畅；开宗明义，首尾呼应"。毛泽东主席曾讲："写文章要讲逻辑。就是要注意整篇文章、整篇说话的结构，开头、中间、尾巴要有一种关系，要有一种内部的联系，不要互相冲突。"

确定了主题和主线后，还要弄清楚主题和主线的作用。主题是方向，是"龙头"，主线是逻辑，是"龙骨"，所有内容都要为主题和主线服务。《增广贤文》中云"画龙画虎难画骨"，意思是龙和虎的形态虽然好画，但却难以画出它们的骨骼。这说明，要想准确表达出报告的主题和主线也不是一件容易的事，需要深思熟虑，学会抽丝剥茧，为"四梁八柱"穿针引线，使得报告的主题和主线更加鲜明。

抓住要表达的核心思想。因材布局，围绕主题和主线进行科学构思，确定报告的框架结构，做到层次分明、逻辑严谨、详略得当。

1. **层次分明，**就是报告的板块、条目、事项等都应当安排在合适的位置，需要根据逻辑关系、客观地位、工作需要进行有序排列，做到条理清晰、层次分明。一般编排材料有三种方式：一是由大及小编排，比如分析形势时，从世界大势、国内形势谈到行业趋势、市场走势、企业态势等；二是由重及轻编排，根据内容的重要程度，依次排列；三是由亲及疏编排，根据主题和观点的关联程度依次排列，如果一件事在多个范畴里有交叉，则看将其放在哪个部分更能达到效果。

2. **逻辑严谨，**就是报告材料应当具备较强的整体性、协调性、紧凑性，思路缜密，环环相扣，内容有理有据。如何做到逻辑严谨？一是看因果关系是否对应。从定量到定性、从事实到评价、从成果到经验、从问题到原因等，所有材料都要用得有道理，在道理上都要能够说得通。二是看论点论据是否对应。围绕报告观点，引用的典故或文章、列举的案例、用来佐证的理论依据，必须能够形成有力支撑，不能支持报告观点的材料一律删除。三是看问题措施是否对应。前面强调了上级决策和要求，提出了相应问题，后面的措施必须是对上级决策和要求的正面回应，必须是切实能够解决前面提出问题的措施，这样前后呼应、环环相扣，才叫逻辑严谨，否则没有任何意义。部署部分可以采取"措施＋目标"式的写法，应做到句句都是"干货"。切忌：措施一条接着一条，读到结尾也没看到结论性的语句。这种全靠一些空谈堆砌出来的报告怎么会不枯燥呢？这样堆砌出来的报告又有什么意义呢？

3.详略得当，因为报告篇幅有限，不可能对每项内容都"一视同仁"，所以在起草之时应当做到层次分明。重点、热点、难点问题怎么写，紧迫性工作怎么写，需要做到心中有数、有取有舍。一要突出特点特色，比如工作成果部分，要把最有价值、最有特色、亮点突出的代表性成果总结出来，内容应实事求是，且有深度和厚度。二要抓住主要矛盾，集中精力把最能体现上级要求、领导最关心、最切合主题的"规定动作"展现出来，写实写透写精彩。三要学会取舍，"舍"是将不重要的工作边缘化或舍弃，"取"是不能遗漏重点，重点就要浓墨重彩，要有战略思考和创新思路，写得更加饱满、更有张力、更有创造性。切忌：每方面工作的篇幅都一样，甚至一些例行性工作的篇幅比着重强调的工作的篇幅还要长。

第四节　工作会议报告

唐朝诗人白居易提出："文章合为时而著，歌诗合为事而作。" 意思是文章应该为反映时代而写，诗歌应该为反映现实而作。白居易要求诗文创作要反映时代精神，反映社会生活，而不能总是孤芳自赏、陶醉于狭隘的自我情怀之中，脱离现实主义的创作方向。由此来看，白居易所说的"时""事"，其内涵就是国家和人民。他关心国家的命运，同情人民的疾苦，表现出匡时救弊的高度热情。在诗歌创作上，更是强调文学与现实的密切关系。

起草工作会议报告，其实就是"为时而著"，反映时代精神，契合发展需要，属于现实主义创作。这就要求，必须牢记"文章合为时而著"这一古训，充分领悟新时代思想和新时代精神，肩负起助力产业发展、促进企业进步的责任和使命。

所以，起草工作会议报告要真正体现"为时而著"。

比如中国石油 2023 年年中干部会议上的主题报告，以"加快提升核心竞争力增强核心功能 奋力谱写中国式现代化建设的石油篇章"为主题，就是牢牢把握住了"深入学习贯彻习近平新时代中国特色社会主义思想和党的二十大精神，特别是认真学习贯彻习近平总书记关于国资央企的重要批示精神"的政治要求和"着力国家所需，围绕中心任务，聚焦发现问题和突出矛盾，全力推进高质量发展，加快建设世界一流企业"的发展需求。这样的主题就非常符合形势需要和客观要求。

1. 为什么确定这一主题？ 中国石油党组深入学习贯彻习近平新时代中国特色社会主义思想和党的二十大精神，特别是学习贯彻习近平总书记关于国资央企的重要批示精神，着力国家所需，围绕中心任务，深入对照中央巡视反馈的问题、主题教育检视发现的问题，聚焦破解突出矛盾，明确提高核心竞争力、增强核心功能的重点举措，全力推进高质量发展，加快建设世界一流企业，奋力谱写中国式现代化建设的石油篇章。可以简要概述为，坚决贯彻落实中央精神，直面中央巡视发现的问题，积极回应关于国资央企打造世界一流企业的发展要求。

其实，确定这一主题早有端倪，在此帮助大家梳理一下。

2022 年 10 月 16 日，党的二十大报告提出"推动国有资本和国有企业做强做优做大，提升企业核心竞争力"。

2023 年 2 月 17 日，国务院国资委党委书记、主任张玉卓在《学习时报》上发表署名文章提出："以提高核心竞争力和增强核心功能为重点，乘势而上推进新一轮国企改革深化提升行动，更大力度打造现代新国企。"

2023 年 2 月 23 日，国务院新闻办公室举行"权威部门话开局"系列主题新闻发布会，国务院国资委党委书记、主任张玉卓提出，国务院国资委和中央企业将突出高质量发展这个首要任务，坚持"一个目标"，用好"两个途径"。坚持"一个目标"就是要做强做优做大国有资本和国有企业;"两个途径",一个是提高核心竞争力,另一个是通过优化布局,调整结构来增强核心功能。同时,提出提高核心竞争力要突出四个关键词:一是科技;二是效率;三是人才;四是品牌。

2023年3月21日,北京举办第二届国有经济研究峰会,国务院国资委党委书记、主任张玉卓在会议致辞中指出,国资央企将着力打造适应中国式现代化要求的现代新国企。

2023年4月17日,中共中央政治局委员、国务院副总理张国清出席中央企业2023年度经营业绩责任书签订会议并讲话,强调国资央企要坚定不移做强做优做大,不断提高核心竞争力、增强核心功能,积极服务国家战略,在建设现代化产业体系、构建新发展格局、推动高质量发展中发挥更大作用,为强国建设、民族复兴作出更大贡献。

2023年4月21日,国务院国资委召开国有企业创建世界一流示范企业推进会。国务院国资委党委委员、副主任翁杰明出席会议并讲话,强调要带头加快提升核心竞争力、增强核心功能,紧紧围绕增强科技创新力、产业控制力和安全支撑力的目标,重点在提升科技创新能力、价值创造能力、公司治理能力、资源整合能力、品牌引领能力等五种能力上狠下功夫,实现以点带面,全面提升。

2023年6月27日,国务院国资委党委书记、主任张玉卓在夏季达沃斯论坛上表示,国务院国资委将加快打造发展方式新、公司治理新、经营机制新、布局结构新的现代新国企。

2023年7月13日至14日,国务院国资委举办中央企业负责人研讨班,国务院国资委党委书记、主任张玉卓出席并讲话,强调要加快推进高质量发展,不断提高企业核心竞争力、增强核心功能,为国家经济运行持续好转、全面建设社会主义现代化国家开好局起好步作出新贡献。要切实用好提高企业核心竞争力和增强核心功能"两个途径",主动对标世界一流企业,在科技、效率、人才、品牌等方面下更大功夫,持续提高创新能力和价值创造能力。

2023年7月17日,国务院国资委党委召开扩大会议。会议强调,要立足新时代新征程国资央企新使命新定位,持续深化改革,强化创新驱动,不断提高企业核心竞争力、增强核心功能,在建设现代化产业体系、构建新发展格局中更好发挥科技创新、产业控制、安全支撑作用。

2023 年 7 月 18 日，全国国有企业改革深化提升行动动员部署电视电话会议在北京召开，国务院副总理张国清出席并讲话。他强调，要全面贯彻习近平总书记关于国企改革发展和党的建设的重要论述，落实李强总理要求，以服务国家战略为导向，以提高核心竞争力和增强核心功能为重点，扎实推进国企改革深化提升行动，坚定不移做强做优做大国有企业，切实发挥国有经济主导作用，为构建新发展格局、推动高质量发展、推进中国式现代化作出更大贡献。

由此可见，加快提升核心竞争力、增强核心功能是党的二十大以来对国有企业高质量发展的新要求。从中我们可以领悟到，作为集团公司总部部门负责人员，一定要善于学习和总结，学习领悟上级精神，把握每个时期、每个年度、每个阶段的核心要求，才能准确把握正确的工作方向。

切记：工作会议报告必须充分体现"为事而作"。

工作报告要有明确的主题，其中蕴含的战略思想、战略决策、发展观点，应当是一篇报告的中心思想、中心意思，是统摄全篇报告的总纲。报告主题要充分突出当前和今后一段时间的上级精神和部署要求，具有较强的针对性和指导性，能够引起大家的强烈共鸣，切实解决企业面对的最突出的问题和矛盾。

2. 如何提炼报告的主题？ 工作会议报告反映了企业领导班子尤其是主要领导的思想、理念和决策，报告的主题决定着材料的取舍，支配着报告的结构布局，制约着报告的表达方式，影响着报告的遣词造句。所以，确定报告的主题是一项富有开创性的工作，展现的是企业领导班子的集体智慧和引领能力。起草报告之前，要开展广泛的工作调研（形式不限）和工作梳理，深思细悟领导的思想和意图，弄清楚企业存在的突出问题和矛盾，就能够基本把握领导想讲什么、重点强调什么、要实现什么目标。有了这些"定盘星"，就可以基本把握报告的主题和主线。明确了主题和主线，就可以充实完善、延伸挖掘，进而写出高质量的工作会议报告。

我们在读初中、高中的时候，语文老师经常讲文章的篇章结构，经常让学生归纳提炼文章的中心思想。这些学习经历就是为大学自主学习和步入社会工作打基础的。一个人的系统思维和逻辑思维也大多是在这个学习阶段养成的。谈到这里，你也许才能理解中学老师的良苦用心。

3. 什么样的报告标题合适呢? 简明、新颖,但不一定必须对仗、对称。所谓"简明",就是用最简洁的文字表达最准确的意图。所谓"新颖",就是要有一定的创新性,能够吸引人的眼球、打开人的心扉、凝聚人的精神、激发人的斗志。所谓"对仗""对称",就是使用对仗句,让人读起来朗朗上口,很容易记住,能够对仗是好事,但不要一味追求对仗而忘记了确定标题的标准和目的。最重要的是报告的标题要反映时代精神和企业战略发展需求,能够统领报告全文,概括和总结全篇主要内容。

4. 如何对报告进行总体布局? 首先,要考虑报告的主题,总体布局必须紧紧围绕报告的主题进行设计,必须支持和服务于报告的主题,能够充分体现出报告的精神和主要意图。无论是总结部分、分析部分,还是部署部分,都要围绕主题进行编排,将最能体现主题的事项进行梳理、分析、归纳,按照从大到小、从高到低的逻辑关系列出各级标题,让总结部分凸显出工作成果、工作亮点、工作经验,让分析部分和部署部分凸显出问题导向、目标导向、结果导向。如果我们关注工作会议报告,用心学习体会,就能发现,报告的结构并不是随意编排的,而是为了体现报告的主题,按照一定的系统性、逻辑性对报告的内容进行了"蛋糕切分"。

以某公司2023年工作会议报告为例,报告共有三大部分,即2022年工作成效及五年来的发展成果、当年面临的形势和任务、2023年重点工作部署。一般的年份我们仅安排上年度工作成效,但在企业成立五周年、十周年或者五年规划的开局之年等特殊年份,会对五年来或十年来的发展成果进行系统总结,这是国有企业的优良传统。2023年重点工作部署包括工作思路、工作目标和服务保障、科技创新、市场营销、改革发展、精细管理、党的建设等。这样的部署方式是传统的部署方式,关键在于内容上的创新。我们再以该公司2023年年中工作会议报告为例,报告也分为三大部分,即上半年主要工作成效、当前面临的新形势新任务、下一步重点工作。对于半年工作会议报告,一般没有特殊的要求或特殊的形式,主要就是总结上半年工作、贯彻好上级最新精神、安排好下半年重点工作。这份报告的创新点在于,将下一步重点工作分成"增强核心功能,更好发挥战略支撑作用""提升核心竞争力,加快建设世界一流企业""严守底线红线,夯实高质量发展根基"三部分进行编排。第一部分增强核心功能包括服务保障、科技自立自强、产业协同发展,第二部分提升核心竞争力包括改革发展、效率提升、价值创造，第三部分严守底线红线包括安全管理、合规管理、人才强企和全面从严治党。

由此可见，布局好的报告主题突出、条理清晰、内容连贯、逻辑严谨、数据翔实，只看各部分的标题就能看懂整个报告。

5. 报告一般有哪些结构形式？ 企业工作会议报告一般会用三段论、四段论、五段论的结构形式，很少使用两段论，尤其是年度工作会议报告，基本不会使用两段论。我们常用的报告结构形式是三段论。三段论基本都是"工作成果＋形势分析＋工作部署"，普通年度报告一般采用这种结构形式；四段论一般是"工作成果＋经验总结＋形势分析＋工作部署"，需要总结经验的年度报告可以采用这种结构形式；五段论一般是"工作成果＋经验总结＋形势分析＋战略目标＋工作部署"，重要节点年度的报告会采用这种结构形式，比如五年规划最后一年或五年规划开局之年，企业成立五周年、十周年等具有里程碑意义的年度报告，以及党员代表大会、职工代表大会等会议报告。

6. 如何合理编排报告的内容？ 企业工作会议报告有的分为主题报告和生产经营报告，有的是二合一形式，只作一个工作会议报告。无论是什么形式的报告，内容必须以实为要。首先，要紧扣主题、摆正观点，使各级标题体现各层级的观点，所以应先把报告的结构搭建好，接下来按图索骥即可。有人喜欢先确定主题、搭建结构，有人喜欢先收集素材，边写边优化结构。这只不过是不同能力和水平的报告起草者的不同方法而已，但殊途同归。练就前面的习惯做法，对于提升个人写作能力大有裨益。其次，要按图索骥、研究素材。研究素材分为三个层次：一是深刻领悟、准确把握上级精神，全面梳理上级重要部署要求、重要督办任务进展，将落实上级部署要求情况和重点工作进展情况纳入报告内容。这里重点强调，业务部门必须更清楚上级精神，准确把握上级部署要求，不折不扣落实和执行好，这样总结的时候才有成果可总结。如果对上级精神不管不问，总是闭门造车，久而久之，业务部门的工作就有可能严重偏离企业发展方向。所以，报告起草者要提高站位，要有大格局和大胸怀，才能将报告起草好。业务部门同样需要提高站位，胸怀大局，牢记使命，既要把业务管理好、引领发展好，也要及时总结好，得出成果和经验。二是总结梳理企业政策、举措及推动成效，将体现企业层面科技创新、管理创新的工作成果纳入报告内容，这些素材主要依靠业务部门归纳梳理、总结提炼。业务内容就要坚持业务主导，这是业务部门不可推卸的责任。要把领导班子对经营形势和发展形势的研判结果纳入报告内容，这是形势分析和工作部署部分的重要依据。三是问策于基层、问计于基层，广泛征求基层单位的意见建议，将基层怎么看、基层怎么想、基层盼什么摸清问透，在工作部署部分充分体现基层意愿和基层诉求。

以某公司2022年工作会议报告为例，起草之前先要全面分析会议召开的背景，这是新一届领导班子贯彻落实集团公司党组部署要求，团结带领广大干部员工奋战一年来的第一个工作会议，一年来各项工作取得历史性突破，干成了许多大事要事，并探索形成了公司发展的新理念、新战略、新路径。所以，这样的年度工作会议报告适宜采用五段论结构。第一部分写"大事要事＋工作成效"，大事要事是工作成效的一部分，这是将全年工作中尤为重要、尤为亮眼的工作成果单独总结出来，独立于后面全部工作成效的一种写法。第二部分写取得的经验，重点总结一年来实现历史性突破的主要经验，充分体现新一届领导班子的思想引领、战略引领和文化引领作用。第三部分写形势研判，先简要阐述高质量协同发展的内涵和定义，然后通过把握"时与势"、应对"危与机"、认清"优与劣"、统筹"破与立"四段排比，系统全面地分析面临的形势和存在的问题。第四部分写公司发展思路和"十四五"奋斗目标，将新一届领导班子研究确定的"十四五"思路、目标、任务讲清楚。第五部分写2023年工作目标和重点工作部署，这是报告的重中之重，篇幅约占报告的二分之一，目的就是要结合形势研判和问题剖析，讲清目标、讲清措施，引导广大干部员工锚定新的战略目标和工作目标，不折不扣落实好公司各项部署。

7. 如何拟定报告正文的标题？ 工作会议报告必须通过各级标题呈现主题。正文标题就是反映报告主题、为报告主题服务的。所以，正文各级标题其实就是报告主题的细化，使主题贯通报告全篇。我们经常讲"思路要清晰，标题要鲜明，议题要集中，态度要鲜明"。思路要清晰，就是指主题要明确，反映报告主题的标题要直指企业当前面对的问题和矛盾，能够总领全篇内容和主要思想观点；标题要鲜明，就是指所有的标题都必须为主题服务，代表报告主题的某一方面；议题要集中，就是指报告所确定的议题都是主题范畴内的，都必须服务于每一个标题，不能脱离标题；态度要鲜明，就是指通篇内容和思想观点要始终紧扣主题、围绕主题、呼应主题。总而言之，就是报告正文的各级标题，是报告主题的完整表现形态。

写作范例1：

牢记责任使命 强化创新驱动
奋力谱写"十四五"高质量协同发展新篇章

——在××公司××年工作会议上的报告

×××

（××年××月××日）

（工作会议报告的标题一般为复合式，即"主标题＋副标题"的形式，会议主旨作主标题，会议名称和文种作副标题。作报告领导的名字和时间依次写在副标题下方，时间用圆括号括起来）

同志们：

这次会议的主要任务是，传达贯彻集团公司工作会议精神，总结××年的工作，部署××年任务，动员全体干部员工，牢记责任使命、主动担当作为，凝心聚力推动公司高质量协同发展，以优异成绩迎接党的二十大胜利召开。

（帽段简要介绍会议召开的背景和主要任务，明确报告的主题。报告正文开头一般要开门见山，揭示主题，然后紧扣主题，展开分述）

一、××年主要工作成果

××年，是……发展历程中具有里程碑意义的一年。一年来，面对严峻形势和诸多挑战，公司坚持以习近平新时代中国特色社会主义思想为指导，坚决贯彻上级决策部署，积极投身七年行动计划，全力保障油气增储上产降本，规模效益、技术实力、治理能力显著提升，安全井控总体平稳，铁人队伍彰显本色，实现"十四五"开门红。

（对一年工作进行整体定性）

（一）全年重点抓的大事要事。一是助力了集团公司利益最大化和上游业务效益最大化……二是明确了公司发展的主要矛盾和战略方向……三是构建了"区域化统筹、一体化运营、市场化运作、集约化发展"新格局……四是完善了科技和信息化创新体系……五是优化了企业业绩考核和工资总额分配政策……六是履行了"为员工谋幸福"的庄严承诺……

（借鉴集团公司工作会议写法，将一年来完成的具有重大意义的工作进行高度概括，写作方式为不写措施直接写成绩）

（二）××年重点工作及成效。全年完成工作量××，同比分别增长××；实现营业收入××亿元，同口径增长××。（分专业看、分单位看）××规模排名靠前，××收入增长率位于前列……

（用数据高度概括一年来的主要工作成效）

一是支撑保障迈上新台阶。持续深化"四提"工程，有力保障了油气增储上产降本。助力国内勘探获重大突破。承揽预探井、风险探井××口，支撑油气田取得××项重大突破、××项重要发现，落实××个规模储量区。（列举各重点井和重大勘探突破）服务效益建产成效明显。打出百吨井、千吨井××余口，水平井油层钻遇率提高××，保障了××等重点地区规模上产，××等新领域效益开发，支撑国内油气产量目标超计划完成。海外勘探开发保障有力。扎实做好××等项目，推动海外权益产量当量超产百万吨。（重点国家项目亮点）风险作业服务质量效益持续提升。坚持水平井开发方式，优化储层改造工艺，强化老井措施增产，完成天然气商品量××亿方，实现连续三年增长。（高产井案例）

二是质量效率迈上新台阶。坚持"质量是企业的生命""提速无止境"理念，与油气田企业协同推动质量效率变革。井筒质量大幅提升。井身和固井质量合格率分别高于考核指标××个和××个百分点；在承揽五类重点井增加××的情况下，钻井和压裂事故复杂时率分别降低××和××；压裂丢段率降至××；川渝页岩气漏失井次减少××。工程提速屡创新高。五类重点井钻井提速××；压裂、地震采集、测井分别提速××、××和××，创造指标纪录××余项。（重点区域提速亮点）技术服务成效显著。规模推广新技术新产品××项，形成以××为代表的综合配套技术。（企业特色技术应用情况）

三是市场开发迈上新台阶。健全两级常态化沟通机制，精准推进市场开发，夯实了规模效益基础。国内内部市场，整体服务保障率××，收入贡献率××以上，服务保障主体地位持续巩固。（关联交易结算情况）国内外部市场，新签多个超亿元项目，创收××亿元，打造了新的效益增长点。（重大市场突破）国际市场，××市场占有率××，新签合同额××亿美

元、同比增长××。（海外项目中标情况）

四是改革创新迈上新台阶。实施改革、创新双轮驱动，为高质量发展提供了强劲动力。公司治理能力不断增强。对标世界一流，推进改革三年行动，编制"十四五"发展规划，完善"三重一大"决策制度，公司治理体系和治理能力建设迈出重要步伐。持续瘦身健体，完成技服本部"三定"工作方案，成员企业撤并二、三级机构××个，减少从业人员××万人，盘活人力资源××万人次，提高了管理运行效率和全员劳动生产率。专业化重组进程加快。各企业专业化重组和同质化业务整合……科技创新成果丰硕。××、××等国家科技攻坚任务取得阶段性成果，成功解决深井超深井钻井、复杂深井固井等一批世界级技术难题。（接着是科技创新成果、十大科技进展、科技创新型企业情况）

五是精益管理迈上新台阶。以财务思维加强经营管理，推动"两利四率"指标持续改善。提质增效"升级换挡"……提质增效××亿元，支撑了油气勘探开发成本硬下降。单井安全提速创效工程全面推广……三个专项治理初见成效。全级次亏损子企业减亏××，法人户数减少××户，陈欠清收增效××亿元。

六是数字化转型迈上新台阶。强化顶层设计，加快试点建设，推动业务发展、管理变革、技术赋能。EISC作用有效发挥。××公司EISC全年累计监控重点井××口、提示事故复杂××井次，实现ZJ50及以上钻机数字化采集全覆盖，监控和应急处置作用有效发挥。（川渝页岩气地质工程一体化智能支持平台作用）数字化转型步伐加快。打造国内首支数字化钻井队……自动化装备持续升级……

七是安全管理迈上新台阶。遵循"四全"原则，落实"四查"要求，守住了井控安全底线。突出井控管理。健全管理体系，建立溢流专题分析制度，狠抓"司钻是现场关井第一责任人"落实，溢流同比下降××、平均处置时间减少××，关井压力大于10MPa井次减少××。狠抓安全监管。创新"企业+区域"审核，建立全员安全生产责任制，严格安全生产记分管理，开展安全里程碑活动，HSE体系建设更加完善。开展专项整治三年行动计划，靠前查处违章××起，投入××亿元整治安全井控装备隐患，巩固了安全发展基础。加强环保节能。创建健康企业。

八是党的建设迈上新台阶。聚焦"国之大者""企之要情"，公司党委"把方向、管大局、保落实"作用充分发挥。强化政治引领……落实全面从严治党"两个责任"……优化干部队伍结构……加强执行力建设……

（从支撑保障、质量效率、市场开发、改革创新、精益管理、数字化转型、安全管理、党的建设八个方面总结成绩，重点展现各成员企业亮点）

（三）对一年来工作的几点认识。回顾不平凡的××年，我们深刻认识到：<u>必须坚持党的领导</u>，始终沿着正确方向，坚定不移做保障国家能源安全最可信赖的骨干力量；<u>必须坚持战略引领</u>，紧跟集团公司发展战略，不断增强全产业链价值创造能力，持续提升增储上产降本保障水平和企业发展质量效益；<u>必须坚持改革创新</u>，推进治理能力建设，着力高水平科技自立自强；<u>必须坚持以人为本</u>，强化"基层好、成员企业好，技服才能好"的认识，凝聚拼搏向上的磅礴力量；<u>必须坚持协同发展</u>，准确把握主要矛盾和矛盾的主要方面，不断增强攻坚克难的本领；<u>必须坚持安全第一</u>，树牢"一切事故都是可以避免的""防范胜于救灾"等理念，坚持大抓基层的鲜明导向，追求"零事故、零污染、零伤害"目标，维护好来之不易的发展成果。

（基于过去一年的工作成效，总结形成"六个必须"经验认识）

二、形势分析与应对策略

公司上下要<u>坚持稳字当头、稳中求进，把稳增长、防风险摆在更加突出位置，在把握"时与势"、应对"危与机"、认清"优与劣"、统筹"破与立"中，奋力谱写高质量协同发展新篇章</u>。

推动高质量协同发展，要明确其核心要义。××公司追求的高质量协同发展，主要包括三个层面：<u>一是加强成员企业之间的协同</u>，增强一体化服务保障能力和市场竞争能力；<u>二是推动集团公司上游业务一体化协同</u>，立足"一体两面"定位，共同实现油气增储上产降本目标；<u>三是发挥集团公司各业务链的协同作用</u>，强化创新联动，推进提质增效，共同贯彻落实好×××董事长关于推动集团公司全产业链高质量发展的指示要求。（呼应主题，阐述什么是高质量协同发展）

推动高质量协同发展，要在把握"时与势"中践行使命。从宏观经济形势看……从国内能源局势看，国家能源安全形势非常严峻，将进一步加快勘探开发进程。（分析宏观形势）

推动高质量协同发展，要在应对"危与机"中赢得主动。<u>从国际市场看</u>，全球油气消费仍占主导地位，天然气正处于高速发展的"黄金期"，国际油价预计将呈现××走势。集团公司加大海外业务投资，行业市场有望实现恢复性增长，但受疫情蔓延、地缘政治等因素影响，海外项目经营和公共安全风险将显著上升。<u>从国内市场看</u>，国内勘探开发力度持续加大，集团公司投资同比增长××,油气计划产量双增长,为××业务发展提供了广阔舞台。但随着资源品质持续下降,地质条件趋向复杂,施工难度、成本压力持续增大,将低效无效储量转化为效益产量面临更大挑战。(分析能源行业和本系统业务发展面临的机遇和挑战)

推动高质量协同发展,要在认清"优与劣"中补齐短板。对照保障油气勘探开发需求,还存在很多不足。具体表现在:安全基础不牢……合规风险较大……运营效率不高……创效能力不强……为此,我们要加快补短板、强弱项、堵漏洞。坚持"安全"方针,筑牢安全发展根基。坚持"合规"方针,防范重大法律风险和合规风险。坚持"效率"方针,提高全产业链、全管理链运行效率。坚持"效益"方针,加快改善"两利四率"指标。(分析自身发展存在的问题,提出八字方针)

推动高质量协同发展,要在统筹"破与立"中改革创新。要坚定"唯改革者进,唯创新者强,唯改革创新者胜"的信念,抓好重点改革任务,推进内部专业化整合。要坚持创新第一战略,攻关核心技术,打造国之重器,加快数字化转型智能化发展。要牢固树立"人才是第一资源"的理念,加快实施组织结构优化、"三强"干部队伍锻造、人才价值提升等专项工程,通过改革创新激发活力。(提出改革创新的战略新思路,点出核心关键方面)

三、思路目标与重点工作部署

今年是"十四五"的第×年,承前启后,意义重大。公司上下要保持战略定力,增强发展信心,强化责任担当,坚定"十四五"推动高质量协同发展的思路与目标。

发展思路:以习近平新时代中国特色社会主义思想为指导,认真落实集团公司党组决策和××子集团部署,履行"一体两面"责任,坚持"安全、合规、效率、效益"方针,大力实施"创新、市场、低成本、一体化"战略,不断增强战斗力、竞争力、保障力、创新力和创效力,实现发展质量、结构、速度、规模、安全、效益的有机统一,全力保障油气增储上产降本,加快建设让"党组放心、油田满意、企业认同、员工幸福"的一流示范企业。

奋斗目标:到××年末,营业收入××亿元、净利润××亿元以上,营业收入利润率、净资产收益率力争达到××、××,研发投入强度保持××以上,全员劳动生产率达到××。

××年工作目标:

——各专业工作量目标;

——收入、净利润、"两利四率"等指标；

——国内服务保障率和国外市场占有率指标；

——工程技术提速指标；

——健康安全环保井控指标。

（全年的发展思路、工作目标放在工作部署前面）

重点抓好六个方面工作：

（一）牢记责任使命，在能源安全保障上作出新贡献。 锚定油气增储上产降本目标，当好服务保障主力军。

聚焦三个专项行动。聚焦国内高效勘探专项行动。打成试好重点探井，推动重点区带油气勘探取得更大突破……聚焦新区效益建产专项行动。联合推广高效建产模式，重点保障三个国家级页岩油示范区以及三个大气区建设，助力油气田高质量完成产能建设任务……聚焦老油气田稳产专项行动。协同推动"稠油稳产、化学驱稳产、气驱上产"三个千万吨工程，助力老油气田稳产上产……

强化重点区域支撑。国内……国外，××公司重点项目，优化资源配置，提升服务效率，保障重点项目顺利实施……

深化工程提质提速。狠抓事故复杂治理。井身和固井质量合格率，事故复杂时率……推动区域集群提速。推进提速模板进设计，开展劳动竞赛，推动单队单机作业效率提升……

（服务保障是工程技术业务的第一职责，支撑集团公司保障国家能源安全是最大的政治责任，因此放在第一部分）

（二）坚持技术立企，在科技创新驱动上实现新跨越。 立足推动高水平科技自立自强，打造集团公司油气工程技术高地。

完善科技创新布局。优化体制机制，健全完善三级科技创新管理体系，明确××功能定位，优化××模式，充分发挥科研院所和专业技术中心的创新引领作用。设立××万元科技和信息化专项奖励，力争3家以上成为集团公司科技创新型企业。创新科研模式，加快落实项目经理制，建立与市场接轨的引才用才机制，实施精准激励、差异化激励，充分发挥科技人才队伍作用。加强合作创新，扩大与国内科研院所的跨学科跨领域合作，形成开放创新大格局。

加快科技创新创效。突出重大科技攻关。按照集团公司统一部署，认真落实批复方案，助力打造陆上油气资源勘探开发原创技术策源地。重点推进××、××等××项国家科技攻坚任务，主动参与××国家重大专项接续项目，集中力量攻关万米特深层油气科学探索等领域，牵头研制超万米特深井钻机、万米连续油管作业机，打造国之重器。加快成熟技术产业化。完善科技成果管理平台，建立集团公司成熟技术产品选商方案，大力支持内部企业创新发展，逐步实现系列化产业化……

破解工程技术"卡点"。围绕"十四五"规划确定的××个技术方向，着力攻关××项重大任务。物探业务要大力发展××技术，解决××技术难题。钻井业务要攻关××技术，加快技术升级迭代。储层改造业务要增强××能力，攻关××等关键技术，提高单井产量和储量动用率。试油测试业务要专题研究××技术，加快××、××等工具研发，做精勘探试油保障。测井业务要攻关××等关键核心技术，推广××系统，提升储层钻遇率。聚焦现场服务保障，立项××大类××个项目，着力××、××等难题。

推进智能技服建设。利用2—3年时间，初步构建"智能技术装备＋智能现场作业＋智能运行管理＋智能经营决策"的智能技服。打造智能支持体系。组织现场经验交流，加快三级EISC建设，按期建成总部EISC。开展××、××地质工程一体化智能支持先导试验，加快实现钻井全过程自动化、智能化，力争钻井周期和事故复杂时率降低××。加快数字化转型。加大基层数字技能培训力度，打造"数字化基层队＋数字化井场"，推动传统生产组织和安全管控模式变革。××公司、××公司试点建设要实现重要突破。打造高端智能装备。与装备制造企业协同攻关，重点研发高端自动化钻机、高造斜率旋转导向系统等系列智能化装备，升级传统操控模式。

（科技自立自强是工程技术业务的生存之基，是贯彻落实党中央决策和集团公司部署的重要政治责任，因此放在第二部分）

（三）突出效益导向，在企业价值创造上展现新作为。实施"全产业链创收、全价值链降本、全管理链保障"，持续优化业绩考核政策，加快推动公司由生产型向价值创造型企业转变。

统筹国内国外两个市场。强化市场意识，加大激励力度，提高内部服务保障效率，增强外部创收创效活力，力争收入规模突破××亿元。国内内部市场，加强互访、深入交流，精准配置资源、提供高效服务，通过单队单机作业效率提升，力争营业收入突破××亿元。国内外部市场，积极拓展××、××等项目，力争营业收入突破××亿元。海外市场，坚持"危地不往、乱地不去""有所为有所不为"和国内同行企业竞合共赢原则，持续优化布局，跟进××、××等潜力项目，重点打造××、××等规模高效市场，确保队伍动用率××，力争营业收入突破××亿元。

做优做精风险作业业务。坚持效益优先，持续做优现有区块。围绕××亿方产能建设目标，建立统一共享机制，提高产建速度和质量，确保××、××产能贡献率分别保持在××和××以上。加强地质研究，精细储层刻画，选准打准甜点，强化低成本配套工艺技术攻关，努力在提高单井产量、降低完全成本上取得新突破。推动老井稳产增产。推广侧钻水平井、柱塞排水采气等成熟经验，加强瓶颈技术攻关，控制老井递减速率，力争措施增产比例达到××以上。全年治理××区域低产井、停产井××口以上，措施增产××亿方。扩大风险合作规模。加快××新区评价进程，推进富集区优选、钻井及储层改造工艺优化等工作，实现高效建产与效益开发。

打造提质增效"升级版"。加强全价值链全要素管理，提质增效××亿元。狠抓源头管控，按照"规划引领、量入为出、保障重点、效益优先"原则，突出保障深井钻机、压裂车组、存储式测井、带压作业等关键装备，以及海外效益项目投资。深挖降本潜力，健全××公司、成员企业、基层队三个层次的成本控制体系，建立国内市场边际效益、大宗材料价格、人工成本等预测模型，推动单队单机作业能力提升，确保百元收入营业成本持续下降。推动管理增效，深入推进亏损治理、法人压减、陈欠清收等三个专项工作，力争全级次亏损子企业亏损额控制在××亿元以内、法人户数同比减少××户，"两金"余额同比下降××。持续强化供应链降本，建设装备租赁平台，推进"零库存"管理，增效××亿元。加快推进海外业务集中共享和物资采购本地化进程，不断提高海外雇员本土化率和项目管理效率效能。

（效益是企业生存的价值和基础，是企业发展的目的和保障。在经济领域坚持党的领导是国有企业本质属性的内在要求）

（四）深化改革重组，在公司治理能力上实现新提升。坚持一体化统筹、专业化发展，加快完善符合上市条件的体制机制。

强化一体化统筹。××公司层面，协同××公司、××公司，健全完善常态化沟通机制，持续规范内部市场运行，巩固关联交易结算模式，推动百万吨产能建设投资约束下的"工程总承包"和"项目总承包"，共同落实规模储量，提高SEC储量替换率和单井产量，加快效益建产；深化与××公司、××公司等企业战略合作，完善多领域协同机制，促进集团公司利益最大化。

在页岩油气开放市场，开展钻井队市场化机制考核试点工作。成员企业层面，要严格落实"五统一、六共享"要求，坚决打好攻坚战和阵地战，减少运动战，将主要力量集中到增储上产降本的主战场……

加快专业化发展。推进专业化重组，借鉴国际先进企业双矩阵管理模式，落实集团公司专业化发展要求，整合规模较小的钻井和井下公司，有序推进录井、固井、定向井等业务跨区域整合，坚决压减国内重点区域项目管理机构××以上。推进差异化发展，做强物探、钻井、测录井、储层改造和科技研发五大核心业务单元，培育连续油管、气井带压作业等潜力业务，打造核心竞争优势；聚焦地热能、风能等新能源，××、××等新材料布局，积极培育科技型新兴产业。

完善公司治理体系。深入开展对标世界一流管理提升行动，细化对标分析，制定领跑、并跑、跟跑等不同领域提升措施，推动××公司、××公司、××公司率先建成世界一流示范企业。打好改革三年行动收官战，高质量完成各项改革目标任务。深化三项制度改革，落实集团公司企业组织体系优化提升工程意见，持续精简机构和领导职数；坚决打破人员流动壁垒，大力压减用工总量，调剂盘活人员××以上，努力改善人工成本利润率、全员劳动生产率等指标。坚持依法合规治企，健全重大涉法事项法律论证管理制度，定期开展工程技术服务合同检查，加强专项问题整治，有效预防和化解各类风险。

（推动企业治理体系和治理能力现代化，对于提高企业竞争力、增强核心功能和可持续发展具有重要意义）

（五）坚守底线红线，在安全绿色发展上见到新气象。牢固树立"一切事故都是可以避免的""防范胜于救灾"等理念，坚持严抓狠管、久久为功，维护公司安全发展大局。

筑牢井控安全基础。践行积极井控理念，强化责任落实，狠抓制度执行，全力以赴减少溢流、遏制高套压、杜绝井喷。健全风险预防机制。严格落实"三评估三分级"要求，确保施工队伍能力与井控风险级别精准匹配。重点关注××、××等高风险区域，强化漏转溢等风险识别和措施落实，加强井控专家技术支持，最大限度消除隐患。强化井控过程管理。分盆地、分油田开展井控大检查，加强重点地区、高含硫气田、矿权流转区块、海上作业井控专项督查，对于不具备安全条件、不执行井控要求的队伍坚决停工整改。严格落实"司钻是现场关井第一责任人""发现溢流立即正确关井、疑似溢流立即关井检查"要求，建立较大井控隐患问责及举报奖励机制，重点关注高套压事件，确保溢流发现及时率和关井及时率"两个100%"，力争企业"应急零启动"。**加快基层能力提升**。以执行力建设为核心，加强队伍井控能力建设，开展关键管理技术人员和司钻全覆盖培训，增强班组溢流发现和及时正确关井能力。加快井控应急救援响应中心建设，强化联合演练和实操培训，增强抢险实战能力。

提升本质安全水平。保持高压严管态势，升级××时段管控措施，重点整治"严格不起来、落实不下去"突出问题，坚决杜绝亡人事故。**优化HSE管理体系**，健全××专业标准规范，编制统一视频操作规程，规范作业流程和员工操作标准；将体系审核结果纳入先进企业评选，推广驻点督查、专项审核、大数据分析等有效做法，提升体系审核效果；大力实施"科技兴安"，探索建设安全领航系统，提升风险智能化管控水平。**狠抓关键领域管控**，重点关注国内社会化用工、海外当地雇员"两大群体"能力提升，严格承包商管理，开展高风险企业专项评估，深化"四不两直"检查、安全记分管理和安全里程碑活动，从根源上遏制违章、消除事故。强化××、××等高风险项目动态管控，坚决杜绝公共安全事件。**加快健康企业创建**，慎终如始抓好疫情防控，健全完善疫情防控组织体系和管理机制，落实"两方案一预案"规定，对重点地区、重点项目实行升级管理，坚决守住"零感染"底线。开展全员健康评估，建立体检不合格及罹患高危疾病员工的退岗转岗机制，确保非生产亡人总量硬下降。针对边疆、高原、海外等艰苦地区，加大力度改善一线员工的现场生产生活条件。

推动绿色低碳转型。积极落实"双碳计划"，发展新能源替代和新能源服务业务，改进推广CO_2驱油和无水蓄能压裂等CCUS技术，持续扩大网电应用规模，加快打造绿色竞争优势。**严守生态环保红线**，抓好中央环保督察发现问题整改，加强重点区域污染防治，科学处置固体废弃物，坚决杜绝污染事件。

（安全是企业实现经济效益、社会效益和可持续发展的基础和前提，是员工健康生活、工作的基本保障）

（六）持续强"根"铸"魂"，在加强党的建设上取得新成效。充分发挥党的政治优势，推进党的建设与生产经营深度融合。

加强党的政治建设。坚决执行党的政治路线，严格落实"第一议题"制度，将学习贯彻党的十九届六中全会和党的二十大精神作为首要政治任务，深刻领悟"两个确立"的决定性意义，不断增强做到"两个维护"的思想自觉、政治自觉、行动自觉。

29

　　狠抓执行力建设。执行力是领导干部的组织力和引领力，更是企业的竞争力和生命力。各级领导干部要锚定目标、率先垂范，不折不扣落实好集团公司党组决策部署和党组领导的指示批示；要强化执行、担当尽责，**抓住主要矛盾和矛盾的主要方面**，带头破解瓶颈难题，**助力打赢"四个攻坚战"**，充分发挥××业务在推动勘探开发高质量发展中的关键作用。

　　深化基层组织建设。扎实推进基层党建"三基本"建设与石油传统"三基"工作有机融合，着力提升基层组织执行力、战斗力。**建立健全组织融合机制**……**建立健全考核评价机制**……**建立健全文化聚力机制**……**厚植尊重奉献者的企业文化**，构建富有特色的企业文化体系。

　　实施人才强企工程。坚持党对人才工作的全面领导，以工程思维推进人才强企工程。**锻造"三强"干部队伍**……**健全"生聚理用"机制**……

　　营造风清气正氛围……

　　（坚持党的领导、加强党的建设是国有企业的"根"和"魂"。坚持党对国有企业的领导是重大政治原则，必须一以贯之）

　　征程万里阔，奋斗正当时。让我们在集团公司党组的坚强领导下，锐意进取、开拓创新，奋力谱写"十四五"高质量协同发展新篇章，为集团公司建设基业长青的世界一流企业贡献更大力量，以优异成绩迎接党的二十大胜利召开！

　　（号召式结尾法：在报告前面部分作出了规划部署，结尾时再发出号召，就是在动员大家投身到企业高质量协同发展中来。标志性词语是"让我们以……""让我们……，以……"等）

　　【写作点评】

　　为帮助大家理解和把握工作会议报告的起草，这篇范例从标题、署名、时间到正文各部分内容，都作了简要剖析和点评。

　　这篇文章是专业公司年度工作会议报告，采用的是典型的三段论结构，主体内容按照时序逻辑编排，即"肯定成绩＋形势（意义）分析＋工作部署"。报告结构布局为"纵式＋横式"的混合式，每部分内容的呈现方式、表述方式都有所创新。第一部分采用"6个大事要事＋8方面工作成效＋6个必须坚持"系统总结了工作成果和经验体会；第二部分采取破与立相结合的方式阐述了所肩负的职责使命、面临的机遇挑战、存在的短板弱项；第三部分从6个方面陈述落实"四个坚持"兴企方略和"四化"治企准则的具体举措。这篇报告最突出的特点有四个方面：一是报告主题和主线十分清晰，均是"牢记责任使命 强化创新驱动 奋力谱写'十四五'高质量协同发展"，充分体现了贯彻落实中央精神和集团公司党组决策部署的坚定意志；二是报告内容思想引领十分突出，提出"质量是企业的生命""提速无止境""基层好、成员企业好，技服才能好""一切事故都是可以避免的""防范胜于救灾""人才是第一资源"等诸多精粹思想理念；三是报告表述方式创新点较多，比如形势分析部分，用简洁凝练的语言阐明了推动高质量协同发展的核心要义，并采用正反论述法深入剖析形势，效果比较显著，广受大家欢迎；四是报告语言规范中透着灵动，使用了很多短句、排比句和高度凝练的语言，可读性比较强。

写作范例2：

贯彻党的二十大精神 守正创新踔厉奋发
为率先打造世界一流××公司而团结奋斗

——在××公司第×届职代会第×次会议和××年工作会议上的报告

×××

（××年××月××日）

同志们：

这次会议的主要任务是，以习近平新时代中国特色社会主义思想为指导，深入学习全面贯彻党的二十大精神，认真落实集团公司党组和××公司决策部署，总结公司过去一年工作，分析形势任务，部署全年重点任务，动员全体干部员工守正创新、踔厉奋发，为率先打造世界一流××公司而团结奋斗，为集团公司建设基业长青的世界一流综合性国际能源公司、全力服务保障国家能源安全作出新贡献。

一、××年主要工作成果

刚刚过去的一年，是公司发展历程中极为重要、极不平凡的一年。面对百年变局、世纪疫情和极端天气造成的严峻挑战，公司上下认真贯彻落实习近平总书记重要讲话和重要指示批示精神，在集团公司党组和××公司党委的坚强领导下，铁肩担重任，实干闯难关，高质量完成了全年各项任务，推动公司发展取得崭新业绩，获得集团公司××年度先进集体称号。

一年来，我们大打高效勘探进攻战，国内完成工作量创下历史之最，配合油气田取得××项重大战略性突破、××项重要发现和××项重要进展，国内落实××个亿吨级和××个千亿方规模储量区，其中公司与××公司共同获得集团公司××年度油气勘探重大发现特等奖和一等奖，集团公司重大油气发现成果参与率保持100%。

一年来，我们大力推进提质增效价值创造行动，累计落实市场工作量超计划完成，实现营业收入××亿元、同口径增长××，连续××年稳居全球行业首位；实现净利润××亿元、同口径增长××，EVA、研发投入强度、自由现金流、百元收入营业成本等均超额完成集团公司和××公司下达指标。

一年来，我们着力高水平科技自立自强，国家××技术创新中心申建取得实质性进展，公司被认定为××省科技领军企业，××成功入选国务院国资委"科改示范企业"和××省"专精特新"企业。公司全球××投入使用，××作为科技部在能源领域推荐的唯一室外展品亮相国家"奋进新时代"主题成就展。

一年来，我们加快推进公司治理体系和治理能力现代化，国企改革三年行动和对标世界一流管理提升行动高质量完成，公司成为集团公司第一批法治建设示范创建企业，企业发展能力连续××年在××业务系统排名第一。

一年来，我们坚持党的领导加强党的建设，掀起学习宣传贯彻党的二十大精神热潮，成功举办公司成立××周年发展成就报告会，"三基本"建设与"三基"工作有机融合走在集团公司前列。

回顾过去一年历程，重点作了以下六个方面的工作。

（一）突出找油找气，服务保障再立新功。 围绕"六油三气"高效勘探部署，加强组织领导和统筹协调，成立××个盆地级攻关团队，开展一体化技术攻关，全年完成××工作量××公里，××工作量××万平方公里；累计发现圈闭××万个，复查圈闭××个；提供井位××口，被采纳××口，为集团公司油气业务形成××格局起到了重要支撑作用。国内，在风险勘探与甩开预探领域，配合油气田在××、××等取得重要突破，形成新的战略接替区。在集中勘探领域，配合油气田在××、××等构造带，××取得重要进展，拓展新区带新层系，加快形成新的规模增储区。在非常规勘探领域，配合油气田在××、××等获得高产油气流，开辟页岩油气勘探开发的大场面。海外，配合××公司在××、××等油气合作区取得重大发现，为集团公司海外油气权益产量保持××亿吨稳产发挥了积极作用。

（二）突出主业发展，生产经营再创佳绩。面对异常严峻挑战，特别是××造成的巨大冲击，始终坚持外拓市场保规模、内抓项目提效益、优化结构稳增长。市场开发总体平稳。全年落实市场工作量××亿元，其中新签合同××亿元，分别为年初计划的××和××。国内牢固树立××的理念，高质量推进企业互访、"一对一"技术交流，与油气田新签和续签战略合作协议××份，全年累计落实市场××亿元，创历史新高；海外在全球可招标市场锐减的不利形势下，坚持"线上＋线下"营销相结合，组建国际化市场营销团队，逆行出征、主动出击，参加××、××等国际行业会展，举办××技术交流会，公司国际影响力进一步提升，全年累计落实市场××亿元。项目运作质效双增。国内把新追加××亿元××项目作为"一号工程"，克服疫情散发、极端天气和重点敏感时段等不利影响，采取"一对一"协调、签发总调令、签订军令状等超常规手段，在生产高峰期组织了××，创下了单季度完成××的历史峰值，树立了××的硬核形象；以"××工程"建设为抓手，突出技术增量和成果转化，成功打造××、××等精品工程，形成了一大批可复制、可推广的操作流程、管理经验和技术成果，得到集团公司领导的高度评价。海外突出"四精"管理，成功运作××、××等重大项目，打造了"一带一路"油气合作示范工程。业务协同发展不断加强。国际竞争力有效提升，国内启用了××、××两大××中心，海外成功进入××、××高端市场。××业务关键技术加快突破，初步形成了××、××服务能力，展现了良好的发展前景。××技术取得实质性进展，实现快速提交成果。××核心软件实现集团外销售额××万元，技术反哺能力不断增强。装备研发制造业务发展规模持续提升，启动了××公司××股权收购……业务协同发展新格局加快形成。××技术支持、核心装备、物资供应等服务质量效率不断提升，对勘探生产形成了有力支撑。公共管理转变职能，在服务主业、疫情防控、维护稳定中发挥了重要的作用。

（三）突出创新驱动，科技攻关再结硕果。全年投入科研经费××亿元，强度为××。获得授权专利××件，其中国内发明专利××件、PCT专利××件，××项获得第××届中国专利优秀奖；××技术被评为集团公司年度十大科技进展，××获得中国光学工程学会技术发明一等奖和首届"金燧奖"金奖。技术研发应用成果丰硕。成功释放××最新版本，股份公司××工程落地实施；××性能持续改进，形成××格局。成功研制升级版××，××研发取得新突破。××技术应用领域不断扩大，××技术在××、××等地区开展先导性试验，××技术在××项目获得高品质资料。**数字化转型加快推进**。数字化转型试点方案编制完成并通过评审。着力打造智能决策生产指挥体系，有效支撑了项目高效生产。成功发布××，累计在××个项目中运用，作业效率整体提高××。**技术创新能力不断增强**。大力开展××活动，推动××、××等关键技术加快突破并实现成果转化。科研组织模式不断创新，"三共"机制深入推进，"揭榜挂帅"积极开展，××软件开发和应用大赛成为××界的品牌赛事。

（四）**突出管理创新，治理能力再获提升**。坚持把提质增效作为长期战略举措。**公司改革不断深化**。实施××业务重组和××业务整合，开展××技术中心经营机制转换，深入推进××国企改革专项工程。领导干部任期制契约化管理顺利实施，两级组织体系优化改革率先完成。**提质增效成效显著**。全年实现效益提升××亿元。强化全过程降本增效，百元收入营业成本下降××个百分点；健全经营压力传导机制，对××、××等外包业务实行区域招标，压缩成本××万元。采取××等综合手段加大清欠力度，回收中高风险欠款××亿元，其中计提坏账欠款××亿元。扎实开展亏损治理和法人压减专项行动，超额完成××公司下达指标。**管理提升持续推进**。扎实开展"合规管理强化年"活动，积极创建法治建设示范企业，认真落实经营合规专项工作。公司财务管理发挥"两利四率"牵引作用，组织开展提质增效价值创造行动并取得良好成效。人力资源管理不断加强，通过公司内部、集团公司企事业单位间和对外创收市场等渠道盘活人员××人。投资管理为国内外重大勘探项目实施提供了有力支撑。强化核心装备集中管理，加大调剂力度，仪器利用率达到××，海外盘活××亿元装备资产、节约投资××万元。大宗关键物资采购节约资金××亿元。公司标准化、外事等工作取得新进展，督查督办在推动决策落实中发挥了重要作用。审计监督和服务职能有效发挥，数字化审计不断加强，审计整改和结果运用取得突出成效，促进公司完善制度××项。审计、内控、合规等联合监督作用有效发挥。

（五）**突出风险防范，QHSE管理再上台阶**。QHSE业绩处于行业领先水平，百万工时可记录事件率为××，获得集团公司质量健康安全环保节能先进企业和健康企业建设达标企业、××省安全生产先进企业和健康企业称号。**质量管理不断加强**，推进质量体系审核与质量检查工作相融合，以××为抓手，××质控模式全面应用，产品一次交付合格率、现场剖面合格率均达到100%。**持续优化QHSE体系文件**，积极开展体系内审和第三方审核，体系运行有效性不断增强。扎实开展基层队站 HSE 标准化建设，召开第六届 HSE 标准化现场交流会。稳步推进安全文化建设，常态化开展"七个一"活动，积极参加全国安全知识竞赛，连续两年荣获集团公司团体第一名，多支队伍获得××公司安全里程碑竞赛优胜示范队称号。统筹开展专项整治行动，全面落实全国安全生产大检查要求，紧密围绕"15条硬措施"，识别治理隐患××万条。按照"一月一主题"要求，开展夏季"八防"等专题研讨，系统管控不同阶段的主要风险。抓好民爆物品管理，积极推广××管控模式，坚持××开展专项评审，确保民爆物品管理万无一失。加强海外 HSSE 管理，连续××年保持集团公司社会安全管理体系考核"卓越级"成绩，××支作业队实现千万人工时无 LTI。扎实做好××防控，实时更新疫情防控指导手册，严格落实"四方责任"，最大限度维护了员工生命安全和身体健康。扎实推进健康企业建设，强化员工健康干预，高分通过××省健康企业达标验收。认真落实绿色发展理念，建立生态保护措施确认机制，开展作业项目环境影响评估，全面完成集团公司环境保护和节能减排控制指标。

（六）突出融合发展，党的建设再谱新篇。始终把党的政治建设摆在首位，深入学习宣传贯彻党的二十大精神，公司范围内组织集中学习研讨××次；层层落实"第一议题"制度和深入学习贯彻习近平总书记重要指示批示精神落实机制，抓实两级党委理论学习中心组学习，各级党组织忠诚拥护"两个确立"，坚决做到"两个维护"。充分发挥党委把方向、管大局、保落实作用……加强干部内部交流……不断深化全面从严治党……全面提升基层党组织建设水平……加强宣传思想文化建设……充分发挥群团组织作用……认真做好统战和团青工作……

唯其艰难，方显勇毅。这些成绩的取得，是公司上下以习近平新时代中国特色社会主义思想为引领，砥砺奋进、苦干实干的结果，是公司各级组织认真贯彻集团公司党组决策部署，实干担当、狠抓落实的结果，是全体干部员工面对严峻复杂挑战，攻坚克难、拼搏奉献的结果。在此，我代表公司党委、公司向大家一年来的艰苦努力和辛勤付出表示衷心的感谢，并致以崇高的敬意！

二、公司发展面临的形势任务

当前，世界百年变局和世纪疫情相互交织，国内外宏观环境出现超预期变化，外部形势不稳定、不确定、难预料成为常态，必须时刻保持清醒，科学研判形势变化，牢牢把握工作主动权。

（一）深刻认识当前发展形势，善于观大势、谋全局、抓重点。总体来看，公司发展仍处于重要战略机遇期，机遇与挑战并存，责任和压力并重。

一是认真学习领会党的二十大精神，我们要胸怀"国之大者"，展现实干担当。党的二十大擘画了全面建设社会主义现代化国家的宏伟蓝图，对推动高质量发展、国企改革、能源革命、党的建设等进行了全面部署，特别指出要……中央经济工作会议强调，要……集团公司大力推进增储上产降本七年行动，持续加强"六油三气"重点盆地高效勘探效益开发。×××董事长特别强调，要……我们必须胸怀"国之大者""企之要情"，坚决扛起为国找油找气的历史重任，全力打好打赢服务高效勘探效益开发进攻战，有力支撑集团公司取得油气大发现大突破，在保障国家能源安全中彰显新担当新作为。

二是客观分析全球能源行业发展形势，我们要保持战略定力，强化斗争精神。全球能源行业不确定性增加，受能源绿色低碳转型影响，油气上游投资势头不及预期，××行业面临较大的不确定性。油公司加速向综合性能源公司转变，××和××公司积极发展新能源服务业务，对传统××发展带来深远影响。全球××技术快速发展，高精度、低成本、智能化技术成为发展趋势和油公司的必然选择，××装备纷纷推向市场，高端××技术推陈出新，大数据、云计算、人工智能技术加速发展，行业竞合形势深刻演变，公司在××、××等专业领域均面临国内外××公司的对手竞争。××行业发展环境更加恶劣，全球地缘政治恶化，资源国经济波动，公司国际化运营存在××、××等诸多风险，外部环境异常严峻复杂。我们必须发扬斗争精神，迎难而上，攻坚啃硬，善于破困局、开新局，打开发展的新天地。

三是深入剖析公司发展中存在的短板不足，我们要坚持问题导向，着力加以解决。面对国家油气能源的迫切需求和外部形势的深刻变化，对照公司高质量发展和率先打造世界一流企业的标准，我们要看到公司发展中仍有很多不适应的地方。业务发展不平衡不充分，成熟业务创效能力仍需提升，高附加值业务还有较大发展空间，新业务发展没有形成规模。公司应用基础研究和原创技术研发投入不足，成果转化机制需要持续完善，信息数据治理任重道远。人才队伍结构性冗员和结构性缺员并存，高层次人才接替不足。公司机构总量偏大，运行还不够高效。总体创效能力还不强，营业收入利润率、净资产收益率与中央企业平均水平存在差距，全员劳动生产率低于××公司其他成员企业。基层党的建设与生产经营融合还需加强，等等。我们要坚持问题导向、目标导向、结果导向，聚焦主要矛盾，善于发现问题，有效解决问题，建立健全工作长效机制，不断开创公司高质量发展的新局面。

（二）锚定率先打造世界一流企业，坚定信心、守正创新、狠抓落实。党的二十大报告明确提出，要加快建设世界一流企业。集团公司党组坚决贯彻落实党的二十大精神，在刚刚结束的集团公司工作会议上，明确新时代新征程要牢记重大嘱托、当好标杆旗帜、全力奋进高质量发展，全面建成基业长青的世界一流综合性国际能源公司，规划了"两个阶段、各三步走"的战略路径，实现"供给高效、产品卓越、品牌卓著、创新领先、治理现代"，要求具备条件的业务和企业要率先实现高质量发展、率先打造世界一流企业。

××年，按照×××董事长和集团公司党组要求，公司把率先打造世界一流企业确立为战略目标。这既是集团公司党组寄予的殷切期盼，也是我们的共同梦想，更是公司党委作出的重大战略决策。经过两年多的不懈努力，公司发展质量效益持续攀升，各项工作展现出新气象新面貌，公司率先打造世界一流企业的基础更加牢固。我们必须锚定一流目标不动摇，树立把公司带向新的历史高度的雄心壮志，乘势而上、接续奋斗，一张蓝图绘到底，一任接着一任干，下定"虽九死其犹未悔"的坚定决心，做好爬坡过坎、滚石上山的充分准备，越是艰险越向前，只能成功、不能失败，全力向着率先打造世界一流企业迈进。

作为集团公司党组明确提出要率先打造世界一流的企业，我们必须责无旁贷，不辱使命、不负重托，按照集团公司战略部署，加快推进率先打造世界一流企业步伐，努力在集团公司建设基业长青的世界一流企业新征程中当标杆、作示范。一是矢志找油找气，加大××攻关力度，在服务高效勘探效益开发中当标杆、作示范……二是全面贯彻落实新发展理念，服务和融入新发展格局，在奋进高质量发展中当标杆、作示范……三是坚持技术立企，着力高水平科技自立自强，在建设国家战略科技力量中当标杆、作示范……四是树立"人才是第一资源"的理念，大力推进人才强企工程，在构建全球创新人才高地中当标杆、作示范……五是坚持深化改革，狠抓基础管理，在推进企业治理体系和治理能力现代化中当标杆、作示范……六是强化文化引领，坚持培根铸魂，在传承弘扬石油精神和大庆精神、铁人精神中当标杆、作示范……

当前和今后一个时期，公司谋发展、强管理、抓落实要遵循以下基本工作思路和方法。

一是坚持守正创新……

二是坚持价值创造……

三是坚持依法合规……

四是坚持系统观念……

五是坚持共享发展……

三、××年重点工作安排

××年，是贯彻党的二十大精神的开局之年，是实施"十四五"规划承上启下的关键一年。今年工作总的要求是……

主要工作目标是：

——努力提升发展质量效益……

——加快关键核心技术研发……

——全面完成安全环保指标……

——全面深化体制机制改革……

完成全年各项任务，重点要做好以下七个方面工作。

（一）聚焦找油找气，加大攻关力度，全力服务油气高效勘探效益开发。紧密围绕集团公司重点盆地高效勘探效益开发，着力打好打赢××技术攻关战，努力提升技术服务保障能力。

健全保障体系……

聚焦主攻方向……

加大攻关力度……

（二）聚焦主业发展，不断优化升级，推动公司整体实力迈上新台阶。聚精会神做强做优做大××主业，形成特色鲜明、相互支撑、比较优势突出、核心竞争力强的业务发展格局。

做优做强陆上××业务……

做强做稳海洋××业务……

做大做快××业务……

做强做精研发制造业务……

做快做好××业务……

做快做实新能源业务……

（三）聚焦市场开发，突出技术营销，加快构建国际国内协同发展格局。牢固树立"离开市场就无法生存"的意识，努力提升市场开发质量效益，全年实现新签合同××亿元。

在"拓规模"上下功夫……

在"提效益"上下功夫……

在"促营销"上下功夫……

（四）聚焦创新驱动，着力自立自强，勇当现代 ×× 产业链"链长"。牢固树立"离开科技就无法发展"的意识，坚持事业发展科技先行，加强关键核心技术攻关，实现由技术服务保障为主向自立自强的战略支持转变。

强化核心技术攻关……

推进数字化转型智能化发展……

加强科技管理创新……

（五）聚焦人才强企，坚持工程思维，着力打造一流人才聚集高地。大力推进人才强企十大提升工程，激活组织、优化结构、赋能个体，不断激发各类人才的创新活力和工作热情。

着力优化组织体系……

着力优化人才结构……

着力优化人才机制……

（六）聚焦提质增效，强化精益管理，努力提升公司发展质量效益。落实"四精"要求，打造提质增效"精进版"，深入开展"强化管理年"活动，推动公司由从严管理、精细管理向精益管理迈进。

加强项目运作管理……

全力推进管理提升……

大力实施提质增效……

强化依法合规治企……

（七）聚焦风险防控，狠抓责任落实，全力确保安全生产大局平稳。严格落实"四全、四查"要求，坚持严抓狠管总基调，突出精准防控总原则，不断提升 QHSE 体系化、标准化、科学化水平。

强化安全生产监管……

加强质量管理工作……

推进健康企业建设……

坚持绿色清洁生产……

四、矢志不移坚持党的领导加强党的建设

认真践行新时代党的建设总要求，持续深化 ×× 党建引领工程，以高质量党建引领高质量发展，确保公司党的建设走在集团公司和 ×× 省国资

委所属企业前列。

（一）始终把党的政治建设摆在首位……

（二）坚持大抓基层的鲜明导向……

（三）建设堪当打造世界一流企业重任的干部队伍……

（四）坚持以严的基调持续正风肃纪反腐……

（五）大力推进思想文化与和谐企业建设……

各位代表，同志们：万里征程风正劲，千钧重任再扬帆。让我们高举习近平新时代中国特色社会主义思想伟大旗帜，在集团公司党组和××公司党委的坚强领导下，在新时代踏上率先打造世界一流企业的新征程中，牢记重托、当好标杆，以忠诚书写使命，以实干诠释担当，创造出更加辉煌的发展业绩，为集团公司建设基业长青的世界一流综合性国际能源公司作出新的更大贡献，坚决做党和国家最可信赖的找油找气先锋！

（号召式结尾法：在报告前面部分作出了规划部署，结尾时再发出号召，就是在动员大家投身到企业高质量发展中来。标志性词语是"让我们以……""让我们……，以……"等）

【写作点评】

这篇文章是地区企业年度工作会议报告，采用的亦是典型的三段论结构，主体内容按照时序逻辑编排，总体为"纵式＋横式"的混合式，每部分内容的呈现方式、表述方式也都有所创新。从思维逻辑方面看，报告内容紧紧围绕报告主题布局，全文突出了学思践悟、守正创新，用习近平新时代中国特色社会主义思想和党的二十大精神引领和指导世界一流企业建设。从写作方式看，这篇报告与写作范例1有诸多相似之处，比如第一部分，采用"5个一年来＋6个突出"陈述成果；第二部分陈述的是形势分析和目标任务；第三、四部分其实是一个整体，采用"7个聚焦＋1个保障"陈述具体工作部署。"1个保障"是指坚持党的领导、加强党的建设，单独成段是为了进一步呼应报告的主题。大家不妨按照写作范例1中笔者的方法对全文各部分进行剖析和点评。

第五节　党委工作报告

党委工作报告（又称党代会报告）是各级党组织在党员代表大会上向所在组织汇报一段时间重点工作的一类文件，没有固定的格式和行文规定。按照党的建设有关规定，党代会一般每五年召开一次。

一、党委工作报告的显著特点

1.政治特色浓厚。党委工作报告首先是政治报告，基本前提是对标对表、全面贯彻党中央决策及上级党组织部署。进入新时代，党委工作报告通篇要充分体现对习近平总书记重要讲话和重要指示批示精神、对党中央决策及上级党组织部署的领悟程度，要充分体现本级党组织对学习贯彻习近平新时代中国特色社会主义思想的政治自觉、思想自觉、行动自觉，对拥护"两个确立"、做到"两个维护"的坚定立场、坚定信念、坚定定力，还要充分体现本级党组织胸怀"国之大者"，不断提高政治判断力、政治领悟力、政治执行力，坚决贯彻落实习近平总书记重要指示批示精神以及上级党组织部署要求的政治意识、政治导向和政治担当。

2.时代特色鲜明。高质量的党委工作报告不是通篇围绕政治谈政治，必须聚焦发展第一要务，回答好如何走稳走实高质量发展之路的时代命题，必须紧紧围绕企业发展全局最关键、最核心、最根本的问题，深入调查研究，凝聚广泛共识，作出科学研判，必须贯彻新发展理念，创新提出一系列符合时代发展要求的新思路、新举措，努力在开新局、创一流中干在实处、走在前列、当好示范，必须深入剖析存在的问题和挑战，明确新的奋斗方向、奋斗目标，充分激发各级党组织和广大党员、干部为党的事业不懈奋斗的动力和活力。

3.体现为民情怀。党委工作报告通篇要充分体现强烈的担当意识、创新精神、为民情怀和务实风格。要以战略眼光、国际视野，在更大坐标系中为企业发展找准历史方位、研判机遇挑战，将党中央精神及上级党组织对本级企业的重托和厚望融入分析和部署之中，并拿出实招硬招，发扬民主、汇聚众智、凝心聚力、推动发展。本级党组织要切实肩负起推动企业稳健发展的使命和担当。报告要坚持问题导向，以破除突出问题为切入点和突破口，拿出切实可行措施，将理想照进现实，让广大员工群众增强归属感和幸福感。

■ 二、党委工作报告与工作会议报告的本质区别

1.**属性不同**。党委工作报告属于政治报告范畴，政治报告重在从宏观角度分析形势，把握发展方向，研究发展战略以及思想政治领域的问题等。各级党代会报告、团代会报告、形势报告等都属于政治报告。工作会议报告属于企业战略决策和经营管理范畴，主要是为了解决企业发展或业务范围内的改革发展、市场营销、技术创新、安全环保、经营管理等具体问题。

2.**侧重点不同**。党委工作报告既然属于政治报告，就必须遵从党管一切的原则，突出在党的领导下开展各项工作，包括企业战略、经营管理和党的建设。工作会议报告是战略发展和生产经营的结合体，包含党建工作部分。由此可见，党委工作报告不能只写党的建设，工作会议报告也不能只写生产经营工作，两者不能简单割裂开来，只是各有侧重点而已。

3.**对象不同**。党委工作报告一般是从宏观层面总结企业发展战略前一阶段的实施成效，明确下一阶段的战略思想、方向、目标和举措，向广大党员、干部提出工作要求的报告。受众群体一般是企业全体党员，尤其是党员干部。工作会议报告一般是简要总结前一阶段工作，研究部署下一步任务，向下级干部员工提出工作要求的报告。受众群体一般是企业全体干部员工，尤其是所属单位、部门干部员工。

我们常讲，要融入中心抓党建，抓好党建促发展，党建工作的成效应该也必须体现到推动改革发展上来。要以高质量党建推动高质量发展，用生产经营成果检验党的建设工作成效。由此可见，起草党委工作报告必须要和改革发展大局、生产经营中心紧密结合起来，这样的党委工作报告才会有滋有味。

■ 三、党委工作报告的结构形式

党委工作报告一般采用三段论结构。第一部分总结近五年主要成果，突出全面性和重点性。第二部分分析研判当前存在的主要问题和面临的形势，结合时代特性深入本质，针对问题提出具有指导性、纲领性的发展思路、发展目标和发展举措。第三部分作出具体部署，提出可行措施。

写作范例3：

牢记使命勇担当 砥砺奋进开新局
高质量建设具有国际竞争力国内最强的管理技术型企业

——在××公司第×次党员代表大会上的工作报告

×××

（××年××月××日）

各位代表，同志们：

公司第×次党员代表大会，是在全党深入学习贯彻习近平总书记"七一"重要讲话精神、意气风发朝着第二个百年奋斗目标阔步前进之际，在"十四五"新时期、新阶段召开的一次重要会议。本次大会的主题是：以习近平新时代中国特色社会主义思想为指导，牢记使命、砥砺奋进，在更高起点上，高质量建设具有国际竞争力、国内最强的管理技术型企业。

（帽段简要交代会议召开的背景和目的，明确会议主题。这是企业工作会议和党代会、职代会报告的一般写法）

现在，我代表××委员会，向大会作报告，请审议。

一、回顾奋进巨变的五年

过去的五年，是公司发展史上极不平凡的五年。五年来，面对风云变幻的国际形势、艰巨繁重的工作任务、突如其来的世纪疫情，我们高举习近平新时代中国特色社会主义思想伟大旗帜，坚决落实自治区党委、集团公司党组部署，开创并实践管理技术型企业建设，在管党治党、改革发展各方面实施系列具有里程碑意义的重大战略部署，推动各项事业不断取得新的辉煌成就。可以说，近五年是公司发展速度最快、质量效益最好、员工受益最多的一个历史时期。五年来，广大干部员工始终忠诚于党、忠诚于石油事业，不为风险所惧、不为干扰所惑，成功应对诸多困难挑战，用忠诚与担当，生动书写了一篇篇历史性跨越的精彩华章。

（主体内容第一部分开头：高度概括五年的发展成效，用极不平凡、辉煌成就给予定性，具体体现在三个"最"上，对广大干部员工予以肯定。本段内容丰富、层次清晰，对写作能力和写作技巧要求较高）

五年来，我们传承钻探历史荣光，不忘初心、牢记使命，形成了高质量发展的新理念。踏着铁人的足迹……面对新时期钻探"怎么发展""如何发展"等时代之问，我们将习近平新时代中国特色社会主义思想与公司实际相结合……深刻诠释了"我是谁、为了谁、依靠谁"，体现了钻探的初心使命，为规模快速增长、效益稳步提升、成果充分共享提供了战略引领。五年间，主营业务收入……利润率……历史性改变了"不大不强"的企业形象，以高质量发展的生动实践，彰显了习近平新时代中国特色社会主义思想的强大真理力量、思想力量、实践力量。

（这一部分以踏着铁人的足迹引出钻探企业发展之问、初心使命，强调公司高质量发展的理念和实践源自对习近平新时代中国特色社会主义思想的学习和思考。重点列举了五年来收入、利润率两个关键指标的变化，成效是企业形象的历史性改变）

五年来，我们深度融入油气发展，抓住机遇、主动作为，打造了一体化服务的新模式。认真贯彻习近平总书记重要指示批示精神，把握"一体两面"定位，积极投身"七年行动计划"……有力发挥了"技术面"对"油气面"的增储、上产、降本作用，彰显了"集团公司之大者"的责任担当。其间，钻井、压裂年作业能力……较"十二五"……各专业服务能力……深井、超深井、水平井钻完井实力显著增强，试油测试、压裂酸化服务能力国内领先，地质工程一体化、钻井液等技术服务加快发展，高质量高效率完成一批总包项目……为××油气当量迈上新台阶作出了重要贡献。

（这一部分重点总结了五年来服务保障能力的提升和打造的品牌工程，体现了保障油气增储上产的责任担当）

五年来，我们持续突破机制束缚，敢为人先、敢闯敢试，形成了专业化发展的新路径。坚定落实两个"一以贯之"，把党的领导融入治理各环节……持续健全"三重一大"决策机制，围绕管理技术型发展方向……坚持创新驱动发展……坚持以现代化理念完善治理体系、提升治理能力……五年间，撤并二三级机构……管理更加精干高效。

（这一部分从公司治理、科技创新、三项制度改革等方面总结了五年来的工作成效，与治理体系和治理能力现代化要求相吻合）

五年来，我们始终坚持系统观念，统筹兼顾、固本强基，谱写了可持续发展的新篇章。坚持用唯物主义世界观和方法论推动发展，加强前瞻性思考、全局性谋划、战略性布局、整体性推进，实现了发展质量、结构规模、速度效益、安全相统一。始终将市场作为发展根基……突出安全合规……尤其是新一届党委班子履新以来……促进公司各项事业实现新的发展。

（这一部分从思想高度谋划战略布局，重点总结了市场、安全合规工作尤其是新一届党委班子的工作成效）

五年来，我们坚定不移从严治党，融入中心、压实责任，营造了风清气正的新境界。加强党的政治建设……加强党的思想建设……加强党的组织建设……加强党的纪律和作风建设……

（政治建设、思想建设、组织建设、纪律和作风建设是党的建设的重要组成部分，需要着重明确）

五年来，我们始终牢记根本宗旨，凝聚力量、一心为民，开创了和谐稳定的新局面。牢记"让员工幸福"的根本宗旨……生产生活条件显著改善。发挥群团组织作用……认真贯彻党中央治疆方略……展现了责任担当；倾情实施"访惠聚"……让璀璨的宝石花在叶尔羌河流域娇艳绽放！

（这一部分围绕"让员工幸福"，列举了取得的成效；履行社会责任部分写出了地方特色，"让璀璨的宝石花在叶尔羌河流域娇艳绽放"画龙点睛）

各位代表，同志们，一组组亮丽数据、一项项丰硕成果，印证了第×次党代会以来极不平凡的一段历程。惟其艰难，方显勇毅。面对油田成本倒逼压力，我们不抱幻想、积极应对，坚定管理技术型发展方向不动摇，以优质服务争取量价博弈主动，提升规模效益，筑牢发展根基。我们经受了疫情险情的大战大考，攻克了一个个世界级难题，有效防范了诸多风险挑战，圆满完成了各项任务，公司的担当充分展现，公司的贡献各方认可！

惟其磨砺，始得玉成。时间忠实记录了在市场营销路上知重负重、呕心沥血的各级干部，见证了常年在重点工程和项目上忠诚坚守、栉风沐雨的各级专家，铭记了在"火海""油池"中向死而生、舍身逆行的岗位员工，这支作风过硬的坚强队伍，是我们前进路上战胜各种风险挑战的信心所在、底气所在！

（过渡段烘托气氛，增强感染力，引起与会人员的强烈共鸣）

五年的实践探索、创新发展，我们深切体会到，必须坚持党的领导、加强党的建设……必须坚持管理技术型发展方向……必须坚持融入中心、服务大局……必须坚持党管干部、党管人才……必须坚持抓基层、打基础……必须坚持依靠职工群众、弘扬石油精神……

（总结提炼"六个必须"的发展经验）

成绩来之不易，经验弥足珍贵。靠的是……此时此刻，让我们用最热烈的掌声，向他们表示最衷心的感谢和最崇高的敬意！

（一般报告的第一部分结束时例行表示感谢）

二、奋力开创公司高质量发展新局面

进入新征程，要准确把握新发展阶段所赋予的新机遇，辩证看待新形势带来的新挑战。

放眼宏观，我们在新征程中强化担当是使命所在……

审视行业，我们在新征程中主动作为是大势所趋……

立足自身，我们在新征程中接续奋斗是责任所系……

同时，也要清醒地认识到一些突出矛盾和问题。主要表现为**"两个十分突出，三个十分紧迫"**。一是服务保障油气业务高质量发展能力不强的问题十分突出……二是"大而不强"的矛盾十分突出……三是完善公司治理、提升治理能力十分紧迫……四是加快技术立企、提高一揽子解决问题能力十分紧迫……五是深化基层建设、提升队伍素质能力十分紧迫……

总的来说，公司改革发展处于重要战略机遇期，机遇和挑战之大都前所未有，但总体上机遇大于挑战。我们要牢牢把握新机遇……

（分析形势后，需要用一段话定性，提振发展信心）

进入"十四五"新征程，要以五大新发展理念为遵循，高质量建设具有国际竞争力、国内最强的管理技术型企业。

未来五年，公司的发展思路是：以习近平新时代中国特色社会主义思想为指导，深入贯彻党的十九大和十九届二中、三中、四中、五中全会精神，立足新发展阶段、贯彻新发展理念、融入新发展格局，遵循"四个坚持"兴企方略和"四化"治企准则，以高质量发展为主题，始终坚持"成就甲方才能成就自己"的服务理念、"不做唯一、就做第一"的竞争理念，遵循"安全、合规、效率、效益"发展方针，推进"创新、市场、低成本、一体化"战略，加快市场高端化、资产轻量化、人员精干化、效益最大化进程，实施"全产业链创收、全价值链降本、全管理链保障"经营策略，提高服务保障、市场竞争、盈利和可持续发展能力，加快由生产型向经营型、利润导向型企业转变，高质量建设具有国际竞争力、国内最强的管理技术型企业，让党组放心、油田满意、员工幸福。

未来五年要实现以下目标：

——管理机制行稳致远……

——业务发展稳中有升……

——技术能力行业领先……

——人才强企初见成效……

——发展大局和谐稳定……

实现上述目标，必须始终做到：

坚持党的领导……坚持战略引领……坚持改革创新……坚持为民服务……

（提出未来五年的发展思路、奋斗目标和工作原则）

三、以新发展理念引领高质量发展

创新、协调、绿色、开放、共享五大发展理念，是全面建设社会主义现代化国家的指导原则，公司各级党组织必须完整、准确、全面贯彻，努力推动高质量发展取得新成效。

（主体内容第三部分开头：创造性采用新发展理念布局内容，将公司各项工作融入创新、协调、绿色、开放、共享五大发展理念）

（一）突出创新引领，培育壮大发展新动能。始终把创新作为核心战略，提升科技、管理驱动力，打造增长双引擎。

加快科技自立自强……

大力实施管理创新……

全面激发创新活力……

（二）突出整体协调，提升价值创造新能力。着眼统筹协调，加快补短板、强弱项，促进价值创造，提升市场竞争能力。

优化市场布局……

优化业务发展……

持续深化单井安全提速创效工程……

（三）突出绿色理念，构建循环节约新体系。准确把握以循环、可持续为主要目标的绿色内涵，努力建设环境友好型、安全生产型、资源节约型企业，让绿色成为发展的普遍形态。

推进绿色节约发展……

加强安全井控管理……

高度重视工程质量……

（四）突出开放合作，主动融入新发展格局。认真贯彻习近平总书记关于经济全球化的重要论述精神，高水平推进开放合作，提高资源配置效率，巩固高质量发展基础。

推动海外业务高质量发展……

扩大各领域合作……

加强合规管理……

（五）突出共建共享，实现企业形象新提升。推进企业与员工、企业与社会共享发展成果，让共享成为发展的根本目的。

深化成果内部共享……
深化多方互利共赢……

四、一以贯之坚持党的领导、加强党的建设

（一）加强政治建设，发挥举旗定向、统揽各方的领导作用……
（二）加强思想建设，凝聚锐意创新、拼搏进取的精神动力……
（三）加强队伍建设，造就引领发展、干事创业的中坚力量……
（四）加强作风建设，巩固风清气正、河清海晏的政治生态……
（五）加强基层建设，筑牢服务发展、服务群众的战斗堡垒……
（由于是党委工作报告，党的建设的内容必须单独作为一部分）

同志们，新征程浩然开启，新时代华章铺展……（结束语）

【写作点评】

党委工作报告一般均采用"主题＋副题"的形式，主体内容按照时序逻辑编排，标题点出全文总基调（总论点，也就是报告的主题）和整体工作目标。首段简要介绍了会议情况，点出了会议主题。第一部分全面总结五年来取得的成绩，兼顾党建和行政工作，每段标题精简对仗，内容突出党味，体现党领导一切的原则。第二部分从国际国内、行业和自身三个方面分析了面临的机遇和挑战，指出了面临的突出矛盾和主要问题，明确了未来五年的发展理念、发展思路和发展目标。第三和第四部分针对风险挑战、存在的问题，围绕发展理念、思路和目标，突出党的领导，从行政和党委两个层面制定了全面、具体、可操作的工作举措。结尾提出希望，发起号召，与主题呼应。报告主题明确、思路清晰、逻辑严密。每段的标题（分论点）工整对仗，与内容深度契合。每部分之间衔接紧凑，承上启下，过渡自然。全文用词精练不累赘，以短句为主，充分考虑了发言者的感受。内容结合实际，思想紧贴时事，具有很强的指导意义。

第六节 党建工作报告

党建工作，即党的建设工作，包括党的政治建设、思想建设、组织建设、作风建设、纪律建设和制度建设，以及基础的党务工作等。思想建设是政治建设、组织建设和作风建设的前提和基础；政治建设是党的建设的关键和核心；组织建设和作风建设是执行党的政治路线的重要保证。新时代国有企业党的建设面临的形势与任务是凝聚思想共识、推动党的领导和公司治理有机融合、完善选人用人机制、加强自身建设、形成监督合力等。总体目标是确保建设一大批具有全球竞争力的世界一流企业、确保国有企业国有资产牢牢掌握在党的手中。根本原则是坚持和加强党对国有企业的全面领导。指导方针是把党要管党、全面从严治党贯穿始终。新时代国有企业党的建设的工作格局是，构建以中国特色现代国有企业治理结构为核心的治理体系，构建体现国企精神的价值体系，构建落实党的全面领导的组织体系，构建以党内监督为统领的监督体系，构建落实全面从严治党的责任体系。

一、党建工作报告的显著特点

1. **政治味浓厚**。党的建设是中国共产党领导人民夺取民主革命胜利的三大法宝之一，党的建设理论是关于无产阶级政党产生、发展及其在无产阶级革命和建设中的领导作用的科学理论，是马克思主义党的学说的重要组成部分。党建工作报告，就是某一年度（时段）各级党组织贯彻落实中央精神和上级党组织新部署新要求，推进组织建设和自我革命方面的工作总结，政治味自然比较浓厚。

2. **党务味浓厚**。党的建设虽说可以在围绕中心、服务大局中对相关工作进行系统总结和阐述，但毕竟是立足于自我革命所开展的工作，因此不能随意扩大范围，不能过多阐述服务企业中心任务方面的工作，更重要的是围绕党的建设核心任务，简要总结创新开展各方面工作所取得的成果，坚持以事实为依据，用数据说话。

3. **内容较全面**。党建工作报告是对党为保持自己的性质而从事的一系列自我完善的阶段性工作的总结，不仅涵盖党务工作，还涵盖党的政治建设、思想建设、组织建设、作风建设、纪律建设和制度建设等方面。切记，党建工作报告要涵盖以上各方面内容，但并不是要求事无巨细、面面俱到，要抓住政治建设、思想建设等各方面工作，择其要点、突出关键。

二、党建工作报告与党委工作报告的主要区别

1. **主要任务不同**。新时代党的建设的重点任务是学习贯彻习近平新时代中国特色社会主义思想、加强党的政治建设、构建中国特色现代国有企业治理结构、建设高素质专业化干部队伍、加强基层党建"三基建设"、加强新时代思想政治工作、建设"三不腐"长效机制、落实党建工作责任制等，构建新时代国有企业党的建设工作格局。企业各级党委的主要任务是在把方向、管大局、保落实的前提下，围绕企业生产经营开展工作，在企业经营管理的具体实践中切实落实好领导作用。

2. **关注重点不同**。习近平总书记在全国国有企业党的建设工作会议上强调，各级党委要抓好国有企业党的建设，把党要管党、从严治党落到实处。党建工作报告主要是报告企业党委班子在党中央的统一领导下，抓党的建设的重要工作成果。国有企业领导人员是党在经济领域的执政骨干，是治国理政复合型人才的重要来源，肩负着经营管理国有资产、实现国有资产保值增值的重要责任。企业党委工作报告主要是报告上一届党委班子贯彻落实党中央决策部署和上级党组织工作要求，奋力推进企业高质量发展、建设世界一流企业、加强党的建设等取得的主要成果。

3. **涵盖内容不同**。毛泽东同志指出，领导我们事业的核心力量是中国共产党。党政军民学、东西南北中，党是领导一切的。国有企业坚持党的领导、加强党的建设具有十分重要的意义。但就报告涵盖的内容而言，两种报告有着明显不同，前者是对企业各级党委面对新时代党的建设的形势与任务，按照新时代国有企业党的建设的目标、原则和方针，所开展的工作的全面总结；后者是对企业各级党委在坚持和加强党对国有企业的全面领导、推动国有企业高质量发展以及党的建设等方面，所开展的工作的全面总结。

三、党建工作报告的结构形式

党建工作报告一般是全年抓党的建设工作的全面总结，多采用时序逻辑、三段论结构（三大部分）。第一部分总结过去一年的主要工作成果，

既要涵盖全面（指党的建设各项工作不能有漏项缺项），又要突出重点（指各项工作不能事无巨细、面面俱到，必须突出重点，总结出亮点）。第二部分是形势与任务分析，讲清楚党中央和上级党组织的新部署新要求，为下一步党的建设指明方向、目标和工作思路。第三部分作出具体安排，提出针对性强、可操作性强的工作措施。

写作范例 4：

<h1 align="center">聚焦中心任务　强化党建引领
为率先打造世界一流企业提供坚强保证</h1>

——在××公司××年党的建设工作会议上的工作报告

×××

（××年××月××日）

同志们：

下面，我代表公司党委作××年党的建设工作报告。

一、××年重点工作回顾

××年，是……，也是……。一年来，我们始终坚持以习近平新时代中国特色社会主义思想为指导，深入学习贯彻……坚决落实……大力实施……党的建设各项工作取得显著成效，高质量党建引领高质量发展取得崭新业绩。

（开宗明义，简要说明过去一年的工作方向和思路，引出下文）

（一）践行"两个维护"更加坚定自觉。始终把党的政治建设摆在首位，层层落实"第一议题"制度……修订深入学习贯彻习近平总书记重要指示批示精神落实机制，工作经验在集团公司简报刊发。认真落实习近平总书记关于中国石油和中国石油相关工作的重要指示批示精神，把找油找气作为"国之大者""企之要情"……以实际行动坚决拥护"两个确立"，增强"四个意识"，坚定"四个自信"，做到"两个维护"。

（二）领导班子和干部人才队伍建设持续加强。大力实施干部"选育管用"机制……扎实推进任期制和契约化改革……研究制定发现培养优秀年轻干部十五条举措，动态建立"预备队"和"战略预备队"……聚焦前沿技术和短板领域引进高层次人才，推荐国家人才计划人选……深化专业技术岗位序列改革……人才工作典型做法被国务院国资委专报刊发。

（三）**全面从严治党逐步走深走实**。召开党的建设、党风廉政建设和反腐败工作会议，统筹推动全面从严治党各项工作落地到位。层层压实责任，落实主体责任清单，签订《党风廉政建设责任书》。落实集团公司领导干部会议精神，"合规管理强化年"和经营合规专项工作扎实开展。以钉钉子精神抓好中央八项规定精神落实……深入开展"讲规矩、知敬畏、守底线、明红线"党规党纪系列教育……加强巡察政治体检……深化腐败治理……政治生态持续向好。

（四）**基层党组织建设水平全面提升**。严格执行基层党建二十项工作要求……抓实标准化党支部达标晋级考核……创新探索"党建＋科技攻关"等载体，广泛开展创先争优活动，打造特色党建品牌……扎实推进基层党建"三基本"建设与"三基"工作有机融合……深化"铁人先锋"党建信息化平台应用……牵头编撰《新时代中国石油党建创新与实践》教材，受到集团公司高度肯定。公司在集团公司××年度党建责任制考核中获得 A+ 成绩。

（五）**企业文化优势更加彰显**。持续强化意识形态工作……做亮做大主流舆论宣传……充分发挥内部报台网微端全媒体宣传优势……持续丰富先进企业文化……大力弘扬石油精神和大庆精神、铁人精神，深入开展"转观念、勇担当、强管理、创一流"主题教育活动……持续推进智慧政研建设……

（六）**群团组织作用充分发挥**。切实加强民主管理，推进职代会规范化建设三年实施规划落实落地，征集提案××件，立案××件并全部落实。积极参与全国引领性劳动和技能竞赛……持续深化群众性经济技术创新活动……扎实推进青年精神素养提升工程……

（七）**和谐企业建设稳步推进**。坚持 HSE 联席会制度，关心关爱女性职工，积极推进健康企业建设……持续开展困难家庭救助、金秋助学……丰富职工文化生活……认真抓好保密和维稳信访工作……认真贯彻落实党中央乡村振兴工作精神……

（以上七个方面的成果保留的都是通用做法，特色做法各企业可结合实际丰富完善。无论是通用做法，还是特色做法，都可以大胆探索创新，取得省部级乃至国家级荣誉）

同志们，以上成绩的取得，离不开集团公司党组、××公司党委的正确领导、大力支持，离不开公司各级党组织和广大党员的攻坚克难、拼搏进取，离不开公司广大干部员工的扎实工作、无私奉献。在此，我代表公司党委，向大家致以崇高的敬意和衷心的感谢！

（总结成果之后，往往要增加这么一段话，对上级党组织和广大党员、干部员工表示感谢，体现格局胸怀，符合基本社会礼仪）

二、面临的形势任务

××年，是……也是……我们必须站在全局角度，深刻分析面临的形势与任务，全面把握新形势下坚定不移全面从严治党的新要求，统筹谋划党的建设各项工作。

（一）党的二十大对坚持党的领导加强党的建设作出新部署。党的二十大为全党在新的重大历史关头继续前进指明了方向、提供了根本遵循。会议特别强调要坚持不懈用习近平新时代中国特色社会主义思想凝心铸魂，完善党的自我革命制度规范体系，建设堪当民族复兴重任的高素质干部队伍，增强党组织政治功能和组织功能，坚持以严的基调强化正风肃纪，对坚持党的领导加强党的建设提出明确要求。我们必须深刻理解把握党的二十大精神，在党中央坚强领导下，落实新时代党的建设总要求，以永远在路上的执着深入推进党的建设，确保各项工作始终沿着正确方向前进。

（二）集团公司党组对坚持党的领导加强党的建设作出新安排。集团公司党组始终坚持以习近平新时代中国特色社会主义思想为指导，践行新时代党的建设总要求，坚定不移全面从严治党，为建设基业长青的世界一流企业提供坚强政治保证。××党组书记强调，要深刻领悟新时代党的建设新的伟大工程的重要性、必要性，持之以恒推进全面从严治党。集团公司党组在年初工作会议上，明确提出坚持党的领导加强党的建设，在筑牢国有企业"根"和"魂"上走在前、作示范。我们要严格贯彻落实集团公司党组各项工作部署，特别是关于党的建设各项部署，将责任落到实处，确保公司党的建设工作始终走在集团公司和××省国资委所属企业前列。

（三）公司率先打造世界一流企业对坚持党的领导加强党的建设提出新要求。率先打造世界一流企业是集团公司党组对公司发展提出的重要目标定位。公司各级党组织和广大共产党员承担着率先打造世界一流企业的重要责任，必须建设一支适应公司发展要求的党员领导干部队伍，打造强有力的基层党组织。对照新形势、新任务、新要求，我们在工作中还存在政治理论学习执行不到位、贯彻上级决策部署有差距、全面从严治党"主体责任"落实不够、基层大监督格局没有完全推进到位、基层党的组织建设工作责任没有完全压实等问题。打铁必须自身硬,我们必须始终坚持问题导向,突出全面从严要求,努力把各级党组织建设得更加坚强有力,为率先打造世界一流企业提供坚强保证。

(第二部分从党中央决策部署、集团公司党组安排、公司发展要求等三个层面进行剖析,阐明了新时代统筹谋划本企业党的建设面临的形势与任务。这是比较传统的纵向层面剖析方法,如果大家有兴趣也可以思考、尝试横向结构剖析方法)

三、××年重点工作安排

××年公司党的建设工作总体思路是:以习近平新时代中国特色社会主义思想为指导,深入学习宣传贯彻党的二十大精神和全国国有企业党的建设工作会议精神,坚决落实集团公司党组决策部署,牢牢把握公司中心任务和战略部署,坚持党的领导,加强党的建设,持续深化党建引领工程,坚持人才强企、固本强基、自我革命、凝心聚力、共享发展,推动党建工作质量全面提升,确保公司党的建设始终走在集团公司前列,为率先打造世界一流企业提供坚强保证。

(第三部分工作安排首段,一般先指出新的一年党的建设工作思路。工作思路有长有短,笔者倡导抓住核心关键,越短越好)

重点抓好八个方面工作。

(一)坚持政治引领,持续强化政治理论武装。以党的政治建设统领党的建设各项工作,坚持不懈用习近平新时代中国特色社会主义思想凝心铸魂、锤炼党性、指导实践、推动工作。

1.始终把党的政治建设摆在首位……

2.深入学习贯彻党的二十大精神……

3.坚决落实中央精神和上级部署……

(二)坚持系统思维,持续深化党建引领工程。认真落实新时代党的建设总要求,完善作用发挥、责任落实、考核督导工作机制,推动党的建设质量全面提升。

1.完善党委发挥作用机制……

2.构建党建责任落实机制……

3.健全党建工作考评机制……

(三)坚持人才强企,锻造卓越干部人才队伍。认真落实新时代党的组织路线，实施人才强企工程，扎实推进三支人才队伍建设，把各方面优秀人才集聚到公司事业发展中来。

    1. 提升干部队伍履职能力……

    2. 激发科技人才创新活力……

    3. 挖掘技能人才创新潜力……

（四）坚持固本强基，切实增强基层党组织政治功能和组织功能。 坚持大抓基层鲜明导向，推进基层党组织全面进步、全面过硬，把基层党组织建设成有效实现党的领导的坚强战斗堡垒。

    1. 推动基层组织建设标准化、规范化……

    2. 推进党建工作与生产经营有机融合……

    3. 探索基层党建活动载体创新……

（五）坚持问题导向，以强化作风建设推动两级机关管理提升。 充分发挥两级党委领导作用，围绕中心工作，聚焦作风建设，努力破解管理中存在的突出问题，为公司高质量发展提供坚强保证。

    1. 切实加强组织领导……

    2. 切实强化作用发挥……

    3. 切实加强检查考核……

（六）坚持全面从严，持续深化自我革命。 贯彻落实二十届中央纪委二次全会精神，始终牢记"两个永远在路上"，深刻领悟"六个如何始终"重大课题，持之以恒推进全面从严治党。

    1. 一体推进"三不腐"……

    2. 加大监督执纪问责力度……

    3. 驰而不息纠"四风"树新风……

（七）坚持凝心聚力，大力实施文化引领战略举措。 牢牢掌握党对宣传思想文化工作领导权，充分发挥文化引领作用，以高度的文化自信、强大的精神力量推动公司高质量发展。

    1. 压实意识形态工作责任制……

    2. 传承石油精神和先锋文化……

    3. 推动新闻宣传工作再上新台阶……

（八）坚持共享发展，持续推进和谐企业建设。 充分发挥统战、群团组织作用，调动激发全员积极性、主动性、创造性，团结协作推进公司高质量发展。

    1. 发挥工会桥梁纽带作用……

2. 激发团员青年动力活力……

3. 着力构建平安和谐企业……

（八个方面工作安排仅保留了标题、过渡语和内容小标题，过渡语不是写什么都可以，必须能够统领本方面内容，越短越好）

同志们，功崇惟志，业广惟勤。让我们更加紧密地团结在以习近平同志为核心的党中央周围，在集团公司党组的坚强领导下，自立自强、守正创新、踔厉奋发、勇毅前行，以高质量党建引领保障高质量发展，为公司率先打造世界一流企业作出新的更大贡献！

（号召式结尾法，现场动员广大党员积极投身党的建设和公司事业，以高质量党建引领高质量发展）

【写作点评】

党建工作报告一般采用"主题＋副题"的形式，主体内容按照时序逻辑、三段论结构编排，标题点出全文总基调（总论点，也就是报告的主题）和整体工作目标。总体来看，党建工作报告与其他工作报告的框架架构没有太大区别，只不过在涵盖内容和受众群体上有所区别。第一部分开宗明义，全面总结过去一年的工作成绩，偏重党务工作。第二部分形势研判一般有两种写法，即纵向层面剖析法和横向结构剖析法，无论采用哪种剖析方法，都要紧扣会议主题，紧扣企业党的建设方向目标。第三部分工作安排，必须充分体现新时代党的建设总体要求和重点任务，结合企业实际作出科学安排。结尾提出希望，发起号召，与主题呼应。选取的这篇报告主题明确、思路清晰、逻辑严密，各级标题与内容深度契合，承上启下，过渡自然，具有一定的代表性。

第七节 年中工作报告

很多国有企业在每年的 7 月份会召开年中工作会议，及时总结梳理上半年工作，分析存在的问题并研究部署下半年工作。这样的年中工作报告具有承上启下的作用。一般来说，年中工作报告的形势任务分析部分，不需要再次提出工作思路和工作目标，重点是分析上半年发现的新问题和新矛盾。

例如，某公司 2022 年年中工作推进会上的报告，主题是"强化技术创新 加快协同发展 全力保障油气增储上产迈上新台阶"，突出以技术创新和协同发展为主线，与年初的工作报告相呼应，落脚点是提高油气增储上产的服务保障能力和市场竞争力，体现了该公司坚决履行"一体两面"责任的使命担当。

相比于企业年度工作报告，起草企业年中工作报告要容易一些。一般而言，要抓住三个关键点。

1. 战略思想、战略决策保持一以贯之。

年中工作报告思路举措要与年初工作报告基本保持一致，不能擅自更换"频道"，上级和本级战略思想、战略决策、有关政策、部署要求必须一以贯之，可以在奋斗目标和实现路径上略作调整，更好确保年度工作目标的实现。

2. 重在关注新形势、新任务、新问题。

一般而言，上半年会有一些新形势新变化，上级单位也会随之作出适当调整，比如召开一些重要会议、印发一些相关文件、提出一些新的要求。各业务部门也会作出相应安排、付诸相应行动，总结上半年工作，谋划下半年任务。因此，起草报告时要有针对性地梳理上半年发生的一些新变化，并使之充分体现在企业年中工作报告之中。

3. 部署要有战略性、系统性、针对性。

业务部门作为一项或几项业务的主管部门，必须发挥好业务发展的顶层设计和引领推动作用，所有部署均须站在企业全产业链高质量发展的高度思考问题，坚决不能只思考本部门所干的一些具体业务，务必体现出企业的战略思想。所有业务都不能割裂开来单独思考、单独安排工作，要进行系统思考，做既对所管业务有利又对其他业务具有促进作用的设计。所有部署都要具有很强的针对性，既不能泛泛而谈、毫无重点，也不能避重就轻、逃避责任。有句话说得非常恰当："成绩不说也跑不了，问题不说却不得了。"如果想实实在在干点事，那就仔细品味这句话，抓住下一步的重点工作和工作重点，做到因势利导，切实发挥好业务部门业务引领和统筹协调作用。

强化技术创新 加快协同发展
全力保障集团公司油气增储上产迈上新台阶

——在××公司××年年中工作推进会上的报告

×××

(××年××月××日)

同志们：

这次会议是在石油石化系统深入学习贯彻落实习近平总书记"能源的饭碗必须端在自己手里"的重要指示精神、喜迎党的二十大胜利召开的重要历史节点，召开的一次全系统会议。大会的主题是：深入学习贯彻习近平总书记重要指示批示和重要讲话精神，团结带领工程技术业务广大干部员工，强化技术创新，加快协同发展，全力保障集团公司油气增储上产迈上新台阶。

（帽段开宗明义，直接点明会议召开的背景和主题。其实这段文字是笔者加上去的，实际报告中并没有。在此想提示大家的是，如果报告标题已经明确点明会议的主题，帽段可以省略）

一、上半年主要工作成效

今年以来，××公司深入学习贯彻习近平总书记重要指示批示和重要讲话精神，在保障油气增储上产降本的基础上，实现了"双过半"目标，推动了高质量协同发展。

上半年，专项督办集团公司工作会议、党组会及领导工作例会重点部署××项，按期办结××项，落实集团公司党组领导批示要求××项，"两利四率"、工程提速等主要业绩指标超计划完成。

（一）协同发展成效明显。 坚持一体化协同发展，维护了集团公司利益最大化（一体化协同发展是公司近几年的工作主基调，故放在第一部分总结，主要体现在三个层面）一是强化上游业务一体化协同。首次签订战略合作框架协议，践行"成就甲方才能成就自己"的理念，协同推进地质工程一体化，有力保障了油气高效勘探和效益开发。二是强化××公司一体化统筹。重点推动国内重点区域"五统一、六共享"和海外"六统一"管理。三是强化内外部一体化联动。与金融、装备制造企业开展战略合作；与科研院所共同推进科技攻关、成果转化；与××公司合作推动数字化转型；强化与国际同行、××公司对标交流，共同推动集团公司全产业链高质量发展。

（二）服务保障坚强有力。聚焦国内外勘探开发重点，有力保障了油气增储上产。助力勘探开发取得新突破。各企业在国内重点盆地获得勘探重要发现，海外油气合作区取得系列新发现……工程质量迈上新台阶。事故复杂时率明显下降，工程质量持续提升……工程提速获得新进展。采集、钻井和工厂化压裂提速与重点区域单队作业效率……

（三）科技创新多点突破。大力推进科技创新，增强了工程技术核心竞争力。创新体系日趋完善。形成了"一个整体、三个层次"统筹推进新格局；落实科研经费××亿元，下达科技项目××个。专利工作得到集团公司党组领导肯定。重大专项进展顺利……关键技术集成应用……智慧技服建设加速……

（四）转型升级步伐加快。以钉钉子精神推动改革，积蓄了转型升级强大动能。改革任务进展顺利。改革三年行动圆满收官，三项制度改革有序推进，全员劳动生产率同比提升××。治理体系更加完善。任期制和契约化管理全面落地；编制授权管理清单和权限手册，技服本部将××项规章制度精简为××项；开展"七个专项治理"。专业化发展初见成效。编制下发差异化发展方案；加快同质化业务整合。

（五）精益管理成果丰硕。坚持"精益管理、止于至善"，提升了企业价值创造能力。考核激励更加精准。精简指标数量，设置安全生产、科技创新、提质增效专项奖励。优化本部全员绩效考核。成本管控成效显著。实施价值创造专项行动；全级次企业亏损额、亏损户数实现双降。经营风险有效管控……对标管理深入推进。提前完成对标世界一流管理提升××项任务；开展四个层面常态化对标。

（六）发展大局保持平稳。坚持党的全面领导，统筹发展和安全，夯实了企业发展基础。井控管理更加严密……安全风险平稳受控……党的建设全面加强……

我们取得的业绩，离不开集团公司党组的战略引领，离不开上级企业的统筹指导，也离不开兄弟企业的鼎力支持。

我们取得的业绩，源自各成员企业的艰苦努力，凝聚着广大一线干部员工的辛勤汗水。

我们取得的业绩，充分证明高质量协同发展实现路径，经实践检验符合公司发展实际，必须毫不动摇地坚持下去。

二、当前面临的形势和任务

我们要观大势、谋全局，牢牢把握稳中求进的工作总基调，坚定不移做好自己的事情，全力保障油气增储上产迈上新台阶。

（一）面对世界百年未有之大变局，我们要把握有利条件、保持战略定力。世界百年未有之大变局加速演进，外部环境更加复杂严峻。国内经济发展环境的复杂性、严峻性、不确定性上升，稳增长、稳就业、稳物价面临新的挑战。同时，我国对安全生产、环境保护监管更加严格，对依法治企、合规经营提出了更高要求。我们要加强形势研判，树立底线思维，科学防范各类"黑天鹅""灰犀牛"事件发生。

尽管形势严峻复杂，但我国经济稳中向好、长期向好的基本面没有变。随着稳住经济一揽子政策措施持续发力，下半年经济恢复步伐有望加快。我们要用全面、辩证、长远的眼光看待面临的形势，增强信心、抢抓机遇，稳字当头、稳中求进，确保全面完成年度任务目标。

（二）面对保障国家能源安全压力，我们要胸怀"国之大者"、担当历史使命。全球能源供需版图深度调整，我国能源安全新旧风险交织，保供任务更加艰巨。中央经济工作会议明确提出，要深入推动能源革命，加快建设能源强国，提升能源资源供给保障能力。集团公司持续加大勘探开发力度，对工程技术提出更高要求……

要充分认识到，工程技术是支撑油气勘探开发的核心力量，工程技术服务队伍是铁人的队伍，必须坚决履行好支撑集团公司保障国家能源安全的历史使命，把能源的饭碗牢牢端在自己手里。

（三）面对建设世界一流企业蓝图，我们要坚持稳中求进、强化执行落实。要强化战略引领，保持战略定力，坚持"安全、合规、效率、效益"方针，大力实施"创新、市场、低成本、一体化"战略，加快建设让"党组放心、油田满意、企业认同、员工幸福"的一流示范企业。

要充分认识到，追求盈利是企业的基本属性，盈利是高质量发展的重要标志。我们必须坚持刀刃向内，正视自身在管理、技术等方面的短板，采取有力措施，尽快消灭亏损，努力实现所有业务都盈利。

（四）面对制约高质量发展的短板弱项，我们要坚持问题导向、抓住主要矛盾。尽管上半年公司和各企业都取得了良好业绩，但对标世界一流，还有较大提升空间。一是核心理念尚未深入人心……二是公司主要矛盾仍然突出……三是一体化统筹仍需加强……四是企业组织体系仍需优化……五是"两利四率"指标对标落后……六是安全井控风险持续增大……这些问题和不足⋯⋯

（第二部分形势剖析，一是按照"形势、任务、目标、责任"逻辑安排，二是体现了从宏观视角到微观具体的写作方法）

三、下一步重点工作安排

全面完成年度任务目标，以优异成绩向党的二十大献礼，任务艰巨、责任重大，我们必须全力以赴抓好下半年各项工作落实。

（一）**以安全合规为前提，坚决守住底线红线**。树牢安全发展理念，坚持依法合规治企，积极营造安全稳定和谐的环境。

突出井控重中之重。始终将井控风险作为最大风险，坚持大抓基层、严抓狠管，以"两个100%"确保实现"减少溢流、遏制高套压、杜绝井喷"目标。保持高压严管态势⋯⋯加强各级协同联动⋯⋯狠抓风险源头防范⋯⋯大力提升管控能力⋯⋯

提升本质安全水平。深刻汲取事故教训，坚定必胜信念，推动安全形势持续稳定。强化理念引领⋯⋯狠抓责任落实⋯⋯优化体系审核⋯⋯加强风险防控⋯⋯加快绿色发展⋯⋯

坚持依法合规治企。深化"合规管理强化年"工作，争创法治建设示范企业。完善治理结构⋯⋯健全制度体系⋯⋯突出合规管理⋯⋯

（二）**以服务保障为使命，助力油气增储上产**。将"实现地质学家和开发专家梦想"作为价值追求，当好服务保障主力军。

做强组织保障。持续深化"五统一、六共享"，扩大成熟区块总包规模，**着力打造"交钥匙"工程**。大力推行区域专打、平台专打、井型专打，共享提速经验，缩短学习曲线，杜绝钻机等重大装备的无序调遣，提高资源配置效率⋯⋯

做精勘探保障。聚焦高效勘探，助力重点盆地取得一批重大发现。坚持××先行⋯⋯打好重点探井⋯⋯提升试油完井能力⋯⋯

做优开发保障。聚焦效益建产，支撑油气田企业实现原油、天然气产量目标⋯⋯

（三）**以效率效益为中心，全面提高发展质量**。统筹市场与经营、效率与效益，增强全产业链价值创造能力。

强化市场开发。提高服务保障能力⋯⋯深耕国内外部市场⋯⋯大力拓展国际市场⋯⋯

优化业务布局。坚持资产轻量化⋯⋯推动业务高端化⋯⋯加快专业化发展……提升风险作业质量……

狠抓工程提速。坚持质量优先……推进钻井提速……推进压裂提效……

深化提质增效。落实降低百元收入营业成本的"三方面二十条"措施，健全完善钻探企业成本控制体系和不同工区基层作业队百元收入标杆成本，打造低成本竞争优势……

（四）以改革创新为引领，加快集聚发展动能。坚持改革、创新双轮驱动，打造高质量发展新引擎。

加大科技自主创新力度。强化科研顶层设计……打造工程技术高地……攻关关键核心技术……促进科技成果转化……

打赢深化改革攻坚战。强化战略引领，统筹推进企业组织体系优化提升工程。畅通退出渠道，健全市场化用工机制，**强化考核"指挥棒"作用**，加大业绩考核结果与绩效奖金挂钩力度。加快国际业务改革，**坚定"三大品牌"战略**……

加快数字化转型、智能化发展。围绕经营管理和生产运行两条主线，打造工程技术 EISC 工作平台和地质工程一体化支持平台……

（五）以党的建设为根本，厚植政治文化优势。贯彻两个"一以贯之"，**以高质量党建引领高质量发展。**

加强党的全面领导。将迎接党的二十大、学习宣传贯彻党的二十大精神作为重大政治任务，持续开展"十个一"活动……

推进人才强企工程。扎实开展"人才强企工程推进年"活动，努力开创人才工作新局面。加强科技人才队伍建设……加强青年人才队伍建设……加强技能人才队伍建设……

打造特色文化体系。坚持文化赋能，落实文化引领工程实施方案，编制企业文化手册，**厚植尊重奉献者、注重执行力的文化**，全力打造一支赓续铁人血脉、勇于担当奉献的"四铁"队伍……

同志们，**风正劲足自当扬帆破浪，任重道远更需快马加鞭**。让我们在集团公司党组的坚强领导下，高举铁人旗帜，努力拼搏进取，坚决完成全年各项目标任务，奋力开启高质量协同发展新征程，努力为集团公司建设基业长青的世界一流企业作出新的更大贡献！

（展望式结尾法：先描绘宏伟蓝图，展望美好愿景，再发出号召，激发大家拼搏进取、争创一流的奋斗热情。标志性词语有"让我们……，以……""我们一定能够……"等）

【写作点评】

这篇报告是专业公司年中工作会议报告，主体内容采用的依然是传统三段论结构，按照时序逻辑编排。第一自然段对上半年工作进行定性，"在保障油气增储上产降本的基础上，实现了'双过半'目标，推动了高质量协同发展"。第二自然段首次写入集团公司党组重点工作部署的督办落实情况，随后重点列举工作量、收入、利润完成情况，并分业务板块、分专业、分单位进行分析，最后通报了公司和成员企业年度业绩考核结果。

正文主要分为三个部分，下面进行简要分析和点评。

第一部分，从协同发展成效明显、服务保障坚强有力、科技创新多点突破、转型升级步伐加快、精益管理成果丰硕、发展大局保持平稳等六个方面，系统总结上半年工作成效。小标题采用主谓结构，更加强调结果性评价而不是采取的措施。最后用三个"我们取得的成绩"收尾，概括为"两个感谢、一个经验"，系统性比较强。

第二部分，深入分析当前面临的形势和任务。当时的历史背景是下半年即将召开党的二十大，因此更加突出了保障国家能源安全、稳定宏观经济大盘、保持社会大局稳定的意义和责任。随后用了四个"面对……我们要……"的句式，从世界百年未有之大变局、保障国家能源安全压力、建设世界一流企业蓝图、制约高质量发展的短板弱项四个方面进行阐述，分析了形势，查找了问题，明确了方向。

第三部分，统筹部署下一步重点任务，总体围绕公司党委确定的"安全、合规、效率、效益"八字方针、服务保障、改革创新、党的建设等全年工作目标任务展开。因为当年集团公司年中领导干部会议的主题是依法合规治企和强化管理，所以，专业公司年中工作会议报告将安全合规管理作为下一步重点任务的第一部分。

在此提示一下，工作部署部分，每个大标题后面可以不用过渡句，标题便是分论点，可以直接聚焦分论点布置任务。如果使用过渡句，就要使用简短且具有统领作用的句子。这体现的是文字功底。

聚焦奋进高质量发展 奋斗世界一流企业建设
坚决打好打赢提质增效攻坚战

——在××公司××年年中工作会上的主题讲话（报告）

×××

（××年××月××日）

（在笔者的印象中，这是该企业首次采取主题讲话和生产经营工作部署的方式召开年中工作会议。主题讲话和生产经营工作部署都非常精练，听起来很有冲击力）

同志们：

这次会议，是在公司生产经营创出近年新高、年度目标实现"硬过半"背景下召开的，主要任务是：总结上半年工作成效，深入研判形势，科学决策部署，动员全体干部员工坚定必胜信念，坚决打好打赢提质增效攻坚战，确保圆满完成年度任务，为奋进高质量发展、奋斗世界一流企业建设提供坚强保障。

（帽段简明扼要、简洁凝练，说明召开会议的背景和任务。其实，主要任务中已经包含了会议主题，也就是讲话主题）

刚才，×××同志以对标分析的方式总结了上半年工作，×××总经理作了下半年生产经营工作部署。两份材料都是公司党委班子集体讨论研究的，贯穿了提质增效攻坚主题，各单位、各部门要抓好落实。会议书面通报了安全并控、党风廉政建设和反腐败工作情况，表彰了"两优一先"代表，安排了提质增效交流发言。大家讲得都很好，非常有启发意义，我们要共同学习借鉴。下午，还将进行分组讨论，目的是进一步统一全员思想，切实认清提质增效攻坚的重要目的和深层次意义，凝聚起加速转型升级、加快高质量发展的强大合力。具体工作已经部署，在此基础上，我再谈一些思路性、方向性意见，便于在下午的讨论中集思广益，共同改进提升。

（本段简要回顾会议过程，肯定会议取得的成果，简要介绍并强调下午的会议安排和会议的重要意义。最后一句话承上启下，引出后面内容）

一、公司上半年提质增效攻坚取得积极进展

年初以来，公司认真落实集团公司党组"观大势、谋全局，志存高远、志创一流"要求，积极应变局、育新机、开新局，系统梳理业务链、价值链和管理链，以把握"三战役一工程"为重点，以深化提质增效攻坚为主线，推动生产经营实现"硬过半"，完成钻井进尺××万米，实现经营收入××亿元，提质增效××亿元，为完成年度任务打下坚实基础，在复杂形势下蹚出了一条转型新路。主要体现在六个方面：一是思想观念主动求变。将对标管理作为变革机能、提升效能、激发潜能的关键举措，辐射服务保障、组织运行、施工作业、经营管理各环节，推动队伍作风、精神面貌发生显著变化，合力攻坚、创新求变的氛围更加浓厚。二是服务保障协同求进。持续深化"甲乙方协同是价值最大化的最优解"的认识，创新××、××前指管理模式，各单位力保生产、全面进攻，机关部门主动靠前、推进落实，促进队伍动用率、设备利用率等高位运行，支撑××、××等一批勘探大发现。三是经营管理务实求效。以杀出一条血路的决心和行动，开展提质增效攻坚，刀刃向内撬动流程重塑、机制变革，以"四精"为核心的管理效应逐步释放，量效齐增的发展态势愈加明显，涌现出矩阵式成本管控等创新举措。四是工程技术精耕求质。将地质工程一体化作为提效率的重要抓手，突出重点领域和堵点难题，实施超工期井"拔桩"、井漏与故障复杂等专项治理，推动××等区域钻井提速××，工厂化压裂提效××，井身、固井质量不断提升。五是风险防控竭力求稳。突出重大事故隐患专项排查整治，加强资金清理、价格结算，深化党内巡察与基层腐败治理，保障了生产经营健康运行。六是砥砺初心、笃行求实。深入开展学习贯彻习近平新时代中国特色社会主义思想主题教育，健全"我为员工群众办实事"长效机制，抓实健康管理等工作，全力改善一线生产生活条件，提升了全员幸福感、归属感。

更为难能可贵的是，广大基层员工在钻台上日夜坚守，在"车轮上"风餐露宿，保市场、降成本等方面涌现出大量的典型经验和创新创造。××公司……××公司……××公司……××公司……同时，两级机关通过思想发动、措施攻坚，梳理出大量的出血点、增效点，靠自己、强管理才能过上好日子的思想认识高度凝聚，大家对企业发展的方向更明了、信心更大了、干劲更足了，这是上半年最重要的收获和最突出的工作成果。

总的来看，经过上半年的摸索和实践，证明我们选择的方向是正确的、制定的措施是有效的、取得的成绩是实实在在的，全体干部员工用行动彰显了铁人队伍知难而进、敢于争先的进取担当。在此，我代表公司党委对大家的辛勤付出表示衷心感谢！

看到成绩的同时，我们也要清醒认识自身管理粗放的现状仍未得到根本扭转，突出表现在：思想上没有"绷紧弦"……行动上没有"拉满弓"……责任上没有"落到点"……除此之外，安全基础依然不牢……这些都需要我们重点改进提升。

（主体内容第一部分：简要总结上半年工作成果，肯定公司的路线选择和干部员工的付出，同时指出存在的突出问题）

二、深刻认识必须打好提质增效攻坚战的重要意义

当前，工程技术行业内外环境正在发生深刻而剧烈的变化，各种风险挑战明显增多，我们必须进一步认清提质增效在强管理、防风险、促转型方面的重要意义，通过集体攻坚，圆满完成年度任务，加快奋进高质量发展、奋斗世界一流企业建设。

第一，打好提质增效攻坚战是适应形势之变的必然选择。党的十八大以来，习近平总书记提出当好能源保供"顶梁柱"等重大嘱托，迫切期望我们通过页岩油气革命等方式，在保障国家能源安全方面实现重大突破。集团党组认真落实习近平总书记重要指示批示精神，强调工程技术企业要从服务保障为主向自立自强的战略支持转变，提出国内钻井业务加快实现"3个5%"等更高要求，并在市场化改革、内部结算等方面迈出一大步，推动××、××等发展条件发生了显著变化，钻探行业正处于大变革的前夜。我们必须加快适应市场形势突变所带来的服务低成本、保障高品质等方面的竞争准备，必须加快适应国内油气业务投资规模受限所带来的年度工作量不均衡、不确定性等方面的工作准备，加紧在管理上形成一套自我革新、自我提升的新机制。因此，开展提质增效，已经不是做不做的事，而是等不得、慢不得、拖不得，必须做、必须做好的工作，必须打、必须打赢的攻坚战。这不仅是形势所迫，更是发展所需。

第二，打好提质增效攻坚战是实现战略目标的关键之举。今年以来，公司党委坚持××发展思路，将奋进高质量发展作为创建世界一流企业的必要条件、工作基础和必经阶段，统筹战略谋划与策略实施。战略上，从精细化管理、数字化转型方面重点发力，清醒认识管理的永恒主题是精益求精、止于至善，通过深化提质增效攻坚，建立管理提升长效机制，推动全面进入精细管理阶段，加速向精益管理迈进；清醒认识数字化在提效率、促转型方面的重要作用，通过将数字技术融入全产业链，打造智能化作业、网络化协同等新势力，驱动管理变革、组织运营模式创新。策略上，将打好"三大战役"、打造幸福企业，作为保障战略目标实现、解决当前矛盾问题的现实之策，回应各方核心关切的实际行动。将打好服务保障进攻战

作为高质量发展的立身之本，国有钻探企业服务保障不到位就会造成政治上的缺位，甚至政治上的被动，这会淡化全体干部员工的辛勤努力和付出。将打好安全井控保卫战作为高质量发展的基础前提，这是基于行业高风险特点的底线思维，一旦出现问题，极易引发系统性风险，造成颠覆性影响。将打好提质增效攻坚战作为高质量发展的关键之举。短期目标是，通过大力攻坚，确保年度生产经营任务圆满完成；中期目标是，通过深化攻坚，加速管理变革、流程重塑，打造低成本竞争优势；长期目标是，通过持续攻坚，形成管理精益、运营高效、科学规范的现代化治理体系，实现转型升级。将打造幸福企业作为高质量发展的根本目的，旨在让新时代钻探人更有归属感，并立足现实物质、未来愿景、价值实现、精神归属四个支点，赋予幸福企业新的内涵。

上述高质量发展思路举措，既是公司党委对过去十五年发展的传承创新，更是对未来发展的战略思考，符合当前形势与自身实际，得到了集团公司党组领导和××公司党委的高度认可。各级干部员工要准确把握"三战役一工程"的内在逻辑和深刻内涵，特别是提质增效攻坚战的重要目的，认清短、中、长期奋斗目标，分别兼顾现实之需、变革之需、转型之需，始终将提质增效作为长久之策，以自身高质量发展的最大确定性应对环境变化的不确定性。

第三，打好提质增效攻坚战是解决矛盾问题的重要抓手。公司成立以来，通过全体干部员工的苦干实干，整体规模实力、竞争能力、发展基础显著改观，具备奋进高质量发展、奋斗世界一流企业建设的良好基础。但与国际油服、国内同行对标，公司在盈利水平、创效能力等方面还存在较大差距，管理粗放，基础薄弱，安全、经营、廉政风险较为集中，特别在经营方面，过于依赖甲方能力、忽视主观努力，没有在管理上投入更多更大精力，导致公司始终在巨大的不确定性、巨大的风险条件下发展。

长期来看，受全球经济复苏乏力、新能源业务高速增长等因素影响，国际油价波动不可避免，保持高价位面临较大挑战，集团公司正逐步将桶油生产成本控制在××美元，油田面临更加严苛的投资管控和效益考核双重压力，随着合同资产逐步解决、新定额指导意见的下发，资金和价格的问题明朗后，年度经营好坏就在于我们自身，以往将命运寄托于别人身上、"以支逼收"的路径观念，既不符合当前形势，也不符合高质量发展特征和世界一流企业建设标准，不可持续，走不通，再也走不下去。我们必须立足自身、苦练内功，把打好提质增效攻坚战作为自立自强的重要抓手，采取革命性举措推动全业务链流程重塑、优化和完善。

辩证审视内外部环境，变的是价格、结算等发展条件，不变的是长期向好的发展基础，西部仍是集团增储上产的主战场，甲乙方同心同向、协同发展的态势越来越明显；企业管理逐步从粗放走向精细，各级干部员工思想观念、经营意识逐步改观，这些都是我们奋进高质量发展的信心和底气。方向对，就不怕路途遥远。只要我们勠力同心、真抓实干，全力打好提质增效攻坚战，就一定能够实现各项既定目标。正如集团公司党组领导调研时提出的肯定和期望，既是对公司上下的充分认可，更是对企业发展的最强助力。我们要认真落实集团公司党组决策部署，锚定目标不松劲，一张蓝图绘到底，以优异的业绩回报党组的厚爱和员工的信任。

（主体内容第二部分：相当于形势任务分析，从三个方面阐述打好提质增效攻坚战的重要意义）

三、坚决打赢提质增效攻坚战

当前，时间已经过半，各级领导干部要抓住生产黄金季节，围绕提质增效攻坚，进一步坚定"打赢"的信心，凝聚"打赢"的合力，增强"打赢"的保障，确保年度任务圆满完成。

一要深化思想攻坚，不断坚定"打赢"的信心。提质增效是一场刀刃向内的自我革命，要认清攻坚的深刻内涵，坚定"必须打、必须打赢"的信心和决心，筑牢决战决胜的思想共识。要……

二要深化责任攻坚，持续凝聚"打赢"的合力。提质增效攻坚最考验拼搏进取，最检验精细精准，必须要聚合力、提能力，履行好攻坚责任，以自身努力指数提升公司发展指数。要……

三要深化举措攻坚，加速破解"打赢"的难点。要将百元收入营业成本硬下降作为主攻方向，在增收入扩大分母，减支出缩小分子上出实招、打硬仗。要强化增收创效，通过各专业一体化攻坚，将市场"最大变量"转化为提质增效的"最大增量"。钻井单位要……物采、管具等单位要……

四要深化技术攻坚，全面夯实"打赢"的基点。坚持把提质增效攻坚的基点放在技术进步上，突出抓好现有技术的优化集成和创新应用，促进钻井打快打省、压裂压好压省。要……

五要深化验证攻坚，巩固保障"打赢"的成果。坚持结果导向，着力强化成果验证、效能监督，确保见到"真金白银"……

（主体内容第三部分：是针对上半年表现出来的突出问题、打好提质增效攻坚战的五个方面的工作举措，做到前后呼应是关键）

四、以企业家精神打好提质增效攻坚战

习近平总书记在党的二十大报告中，系统阐释了企业家精神在建设世界一流企业中的引领作用。×××董事长要求各级干部立足全球视野、战略眼光、家国情怀、创新精神四个维度，培养践行企业家精神。公司在今年的主题教育启动会上，将弘扬企业家精神作为首要研讨主题。目的都是，引领各级干部以企业家标准和要求审视自我、锤炼自我，确保在纷繁复杂的环境下，肩负起奋进高质量发展、奋斗世界一流企业建设的时代重任。

在座的都是公司发展的中坚力量，都是本单位、本部门的"火车头"与"驱动器"，少则掌控××亿元，多则掌控××亿元体量的企业，或是与之相当的资源要素，最有基础、最有条件成长为企业家。大家不妨想一想，自己离企业家的追求和标准还有多大差距，在提质增效攻坚、奋进高质量发展中是否"努力到无能为力、拼搏到感动自己"。这里让我们一起对照企业家精神内涵，共勉共励。

一要把对党忠诚、信念坚定作为企业家精神的"根基"。牢记自己的第一职责是为党工作，时刻对党忠诚，自觉增强"政治三力"，始终把拥护"两个确立"、做到"两个维护"作为最坚定的政治立场、最鲜明的政治方向、最牢固的政治信念。始终坚守创业初心，把爱党、忧党、兴党、护党落实到企业生产经营、改革发展各项工作中，永葆在经济领域为党工作的政治底色。要涵养为民情怀，持续深入开展学习贯彻习近平新时代中国特色社会主义思想主题教育，将问题整改贯穿始终，统筹调查研究、第二批主题教育启动等工作，以企业家精神抓好幸福企业建设，让员工切实感受到解决问题的实际成效，不断提升归属感。

二要把敢于担当、奋发有为作为企业家精神的"底色"。企业家不仅要有担当的"宽肩膀"，还得有成事的"真本领"，真正做担当尽责的奋斗者、攻坚克难的拼搏者。两级班子要勇于深入"矛盾漩涡"，把"挫折"当"存折"，涵养"经难事必有所得"的进取意识，磨砺坚韧不拔的奋发精神，培育干事创业的"新动能"，做到谋事有更新的思路、干事有更大的激情、成事有更大的决心。两级机关要锐意开创"新招新策"，增强"谋深一层、做实一步"的能力，坚持把重心放到基层、功夫下到基层，在深入群众中寻求真知灼见，切实把发展的"油门"踩下去、把发展的质量提上来，在服务基层提质增效中彰显价值。

三要把开拓创新、合作共赢作为企业家精神的"灵魂"。创新是企业家的基本职能，要自觉把改革发展放到集团公司建设世界一流企业的战略路径

中来谋划，放到公司党委"三战役一工程"高质量发展策略中去推进，全面抓实提质增效攻坚、数字化转型，推动公司管理创新、技术创新、组织模式创新，有效调动员工队伍活力动力，努力把企业打造成为强大的创新主体。合作是企业家的必备理念，创新需要合作，破解难题更需要合作，要客观审视自己，全面看待他人，深化协同协作，在携手并进、双向奔赴中寻找最大公约数，形成解决问题的强大驱动力，为企业发展开创新的机遇，在合作共赢中实现新的发展。

四要把居安思危、防控风险作为企业家精神的"底线"。企业家必须具备"一叶易色而知天下秋"的见微知著能力，增强忧患意识，妥善应对各种风险挑战。要常怀安全井控之忧，牢固树立"两个理念、一个信念"，落实"四全、四查"要求，以深入开展重大事故隐患专项排查整治为主线，抓好大型施工、重点井监管、防洪防汛等工作，坚决确保施工平稳。要常怀稳健经营之忧，加强市场、价格、资金、成本分析研判与预警预测，建立全面覆盖、全程跟踪的动态调整机制，强化监测评估和考核监督，实现闭环管理，保障年度经营目标实现。要常怀廉政合规之忧，常态化开展规纪法教育，持续培土加固中央八项规定精神堤坝，抓实内部巡察，一体推进"三不腐"；加强各类合作、机制流程重塑事前评估，加大招投标等重点领域监管，为高质量发展保驾护航。

五要把艰苦奋斗、勤恳奉献作为企业家精神的"内核"。为将之道，当先治心。企业家不仅要有积极进取、不惧困苦的人生态度，还要能够超越个人利益，在建功立业中成就精彩人生。要保持艰苦奋斗精神，树牢深潜实干思想，摒弃大而化之、浮在表面的作风和盲目攀比、揽功诿过的浮躁心态。要敬畏事业、勤恳奉献，管好生活圈、交往圈，清白做人，干净做事，始终将"我为祖国献石油"内化于心、外化于行，最大限度挖掘自身潜力、释放创造力，着力塑造海纳百川、奉公正己、献身事业的独特气质，时刻与企业同呼吸共命运，努力在成长舞台上发光发热。

（主体内容第四部分：强调的是打好提质增效攻坚战的支撑和保障，包括党的建设、领导干部、改革创新、风险防控、作风建设）

最后，我再强调一下关心关爱工作。当前，广大基层同志正头顶烈日，挥汗如雨忘我工作，我们要时刻与基层同志想到一起、干到一起，各级组织要通过"三送"等方式，及时传递关怀、加油鼓劲，营造上下同欲、合力攻坚的良好氛围。

同志们，"路虽远，行则将至；事虽难，做则必成"。提质增效攻坚是一场刀刃向内、转型升级的发展蜕变，只要我们坚定信念，苦干实干，就一定能够创造出公司更加美好的明天！

（决心式结尾法：在前面部署了工作，进行了动员，结尾时再表达一下决心，激励大家只要团结奋进，就一定能够完成工作目标。标志性词语是"我们要……""只要我们……"等）

【写作点评】

这是一篇地区企业年中工作会议主题讲话，讲话的主题和主线一致，都是坚决打好打赢提质增效攻坚战。本文具有四大创新点：一是讲话结构有创新，没有采用传统的三段论结构，运用的是四段论结构，前三部分是传统结构，即总结成绩、形势分析、部署任务。最后一部分是思想动员。这在企业工作会议主题讲话中比较鲜见。二是思维逻辑有创新，属于"战略＋战术＋战法"的完美结合，战略、战术、战法是决定军事胜败的三大要素。古往今来的领导者都是把这三者完美结合，以最有效、最高效的方式，打赢战争、取得胜利。在这篇讲话中，战略是指从形势分析引出战略方向和战略目标，抓住突出矛盾部署提质增效攻坚各项举措，在思想动员中传输思想理念和工作方法。除此之外，每部分的逻辑关系也都非常缜密，前后呼应，因果照应。三是表述方式有创新，全文多用短句、排比句，多种修辞手法运用得恰如其分、十分精当，用广大员工非常熟悉的语言方式传递了上级精神，讲明了攻坚难度，增强了攻坚信心，属于短小精悍的思想精品。四是思想观点有创新，对中央精神和党组决策理解得较为深刻，并且结合企业实际，提出了将市场"最大变量"转化为提质增效的"最大增量"、以自身高质量发展的最大确定性应对环境变化的不确定性等鲜明观点。这是工程技术企业面对严峻形势和复杂环境勇于刀刃向内的决心和雄心。总体而言，这篇主题讲话站位高、格局大，展现了这家企业领导班子尤其是主要领导的为帅之谋、为将之气、为民之心。

写作范例 7：

奋力攻坚 提质增效
确保全面完成年度生产经营任务

——××公司××年下半年生产经营工作部署

×××

（××年××月××日）

同志们：

上半年，公司认真贯彻集团公司、××公司决策部署，强化服务保障，攻坚提质增效，抓实安全井控，实现收入××亿元、利润××亿元，生产经营实现"时间过半，任务硬过半"，创出了佳绩。下半年，公司生产经营任务依然十分艰巨，我们必须找准制约发展的瓶颈和矛盾，认清面临的压力和挑战。一是保量稳价的压力……二是均衡生产的压力……三是成本管控的压力……四是资金运营的压力……除此之外，部分单位和部门攻坚动力和信心不足，存在"潜力已经挖尽"的消极思想，主观能动显不足，被动应对不担当，这是影响提质增效的最大隐忧。我们必须奋力攻坚、担当进取，将提质增效作为稳大局、应变局、开新局的重要抓手，作为实现自立自强的关键之举，在激烈的竞争中赢得主动。

在看到压力和挑战的同时，我们更应看到自身的独特优势和良好基础。一是西部油田仍然是集团公司增储上产的主力区，工作量相对饱满；二是公司组织机构精干高效，主体职责清晰，市场与生产管理一体化优势突出；三是深井超深井钻完井技术能力持续增强，××超深井超前运行，主力装备新度系数、电动化程度板块第一，差异化竞争优势明显。同时，公司干部员工队伍坚韧朴实、敢闯敢拼，这是我们战胜一切困难挑战的最大底气。公司新一届领导班子自信务实，谋划提出"三战役一工程"高质量发展思路，密集出台提质增效系列举措，各项工作明显提升，队伍士气空前高涨，得到了集团公司、××公司的认可，为圆满完成年度任务、推动高质量发展打下了坚实基础。

下半年，公司上下要深入贯彻集团公司、××公司各项部署，以提质增效为主线，锚定年度预算不动摇，着力聚合力、拓市场、提效率、降成本、促转型、保安全、惠民生，力争提质增效××亿元以上，确保全年创收××亿元、创效××亿元，圆满完成各项生产经营任务。

讲话文稿里的丰厚道美

第一章 工作报告

一、统一思想，凝聚合力，激发提质增效动能。 凝聚攻坚合力，深化业财融合，强化激励约束，激发全员提质增效潜力。

（一）**增强经营意识。** 深入推进提质增效，不仅是完成全年生产经营任务的重要措施，更是实现高质量发展的长期战略举措，必须调动全员积极性，常抓不懈、持续发力。牢固树立"一切成本皆可降"的理念，全要素、全方位、全过程控制成本支出，能降则降，深挖节支降耗潜力。牢固树立"一手抓市场创收，一手抓管理节支"的理念，坚决摒弃只顾市场创收不顾精益管理的惯性，补短板、堵漏洞、强弱项，杜绝"指缝漏失"，守住来之不易的经营成果。牢固树立"生产经营过紧日子是为了让员工过好日子"的理念，我们节约的每一分钱都是利润，都关系到员工的切身利益，只有完成经营任务，才能确保员工利益。牢固树立"省钱比赚钱容易、省一相当于赚百"的理念，目前公司收入利润率只有××，必须从一点一滴做起，时时处处节约。

（二）**凝聚攻坚合力。** 按照横纵两个维度构建"矩阵式"管控体系，横向"全覆盖"分解113项成本要素管控目标至机关各部门，纵向"全级次"下达同口径增效目标至各单位，形成"双闭环"，相互验证推动。两级机关部门要……各单位要……巡察、纪检、审计部门要……宣传部门要……

（三）**深化业财融合。** 加快推进业财融合平台建设，总结试点单位经验，加快推广进度……

（四）**强化激励约束。** 开展以"提效率、创指标、强保障、增效益"为主题的劳动竞赛，加大"创效额、节约额"等专项奖励，选树明星个人、明星部门，汇聚合力攻坚的强大动能……

二、合力攻坚，市场开源，夯实提质增效基础。 把市场作为"生命线"，运用好"第三选择"，深化甲乙方协同，实现双赢。

（一）**保量稳价，守牢属地主导市场。** 坚持关联交易政策不动摇，主动适应市场机制变化，个性化制定应对措施，与各油田沟通"协同"理念，突出保障责任、价值贡献和发展双赢，力保份额不降、新计价规则和定额落地执行，稳固发展根基。××油田……××油田……××油田……

（二）**增量提效，拓展国内战略市场。** 正确处理规模与效益的关系，在事前算赢的前提下，全力拓规模、增收入。××沿线……××油田……××区域……其他市场……

（三）**稳老拓新，精耕海外效益市场。** 精耕细作老市场，培育开发新市场，扩大效益贡献空间，确保创收××亿元以上。××国……××国……××国……其他市场……

三、一体协同，全力提速，凝聚提质增效合力。以"3个5%"为目标，精细生产组织，加强技术集成，着力工程提速提效。

（一）推进均衡高效生产。落实"打一备一"，确保钻机等停时间减少××以上……

（二）提升单机单队效率。深化生产计划完成率、单机单队作业效率对标，月度评比先进队伍，奖励到基层，努力营造让先进得到实惠、后进奋发赶超的氛围，确保平均单队效率提升××以上……

（三）打造重点工程标杆。落实"深地工程"要求，按照"探月工程"标准，抓好钻机配套和生产组织，压实专班责任，用好施工进度、质量控制、安全井控等专项考核激励政策，确保工程进度超线运行，彰显品牌形象……

（四）严格故障复杂管控。落实关键工序专家盯到钻台、责任事故分析会开到钻台举措，确保工程故障复杂时率控制在××以内……

四、明确目标，严抓细管，抓实提质增效重点。完善以利润为导向的成本倒逼机制，严控成本支出，确保完成提质增效目标。

（一）严控生产成本。压控物资成本……压控设备成本……压控能耗成本……压控运输成本……压控技术服务成本……压控用工成本……压控资金成本……

（二）推进四项工作。强化亏损治理……有效盘活存量资产……强化支出性合同管控……压控非生产性支出……

五、科学评价，效益合作，拓展提质增效途径。将油气风险合作作为业务转型、创收创效的重要抓手，寻求更多的合作潜力，扩大效益增长源。

（一）落实××百万吨工程……

（二）确保××区块效益合作……

（三）推进××风险合作……

六、严密防控，加强监管，稳固提质增效根基。树立"安全生产就是效益"的理念，严守安全井控红线，提升本质安全水平。

（一）抓实井控工作。树牢"积极井控"理念，严格落实"司钻是关井第一责任人"和"两个100%"要求，奖励及时发现溢流和正确关井人员，以"零容忍"态度惩治有责溢流、有责高套压事件。加强××、××等重点区域监管，严格试油、压裂、大修、连续油管、带压作业等作业前井控风险评估，强化原钻机试油井口转换、封隔器解封、起下管柱等作业风险防控。加强井控装备检维修、现场维护和试压过程监管，升级调查、升级处理检维修质量事件，保证井控装备的完整性和可靠性。

（二）保障生产安全。深化 QHSE 体系运行，高质量开展差异化驻点内审，抓实"两书一表"运行、内审员管理、体系工具培训，不断提升体系运行和基层标准化水平。压实各级责任，常态化推进"一把手"安全生产述职，定期研判直线业务管理现状及安全环保问题，配套主管部门牵头督办专业问题机制，推动各级严格履责。抓实专项整治，开展重大事故隐患专项排查，加快吊装作业专项整治，严格 ZJ40 及以下钻机、新动用小钻机安全隐患评估，确保风险受控。强化安全监督队伍建设，完善 QHSE 监督工作平台，加大典型选树与经验交流力度，抓好考核定级与能力评估，促进安全监督素质有效提升、责任有效落实。

七、以人为本，全员创效，共享提质增效成果。公司发展成果惠及全员，促进公司与员工和谐共融，着力打造幸福企业。

（一）搭建员工成长平台……

（二）改善生产生活条件……

（三）共筑 ×× 文化品牌……

同志们，好日子是"拼"出来的，也是"省"出来的。大道至简，实干为要。让我们以"踏石留印、抓铁留痕"的精神，集决战决胜之力，坚决打赢提质增效攻坚战，为公司圆满完成全年生产经营任务、奋进高质量发展努力奋斗！

（号召式结尾法：在前面作出了规划和部署，结尾时再发出号召，动员大家投身到提质增效攻坚战中来。标志性词语是"让我们以……""让我们……，以……"等）

【写作点评】

这是一篇地区企业生产经营报告，它与写作范例 5 出自同一家企业，两篇文章写作风格基本一致，主题、主线完全一致，应当是这家企业领导班子共同研究确定的思路和观点，充分体现了工程技术企业领导干部的实干担当作用。这篇报告的篇幅和上篇主题讲话的篇幅基本相当，都是短小精悍的思想精品，从中既可以体会出硬汉风格，又可以感受到铁汉柔情。这篇报告其实是传统三段论结构的变体，总结成果和形势分析部分都仅在开头语中作了简要表述，而侧重点放在了下一步工作部署上。出现这种情况可能有三方面原因：一是主题讲话中已经对上半年工作给予了充分肯定；二是主题讲话中已经作了较为深入的形势分析；三是工作会议可能安排了二级单位发言。这样前两部分内容不必在生产经营报告中再进行赘述。这篇报告的思维逻辑、结构布局、语言表述等都值得我们认真学习，加以借鉴。

第八节　工会工作报告

工会工作报告属于事务公文工作报告的一种，是应用文写作中一种常规文体。从性质上说，工会工作报告是各级工会按照有关规定，定期通过召开工会代表大会就近一阶段工作情况和下一阶段任务部署所作的报告，是工会接受上级领导的重要手段，是工会总结工作、布置任务、实施领导的重要形式。从内容上说，工会工作报告侧重于陈述工会工作的开展情况及主要做法，主要是全面回顾本单位工会某一阶段工作所取得的成绩，从中得出应有的经验，进而明确下一步工作思路，提出具体工作措施和方法，并在工会代表大会上提交会议讨论、修改和审定。

一、工会工作报告的显著特点

1. **突出为民导向**。工会是党和政府联系工人群众的桥梁和纽带，是国家政权的重要社会支柱，是会员和职工利益的代表。它负责定期向会员代表大会报告工作。所以，与工作会议报告、党建工作报告不同的是，工会工作报告主要围绕维护、参与、建设、教育四大职能展开叙述，具有很强的针对性。

2. **突出发展导向**。发展是党执政兴国的第一要务，没有坚实的物质基础，就不可能全面建成社会主义现代化强国，也就不可能实现好、维护好、发展好最广大人民的根本利益。所以，工会工作必须坚持以党的领导为统领，以习近平新时代中国特色社会主义思想和党的二十大精神为指引，牢牢把握正确的政治方向，引导和激励广大职工群众积极参与民主管理，勇于担负职责使命，共同推动企业高质量发展。

3. **突出激励导向**。工会要协助党政抓好职工思想教育，组织职工开展科技、文化知识学习，以及业务培训、岗位练兵和技能比赛等活动，不断加强职工队伍自身建设，协助搞好劳动竞赛、先进评比、奖励和管理等工作。按照职责规定，工会工作报告这方面的内容必不可少，并且占比应该重一些。

二、工会工作报告的写作方法

工会工作报告一般采取三段论结构，即工作回顾和经验总结，形势和任务分析，下一步工作部署。

第一部分，工作回顾、经验总结、问题分析。其内容可按照本级工会的工作职能分段叙述，主要包括：完善工会组织和制度建设取得的成果，发挥落实劳动竞赛、基层职工创新创效活动、评优推先等建设职能；职代会工作、厂务公开工作等参与职能；读书培训工作、师带徒、技能竞赛、岗位练兵等教育职能；和谐劳动权益维护、帮扶救助工作等维护职能的各项工作，各项品牌活动组织，女职工和计划生育工作等其他具体工作成果。同时，通过对以往工作的回顾，分析总结取得的经验和需要改进的地方。

第二部分，工会面临的形势和任务分析。主要依据是党中央有关工会工作的精神，国有企业改革针对工会工作的新任务，上级工会组织在相关会议、文件中提出的要求，本单位党委对工会工作的具体安排等。

第三部分，下一步工作的总体要求和主要任务。按照工代会五年召开一次的原则，工作部署也以五年为期限，主要是明确工会工作的指导思想和总体要求后，对各项工作进行具体部署。

写作范例 8：

贯彻新发展理念 服务高质量发展
为加快推动公司建设世界一流企业作出新贡献

——在 ×× 公司工会第 × 次会员代表大会上的工作报告

×××

（×× 年 ×× 月 ×× 日）

各位代表，同志们：

现在，我受公司工会常委会委托，向大会报告工作，请予审议。

×× 公司工会第 × 次会员代表大会，是在公司上下深入学习贯彻习近平新时代中国特色社会主义思想和党的十九大精神，全面进入建设世界一流企业新时期而召开的一次十分重要的会议。大会的主要任务是：以党的十九大精神为指导，回顾总结过去五年工作，研究提出今后五年工作的指导思想、基本思路和目标任务，民主选举公司工会第×届领导机构，团结动员广大职工，贯彻新发展理念，服务高质量发展，为加快推动公司建设世界一流企业作出新贡献。

（帽段简要说明会议召开的背景和主要任务，直接点明了大会的主题思想）

第一部分 五年来的主要工作回顾和经验

五年来，在上级工会、公司党委的正确领导与公司的大力支持下，各级工会组织……探索形成了以"五项工程"为载体的工会工作体系，团结动员广大职工凝心聚力抓大事、善事、要事、有影响的事，推动各项工作有效落实，为助推公司发展、建设和谐企业发挥了重要作用。公司先后获得全国厂务公开先进单位等荣誉称号。

一、以创新创效为中心要务，有力助推了公司稳健发展

几年来，各级工会紧紧围绕创建世界一流企业的总目标，立足大局，服务发展，团结动员广大职工积极投身到"创新创效促发展"工程中，为助推公司持续稳健发展注入了强劲动力。

（一）劳动竞赛活动深入开展……

（二）基层职工创新蓬勃开展……

（三）评先推优凝聚发展正能量……

二、以民主管理为关键要务，较好落实了职工民主权益

坚持党的"依靠"方针，认真执行以职工代表大会为基本形式的企业民主管理制度，以"民主管理助和谐"工程为抓手，切实维护了职工的民主权益。

（一）职代会制度有效落实……

（二）厂务公开工作有效落实……

三、以素质提升为核心要务，全力助推了职工成长

紧密围绕公司人才强企战略，充分发挥工会学校作用，以"提升素质强技能"工程为载体，持续提升职工综合素质和技能水平，着力打造新时代高素质××职工队伍，为公司改革发展增添动力。

（一）读书培训工作扎实开展……

（二）岗位技能练兵扎实开展……

四、以科学维权为工作主线，有效促进了企业和谐稳定

坚持以人为本的原则，把主动、依法、科学维护广大职工合法权益融入工会工作全过程，全力推动"扶贫帮困送温暖"工程，着力把善事做实、做精、做准，不断夯实企业和谐稳定的基础。

（一）劳动关系更加和谐……

（二）职工权益全面保障……

（三）精准帮扶广受赞誉……

五、以文化育人为有效抓手，进一步提高职工精神文化福祉

始终坚持"重点在基层、突出群众性"的原则，按照"年有计划、季有重点、月有活动"的思路，通过实施"文化育人铸品牌"工程，不断丰富职工文化生活，展示了职工精神风貌，凝聚了共谋发展合力。

（一）品牌活动发挥辐射作用……

（二）文化服务发挥凝聚作用……

（三）培育骨干发挥引领作用……

六、以自身建设为根本保障，进一步提高了履职尽责能力

按照"六有"标准，不断加强自身建设，提升工作水平和创新能力，努力打造适应企业发展需要、适应职工服务需要的工会组织。

（一）组织制度建设更加完善……

（二）财务经审工作更加规范……

（三）职工之家建设持续加强……

（四）新闻宣传工作持续加强……

（五）职工权益工作持续加强……

（六）信息化平台建设持续优化……

（通过"以……为……"的句式，总结六个方面的成绩）

各位代表，同志们，上述工作与成绩，得益于……，向公司各级工会干部、工会积极分子和广大会员，表示衷心的感谢和崇高的敬意！

总结回顾五年来的工会工作，有七条主要经验：

一是必须始终高举中国特色社会主义伟大旗帜……这是根本政治原则，也是工会工作坚持正确政治方向的根本保证。二是必须始终重视科学理论的指导……这是永葆工会工作生机活力的动力之源。三是必须始终围绕公司改革发展稳定的大局……这是工会组织肩负的责任使命。四是必须始终旗帜鲜明地维护职工群众的合法权益……这是工会组织的神圣职责。五是必须始终坚持务实、服务、创新的工作原则……这是工会适应时代发展的必然要求。

六是必须始终关注困难职工群体的合理需求……这是工会组织的"第一责任"。七是必须始终加强工会组织自身建设……这是工会组织谋发展、展作为的必由之路……

（运用"必须……这是"的句式，总结七个方面的经验）

总结回顾工作成绩的同时，还必须清醒地看到，面对公司发展、形势变化和职工需求带来的新情况和新任务，我们的工作还存在许多需要改进的方面，在今后工作中要采取有力措施，认真加以解决。

第二部分 新时代工会面临的形势任务

党的十九大描绘了夺取新时代中国特色社会主义伟大胜利的宏伟蓝图，对在新时代坚持和发展中国特色社会主义作出了全面部署。形势的发展变化和党中央确立的目标任务，为工会组织发挥作用提供了有利机遇和广阔舞台……

党的十九大对新时代加强群团工作提出了新要求……

提高党的建设质量对加强工会工作提出了新要求……

建设××公司目标对加强工会工作提出了新要求……

（从三个维度阐述新时代工会面临的新形势、新任务、新要求）

第三部分 今后五年工作的总体要求和主要任务

今后五年，是……也是……进入新时代、新征程，适应新形势、新任务，公司工会工作的指导思想和总体要求是：以党的十九大精神为指导，全面贯彻习近平新时代中国特色社会主义思想，认真落实上级工会的工作要求，按照公司党委的工作部署，坚持"务实、服务、创新"的工作理念，努力打造新时代符合"六有标准"的学习型、服务型、创新型工会……为建设××公司作出新贡献。

（第三部分开篇明确下一步工作的指导思想，这是常用写法）

按照以上总体要求，今后五年的主要任务是：

一、深入学习贯彻党的十九大和中国工会十七大、省工会十三大精神，用党的十九大精神统领工会各项工作

学习好、宣传好、贯彻好习近平新时代中国特色社会主义思想和党的十九大精神，是当前和今后一个时期各级工会组织和工会干部的首要政治任务。

（一）抓实抓好中央精神学习宣贯……

（二）抓实抓好职工思想政治引领……

（三）抓实抓好各项决策部署落实……

二、深入开展创新创效促发展工程，全力助推公司高质量发展

各级工会要始终以服务发展为第一要务，团结动员广大职工立足岗位建功立业，勇做追梦承载者、筑梦开拓者和圆梦实践者，为建设世界一流企业贡献智慧和力量。

（一）着力抓好全员劳动竞赛……

（二）着力抓好群众创新活动……

（三）着力抓好弘扬石油精神……

三、深入落实"民主管理助和谐"工程，全力助推发展和谐稳定的劳动关系

维护职工合法权益是工会组织的基本职责。面对新形势、新任务、新要求，各级工会要认真贯彻党的"依靠"方针，切实维护好职工合法权益，协调好劳动关系，进一步推动公司和谐稳健发展。

（一）切实落实职工民主政治权益……

（二）切实维护职工安全健康权益……

（三）大力发展和谐稳定劳动关系……

四、大力实施"提升素质强技能"工程，全力助推打造高素质的××职工队伍

围绕公司新时代新阶段发展目标，积极为公司打造知识型、技能型、创新型高素质干部员工队伍，是公司各级工会服务公司世界一流企业建设的重要任务。

（一）持续深化读书培训活动……

（二）持续深化岗位技能练兵……

五、扎实开展"扶贫帮困送温暖工程"，全力助推和谐企业建设

按照"扶贫扶志、精准帮扶、体现关怀、维护稳定"的工作思路，不断增强服务意识，提升服务效能，努力实现广大职工体面劳动、舒心工作、全面发展的新愿望、新期盼。

（一）认真做好扶贫帮困送温暖活动……

（二）不断创新帮扶救助的服务形式……

六、创新开展"文化育人铸品牌工程"，全力助推职工文化繁荣发展

始终坚持"重点在基层、突出群众性"的工作原则，把举办活动与文化育人相结合，努力让职工文体活动成为展示风貌、构建和谐、凝心聚力、推进发展的"软实力"。

（一）继续发挥品牌活动的引领作用……

（二）加强培育文体骨干和文化服务……

（三）积极探索创新文体活动组织形式……

七、切实抓好工会组织自身建设，全力助推提高"双服务"的能力水平

按照全国总工会"六有"标准，加强学习型、服务型、创新型工会组织建设，是工会组织增强履职本领、提高工作能力和完成责任使命的必然要求。

（一）持续完善组织制度建设……

（二）持续加强财务经审工作……

（三）持续抓好职工之家创建……

（四）持续做好职工权益维护……

（五）切实发挥"工会云"作用……

（第三部分采用的是总分写法，用党的十九大精神统领工会各项工作，具体安排了五大工程和一项建设，逻辑关系比较清晰）

各位代表，同志们，新时代赋予新使命，新征程呼唤新作为。公司发展新阶段的目标已经明确，希望大家……以优异成绩迎接中国工会十八大胜利召开！

（希望式结尾法：在报告前面部分明确了目标，部署了工作，落实了责任，结尾时再提出希望。标志性词语是"希望大家……"等）

【写作点评】

这篇工会工作报告采用的是传统三段论结构，是按照时序逻辑编排的，即"肯定成绩＋形势（意义）分析＋工作部署"，总体上来说是"纵式＋横式"的混合式。报告的主题和主线都是充分发挥工会职责、服务企业发展。这篇报告的表述方式比较传统，但在归纳提炼上作了处理，比如成果总结部分，用五项"工程"串连了起来，经验体会用七个"必须"串连了起来；形势分析部分，用三个方面的新要求串连了起来；工作部署部分，用深入学习贯彻党的十九大精神和六个"助力"串连了起来。总体来看，报告结构比较合理，逻辑关系比较严密，内容表达较为新颖，采用了很多短句、排比句，以及"勇做追梦承载者、筑梦开拓者和圆梦实践者""新时代赋予新使命，新征程呼唤新作为"等生动形象的句子，增强了报告的引领力和感染力。

第九节　团委工作报告

团委工作报告是团的代表大会上的主要文件之一。报告的内容主要根据本级党委和上级团委部署，以及本级共青团工作实际需求确定。报告既要充分体现习近平总书记对共青团工作的重要指示批示精神和党中央决策部署的执行落实情况，又要紧密结合本单位共青团工作开展的具体情况，重点是肯定成绩、查找不足，指明共青团工作的奋斗方向、任务、目标和重点工作，关注和回答好广大团员、青年最关心、关注与迫切需要解决的问题、矛盾和诉求。

一、团委工作报告的显著特点

1.具有明确的政治导向。共青团的全称是中国共产主义青年团，它是中国共产党领导的先进青年的群团组织，必须以保持和增强政治性、先进性、群众性为根本方向。中国共产主义青年团的组织源头，主要是青年群体。共青团的主要职责就是发挥好党的助手和后备军作用，为党的事业教育、团结和带领好青年。

2.具有开放的创新精神。中国共产主义青年团上下坚持刀刃向内，突出问题导向，勇于自我革命，锐意进取、真抓实干，有序有力推动共青团工作不断开创新局面。中国共产主义青年团上下以"改革再出发"的精气神，勇于自我革命、奋发务实进取，团结带领广大团员青年在推进改革开放、脱贫攻坚和加快科技自立自强、夺取新时代中国特色社会主义伟大胜利征程中不断谱写新的更大荣光。

3.具有强烈的责任意识。在党的正确领导下，各级共青团组织应当积极应对经济社会深刻变革带来的新挑战，切实履行好组织青年、引导青年、服务青年、维护青少年合法权益的基本职能，努力增强新时代共青团工作的影响力，增强党在青年中的凝聚力和青年对党的向心力，不断汇聚起实现中国梦的青春力量。

二、团委工作报告的结构布局

通常情况下，团委工作报告包括三部分：一是上一届团委任期内工作的回顾和基本评估，总结取得的成绩，从理论与实践的结合上阐明基本经验；

二是按照党对青年工作的要求，依据上级团组织各项方针政策，结合本单位生产经营工作实际，客观分析当前本单位团组织存在的主要问题及其原因，以及即将面临的机遇与挑战；三是下一届团委任期内共青团工作的主要任务、奋斗目标、具体措施。

报告结构上一般包括标题、正文、落款等要素。同工作会议报告、党委工作报告、工会工作报告一样，团委工作报告一般也采用双标题，正标题往往揭示主题、点明主旨和中心（所需总结提炼的东西），副标题往往指明要报告的对象。正文一般包括会议主题、总结回顾、形势分析、工作部署等。报告的主题用简练的文字概述。

写作范例9：

凝聚青年 逐梦青春
为奋力谱写新时代高质量发展新篇章贡献力量

——在共青团××公司委员会第×次代表大会上的工作报告

×××

（××年××月××日）

各位代表，同志们：

（有的报告需要提请大会审议批准，比如党代会、工代会、团代会等，这样的报告开头语一般是固定模式，写法如下）

现在，我代表共青团××公司委员会向大会作报告，请予审议。

（报告第一句是程序性语言。接下来才是正文的帽段（第一自然段），一般开门见山点明大会主题）

大会的主题是：高举习近平新时代中国特色社会主义思想伟大旗帜，深入学习贯彻团的十八大精神，不忘初心跟党走，牢记使命勇担当，凝聚青年，逐梦青春，团结带领公司广大团员青年为奋力谱写新时代××发展新篇章贡献力量。

（报告主体第一部分，总结回顾过去五年的工作。总结概述阶段工作整体情况，包括工作背景、成绩和效果、重点工作等）

过去的五年，面对发展质量要求更高等多重考验，广大团员青年立足岗位、苦干实干、勇于创新、奋力拼搏，展现出昂扬的精神风貌……唱响"奋斗的青春最美丽"的新时代青春之歌。

五年来，在公司党委的正确领导下，各级团组织紧紧围绕团的根本任务、政治责任和工作主线，奋发改革、锐意进取、真抓实干，各项工作取得新发展。

（首先，分项列举五年来取得的成绩、重点工作，详写工作情况，包括具体的做法、事例、数据和成绩等。做法是指开展了哪些工作，采取了哪些步骤、方法和措施，在写作时要具体展开。成绩即收获和效果，可以在开头概括说明，也可以在每个做法后表述，还可以作为文章一部分集中起来分列说明。取得的成绩和重点工作可以分开写，也可以结合起来写，下面列举结合起来写的案例）

（一）创新方式，青年思想引领工作不断深化

坚持把思想建团作为首要任务，加强政治理论学习，创新主题教育实践，强化优良传统教育，营造典型引领氛围，紧密结合团员青年思想特点和现实需求，引领广大团员青年坚定不移听党话、跟党走。一是加强政治理论学习；二是……

…………

（接着，对五年来的工作进行总体评价）

五年来，公司党委高度重视共青团工作和青年事业发展，公司领导多次参加共青团和青年组织活动，给予亲切指导，提出重要要求，为做好共青团工作指明了前进方向。

（然后，对五年来为之付出的集体和个人表示感谢）

各位代表，同志们，公司共青团走过了精彩而难忘的五年。回顾过去五年的奋斗历程，我们深深地感受到，公司共青团每一点成绩和进步，都离不开公司党委和上级团组织的正确领导，离不开各级党政领导的大力支持，离不开全体团干部的辛勤付出，更离不开广大团员青年的共同努力和奋斗。在此，我代表公司团委，向热情关怀团员青年健康成长、积极支持团青工作的各级领导，向为共青团事业付出青春和汗水的新老团干，向为公司改革发展作出积极贡献的广大团员青年，致以崇高的敬意和衷心的感谢！

（最后，概写经验体会。经验体会是对做法的提炼和升华，说明哪些做法是成功的或行之有效的。做法和成绩一定要能体现经验，经验体会则是用成绩或收获证实了的规律性认识。有的工作报告没有专门的经验体会部分，而是与第二部分合写，或者不明写。这部分一定要精练，只用几句话罗列观

点，一句话即为一个方面的经验体会，一般不需要展开阐述）

五年的实践，让我们深深地认识到，共青团工作：

必须始终坚持党的领导，提高政治站位，把准政治方向，才能推动共青团事业健康发展；

必须始终坚持围绕中心、服务大局，切实找准工作切入点、结合点、着力点，广泛动员广大团员青年在建设××的火热实践中充分发挥生力军作用，才能有所作为、体现价值；

必须始终坚持以青年为本，把握青年脉搏，竭诚服务青年，增强青年的获得感和幸福感，才能把最大多数青年紧紧凝聚在党的周围；

必须始终坚持问题导向，深化改革攻坚，全面从严治团，努力破解制约发展的瓶颈问题，才能使团的工作更加充满活力，团的组织更加坚强有力；

必须始终坚持加强基层组织建设，眼睛向下，重心下移，积极整合资源、力量向基层一线倾斜，才能不断夯实基础。

（报告主体第二部分，分析形势与不足。要对当前形势进行分析判断，认清即将面临的挑战和机遇，引出存在的问题和不足，讲明今后的责任与担当，要注意站位高、找得准、点得透）

进入新时代，唯有认清形势，才能更好地团结带领广大青年建功立业。一是期望催使我们成长……二是……

看到机遇和责任的同时，应该清醒地认识到，与新时代对团青工作要求相比，我们在基本素养、创新方式、组织建设、活动开展上还存在差距……

在今后的工作中，我们必须以强烈的忧患意识、责任意识、使命意识，正视问题、直面挑战，**拿出滚石上山的勇气**，持续下大决心、花大力气切实加以解决。

（报告主体第三部分，实写下一步措施。简要概述下一阶段工作的总体要求和基本思路，下一步措施要具体，要符合工作实际）

（首先，概述下一阶段工作的总体思路）

一代青年有一代青年的历史际遇，一代青年有一代青年的责任担当。当代××青年必须积极响应党的号召，切实肩负起新时代的青春使命，锐意进取，奋发有为。根据新形势、新任务、新要求，未来一个时期公司共青团工作总体思路是：高举习近平新时代中国特色社会主义思想伟大旗帜，全面学习宣传贯彻团的十八大精神，团结带领广大团员青年为奋力谱写新时代××发展新篇章贡献力量。

（接着，分项列举下一阶段工作安排，注意从高到低、从大到小排列，

切记不在一个层面的不要混在一起并列安排，不要把层级低、事项小的工作放在层级高的部分去写）

（一）大力实施思想教育工程

一是用政治理论武装头脑。

…………

（最后，发出号召。号召性结束语应当简写，并和当下所处的重要时间节点、所肩负的责任使命联系起来）

各位代表，同志们，青春因理想而超越，人生有使命才辉煌。进入新时代，公司共青团又站在了一个新的历史起点上，我们理想远大、前景光明，我们责任重大、使命光荣。让我们高举习近平新时代中国特色社会主义思想伟大旗帜，在公司党委的正确领导下，不忘初心跟党走，牢记使命勇担当，凝聚青年，逐梦青春，团结带领公司广大团员青年为奋力谱写新时代高质量××发展新篇章贡献力量！

（号召式结尾法：在前面部分作出了规划和部署，结尾时再发出号召，就是在动员大家投身到新时代新征程中来。标志性词语是"让我们……，在……""让我们……，以……"等）

【写作点评】

这篇文章是地区企业团委工作报告，采用的是传统三段论结构，是按照时序逻辑编排的，即"肯定成绩＋形势（意义）分析＋工作部署"。报告的主题和主线都是"凝聚青年，逐梦青春，奋进新时代"。值得一提的是，这篇报告的语言比较鲜活，总结了很多脍炙人口的生动语句，比如"奋斗的青春最美丽""把握青年脉搏，竭诚服务青年""拿出滚石上山的勇气""青春因理想而超越，人生有使命才辉煌"等，充分展现出了青年的使命担当与奋斗激情。花一样的年纪、火一样的青春，要做就做风一样的勇士，这才是新时代的青年。

这篇范例不是写后点评，而是起草引导，主要采用思想引导的方式告诉大家如何去写这样的工作报告。对每一部分为什么这样写、应当怎么写、具体应写什么内容进行逐一讲解。这样的起草引导方式相信对大家会有更大的帮助。

第二章　工作会议讲话

国有企业都有其独有的难题，不可避免地存在一些发展过程中沉淀下来的、比较难解决的历史遗留问题，这些问题需要一代又一代人坚定信心、接续奋斗。企业是有生命的，文字工作者也是有理想、有思想、有激情的，当高远理想、坚定信念和理性思考相融合，当每个个体把奉献和担当作为一种荣耀而神往，当澎湃的激情转化为昂扬向上的奋斗力量和勇往直前的坚定信念，我们有理由相信，每个人的生命都将因胸怀远大梦想而璀璨不凡，都将因意志与信念的坚定而无往不胜。

无论是国家治理，还是企业治理，都需要构建良好的发展环境，构建规范的工作秩序，形成推动发展的强大力量，最为关键的就是传递核心价值观、凝聚发展共识。中国社会认同的是"共同体意识"，特别重视塑造和传递核心价值观，传承的是民本思想，正所谓"民惟邦本，本固邦宁"。中国共产党之所以能够成功，中华民族之所以能够屹立于世界民族之林，与中国的治理思想是密不可分的。

国有企业发展依靠的也是民心和民力，国有企业的成绩是各级党组织团结带领广大干部员工干出来的，企业发展的过程就是各级领导干部凝聚员工智慧、形成发展共识，推动和解决一个又一个问题的过程。这也恰恰说明，好文章不是写出来的，而是干出来的。只有坚持目标导向、问题导向和结果导向，求真务实、真抓实干，才能推动企业快速发展。工作会议就是为了解决一系列问题而安排的，领导讲话就是为了传递核心价值观、凝聚发展共识，将企业的战略思想、战略决策、战略意图贯彻下去，确保实现既定目标。所以，工作会议讲话是国有企业工作会议上的一份重要文件，在指导和推动企业当前和今后一个阶段的工作方面发挥着至关重要的作用。

有的企业工作会议安排有主题讲话（主题报告）、生产经营报告（生产经营和业绩考核情况通报）、总结讲话；有的企业工作会议仅安排工作报告（将主题报告和生产经营报告合二为一）和总结讲话；有的企业工作会议邀请了上级主管领导出席，最后的总结讲话便是上级领导讲话。下面，结合几种常见的工作会议讲话和大家分享一些经验和体会。

第一节　工作会议讲话的显著特点

无论什么会议，都是为了传递核心价值观、凝聚发展共识。所以，领导讲话重在写意，就是指在写实的同时，力求表达出领导的思想和意图，就像"无意苦争春，一任群芳妒"这样的诗句一样。这类讲话有着非常鲜明的特点，主要体现在政治性强、指导性强、思想性强、激励性强等方面，侧重于宏观层面的战略思考和统筹谋划。

一、政治性强

工作会议讲话通常是上级领导或本级领导在会议上传达上级战略决策、阐释个人施政理念、加强统筹协调、指导工作实践的重要方式。讲话内容中应当把握和体现正确政治导向，注重贯彻落实党中央、国务院的大政方针和战略部署，从"国之大者"思考谋篇，展现坚定的政治态度和鲜明的大局观念。讲话文稿与工作报告等共同组成某一阶段企业生产经营、改革发展的指导性文件，是一个时期开展工作的重要遵循，需要各级干部员工结合实际工作传达学习和贯彻落实，具有很强的政治性和权威性。

二、指导性强

无论哪种形式的会议讲话，都必须坚持问题导向、目标导向、结果导向，坚持求真务实、实事求是的原则，工作会议讲话更应如此。工作会议讲话需要紧密结合实际，讲的问题、提的要求、定的目标均应符合客观规律和客观实际，提出的措施和要求应当能够执行或实施后可以达到预期目标，让受众能从讲话中得到认识和解决问题的工作指南、具体方法，能够指导工作实践。

三、思想性强

思想是讲话文稿的"海拔线",起草讲话文稿贵在有思想性,要做到"篇无新意不出手,意未升华不罢休"。统一思想是工作会议讲话的最高追求和最终目的。摆事实、讲道理、定方向、出思路是领导讲话的深度和力度所在。讲话内容不仅要贯彻落实上级的战略思想、战略决策、战略意图和战略统筹,还要谈到具体工作,更要深刻解析推动各项工作背后的深层逻辑和内在考虑,充分体现站位高度、思想深度和领导艺术。讲话内容要同工作报告相呼应,保持战略决策、有关政策和部署要求的一致性与连贯性,以清晰的战略谋划指引经营战术。

四、激励性强

在讲话中,领导对亮点工作和发展成绩给予表扬,指出工作中存在的问题,并以富有真情实感、铿锵有力的话语,达到带动气氛、鼓劲鞭策、激励人心的效果。这要求讲话文稿把说理和抒情结合起来,用生动的语言,把抽象的道理具体化、形象化,迅速引起受众强烈的共鸣。

第二节 工作会议讲话的主要类别

企业工作会议讲话主要有三类,即上级领导讲话、本级领导讲话和主持总结讲话。下面分别简要概述。

一、上级领导讲话

如果企业工作会议邀请了上级领导出席,一般都会安排上级领导作总结讲话。这类讲话往往需要对工作报告的内容给予肯定和呼应,重在统筹协调和推动企业需要落实的重点工作。这类讲话需要上级领导展示出更高的站位、更大的格局、更强的统筹和更高的要求,切实充分体现上级战略规划部署,立足全产业链高质量发展和一体化统筹协调推动的角度思考问题,能够让受众深切感受到上级组织(单位、部门)的关心关怀和大力支持。作为上级领导,应当始终胸怀"国之大者"、心系"企之要情",具有更强的政治判断力、政治领悟力和政治执行力,自觉体恤企情、民情,尽察业务发展实情，引领广大干部员工干事创业，真正做到权为民所用、利为民所谋、情为民所系。

二、本级领导讲话

如果企业工作会议安排主题讲话、生产经营报告和总结讲话，则一般由企业"一把手"作主题讲话，企业"二把手"即总经理、党委（组）副书记通报生产经营情况，企业董事长、党委（组）书记作总结讲话。主题讲话通常根据中央或者上级重大战略决策确定主题，结合企业实际确定主线，对如何贯彻落实中央或者上级重大战略决策作出统筹安排。

如果企业工作会议仅安排工作报告和总结讲话，则由企业"一把手"[目前董事长、党委（组）书记多为同一人]作工作报告，并作闭幕式上的总结讲话（有的企业不安排总结讲话），企业"二把手"即总经理、党委（组）副书记作为会议主持人，最后作主持总结讲话。如果是企业职代会，一般会安排工作报告、财务决算和预算报告、集体合同和劳动安全卫生专项集体合同履行情况报告、上届职代会提案办理情况报告，以及本届职代会提案审查和立案情况报告，这些报告通常按照领导班子职责分工安排。

主题讲话往往会对上级单位和本级企业重大战略决策进行简要宣贯，具体内容需要结合企业实际进行编排（第一章已经阐述，此处不再赘述）。总结讲话通常是就下一阶段将要实施的重要政策进行系统阐释，或对报告中的内容进行补充强调，并就贯彻落实会议精神提出具体工作要求。

在此提示一种特殊情况：如果企业主要领导上任时间较短，且上任时间距离召开工作会议时间也很短，可能会安排领导班子中其他领导作工作报告，主要领导作总结讲话。这类讲话往往更加侧重对主要领导的战略思想、战略构想和施政理念等进行阐述。

三、主持总结讲话

这类讲话一般是主持人在会议结束前，简要回顾总结会议过程，并就贯彻落实会议精神提出要求、发出号召而发表的简短讲话。这类讲话通常有固定模式，起草较为简单，此处就不作具体阐述了。

第三节 工作会议讲话文稿的起草要点

起草工作会议讲话文稿有很多需要重点关注的方面，比如战略高度、风格特点、语言尺度，以及对工作报告的呼应、避让等，都需要文字工作者引起足够的重视。这是决定讲话文稿是否符合客观需求和质量高低的关键要点。

一、准确定位战略高度

不同层级的领导在工作会议上讲话的战略高度不同，讲话层次和讲话内容也大相径庭。所以，执笔人在起草讲话文稿前，首先要明确出席会议领导的层级身份和职责定位，以及思想理念和工作要求，再整理讲话内容，形成贴合领导身份、系统完整、逻辑严谨、求真务实的讲话文稿。比如，协助上级领导起草讲话文稿时，需要学会站在更高维度、更广视角对企业发展进行战略性、宏观性、统筹性思考，重点是要对企业作出的成绩给予充分肯定，深度剖析分管业务面临的机遇与挑战，为分管业务指明发展方向；起草本级领导讲话文稿时，需要学会站在企业发展的高度，以企业发展"总设计师"的身份，统筹谋划本级企业的战略发展和重点工作，提出贯彻落实上级战略决策和推动本级企业业务发展的务实举措，关键是要把广大干部员工最关心的事、最需要了解的事讲清楚、说明白。

二、准确把握风格特点

每位领导都有自己独特的讲话习惯，没有高低之分，只有风格之别。起草领导讲话文稿，把握领导风格至关重要。执笔人必须摆正自己的位置，明白自己是奉命写作，是协助的角色，只有讲话文稿得到领导认可和使用，才是真正完成了写作任务。这就要求，执笔人必须主动去适应领导的讲话风格，量体裁衣、因人而异，按照讲话者的习惯作出有针对性的调整，这个过程既需要模仿领导讲话的特点，又要尝试融入一些创新元素。绝大多数领导都能接受一些适度、有新意的内容，但如果创新的东西与其固有习惯格格不入，往往会适得其反，导致领导对讲话文稿整体否定，这点需要特别注意。

有的讲话文稿内容非常务实，虽然得到了领导的基本认可，但是领导读起来却感觉不像自己说的话，这其实就是执笔人没有把握好领导的风格特点，没有写出更加贴合领导身份的讲话文稿，不符合领导一贯的作风和习惯。比如：有的领导喜欢开门见山、直来直去，从发现的问题讲开来，就事论事剖析背后的原因和产生的影响，逐步深入，引出后面的内容；有的领导重视思想理念，语言风格多变，举重若轻，直面问题和挑战；有的领导习惯讲短句、引诗词，语言风格温文尔雅……笔者从业近二十年，曾协助很多层级、不同领域的领导起草讲话文稿，总的体会是，无论哪个层级、哪个领域的领导，纵然风格千差万别、各有特点，但求真务实、真抓实干的态度都是相同的。因此，执笔人在协助领导起草讲话文稿时，要将求真务实放在首位，同时多观察领导的风格特点，多品味领导的讲话艺术，这样才能写出更加符合客观实际、符合领导风格特点的好文章。

三、准确掌控语言尺度

不同的场合有不同的受众，不同的受众有不同的信息范畴。执笔人任何时候都要充分考虑受众群体所能接受的信息维度和信息强度。因此，协助领导起草讲话文稿，要弄清楚讲话的受众群体，围绕会议主题和受众群体谋篇布局，虽然说工作会议讲话的语言尺度相比于工作报告来说更有弹性，但作为重要综合性会议的发言，必须做到掷地有声，每句话都应精心锤炼、简练明确，让受众群体容易接受，并能够与领导的战略思想、战略决策产生共鸣。坚决不可信马由缰，更不能信口开河。比如：在表扬工作时，可以适度拔高，但不是脱离实际过分夸大，要让听众既感到鼓舞，又不会觉得不适；在指出问题时，务必实事求是、针砭时弊，但语言不能太犀利太过火，不能挫伤受众群体的发展信心，重在警醒和引导；如果问题特别严重，需要受众群体高度警醒时，可以适度加重语气，进行着重说明，但还是要注意把握尺度，注意分寸；在分析形势时，可以适当拓展和拔高，体现领导的前瞻性思考，但又不可离题太远，让受众感觉虚无缥缈；在部署工作时，既要明确工作方向，又要讲明白为什么干、怎么干，还要讲清楚干到什么程度（工作目标），讲话的主要目的是统一思想认识、形成发展合力、解决实际问题。

对于安排主题讲话和总结讲话的工作会议，主题讲话就是主题报告，总结讲话主要就是对贯彻落实会议精神提出工作要求，而这些工作要求主要是宏观层面的，与主持人的总结讲话不同。主持总结讲话主要就如何贯彻落实会议精神进行具体安排。

这里强调的会议讲话和工作报告之间的避让，是指上级领导讲话和工作报告内容之间的避让，抑或是工作报告（主题报告和生产经营报告的融合体）和总结讲话之间的避让。其实，笔者认为，会议讲话和工作报告之间不存在太多的避让问题，最主要的是会议讲话与工作报告要呼应好。因为会议讲话和工作报告都是为了贯彻落实上级战略思想、战略决策和战略意图，都是为了引领和推动当前和今后一个阶段的重点工作，所以必须在主题主旨、重要政策、主要举措、关键指标等方面保持一致性。既然不存在太多的避让问题，那么如何实现两者的呼应呢？下面谈一下笔者对会议讲话和工作报告的认识和见解。

第一，两者的作用不同。会议讲话的主要任务是肯定成绩、激发斗志、动员部署工作。上级领导讲话要充分展现出高瞻远瞩，要阐明要义、明确要求，重在对主管业务系统的激励和鞭策；本级领导讲话要明确背景意义，强调联系实际，研究实际问题。工作报告的主要任务在于研究确定下一阶段的工作目标、方针、政策和措施。

第二，两者的结构不同。会议讲话的结构相对灵活，每位领导的风格、习惯和关注重点都有一定区别，会议讲话的结构也就千差万别，只要能够达到预期目的就可以，重在摆事实、讲道理、提要求。工作报告的结构相对固定，一般是全面总结上一阶段工作成果和经验体会，深刻剖析面临的形势，统筹部署下一阶段工作。

第三，两者的侧重点不同。会议讲话重在传达上级战略思想、战略决策和战略意图，强调影响企业发展的国内外大势大事，通过客观审视、研判面临的形势，明确企业发展的战略方向和阶段目标。工作报告重在进行深度的自我剖析，明确自身优势和短板不足，明确当前面临的主要矛盾和矛盾的主要方面，作出相应工作部署。

第四，两者的语言不同。会议讲话的语言相对灵活生动，或就事论事，或引经据典，也可以使用一些修辞手法，多使用短促有力的句子，讲起来有气势、有激情，具有很强的说服力和引领力。工作报告的语言相对庄重严肃，使用规范的书面语言，陈述更客观、准确，符合事物发展的客观规律。

工作实践中，会议讲话和工作报告的内容和重点如何安排，需要慢慢体会、积累经验。在此提醒一些文字工作者，一定要避免两者内容的简单重复，学会在内容取舍、阐述角度、表达方式等方面加以区分，使两者既交相辉映，又各具特点。需要提示的是，如果某项工作或某些工作非常重要，需要上级领导或本级领导在总结讲话中给予强调、着重要求，可以在某些关键点上进行特殊处理，提醒受众群体对这些工作给予格外关注。

第四节 工作会议讲话文稿的写作难点

起草领导讲话文稿是代领导"立言"，是协助而不是取代，是参谋而不是决策，是关起门来当领导、坐在台下当听众，对执笔人的理论基础、专业功底、业务能力、政策水平、思想深度、站位格局，以及其对上级战略思想、战略决策、战略意图和本企业全局工作的把握程度，对各方工作的认知程度是一种高难度考验。要想真正做到"身在兵位，胸为帅谋"，需要在吃透大量素材资料的基础上，熟练运用文字技巧进行取舍、整合、加工、创造，使得讲话内容符合领导集体和讲话者本人的主要意图，得到受众群体的广泛认可，这样的讲话才有高度、有深度、有广度、有力度、有温度。概括起来，起草工作会议讲话文稿的难点主要有以下五个方面。

一、准确把握领导意图

协助领导起草讲话文稿最关键的就是准确领会、掌握、表达领导意图，并运用自己掌握的知识、技能、经验和思想系统表达、深化拓展领导的意图。要把领导的主要意图作为起草讲话文稿的主题和主线，贯穿讲话文稿起草的全过程。深化拓展领导意图是指在起草过程中丰富完善领导的战略思想、战略决策和战略意图，使领导意图更具思想性、前瞻性，更有张力和活力。需着重强调的是，深化拓展领导意图，要保持领导战略思想、战略决策、战略意图的连续性和一致性，而不能另起炉灶、自立门户，不能改变或扭曲领导的原本意图。准确掌握领导意图，不是刻意揣摩，也不是猜谜语、捉迷藏，有的领导会明确告知执笔人会议的主题、主线和着重要强调的工作事项，需要重点关注的上级决策和有关要求；有的领导会组织召开领导班子务虚会，广开言路、汇聚智慧，然后结合大家所思所讲和工作实际统筹安排下一步工作；有的领导公务繁忙，没有时间给执笔人讲这些，这就要求执笔人根据领导之前重点强调的方面，拿出建议方案呈送领导审阅，抑或是在领导公务不是特别繁忙的时候去当面请示；有的领导习惯安排执笔人先拿出初稿，自己再深入研究、认真推敲，提出自己的观点和建议，然后再安排执笔人根据自己的意图和建议去修改完善或重新谋篇布局。无论是哪种情况，执笔人都需要在理解领会并准确掌握领导意图后才能写成一篇符合客观实际和发展需求的高质量讲话文稿。

二、确定领导讲话提纲

统筹安排领导讲话提纲的重要前提是准确把握领导意图，即搞清楚领导讲话的主要目的。领导意图就是讲话主题，根据主题思想和主要观点统筹安排讲话框架，这样才能更好让人把握领导讲话的主要内容和主要精神。有的人习惯将领导讲话的主体内容分为三段、五段或七段，其实划分为几段取决于领导所要表达观点的层次。有的领导习惯于自己先行思考，梳理出清晰的思路，在工作人员协助其起草讲话文稿前，先将自己要表达的一些观点、讲话的受众群体、讲话的主要目的等告诉执笔人；有的领导则习惯于让执笔人自己先起草初稿，再根据初稿思考确定自己的讲话思路，然后让执笔人进行修改完善。笔者更倾向于、更赞同前一种做法，这种做法直接有效，能够让执笔人准确把握领导的意图和观点，起草效率和质量有保证。但这只是一部分领导的习惯，作为文字工作者，必须在平时注重锤炼自己的领悟能力，多关注、多倾听、多收集领导在各种场合的讲话，逐步了解和掌握领导的战略思想、战略决策、战略意图，以及领导的风格特点，尤其要把领导经常倡导的理念、十分看重的工作、经常强调的要求等信息熟记于心。

准确掌握领导意图后，就要根据领导的观点确定讲话主线，进而搭建起讲话文稿的框架。将领导要强调的观点分成几个层次，即一级观点、二级观点、三级观点等（有时领导会特意交代将一些重点工作、一些关键事情写入讲话文稿，要记得将这些重点工作和关键事情分别纳入对应的观点中），根据领导的观点梳理与之相关的重点事项，就自然形成了领导讲话提纲。谈到这里，要提示文字工作者的是，切记不要将有分歧的观点、不成熟的思想、未协调好的事情纳入讲话提纲，否则就是"乱弹琴"，轻则会受到领导的批评，重则可能会耽误大事、打乱领导安排。

怎么确定领导要在讲话中强调的观点呢？这是搭建领导讲话提纲的关键所在。第一，结合当前形势和任务，统筹分析各业务领域存在的问题和挑战；第二，根据表现最突出的问题，剖析产生问题的深层次原因，统筹考虑应对举措（可让业务部门提供支持）；第三，根据分析出的突出问题及其产生原因和应对举措，初步确定领导所要强调的主要观点。

谈到这里，我们会发现，文字工作者不仅要学会领悟领导的思想观点，还要熟悉企业主营业务，这是干好文字工作的重要基础。

三、精准把握宏观形势

作为文字工作者，要学会关起门来当领导，必须具备胸怀"国之大者"、心系"企之要情"的站位和素质，学会从企业发展的战略高度思考问题，敢于担当企业发展战略"设计师"的角色。作为文字工作者，应当具备清晰的工作思路，善于从纷繁复杂的内外部环境中找准主要矛盾或矛盾的主要方面，还要具备较高层次的形势研判、问题剖析能力，协助领导把形势判断准、把困难估计足、把任务认识透、把工作考虑细。有人说，这样的要求是不是太高了？自己什么时候才能达到如此境界？第一，要注重日常积累，平时多听多看，多参与、多关注各方面工作进展，对重点工作要做到心中有数。第二，要在日常工作中有意识地收集一些生产经营、财务分析方面的关键数据和业务发展方面的重要成果，掌握第一手资料。第三，要善于归纳整理，择优选精，将重要资讯归类，特别是上级关心、体现本单位特色的成果。第四，要精心总结提炼，素材到手后不能立即拿来用，要从中总结出规律性、经验性的认识，分析出得失成败的原因。第五，要学会对"原材料"进行"深加工"，融合形成好的管理经验，并在合理的时间、合理的方面以独到的视角运用起来。

有人认为文字工作者只会写材料，这是严重错误的观点。文字工作者往往具有雄韬伟略、站位较高、格局较大，对企业全局工作了然于胸，加之常年在领导身边工作，耳濡目染也会学到领导的一部分战略伟力，综合素质能力可能要超过一般的业务部门领导。现在文字工作者晋升概率明显提高，很多文字工作者都走上了更高的职位。重视文字工作的领导干部，大多是具备更高政治素养、更高理论水平、更高文化素养、深谙企业管理的领导干部。这样的领导干部往往都比较重视综合管理部门，都比较理解文字工作者的付出和辛酸。所以，广大文字工作者要有足够的毅力干好这份工作，这是思想升华和能力提升最快的岗位之一。

四、适当延展思想观点

讲话文稿如果都采用旧观点、老思路，就是"炒冷饭"，这样的讲话文稿写出来没有生命力，也没有活力。所以在起草过程中，必须充分吃透领导的思想、观点、思路和关注点，在此基础上，理论联系实际，创造性地提出一些新观点、新理念、新方法，通过与业务部门深入讨论、反复论证，将其融入领导讲话，就可以形成高水平、富有创新性的讲话，给人耳目一新的感觉。切记创新创造不是标新立异，不能为了创新而创新，必须要结合实际进行综合考虑。谈到这里，笔者想和大家分享一下自己的认识：讲话文稿可以在哪些方面进行创新呢？第一，谋篇布局方面，就是讲话的框架结构，不能所有的文章结构都千篇一律，要注意进行适当创新；第二，思想观点方面，可以采用上级的新精神、新要求和领导的新思想、新观点，这样讲话才更有说服力、更有灵魂和活力；第三，讲话素材方面，不能上次讲的什么内容这次还是讲什么内容，要使用与当前形势紧密相关的新材料；第四，文字语言方面，要使用更严格、更缜密的思维逻辑和文字逻辑，更明确、更全面、更系统地反映客观事物的实际情况，好的讲话本身就是领导思想和观点的升华。那么，思想观点创新的灵感来源于哪里呢？比如，上级作出的新部署，领导最近提出的新要求，兄弟单位推广的新经验，基层单位总结的新做法，等等。

另外，起草工作会议讲话文稿还需要注意以下几个方面：

1.**语言表述的逻辑层次**。要符合基本的语法规则和事物发展的客观规律，简明扼要、突出重点，让受众很容易把握住讲话主旨，切忌冗长空泛、啰嗦繁复。

2.**避免"低级红""高级黑"**。在进行成绩点评、问题分析和工作指导时，用词要褒贬得当，不能夸大、虚构或断章取义，以免造成适得其反的效果。

3.**语句严谨精确，语意清晰、无歧义**。关键性语句应做到脱离上下文而不易被曲解。专业性表述应当合乎规范，专业名称、专业术语、习惯性简称等须标准确切，切忌出现外行说法。

4.**语言风格宜典雅庄重，铿锵有力**。讲话不能太过随意，可以采用修辞手法，引用古文诗句、名言警句，但应保持重要会议应有的庄重和严肃，给人以强烈的信服感。

五、精准把握讲话素材

准确把握领导意图是起草讲话文稿的核心和关键，精准把握讲话素材是起草讲话文稿的前提和基础。讲话素材包括但不限于以下方面。

1.**党和国家层面的最新战略部署**。应重点关注习近平总书记重要讲话和重要指示批示，党中央、国务院以及国务院国资委和有关部委印发的文件、规划，召开的重要会议，特别是其中关于经济工作、能源领域、国企央企等方面的相关部署，如每年召开的中央经济工作会议、中央政治局常委会、全国两会等，都需要重点关注，把握其中的关键信息，了解最新部署、最新要求。

2.**全球热点事件与行业最新动向**。应重点关注国际油气能源勘探开发投资倾向、国际油气供应变化和油气能源领域形势变化，可能影响国际油气形势变化的国际政治经济事件和相关分析。及时了解有关海外资源国的政局变化、政策影响，以及行业头部公司的最新动向等，这些都是进行形势研判的重要信息来源。

3.**上级单位（部门）的新部署、新要求**。应重点掌握上级单位（部门）倡导的战略思想、制定的战略规划和上级组织的战略决策，以及重要文件精神，这是本级企业应当贯彻落实的重点工作。怎么体现胸怀"国之大者"？坚决执行好上级的战略部署和重点工作安排。这是领导讲话的立论之基、施政之本。下级企业切忌只低头干活，不抬头看路，"闭门造车"是要不得的。

4. 企业存在的问题和面临的挑战。 问题是时代的声音，挑战无时无刻不在，解决问题、化解挑战的过程就是推动企业高质量发展的过程。会议讲话文稿的起草者应当对本单位当前生产经营、改革发展等各方面所面临的问题和挑战了然于胸，善于对照新发展理念去对标、去审视，找出下一步工作的着力点和突破口。问题找得越准，提出的措施越有针对性，整个讲话越容易得到干部员工的认可，就越有利于指导工作实践。

5. 基层员工群众的声音与合理诉求。 企业发展必须依靠广大基层员工群众，企业发展更是为了广大基层员工群众的利益和福祉。忽视基层员工群众的声音与合理诉求，就会逐步失去强有力的信任和支持，企业发展就会失去动力和活力。经常深入基层，经常倾听来自基层的声音，就会达到明察秋毫、一叶知秋的效果。比如，了解现场生产运行、装备设备、物资供应、工程质量、队伍效率等情况。现在已经进入数字化时代，所有的生产数据都来自基层，基层员工群众必然最有发言权。善于倾听基层的声音，是一名优秀的领导和文字工作者必备的素质和修养。

第五节 工作会议讲话的主题和主线

起草工作会议讲话文稿，首先要明确讲话的主题和主线，精心确定讲话的结构，理清讲话的文章脉络，写好讲话提纲。在此基础上，不断充实和丰富文章血肉，形成完整的讲话文稿。

一、工作会议讲话的主题和主线

纲举才能目张。主题作为讲话的灵魂，是讲话的中心思想，统领着整篇讲话。原则上讲，工作会议讲话的主题一般也是本次会议的主题，与工作报告的主题应当一脉相承，具有一致性。由于工作会议是一次全局性、综合性会议，所以主题往往是战略性、全面性的，比如"贯彻落实党的二十大精神""推进企业高质量发展""打造世界一流企业""贯彻新发展理念""加快提高核心竞争力增强核心功能"等。但一定要注意的是，主题宏大不代表面面俱到、多头并重，应当抓住核心，少生枝杈，说深说透。前文工作报告部分对此进行过相关阐述，故不再赘言。

由于工作报告中往往已经对各项工作进行了全面的总结和系统的部署，如果两份文稿的发言者是同一位领导，就可以在会议讲话中更多关注一些关键点、关键方面，从而进行更细致、更深入的阐述，也就是讲得更透彻、更直白一些。如果两份文稿的发言者是不同的两位领导，也可以从另一个视角用另一种方式进行多维度的论述，使整个会议传达的精神和思路更丰满、更立体。

■ 二、工作会议讲话的结构

要做到主题鲜明，首先要做到结构清晰。讲话文稿通篇要始终围绕主题谋篇布局。本章的第四节已经对如何谋划讲话结构、确定讲话提纲作了阐述，下面主要对讲话的结构进行说明。

按照内容划分，讲话一般包括标题、开头、正文、结尾四个部分。标题部分，往往采用"在××会议上的讲话"这种直观简单的方式；开头部分，一般以总结会议的方式引入；正文部分，既可以采用纵式结构，又可以采用横式结构，其中纵式结构较为常用；结尾部分，主要是发出号召、提出希望。

这里，重点介绍一下讲话正文部分的结构。

1.纵式结构。这种结构指各部分之间是递进或转承关系，按照受众群体对事物发展的理解层层推进。可以是与工作报告类似的三段论结构，比如，按照"肯定成绩＋分析形势＋提出要求"进行架构，或者以"总—分—总"的方式整体阐述会议的任务和意义、肯定工作基础和条件、作出下一步工作部署；也可以是两段论结构，比如，按照"肯定发展业绩＋提出下一步要求"进行布局。纵式结构比较符合受众群体的信息接受习惯，更容易引导受众群体迅速理解讲话者的中心思想和整体逻辑，所以应用得比较广泛。根据笔者所在系统的工作经历来看，上级领导出席本级企业工作会议时发表的讲话一般都采用这种结构。

2.横式结构。这种结构指讲话内容的各部分是并列关系。比如，按照"总—分"的方式在对会议和某些方面工作给予肯定后，重点就几个关键问题或关键方面展开阐述。横式结构更适用于本级企业领导在工作会议上的讲话。这种情况下，本级企业领导的讲话往往是对工作报告等的诠释或解读，以及对需要贯彻落实的重点工作提出一些更具体的要求。

选定讲话主题，确定讲话结构后，整篇讲话文稿的基本轮廓就大致形成了，后文将结合范例，重点讲解具体如何起草。

第六节 上级领导讲话

当前，本系统内的地区企业在召开工作会议时，一般以传达上级会议精神代替邀请上级领导出席。但专业公司在组织召开全系统的年度业务工作会议时，按照惯例会邀请集团公司分管本业务的党组领导出席会议。这种情况下，专业公司工作会议既承担了传达集团公司工作会议精神的任务，又便于集团公司党组主管领导面对面同与会人员进行交流，代表集团公司党组，代表董事长和总经理看望慰问主管业务全系统干部员工，对主管业务系统一年来的努力和成果进行肯定，对刚刚召开的集团公司工作会议精神进行传达解读，直观地、公开地阐述对主管业务所面临的形势和战略规划部署推进落实情况的看法，并就下一步工作提出一些比较宏观的战略层面和比较关键的落实层面的工作要求。这样可以较好地统一思想、统一意志、推动工作，更有利于集团公司战略思想、战略决策和战略意图的贯彻落实。

下面，以集团公司党组领导在工程技术业务暨中油技服 2022 年工作会议上的讲话为例，具体说明如何起草上级领导讲话文稿。

一、明确会议主题

中央企业肩负着三大责任，即政治责任、经济责任和社会责任。中国石油是党的中国石油，是国家的中国石油，是人民的中国石油。在履行社会责任方面，中国石油坚决贯彻落实党中央精神。比如：2021 年中国石油主要公益投入超过 8 亿元，乡村振兴投入约 3 亿元，实施近 600 个乡村振兴帮扶项目；中国石油奖学金设奖高校为 17 家，捐赠总额 447 万元；聚焦生态文明、乡村振兴、抗击疫情等方面组织开展志愿服务近万次。（以上数据摘自《中国石油报》）

中国石油所属企业同样肩负着以上三大责任。但在年度工作会议报告中，很少提及履行社会责任相关工作（哪里有困难哪里就有央企的身影，不过相关宣传较少，这就是央企本色），而是聚焦保障国家能源安全和高质量发展，也就是紧紧围绕履行政治责任和经济责任"两大责任"研判形势、部署工作。在确定会议主题前，本业务系统文字工作者首先要了解这些背景。

以某公司2022年工作会议为例，此次会议明确的主题是"高质量协同发展"。这个主题既包含了高质量发展（集团公司工作会议主题），又增加了协同发展的定位。这是为什么呢？中国石油的战略思想是推动全产业链高质量发展。党组书记、董事长强调，中国石油高质量发展是指实现全产业链高质量发展，某一业务实现高质量发展不叫高质量发展，只有所有业务都实现高质量发展才叫高质量发展。这一战略思想充分展示了中国石油党组的领导智慧，是中国共产党宗旨意识在中央企业的具体体现。而该公司在高质量后面加上"协同"两个字，就是为了更好贯彻落实中国石油党组的战略思想，更好推动油田技术服务业务全产业链协同发展，更好支持中国石油内部企业创新发展，更好谋求推动构建国内同行企业的竞合共赢发展。由此可见该公司党委的站位、格局和胸怀。

在起草本次会议讲话文稿时，综合考虑了高质量协同发展的内涵：既包括发展的高质量，又包括服务保障的高质量；而协同是方法论，既包括油气勘探开发、油田技术服务两大产业之间的协同，又包括油田技术服务全产业链的协同，还包括装备制造及租赁、科研院所及资本运作等相关产业链的协同联动。这是全局的、系统的统筹，符合"四化"治企原则，有利于以一体化统筹维护集团公司利益最大化，能够以系统思维统筹指导各项工作。所以，集团公司党组领导在工程技术业务工作会议上的讲话主题也确定为"推进高质量协同发展"，并将"支撑中国石油保障国家能源安全"作为讲话内容的重要组成部分，整体上进行统筹谋篇。这个主题同工作报告也有所呼应。

二、确定讲话结构

考虑到所需阐述的内容较多，一般选择跟工作报告相似的三段论结构进行布局，并充分考虑好、处理好领导讲话与工作报告的关系。

下面就具体内容与大家分享一些经验和体会。

1. 领导讲话的第一部分是"肯定成绩"。这部分与工作报告的第一部分作用相同，但表述方式不一样。领导讲话是从更高层面对工程技术业务全年工作给予肯定和表扬，最好明确指出一些单位和对应单位的突出亮点；工作报告是客观总结陈述工程技术业务全年工作成绩和突出亮点，最好的处理方式也是融入一些突出亮点和对应单位。领导讲话中突出亮点的例子和工作报告中突出亮点的例子可以有一部分重复，也可以不重复，这方面执笔人灵活把握即可。

2. 领导讲话的第二部分是"战略指引"。这部分与工作报告的第二部分类似，均为分析形势、作出战略预判，但表述方式不一样。领导讲话的第二部分一般紧扣贯彻落实集团公司工作会议精神，结合本业务内外部形势，特别是集团公司上游业务发展计划，作出趋势性、战略性判断，明确今后的工作方向，其间可指出几个急需解决或重视的问题，引导干部员工戒骄戒躁、继续奋斗。工作报告的第二部分则更多是立足企业当前和下一步发展，坚持刀刃向内进行深入剖析和研判，明确本企业的有利形势和不利因素。很明显，领导讲话是站在更高层面、更宏观视角作出战略指引；工作报告则是站在企业层面进行形势研判和自我剖析。

3. 领导讲话的第三部分是"工作部署"。这部分是对工作报告第三部分的呼应和强调，从集团公司层面表明支持主管业务的鲜明态度，并从宏观层面对贯彻落实集团公司党组决策部署和主管业务下一步重点工作提出相应要求，起到统一思想、一锤定音的作用。领导讲话属于夹叙夹议性的论述。工作报告第三部分则是对下一步工作进行统筹部署、作出安排，并明确相应目标。工作报告属于对下一步工作任务的陈述。领导讲话和工作报告都属于事务文书中特殊的类别。

这里重点提示一下：高度上，领导讲话主要是从集团公司战略发展的高度统筹谋划和推动主管业务各方面工作；角度上，领导讲话主要是从审视的视角评价主管业务系统的战略规划和执行落实情况；内容上，领导讲话更侧重于战略引领和把控主管业务发展，工作报告更侧重于执行；文风上，主要采取截然不同的语言风格加以区分。

三、写好开头结尾

1. 开头部分的起草要点

总体原则是开门见山、宜简宜直。通常是开篇直述主题，道明会议目的和意义，然后回顾会议的过程，基于与会人员意见的汇总对会议进行总体评价，随后引入正题。

由于起草会议讲话文稿时，会议并未召开，所以开头部分一般是按照以往会议的惯例作出基本预判。在讲这部分内容时，领导往往会根据会议情况临场发言，加之近年来普遍对穿靴戴帽的文风比较反感，所以开头主要保证基本要素齐全即可，不需要费太多笔墨。

2. 结尾部分的起草要点

结尾一般也以简洁明了的方式结束，但要做到紧扣主题、精简凝练、升华有力，富有感染力和号召力。

通常结尾的写法有六种方式，即希望式、展望式、号召式、决心式、要求式、强调式。希望式，就是表达美好祝愿或期望；展望式，就是描述美好未来引发大家向往；号召式，就是呼吁激发大家的奋进热情；决心式，就是引导大家下定决心实现预定目标；要求式，就是对贯彻落实会议部署提出要求；强调式，就是总结概括加深主旨印象。还有很多是直截了当平实结尾。可以根据不同领导的讲话风格，选取合适的方式进行收尾。

四、精雕细刻主干

1. 三段论结构讲话文稿主干的起草要点

肯定成绩部分主要有三种起草方式：

一是条项式表扬。类似于工作报告的形式，在对总体工作进行肯定后，分门别类对各专业亮点工作进行逐一表扬。这种方式的优点是能够覆盖多数工作，亮点工作也可以表述得更全面、更充分；缺点是一般篇幅会比较长，且与工作报告中的亮点工作不能全部一样，可以有少量重复但是尽量选择避让。

二是点评式表扬。对总体工作进行高度概括的肯定，同时对参会的单位进行点名表扬，每个单位择要点评一两项特别突出的工作，体现出被点评单位的特色。这种方式的优点是能够让参会人员有更强的代入感，激励性更强；缺点是当参会单位较多时，篇幅会较长，讲话显得有些啰嗦。所以往往与第一种方式结合，只选择部分亮点工作和对应单位进行表扬。

三是概要式表扬。这种方式比较适合前轻后重的结构，表扬部分高度凝练，总结提取出几个方面的重大突破。比如，"办成了十件大事""实现了八个开创""取得了九大突破"等。选取一个时期内的代表性事件或有深远影响的工作进行系统总结，浓墨重彩对重要业绩进行赞赏，激发干部员工的自豪感和荣誉感。

以上三种方式既可以单独采用，也可以融会贯通运用，目的就是把受众的情绪调动起来，起到激励干劲、激扬士气的作用。

战略指引部分主要有四种起草方式：

第一种，按照贯彻落实上级会议精神的方式进行阐述。结合集团公司工作会议部署要求，突出问题导向、目标导向、结果导向，对本业务、本单位所面临的形势、所承担的任务、所遇到的挑战和存在的问题进行系统剖析，统一思想、统一意志、统一行动。最关键的是要贯彻好集团公司的战略思想、战略决策、战略意图，体现出高度的思想站位和战略统筹、引领能力，把领导最关心、最想讲的内容表达出来。

第二种，按照由上到下、由大到小，由宏观至微观、由战略至具体的金字塔式逻辑思路，从不同层次分析面临的形势和任务。比如，按照党和国家部署、全球形势、行业态势、集团计划以及业务自身需求的方式阐述。这种方式与工作报告中的形势和任务分析非常相近，处理难度最大，一般会在这种逻辑思路下，按照讲话材料的特点，将相关信息熔为一炉后，围绕怎么看、怎么干整理形成一套观点鲜明的论点，引导受众群体统一思想认识。

第三种，按照 SWOT 模式的辩证逻辑阐述。讲清楚面临的机遇与挑战，明确自身的优势与短板，进而讲清楚发展的工作思路和奋斗方向。这种方式还可以结合会议报告中的相关内容，进行变通处理。比如：在总体环境向好的情况下，外部重点讲机遇、内部重点讲不足，引导大家撸起袖子加油干；在发展环境趋紧的情况下，重点讲在挑战中蕴含的机遇、自身拥有的优势，鼓舞员工满怀坚定发展信心、凝心聚力攻坚克难。

第四种，围绕战略目标阐述发展任务。主要结合战略规划目标，讲清楚实现目标的条件，需要克服的阻碍，重点解决的问题。核心是针对如何一步步实现远景战略目标，勾勒出令人信服的"时间表"和"路线图"，以历史的发展的眼光审视企业发展的历程，描绘出更加清晰的战略蓝图。

总之，战略指引要突出四个方面：一是立论要"稳"，确保有理有据；二是逻辑要"通"，能够顺理成章；三是方式要"活"，尽力写出新意；四是态度要"明"，坚持实事求是。分析形势时要有清晰的判断，切忌只作分析不写结论，让受众越听越糊涂。

工作部署部分主要有两种起草方式：

第一种，概要阐述年度总体工作思路后，分业务对党的建设、服务保障、市场开发、经营管理、科技创新、安全生产等方面提出宏观层面的工作要求。需要注意的是，讲话要侧重讲清为什么干、实现什么目标，以及工作报告中未提及或简要表述的重点工作，与工作报告形成呼应，更好推动工作落实。

第二种，分条提出需要落实的几个方面的重点工作。就某项接续推进的重点工作而言，就是要讲清目前还有哪些差距，要重点采取什么措施，本年度要达到什么目标；就某项新部署的重点工作来说，就是要讲清推进这项工作的初衷是什么、目的是什么，推进过程中要重点关注什么、落实什么。

这部分重在言之有物，紧扣任务目标谈措施、提要求。执笔人要换位思考，站在受众群体（执行者）的角度多琢磨、多体会，看领导讲话的内容能不能落实、好不好落实、该怎么去落实，确保领导讲话求真务实、切实可行。特别要注意避免两种情况出现：一是只提目标、谈任务、讲要求，却不阐述清楚怎么干，这会让受众觉得讲话华而不实；二是通篇讲怎么抓战术执行，却忽视战略与战术的联系，这会让受众感觉讲话欠缺高度，产生"只低头干活、不抬头看路"的感觉。

2. 两段论结构讲话文稿主干的起草要点

常说的两段论结构简单来讲就是：一段讲过去，回顾工作；一段讲未来，展望部署。其内在逻辑、起草技巧跟前文的三段论结构是基本一致的，主要是在笔墨处理、结构层次上有所不同。

相较于三段论结构，两段论结构最大的特点就是以更加简明的结构，聚焦所关注的重点。可以大幅压减回顾工作和分析形势的篇幅，以更加细致的笔墨阐述下一步如何奋斗。具体处理方式有两种：

第一种，概要回顾会议议程，总结工作亮点成绩后，简要阐明形势和任务，用主要篇幅对下一步工作的指导思想、重要安排、关键目标进行论述，重点谈方向和目标，主要内容与工作报告相呼应。

第二种，回顾亮点工作成绩后，不单独进行形势分析，简要谈一下对取得成绩的认识或工作中存在的不足后，分几个方面谈下一步工作要求，在部署工作时将形势分析和工作任务贯穿其中，夹叙夹议讲明下一步工作的重点。可以概括地看作每项工作部署都是按照为什么干、怎么干、目标是什么来叙述。

总之，选择哪种结构没有一定之规，需要结合会议主题、领导习惯等进行综合考量。按照以往的经验看，讲话的整体结构层次多，容易讲得系统全面，但是也不是结构层次越多越好。

■ 五、修改打磨定稿

好的讲话文稿是写出来的，更是改出来的，可以说是"三分起草、七分修改"。修改讲话文稿遵循的次序是先从大的层面入手，再在小的地方雕琢，修改过程中结构要服从于内容，篇幅要服从于质量。在自己反复修改完善后，要通过集体讨论、广泛征求意见，多倾听大家的看法和感受，然后进行综合考量，达到尽善尽美。修改过程中要敢于否定，与主干无关的"枝叶"再精美，也要大刀阔斧地砍掉，确保最终形成的讲话文稿精干、务实、创新。

修改过程中有一些方法可以参考。比如：进行换位思考，站在不同的角度，看看说没说全；表达力求直观，尽量用具体化的描写代替抽象化的形容，看看说没说清；注重去繁就简，删除可有可无的文字，看看够不够顺；主动化长为短，多用短句提高阅读感受，看看好不好念；精心完善细节，逐字逐句校读，看看有没有错。最终通过反复修改打磨，形成一篇精美的讲话文稿。

写作范例 10：

在××公司××年工作会议上的讲话

×××

（××年××月××日）

同志们：

这次会议是在集团公司上下学习贯彻工作会议精神、高质量推进建设基业长青的世界一流企业之际召开的一次重要会议。刚才，××公司作了工作报告，全面总结了过去一年的发展成果，安排了全年重点工作；××公司、××公司分别报告了工作计划。我都同意，请大家结合实际抓好落实。××家单位作了表态发言，汇报了思路目标，表明了信心决心，希望你们勇担使命，锐意进取，在奋进高质量发展、支撑集团公司油气增储上产降本的新征程上再创佳绩。

（帽段简要回顾会议过程，肯定会议取得的成果，表明领导的态度。初学者牢记这些程序性的内容安排，先模仿后超越，先熟悉后创新）

下面，我强调三个方面的意见：

一、高度肯定××业务和××公司一年的工作成绩

过去的一年，面对全球疫情反复、大宗材料价格高企、海外市场总体低迷等诸多挑战，××公司扎实开展党史学习教育，认真贯彻集团公司党组决策部署，工作抓得很紧、抓得很实、抓得富有成效，创出一大批亮眼指标，交出了一份党组满意的答卷，实现了"十四五"高起点开局，同××业务一起为集团公司经营业绩创造新的里程碑、有力保障国家能源安全作出了突出贡献。

（一）践行"一体两面"，奋力担当作为，保障国内外勘探开发再立新功……

（二）坚持技术立企，突出创新驱动，工程技术进步和数字化转型取得突破性进展……

（三）深化内部改革，统筹优化整合，治理体系和治理能力实现系统性提升……

（四）发挥整体优势，主动应对竞争，筑牢了规模发展的市场根基……

（五）聚焦效益导向，强化提质增效，有效构建了低成本发展长效机制……

（六）严守底线红线，狠抓风险管控，保持了井控安全环保和疫情防控态势平稳……

（七）坚持党的领导，弘扬铁人精神，队伍凝聚力、战斗力、竞争力显著增强……

成绩来之不易，饱含着××业务所有干部员工的心血和汗水！在此，我代表集团公司党组，代表×××董事长和×××总经理，代表××子集团，向××业务取得的优异业绩表示热烈祝贺！向拼搏奋战在××战线上的全体同志表示衷心感谢！

（主体内容第一部分：从几个主要方面对上一年的工作进行充分肯定，主要是为了鼓舞队伍士气，增强做好下一步工作的信心）

二、着力增强服务保障和高质量发展的紧迫感、责任感

在集团公司工作会议上，×××董事长代表党组作了主题报告和讲话，系统部署了过去一年的工作，要求……×××总经理在生产经营报告中也就……对××公司提出了明确要求。这为××公司下一步抓好服务保障、推进高质量发展提供了根本遵循和行动指南。

我们要认真贯彻落实集团公司工作会议精神，准确把握当前重要战略机遇期，充分认清业务发展的历史方位和形势任务。

一方面要认识到，发展环境总体有利，××业务大有可为。从宏观环境看，本世纪中叶前，油气主导能源地位不会改变；中国经济韧性强、长期向好的基本面也不会改变，国内油气需求处于上升期，对外依存度居高不下。习近平总书记高度重视能源发展与安全，作出一系列重要指示批示，强调要……立足国内保障能源安全将是当前和今后一段时期的战略主线，国内油气业务进入加快发展期，这是××公司面临的重大历史机遇。从集团公司看，勘探开发力度不断加大……集团公司致力于打造陆上油气资源勘探开发原创技术策源地，作为上游技术中坚力量，××公司迎来历史性机遇。××子集团内甲乙双方更加紧密协同，一体化优势不断转化为发展优势。

另一方面也要认识到，短板亟待补齐补强，发展提质升级需要精准发力。对照勘探开发需求和世界一流企业建设要求，不足还很突出：一是部分关键核心技术受制于人，支撑低品位资源效益动用的低成本服务能力还不足……二是部分营运指标还不理想，"四精"管理和共享机制还需深化，创效能力有待进一步提升……三是专业化改革不彻底，骨干人才相对不足……四是井控等风险仍然十分突出，"严格不起来、落实不下去"的问题应当引起高度重视，"两不落地、两回收"还没有实现全覆盖……

解决问题的过程就是打造世界一流企业、迈向高质量发展的过程。××公司要完整准确全面贯彻新发展理念，立足新发展阶段，加快构建新发展格局，提高工作的系统性、预见性、创造性，确保各项工作举措相互促进、相得益彰，不断实现质量变革、效率变革、动力变革，推动高质量发展行稳致远。相信拥有铁人精神传承、高效组织优势、丰厚技术底蕴、规模体量基础和集团公司强大后盾的××公司，一定能在集团公司党组正确领导下，在全体员工拼搏奋斗下，赓续红色血脉，弘扬大庆精神、铁人精神，一定能够在奋进新时代的新征程中，战胜各种风险挑战，实现"安全、合规、效率、效益"的新发展，圆满完成集团公司党组赋予的任务，在新时代保障国家能源安全上展现大作为、作出新贡献。

（主体内容第二部分：传达贯彻集团公司工作会议精神，同时考虑到在会议主题报告中已经对形势任务和风险挑战进行了较为充分的分析，该部分主要从外部机遇和内部问题进行分析，作出了清晰的论断。既做到了与主题报告互相呼应、突出重点，也阐述了集团公司层面对工程技术业务发展的战略思考）

三、推动服务保障和高质量发展在更高水平上开创新局面

××公司要深入学习贯彻习近平新时代中国特色社会主义思想，坚持稳中求进工作总基调，认真落实集团公司党组决策部署，苦干实干、勇毅前行，以高度的政治责任感完成好任务目标，以高质量协同发展的新业绩向党的二十大胜利召开献礼。

（一）锚定油气增储上产目标，大力提升服务保障能力。推进七年行动计划，任务艰巨繁重，工程技术和勘探开发业务要命运与共、重任同当，瞄准国内××、海外××产量目标，合力推进增储上产降本。一要聚焦重点工程发力。国内要……海外要……二要强化一体统筹运行。坚持甲乙方协同发展……合力打造优质放心工程……三要推进整体提速提效。坚持优化提速，坚持协同提速，坚持技术提速，坚持竞赛提速，坚持安全提速。四要抓好现场技术支持。加强技术攻关……注重技术专家作用发挥……加强事故复杂治理……五要发挥好风险作业"试验田"作用。打造地质工程一体化典范……打造效益开发典范……打造创新合作典范……

（二）立足支撑当前、引领未来，大力提升自主创新能力。中国石油优势在上游，上游业务高质量发展主要依靠工程技术进步，××公司的科技实力代表了集团公司上游工程技术服务的竞争力。××公司要勇担重任，落实集团公司科技创新战略部署，着力突破一批关键核心技术，支撑上游业务高质量发展。**一要优化科技创新体制。**推进三级科技创新管理体系建设……搭建协同创新平台……完善科研经费预算体系……**二要激发科技创新活力。**打造尖端人才高地……创新项目管理方式……营造浓厚创新氛围……**三要强化核心技术攻关。**汇聚优势资源攻关"卡脖子"技术。**立足"久久为功"，立足"快速突破"……四要加强成果推广应用……**

（三）**聚焦开源节流、降本增效，大力提升经营创效能力。**树牢**"提质增效不是权宜之计，而是长期战略举措"**的理念，持续提升低成本发展水平。**一要在开源增收上下功夫。**巩固扩大内部市场……不断开拓外部市场……**二要在挖潜增效上下功夫。**树牢**"没有利润的收入不是高质量的收入，没有现金流的利润也不是高质量的利润"**的理念。深化管理降本……注重技术降本……抓实优化降本……**三要在绿色低碳上下功夫。**有序推进能源替代……稳步发展新能源服务业务……

（四）**加强系统谋划、重点施策，大力提升治企兴企能力。**坚持向最难处攻坚、向最关键处挺进，解放思想，动真碰硬，加快推进治理体系和治理能力现代化。**一要推进改革攻坚。**专业化改革要见成效……国际业务改革要见成效……三项制度改革要见成效……**二要优化业务结构。**突出差异化……突出归核化……突出高端化……**三要打造智能技服。**统筹推进数字化转型……加快工程作业智能支持中心建设……

（五）**注重未雨绸缪、标本兼治，大力提升安全管控能力。**坚决贯彻习近平生态文明思想和关于安全生产的重要论述，进一步增强抓好安全环保生产的法治意识、忧患意识和责任意识，识别大风险、消除大隐患、杜绝大事故。**一要毫不放松加强井控管理。**牢固树立**"积极井控"**和**"大井控"**理念……抓好风险评估分级管理……狠抓溢流管控……**二要严格抓好安全环保风险管控。**坚持大抓基层……高质量完成安全生产专项整治三年行动……强化海外公共安全管理……打好污染防治攻坚战……**三要全面推进健康企业建设……**

（六）**坚持和加强党的全面领导，大力提升党建引领能力。**坚定不移推进全面从严治党，以**"铁的信仰、铁的担当、铁的本领、铁的纪律"**的标准，打造听党话跟党走的铁人式队伍。**一要突出政治建设……二要压实主体责任……三要推进人才强企……四要从严正风肃纪……**

（主体内容第三部分：聚焦工程技术业务服务保障和高质量发展两大

主要发展任务，从保障上游、科技创新、提质增效、企业治理、安全发展和党的建设等方面提出要求，着力提升六种能力。这部分既有对主题报告中相关部署的强调和指引性安排，侧重于提出涉及跨板块、跨企业的要求和战略性、全局性、协同性要求，也体现了集团公司领导对工程技术业务的期望）

同志们，踏上新的赶考之路，××公司要在集团公司党组正确领导下，紧弓满弦，笃行不怠，全力支撑保障国家能源安全，为集团公司奋进高质量发展、建设基业长青的世界一流企业作出新贡献，以优异成绩迎接党的二十大胜利召开！

（要求式结尾法：在前面部分肯定了成绩，指出了问题，部署了工作，结尾时再提出要求，即要求大家要认真抓好落实相关工作部署。标志性词语有"大家要……，为……""大家要……，以……"等）

【写作点评】

这篇讲话采用的是传统三段论结构，是按照时序逻辑编排的，即"肯定成绩（鼓舞士气）、阐明形势（指明方向）、部署工作（提出要求）"。总体来看，有三个方面的突出特点。一是讲话主题和主线十分鲜明，讲话主题与工作报告主题高度契合，均是"创新推进高质量协同发展"。讲话主线十分鲜明，肯定成绩部分强调"同油气勘探开发业务一起作出了突出贡献"；阐述形势部分强调在集团公司一体化统筹下工程技术业务要认清机遇挑战、提质升级、开创新发展格局；部署工作部分强调要"以高质量协同发展的新业绩向党的二十大胜利召开献礼"，并对六个方面工作提出要求。二是讲话结构逻辑严谨，讲话主体内容是纵向结构，第一、三部分内部结构是并列式，第二部分内部结构是递进式。三是语言表述既规范又灵活，内容表述比较规范、庄重，业务表述比较专业，但也使用了很多短句、排比句，以及高度凝练、比较形象的语句，比如"严格不起来、落实不下去""没有利润的收入不是高质量的收入，没有现金流的利润也不是高质量的利润""坚持向最难处攻坚、向最关键处挺进""铁的信仰、铁的担当、铁的本领、铁的纪律""紧弓满弦，笃行不怠"等。

写作范例11：

在××公司××年工作会上的讲话

×××

（××年××月××日）

同志们：

这次会议的主要目的是贯彻落实集团公司领导干部会议精神，总结××业务工作、部署下一步任务，推动××业务高质量发展和保障集团公司油气增储上产。会上，×××同志代表××公司作了一个很好的报告，总结了成绩，明确了××年建设世界一流企业的发展目标，安排部署了下半年工作；××公司、××公司分别报告了工作进展和下一步计划。我都同意，各单位要结合实际抓好落实。会议交流了××方面的典型经验，大家表示很受启发、收获很大。这次会议组织高效、内容丰富，开得很成功。

下面，我主要讲三点意见：

一、充分肯定××业务上半年取得的工作成绩

今年以来，××公司同××公司、××公司一道，坚决贯彻落实集团公司党组决策部署，共担责任使命，共保能源安全，各项工作取得显著进步，为集团公司上半年生产经营形势持续向好、经营业绩位居央企前列作出突出贡献，为建党百年交上了一份圆满答卷。

（一）保大局、作贡献，发挥服务保障顶梁柱作用，助力勘探取得一批大发现、大突破。立足"五油三气"六大盆地，深化地质研究，加强技术支持，狠抓事故复杂控制，建立板块间联合保障机制，打成××等一批重点探井，支撑勘探取得××项重要成果，形成×大规模增储区，服务支撑××等海外重点项目获得一系列新发现，为保障集团公司高效勘探再次作出历史性贡献。

（二）抓"四提"、担重任，突出区域统筹，支撑油气产量"双增长"。聚焦重点上产地区，精准配置资源，优化组织模式，狠抓提质提速提产提效，创出亚洲陆上最长水平段、最大水平井平台等多项"第一"，助推××、××等重大产能工程和海外重点投资项目效益建产，上半年完钻油气井××口，助力集团公司国内生产原油××万吨、天然气××亿方，分别同比增长××和××，为保障原油稳定增产、天然气快速上产发挥了主力军作用。

（三）聚优势、谋长远，积极践行技术立企，核心竞争力进一步增强。创新科技管理体制，建立共享专家库，聚力攻关关键技术，取得××、××等一批丰硕成果，核心技术自主可控水平持续提升。围绕解决勘探开发难题，梳理升级适用于不同地区的××、××和××技术系列，技术引领能力和支撑效果不断提升。

（四）转观念、抓改革，大刀阔斧创新管理，活力动力有效激发。完善××业务发展规划，提出"创新、市场、低成本、一体化"战略，明晰公司价值追求，从战略高度体现"企之要情"。推进区域一体化统筹，构建"五统一、六共享"管理模式。抓实改革三年行动，全面完成××专业化重组，加快国际业务管理体制调整，海外项目"六统一"管理初见端倪。发力××系统建设与运行，一体化生产管理指挥功能基本建成，数字化转型迈出坚实一步。

（五）顺大势、强竞争，千方百计开发市场，生存发展空间不断拓展。主动适应市场、创造市场、培育市场、经营市场，在油气田企业和海外项目公司的大力支持下，集团公司国内市场和海外作业者项目市场占有率分别达到××和××。克服疫情影响，在××、××等市场中标多个超亿美元大单，××和××等业务步入发展快车道。

（六）练内功、挖潜力，着力打造提质增效"升级版"，低成本发展能力显著提升。坚持全产业链创收、全价值链降本、全管理链保障，大力实施单井安全提速创效工程，统筹实施××、××等一揽子举措，上半年提质增效××亿元，××家企业全部盈利，实现净利润××亿元，同比增长××，高质量发展态势逐步形成。与此同时，技服企业与油气田企业探索开展共建共享合作模式，加快低效无效区块效益开发，实现了合作共赢。

（七）固根本、防风险，突出严抓狠管，保持了健康安全环保井控总体平稳。圆满完成××井压井封井，战胜了公司发展史上风险最高、环境最险、难度最大的险情。打出诊断评估、风险分级、溢流管理"组合拳"，溢流起数和处置时间大幅下降。开展安全整治、体系审核和"四不两直"检查，有效防范了安全风险。落实疫情防控措施，国内外中方员工保持"零感染"。

（八）学党史、强党建，打造忠诚可靠"四铁"队伍，提升了石油铁军战斗力。坚持政治引领，认真学习贯彻习近平总书记重要讲话和重要指示批示精神，以实际行动做到了"两个维护"。统筹开展党史学习教育和"转观念、勇担当、高质量、创一流"主题教育活动，广大党员干部赓续精神血脉，砥砺奋进力量，以实际行动谱写高质量发展新篇章，以优异成绩礼赞党的百年华诞！

同志们，成绩来之不易，奋斗不负韶华！在此，我代表集团公司党组，代表×××董事长和×××总经理，代表××子集团，向奋战在××战线上的全体干部员工表示热烈的祝贺和衷心的感谢！

二、乘势而上，准确把握高质量发展的新环境、新问题

在刚刚闭幕的集团公司领导干部会议上，党组围绕"坚持'两个一以贯之'，实施人才强企工程"主题，部署了"大力实施人才强企工程，突出实施组织体系优化提升工程、'三强'干部队伍锻造工程、人才价值提升工程、分配制度深化改革工程"，对优化治理体系和治理能力进一步作出战略安排，并要求××业务围绕集团公司勘探开发总体部署，践行技术立企，加强生产协调保障，严控事故复杂，提高服务保障能力，全力支撑增储上产降本，同时积极开拓外部市场，全面提升市场份额。

集团公司党组的统筹部署和关切要求既为××业务发展指明了方向、明确了重点，也为××业务推动改革发展大局提供了重要的方法论。我们要深入贯彻集团公司领导干部会议精神，深刻领会集团公司党组战略布局，遵循"四个坚持"兴企方略和"四化"治企准则，审时度势，谋定后动，准确把握内外部新变化、新趋势。

要全面识变应变，辩证看待××业务面临的新挑战。一是……二是……三是……四是要看到勘探开发对象日趋复杂，施工难度、技术需求、井控风险、质量和时效标准不断提升，集团公司大力实施高效勘探和效益开发，对低成本、低风险、高技术、高效率服务保障提出了更高要求。

要坚持问题导向，积极正视××业务存在的"短板"。对照集团公司党组对公司高质量发展要求，我们要解决好五个矛盾和问题：一是……二是……三是……四是……五是……

要坚定必胜信心，精准抓牢××业务迎来的新机遇。全面贯彻落实习近平总书记关于大力提升勘探开发力度，保障我国能源安全的重要指示批示精神……习近平总书记强调"把科技自立自强作为国家发展的战略支撑"，集团公司积极打造原创技术"策源地"和油气产业链"链长"，××装备及软件系统"策源地"被列为集团公司自主创新技术七个"策源地"之一。集团公司在××、××等盆地取得一系列重大突破、重大发现。一是……二是……三是……四是……勘探成果亮点纷呈，这些成果都是××队伍艰

苦奋斗、真抓实干干出来的，为××业务中长期稳定发展、高质量发展创造了十分广阔的舞台。

××子集团成立后，优化了上游业务一体化发展格局，为油公司和服务企业协同发展创造了体制环境。××队伍是一支善打硬仗、敢打恶仗、能打胜仗的铁人队伍，传承铁人精神，在勘探开发各大主战场创造了一系列技术指标，形成了一系列技术体系……相信××队伍一定能够克服各种复杂挑战，完成好集团公司党组交付的任务，有力支撑集团公司持续增储上产、保障国家能源安全。

纵观全局，××业务既处于重要的战略机遇期，也处于矛盾凸显期，机遇与挑战并存，优势与问题同在，但机遇大于挑战，优势胜于问题。××公司广大干部员工要完整、准确、全面贯彻新发展理念，认真落实集团公司党组决策部署，下好化危为机"先手棋"、打好提质增效"进攻仗"，牢牢把握发展的主动权。

三、锚定世界一流目标不动摇，全力实现"十四五"开门红

步入新发展阶段，××业务要坚持惟改革者进，惟创新者强，惟改革创新者胜，接续奋斗，真抓实干，落实好"十四五"发展规划，推动各项工作开创新局面、迈上新台阶。

（一）要主动担当作为，强力保障油气勘探开发增储上产。聚焦国内外重点勘探项目和重大产能建设工程，发挥一体化优势，统筹配置资源，助力勘探突破和效益建产。

一是加强甲乙方协同。勘探开发的难点就是服务保障的重点。油公司和服务企业要牢固树立"一盘棋"思想，齐抓共管，同向发力，形成紧密的命运共同体、责任共同体、利益共同体，实现集团公司利益最大化。突出抓好重点勘探工程保障……加快重点上产区域开发进程……服务低效区块效益开发……

二是加强区域内协同。发挥××公司一体化统筹作用……加强知识共享……协同解决勘探开发难题……

三是加强专业间协同。强化各专业优势互补，努力实现打成打快打好目标。物探与测录试要……钻井要……压裂要……

（二）要突出自主创新，加快实现××高水平自立自强。坚持科技兴企、科技强企，持续提升科技创新创效能力，支撑集团公司打造原创技术"策源地"和油气产业链"链长"。

一要完善科技创新治理体系。汇聚科技创新新优势、新动能。加强技术差异化发展顶层设计……创新科研组织方式……壮大科技领军人才队伍……坚持多元化创新……

二要优化特色技术体系。提升问题解决能力和比较优势。坚持突破关键技术……坚持锻造技术长板……坚持优化技术体系……物探要……钻完井要……测录井要……压裂要……螺杆、可溶桥塞等关键工具要……

三要促进成果转化应用。打造技术创效增长点。加大技术成果转化支持力度……积极推进技术有形化……

（三）要坚持革故鼎新，着力增强企业治理的有效性、协同性。大胆解放思想，敢于先行先试，以新理念开启新征途，用新机制解决新矛盾，持续优化治理体系，提升治理能力。

一要深化改革重组。加快落实改革三年行动，破除世界一流企业建设的体制机制障碍。深化内部专业化改革……坚持业务归核化……加快海外业务改革措施落地……推进三项制度改革……坚持资产轻量化……

二要加快数字化转型智能化发展。要通过数字赋能，重塑管理架构和业务流程，实现生产管理过程中的精准决策、实时交互、高效共享、紧密协同，培育××数字化典范……

三要培育壮大新业态、新模式。优先发展高附加值业务……积极发展新能源新业务……加速发展绿色环保产业……

（四）要深化提质增效，大力提升价值创造力。贯彻"四精"要求，坚持开源与节流并举，加快由"生产型"向"价值创造型"转变。

一要大力开拓市场空间。××公司要充分发挥全产业链综合比较优势，一体化推进市场开发，以更优服务、更强技术、更高质量打赢市场攻坚战，建立一体协同、有序有效的市场开发生态。要优化市场布局，积极抢占高端高效市场，提高技术服务市场占比，增强市场引领力。国内……海外……

二要狠抓降本增效。联合实施控投降本……强化亏损企业治理……加强经济活动分析……深挖节支降耗潜力……严控经营风险……

三要扎实开展单井安全提速创效工程。完善单井管理数据体系和考核体系，坚持严考核、硬兑现，将"两挂钩一否决"激励机制落到实处，让基层队伍感受到提质增效与自身利益息息相关，调动基层创效积极性。激活每个创效单元，全面释放创效活力。

（五）要强化底线思维，全力防控健康安全环保井控风险。必须居安思危、警钟长鸣，毫不松懈地补短板、堵漏洞、强基础，全力消除事故风险隐患，打牢稳健发展基础。

一是狠抓井控管理。牢固树立"防范胜于救灾"理念，坚决控制溢流、杜绝井喷。提高井控意识。加强案例警示教育，深刻汲取事故教训，油气田企业和钻探企业要增强红线意识，始终把防范控制井控风险摆在突出位置，共同承担好井控管理责任。完善井控制度。修订井控管理规定及技术标准，固化井控管理经验，发布新版井控实施细则，提高井控管理水平。推行"三评估三分级"管理。全面、客观、准确评估井控风险和队伍能力，实行分级精准管控，坚决杜绝超井控能力施工，促进本质安全。严格队伍资质管理，严控队伍数量，把牢准入关口，坚决淘汰不合格队伍。突出抓好一次井控。加强检查督导，开展溢流分析，严格落实"司钻是现场关井第一责任人"规定，及时正确处置溢流。强化井控应急管理。高质量建设三个井控应急中心，开展实战练兵，年内要形成战力。

二是狠抓质量安全环保管理。坚持安全绿色发展。突出抓好安全生产专项整治攻坚。切实加强重大风险和关键环节管控，坚决查处现场"三违"。提升队伍安全素质和能力，开展金银铜牌队伍评选。开展好下半年QHSE体系审核，坚持严查彻改问题，杜绝安全生产亡人事故。加强海外社会安全风险管控。做好安保和风险预警，完善应急预案，保护员工和财产安全。抓好井筒质量治理。严格工艺纪律，组织开展质量专项检查，推动井身质量、固井质量和套变治理成效持续向好。强化环保管理。抓好中央环保督察发现问题整改，加强重点区域污染防治，严格落实泥浆不落地等措施，杜绝污染事件。加快电动化、自动化设备更新升级和推广应用，推进清洁生产。

三是狠抓疫情防控和健康企业建设。抓好常态化疫情防控。加快疫苗接种，做到应接尽接；高度重视变异病毒威胁，慎终如始抓好防疫措施落地，重点做好海外员工及时倒休和在途在岗防护工作，守住"零感染"底线。创建健康企业。统筹职业健康和身心健康管理，经常性开展健康风险评估，适时进行健康干预，切实减少非生产性亡人。

（六）要加强学思践悟，努力以高质量党建引领高质量发展。坚持党的领导，锤炼"四铁"队伍，以学党史为企业高质量发展注入强大动力和磅礴力量，奋力开创世界一流企业建设新局面。

一是深化党史学习教育，砥砺政治品格。提高政治站位……弘扬伟大建党精神……以深学促实干……

二是全面加强队伍建设，打造石油铁军。压实管党治党责任……实施人才强企工程……加强正风肃纪……

　　三是全面夯实基层党建，筑牢发展根基。 树立大抓基层鲜明导向……聚焦基层建设……突出价值创造……

　　同志们，**船到中流浪更急，人到半山路更陡。** 面对新形势新任务，××要在集团公司党组的正确领导下，万众一心，担当作为，加快世界一流企业建设，助力保障国家能源安全，为集团公司奋进高质量发展、建设世界一流综合性国际能源公司作出新的更大贡献！

　　谢谢大家！

　　（要求式结尾法：在讲话前面部分肯定了成绩，指出了问题，部署了工作，结尾时再提出要求，即要求大家认真抓好落实相关工作部署。标志性词语有"大家要……，为……""大家要……，以……"等）

【写作点评】

　　这篇讲话与写作范例 10 是同样的三段论结构，是按照时序逻辑编排的，即"肯定成绩＋形势（意义）分析＋工作部署"。总体来看，这篇讲话具有三个方面的突出特点。一是主题和主线十分鲜明，第一部分强调"××公司同××公司、××公司一道为集团公司作出突出贡献"；第二部分强调要推动在子集团一体化统筹下的协同发展；第三部分强调××公司要强化一体协同、锚定一流目标、抓实六项工作，全力实现"十四五"开门红。二是结构、逻辑严谨，讲话主体内容是纵向结构，按照时间逻辑安排，三大部分内部结构均是并列式，是典型的"纵式＋横式"的混合式。三是语言表述既规范又灵活，内容表述比较规范、庄重，业务表述比较专业，但也使用了很多短句、排比句，以及高度凝练、比较形象的语句，大家可以仔细品鉴本书中的红色字体部分。增加写作范例 11 的目的就是强化大家对三段论结构的领导讲话的认识，提示大家起草讲话文稿务必首先明确主题和主线，构思搭建体现讲话主题的"四梁八柱"，并用讲话主线有机串连起各部分内容，这样才能形成一篇有思想、有活力、具有强大生命力的精美文章。

第七节　企业领导讲话

　　企业召开工作会议，通常由企业主要领导作会议总结讲话，由于工作报告中已经对全年工作进行部署，在总结讲话时，必须避免照本宣科再把工作面面俱到讲一遍。如果没有上级领导出席企业工作会议，企业主要领导的总结讲话文稿同上级领导讲话文稿的起草逻辑基本一致，主要是结构布局和具体写法方面有所不同。

一、确定合理的讲话结构

根据会议安排不同，可选择不同的讲话结构。这里主要介绍三种情况下应选择的结构，具体情况还要具体分析，因人、因时、因事、因势作出灵活安排。

第一种情况，由同一位主要领导作工作报告和会议讲话，这是最常见的会议安排。这种情况下，会议讲话尽量避免用同工作报告类似的纵式结构，可以采用更适合阐述背景、意义的横式结构，比如"总分式""并列式"，就几个关键问题或关键方面进行系统论述，把重点问题讲清讲透。

第二种情况，由不同的领导作工作报告和总结讲话，比如总经理作工作报告、党委书记作总结讲话。这种情况下，可以参照上级领导出席企业工作会议时的讲话结构。需要注意的是，本级领导讲话更多以自我审视、自我要求的方式展开，体现出讲话领导坚持以人民为中心的思想，始终依靠员工推动发展、依靠发展维护员工利益。

第三种情况，也就是比较特殊的情况，可以采用主题讲话的结构。比如，恰逢企业主要领导为新任职领导时，他可能会委托其他领导代作工作报告，而自己则作主题讲话，系统地谈一下自己的战略思想、战略方向、战略目标、战略任务，相当于系统性阐述新一届领导班子的治企方略，特别是自己的治企理念，侧重于引导大家进一步转变观念、统一思想、统一意志、统一行动。再如当企业发生影响全局的重大事件或处于重要历史节点，需要深刻总结经验或教训时，主要领导可以采用主题讲话的结构，站位企业发展全局、站在新的起点或历史转折点，讲清楚相关背景和召开会议的重要意义，引导广大干部员工不忘初心、牢记使命，勠力同心、团结奋斗。这样的讲话在一定程度上超脱于一般工作会议的总结讲话，站位应当更高，涉及素材更广，问题更加聚焦，引导和激励作用更强。

二、企业领导讲话文稿起草要点

为帮助系统内文字工作者和文字爱好者更好地理解企业领导讲话文稿起草的关键要点，这里选取了4篇讲话作为范例。下面，简要交流一下起草要点和注意事项。

1. 客观总结会议成果。讲话开头一般要对会议过程和主要成果进行回顾，适度加以肯定。特别是企业工作会议一般都与职工代表大会合并召开（有的企业是工作会、职代会、工代会"三会合一"），要注重体现民主治企的理念和要求，这方面既包括与会代表们对会议召开的共识，也包括对过去一年工作的共识，相当于对各项工作进行一个总体性评价。因此，既可以庄重严肃地直白描述，也可以饱含深切情感进行回顾，主要取决于发言领导的讲话习惯。需要注意的是，总结成果不能妄自尊大、自吹自擂，也不能妄自菲薄、刻意淡化，要以能够引发干部员工共鸣为要。

2. 提出明确工作要求。这是讲话的核心和主体，起草方式多样，要在起草前同讲话领导充分沟通，确定好主题和方向，将领导最想说的内容集中体现，切忌贪大求全、面面俱到。范例12中主要是对今后工作的重点方向和战略底层逻辑进行解读阐释，不仅对工作报告中的内容进行了深化和延展，还讲清了为什么干、怎么干，引导干部员工清晰理解了公司整体工作谋划。范例13和范例14的结构逻辑比较相似，都是侧重于阐述形势任务和发展战略，立足长远发展讲解怎么看、怎么干的问题。两者的主要区别在于侧重点不同和表现方式差异。范例15围绕会议主题对全年工作进行了深度阐述，通过具体讲述如何向六个方面要效益和党的建设工作，将全年工作重点进行了归纳提炼，不仅讲清了为什么这么干，还讲清了怎么干，并明确了工作标准和工作目标。这些范例对大家理解如何起草企业领导讲话工作部署部分会有一定帮助。

3. 作出党建工作部署。工作会议是综合性会议，工作报告都有党建工作部署，会议讲话中也必不可少，特别是对全面从严治党"两个责任"落实、干部人才队伍建设、领导干部带头落实工作等方面都要提出明确要求。一方面，充分体现企业党委坚决拥护"两个确立"、带头做到"两个维护"，始终把加强党的领导、党的建设作为首要政治任务；另一方面，充分体现党的领导在企业治理中的重要地位和作用，企业党委坚决落实全面从严治党、高度重视干部人才队伍建设的政治自觉、思想自觉和行动自觉。

4. 强调群团工作重点。由于很多企业是工作会和职代会合并召开，甚至是工作会、职代会、工代会"三会合一"，因此要对群团工作作出相应部署，提出工作要求。这部分内容既可以单独成段，也可以作为党建工作的一部分进行安排。根据企业领导班子集体决策结果，各企业结合实际灵活安排即可。

5. 安排贯彻会议精神。无论是总结讲话，还是主持总结讲话，都会对贯彻落实会议精神提出工作要求。总结讲话更侧重于讲从哪些方面理解和把握会议精神，如何结合实际工作贯彻落实好会议部署要求。也就是说，总结讲话提出的都是引领和推动企业发展层面的要求。而主持总结讲话一般是明确具体工作层面的要求，即机关部门、下属单位等如何贯彻落实会议精神。这一内容要求做到简明具体、不泛泛而谈。

6. 做好讲话结尾处理。工作会议一般是在岁末年初召开（有的企业也会召开年中工作会议），往往是重要的工作节点，讲话要结合实际提出相应工作要求，比如春节前后，要对安全生产、队伍稳定、廉洁过节等方面提出工作要求，并向广大干部员工及家属致以节日问候等，这也是企业领导讲话的应有之义。

总之，企业领导讲话相当于一年工作的"施政纲领"，必须具有很强的统筹逻辑和文字逻辑，兼顾前瞻性和指导性，做到回顾过去和展望未来合理衔接，充分体现出决策有高度、讲话有温度、工作有思路的领导风范。

在××公司×届×次职代会暨××年工作会议闭幕式上的讲话

×××

（××年××月××日）

各位代表，同志们：

　　通过大家的共同努力，公司×届×次职代会暨××年工作会议圆满完成了各项议程。在一天多的时间里，我们听取并审议通过了公司××年工作报告和财务工作报告、业绩考核管理办法、职工代表提案及合理化建议办理征集情况报告等××项草案；对公司领导班子和部分领导人员进行了履职测评，签订了业绩合同，表彰了先进集体和先进个人；××家单位作了典型经验交流。希望公司上下认真学习，相互借鉴，共同提高管理水平。借此机会，我代表公司党委、公司，再次向受表彰的先进集体和个人表示热烈祝贺！向一年来辛勤工作的各位代表和广大干部员工表示衷心感谢！

　　（帽段简要回顾会议过程，提出会议精神的学习贯彻要求，并表达祝贺和感谢。这是闭幕式讲话文稿的一般写法）

　　会议期间，与会代表紧紧围绕管理技术型企业建设主题，就创新引领、管理提升、党的建设等工作进行深入讨论，畅所欲言，建言献策，提出了很多好的意见和建议，充分体现了心系企业发展的高度责任感和使命感。**大家一致认为**，过去的一年，面对艰巨繁重的保障任务，面对员工群众的热切期盼，公司开创并实践管理技术型企业发展思路，进一步增强了服务保障、市场竞争、盈利和可持续发展能力，深化了核心引领作用，推动规模效益再创历史新高，切实保障了员工的根本利益，对今后发展的信心更足了，干劲更大了。**大家普遍感到**，管理技术型发展之路契合中央精神，符合集团公司党组要求，顺应公司发展，是公司上下积极投身"不忘初心、牢记使命"主题教育的重要成果，为保障国家能源安全、实现自身高质量发展提供了战略引领，是当前和今后一个时期，公司发展的根本遵循和行动指南，必须牢牢把握，并使之成为所有员工的共同信念。**大家纷纷表示**，增动力、提效率、防风险的工作总要求和××年度目标，既体现了解放思想、与时俱进，也符合集团公司党组决策部署，更贴合公司实际和广大员工的根本利益，将全力落实

××部署，强化使命担当，埋头苦干实干，为公司高质量发展再立新功。

（党代会、职代会闭幕式讲话一般可以简要概括代表们的评价，既能拉近与代表们的距离，还能进一步明确会议确定的方向和目标）

总的来说，这次会议主题鲜明、内容丰富、务实创新，取得了预期效果。下面，就贯彻落实好会议精神，我再谈几点想法：

一、统一思想、坚定信心，加快管理技术型企业建设

这是本次会议的重要共识和主要成果。要进一步明确公司发展理念、工作方向和定位等核心问题，引导全员更加自觉地为建设管理技术型企业而奋斗。

要突出理念引领。习近平总书记在去年的中央经济工作会议上指出："理念是行动的先导，一定的发展实践都是由一定的发展理念来引领的。发展理念是否对头，从根本上决定着发展成效乃至成败。实践告诉我们，发展是一个不断变化的进程，发展环境不会一成不变，发展条件不会一成不变，发展理念自然也不会一成不变。"这说明发展要靠理念引领，但理念不会一成不变，是随时间、环境、形势变化而变化的。这既符合事物发展的客观规律，也符合唯物主义辩证法。近两年，公司以新发展理念为指引，在实践中探索、在探索中创新，形成了管理技术型企业发展思路，所总结的"成就甲方才能成就自己"的服务理念、"不做唯一、就做第一"的竞争理念、"全产业链创收、全价值链降本、全管理链保障"的经营理念、"以人为本、持续创新、协调发展、追求卓越"的工作理念，符合企业实际，深刻诠释了保障勘探开发、推动高质量发展的双重使命，应该长期坚持，并不断完善。

要认清历史方位。回顾公司近两年发展，就是在履行好保障职责的基础上，着力解决"不大不强"的问题，更有效维护员工利益。我们从市场与业务领域全面发力，创新资源共享、提速提效等模式，优化组织机构，配套激励政策，迅速将主营业务收入提升至××亿元，达到了同类可比一级一类企业的先进水平，增强了抗风险能力，带动了效益增长，应该说，已较好解决了"不大"的问题，具备了稳效益的基础。目前，公司收入较××年底基本实现同口径翻番，有力消化了工资总额增长。如果没有"做大"，就不能改善生产经营状况，更不能保障全员收入持续提高。同时也要看到，发展中暴露出的"不强"问题值得高度重视。同时，基于集团公司加大了净利润与工资总额挂钩力度，当前和今后一个时期，公司必须走管理技术型发展之路，坚持规模合理、效益优先，更加注重依靠效率提升、成本管控等内涵方式，实现"两个转变"，解决"不强"的问题，提高盈利能力，维护员工利

125

益。也就是说，**公司未来两到三年工资总额增长，是在主营收入适度增长的情况下，依靠降本增效，通过效率带动效益，实现员工对美好生活的向往。**公司上下要准确把握变化，深入思考谋划，坚定不移建设国内最具竞争力的管理技术型企业。

要把握总体导向。与去年相比，各油气田尽管投资不减，但按照集团公司党组要求，将从严控制成本，××服务价格下行压力很大。近期，公司在与油田公司交流中，也深切感受到了这点。勘探开发是集团公司的效益支柱，**油田公司的困难，就是我们的困难**，无论机关，还是基层，都要穷尽所有手段，与油田公司一道降低百万吨产能建设投资，更好践行"成就甲方才能成就自己"的服务理念。

在具体工作中，要把握好以下四点：**一是辩证看待规模与效益**。公司近两年发展实践证明，**没有一定规模，就不能消化刚性成本，无法产生更多边际效益，最终影响经营成果、员工利益和行业地位**。因此，收入必须保持在合理的区间，与各类资源要素相匹配，通过内部管理和创新带动，千方百计提高利润率。**二是提升经营能力**。坚持有所为、有所不为，更加注重高端市场、高附加值业务，更加注重科技创新、管理创新，**提能力提效率，拉动效益增长**。特别在资源保障方面，不能被动追随市场，**要减少投资依赖和无序扩张，通过提高优质资源利用效率，破解紧缺矛盾，摒弃增数量不提质量、增规模不增效益和后劲的老路**。**三是坚定盈利目标**。这是企业的基本特征，亏损肯定不行，盈利才有价值。长远来看，各钻井单位必须……要盯住利润最大化目标，努力提高效益。××业务要持续提质增效……合作开发业务要……物资业务要……**四是坚持安全合规**。各级干部员工要认清公司仍处于严格监管阶段的实情，尽职尽责抓好以井控为核心的安全环保工作。合规是今年的一项重点工作，公司从考核、监督等方面都作了细致安排，就是**要防范违规风险，杜绝效益流失**，决不能以耽误生产、节约成本等理由规避合规。当合规与效率效益发生矛盾的时候，必须以合规为前提……

要坚定发展信心。公司上下要认清形势任务，坚定信心，抓住机遇，克服困难，全力完成年度各项任务目标。要发挥党的领导这一最大政治优势，增强引领能力；要利用公司市场布局更加合理、产业链逐步健全、创新平台持续完善的工作成果，增强竞争能力；要巩固扩大近两年专业化、精干化改革成效，增强发展后劲；要激发干部员工队伍不畏困苦、拼搏奉献的创业热情，增强动力活力。我们坚信，有集团公司党组的坚强领导，依靠全体干部员工的无穷创造力，我们一定能够在管理技术型企业建设征程中不断取得新业绩。

二、加强领导班子和队伍建设，充分发挥中流砥柱作用

各级领导班子是改革发展的直接领导者、组织者和推动者，在管理技术型企业建设实践中，必须以作风为引领，着力打造对党忠诚、素质过硬、执行力强的干部队伍，培养推进发展的骨干力量。

要坚持科学选人用人。突出好干部标准，着力完善选人用人机制，为公司发展提供坚强保障。要注重专业能力和专业精神……进一步严明"选"的标准……要加大优秀年轻干部选拔培养……使公司各级领导班子的专业、年龄结构更加合理。要强化考核结果应用和领导班子综合分析研判，对基层选人用人实施全过程监管……进一步提升"用"的实效……

要强化干部日常监督。各级党委、纪委要认真落实全面从严治党"两个责任"，注重廉洁教育，加大对××思想教育，促进纪律规矩入脑入心，底线红线意识牢固树立；突出工作重点，加大××情况监督检查，确保决策部署落地落实。要深化党内巡察，突出政治标准……推动巡察规范化、标准化。要严格执纪问责，建立健全信访举报工作规定、问题线索处置办法，把握"三个区分开来"，用好"四种形态"，对苗头性、倾向性问题早提醒、早纠正……巩固风清气正的干事创业环境。

要深化队伍作风建设。"心弱则志衰，志衰则不达。"有了良好的精神状态，前进才有动力，发展才有希望。各级干部要追求卓越。定位于完美才是完成，能快则快、能高则高、能优则优，做到干就干好、争创一流。要求真务实。必须把坚持问题导向作为工作的基本方法、长期坚持的良好习惯，以刀刃向内的勇气，敢于正视自身不足，靶向发力、精准施策，推动各项工作持续上水平。要强化执行。执行力就是竞争力。各级干部必须认真落实公司党委要求，坚持不懈强执行、抓落实，努力创造出让职工群众满意、经得起实践检验的实绩。要艰苦奋斗。大力弘扬以"苦干实干""三老四严"为核心的石油精神，带头"过紧日子"，认真落实控本降费措施，把有限的资金和资源用在刀刃上。要积极践行"四个诠释"，凝聚强大发展合力。这是公司党委、本届领导班子对全体员工的庄严承诺，请大家监督。

三、发挥党的优势，为管理技术型企业建设提供强有力保障

各级党组织要不断提高政治"三力"，坚决落实好公司党委各项决策部署，确保全年各项目标任务顺利完成。

要充分发挥党的政治核心优势。要巩固主题教育成果……要坚持民主集中制……

要充分发挥党的基层组织优势。把加强基层党建作为发挥政治优势和核

心作用的有力抓手，推进党建工作与生产经营有机统筹、深度融合。要与建设管理技术型企业结合起来……要与加强基层党支部建设结合起来……要与创新党组织工作方式结合起来……

要充分发挥党的思想文化优势。要坚守意识形态主阵地……要健全思想政治工作研究机制……要丰富完善企业文化……要深入开展大庆精神、铁人精神再教育……要巩固壮大主流思想舆论……

四、深化成果共享，集聚管理技术型企业建设合力

公司发展归根结底源自广大基层员工的无私奉献，他们的要求并不高，而我们所做的还很不够。各级干部要始终牢记发展"为了谁、依靠谁"这一根本问题，深化守初心、担使命的行动自觉，让所有员工生活更美好、更舒适、更有尊严。

深化桥梁纽带作用。要突出群团服务……要围绕提速提效……要固化特色做法……

提高员工幸福指数。要坚持正确分配导向……要改善生产生活条件……要扩大成果共享……

营造平安稳定环境。要抓好源头防范……要履行社会责任……

（结合大会主题和任务，有针对性地强调几个方面的工作要求。这是党代会、职代会闭幕式讲话内容的一般安排）

同志们，临近岁末年关，各项工作十分繁重，大家一定要保持清醒头脑，统筹协调好各方面工作，确保生产经营、安全环保稳定和廉洁不出任何问题。一是高度重视安全生产。要严格落实冬季安全生产规程，针对当前低温严寒的季节特点，突出各级责任落实与员工安全教育，加强对重点井、重点工序、井控装备的巡查监督，及时排除风险隐患，确保万无一失。二是全面完成保障布局。要加强与各油气田企业对接，精准掌握勘探开发需求，进一步优化资源部署，提前做好装备、物资、机具、培训等各项准备工作，确保节后高效启动。三是关心员工生产生活。开展好各类扶贫帮困、"送温暖"活动，及时把组织的温暖送到困难人员手中和生产一线，切实安排好节日生活，让广大干部员工过一个欢乐、祥和的春节。四是坚持做到严以律己。各级干部要增强自律意识，严格执行中央八项规定精神及其实施细则，踏踏实实做好本职工作，确保公司各项工作在年初就掌握主动。

（简要强调岁末年初的几项重点工作。内容根据实际需要安排）

各位代表，同志们，很快就到新春佳节了，借此机会，向大家拜个早年，并通过你们向广大干部员工、家属、离退休老同志表示衷心的感谢和美好的

> 祝愿!
>
> 　谢谢大家!
>
> 　（结尾表达慰问和美好祝愿）

【写作点评】

　　本系统地区企业工作会议大多是"两会合一"或"三会合一"。"两会合一"是指职代会、工作会合并召开;"三会合一"是指职代会、工作会、工代会合并召开。这篇文章是某地区企业主要领导在职代会暨工作会结束时的讲话,采用的是传统三段论的变体结构,总体按照思维逻辑编排,即"提高认识＋思路目标（重点举措）＋组织落实（支撑保障）"。因工作报告已对面临形势和工作部署陈述详尽,这类讲话就不能再和工作报告结构、内容雷同,需要从另一个维度提出下一步工作要求。从讲话主体内容看,第一部分强调的是思想引领、目标引导和工作方法（相当于提高认识＋思路目标）;第二、三、四部分,分别强调的是发挥党的优势、重视人才强企、汇聚群众合力,是实现第一部分提出的思路目标的保障和支撑（相当于组织落实或支撑保障）。从表述方式看,这篇讲话思路清晰、逻辑严谨、语言灵活,多使用短句、排比句,还有很多精练的语句,讲话比较接地气,容易让广大干部员工接受,能够增强会议效果,也有助于会议精神的贯彻落实。

写作范例13:

在××公司××年工作会议闭幕式上的讲话

×××

（××年××月××日）

同志们:

　　这次会议是在公司以习近平新时代中国特色社会主义思想为指导,认真贯彻落实党的十九大精神,公司发展进入新阶段,朝着建设××目标奋力前进的关键时刻,召开的一次十分重要的会议。会议传达了集团公司工作会议精神和集团公司党组重要批示,听取了公司工作报告和专项报告,开展了领导班子述职述廉和民主测评，签订了党风廉政建设、绩效合同（经营承包责任书）和安全环保责任书。

刚才，我们专门对××年度劳动模范、先进集体和先进个人进行了表彰，这是公司发展中涌现出的杰出代表。在这里，我代表公司党委、公司向受到表彰的劳动模范、先进集体和先进个人表示最热烈的祝贺！会议期间，大家围绕会议主题，结合本单位工作实际，进行了认真讨论。昨天晚上，主席团扩大会议专门听取了各代表团讨论情况的汇报。与会代表围绕建设世界一流企业积极建言献策，就公司发展战略、业务优化、深化改革、创新发展、管理提升、党的建设、矿区服务等方面提出了××项意见和建议，这是大家智慧的结晶，具有很强的实用性和可操作性，充分体现了各位代表参政议政能力和强烈的主人翁意识，对于促进公司发展将发挥重要作用。会后，公司相关部门要认真汇总梳理，将意见纳入公司工作报告，加快推进实施。结合各位代表提出的意见和建议，我再强调三个方面意见：

一、会议达成的共识

这次会议主题鲜明、重点突出、安排紧凑、务实高效，开得很好、很成功，这是一次认清形势、宣誓使命，明确目标任务的大会，是一次统一思想、鼓舞斗志、凝聚力量的大会，吹响了公司新时代全面建设世界一流企业的号角。

会议一致认为：经过公司全体干部员工的艰苦努力，公司发展已经进入新阶段。大会报告对过去一年工作的总结准确客观、亮点突出，是一份令人满意、为之自豪的"成绩单"，是公司应对低油价挑战取得的重要成果。大家感到，近几年来，公司领导班子面对前所未有的压力和挑战，团结带领广大干部员工砥砺奋进、拼搏进取，坚决落实集团公司党组决策部署，大力实施"两先两化"战略，在国际同行企业大幅亏损、债务重组和破产倒闭的情况下，主要经营指标全部箭头向上，收入连续三年保持全球行业第一，发展质量效益稳步提升，国际竞争力影响力达到新的高度，取得了应对低油价攻坚战的阶段性胜利。当前，公司发展面临着新时代这个千载难逢的历史机遇，具有稳定向好的内外部发展环境，具有坚实的发展基础，具有广大干部员工人心思进、人心思干的良好氛围，标志着公司发展进入了新阶段。

会议一致认为：公司把自身发展放在新时代这个大背景下谋划，提出了新目标、新思路、新部署。在这次会议上，公司明确提出要建设世界一流企业的宏伟目标。锚定世界一流，是我们坚持以习近平新时代中国特色社会主义思想为指导，贯彻落实党的十九大精神的具体行动，是集团公司党组对我们的殷切期望，是公司几代人孜孜以求的梦想，是指引我们继续努力奋斗的强大动力。要实现这个目标，必须脚踏实地、一步一个脚印去奋斗。会议明确了公司下一步发展思路和具体措施，提出了要在"八个方面"达到全球行业领先水平，作出了"两步走"战略部署，调整了"十三五"发展目标，明确了"强化主业，适度多元"的业务发展思路，强调要把握好"五个原则"，安排了当前和今后一个时期的重点工作，公司发展思路和措施更加明确。我们要清醒认识到，公司发展仍然面临着严峻挑战，国际竞争十分激烈，公司还存在着不平衡不充分的问题，决不能因油价短期上涨而盲目乐观，要观大势、谋全局，保持定力、居安思危、未雨绸缪，进一步增强战胜困难、朝着建设世界一流企业迈进的决心和勇气。

二、新时代要有新作为

××年是贯彻落实党的十九大精神的开局之年，也是推进××的关键之年。我们要立足新时代这个历史方位，树立新思想，明确新举措，实现新作为，推进公司高质量发展。

第一，推进公司发展要有新思想。我们要围绕中央精神和集团公司党组决策部署，进一步解放思想，坚持稳中求进、稳中有为，使发展更加平稳健康、更有质量、更可持续，不断开创工作的新局面。

一要坚决贯彻落实中央高质量发展要求。把握高质量发展的阶段特征，坚持质量第一、效益优先，以高质量的标准来审视公司发展，以高质量的要求来推进公司发展，开创公司高质量发展的新境界，使高质量成为××最鲜明的特征。强化××理念，不断提升服务质量，增强保障能力，满足甲方需求，推进质量变革。要持续深化改革，强化管理创新，提高运营效率效益，实现效率变革。要不断加大技术创新力度，加快公司发展向创新驱动转变，实现动力变革。

二要始终坚持稳健发展方针。要清醒认识到国际油价不可能保持持续高位的客观现实，公司发展还存在不平衡不充分的突出问题，我们必须始终保持清醒头脑，树立底线思维，努力在激烈竞争中赢得优势、赢得主动、赢得未来。要保持稳中求进工作总基调，坚持稳健发展方针，统筹局部与整体、当前与长远、规模与效益、速度与质量的关系，稳扎稳打，稳中求进，抓重点、补短板、强弱项，以时不我待的紧迫感和锲而不舍的意志，朝着一流目标迈进。

三要牢固树立以人民为中心的发展思想。要坚持党对企业的领导，大力弘扬石油精神……充分发挥党的政治文化优势。强化××的理念，积极为职工群众做好事、办实事、解难题，推动公司发展成果更多更公平惠及职工群众。

第二，优化业务结构要有新路径。公司高质量发展必须建立在业务高质量发展的基础之上。要按照"强化主业、适度多元"的业务发展思路，不断优化布局，提高发展质量，努力提升服务链、价值链。

坚持"强化主业"，打造坚实可靠的发展之基、效益之源。要着力做强做优做大勘探主业……要落实市场开发责任……要把市场增长的重点放在海外……努力打造技术、服务、品牌，巩固扩大××等高端市场，积极开拓新区市场，形成市场竞争优势。加快推进国际业务一体化发展……强化业务协同发展，树立"一盘棋"思想，进一步强化大局意识、整体意识，把业务发展放到公司整体发展中去谋划……形成相互支撑、相互叠加的发展优势和竞争优势。

加快推进"适度多元"，打造稳健发展的经济增长极。按照多元化发展思路，立足集团公司综合一体化优势和公司勘探技术优势加快拓展。当前重点是要抓好油气开发、天然气销售和地热开发等业务。一是因为这些业务都是集团公司大力支持和积极发展的业务，公司拥有体制和政策支持优势。二是因为与公司油气勘探主业密切相关，公司拥有技术和人才资源优势。三是因为具有良好的市场空间和经济效益，在满足公司富余员工转岗就业的同时，将形成公司新的经济增长点。要积极争取集团公司政策和投资支持，创新发展模式，加强合资合作，加快取得实质性进展，打造形成公司新的经济增长极。

第三，实现低成本发展要有新举措。低成本是推进高质量发展的客观要求。要适应全球××的新常态，以市场为导向……把低成本发展转化为市场竞争优势。

一要着力打造项目成本领先优势……

二要着力强化运营风险管控……

三要着力推进管理提升……

第四，推进创新驱动要有新优势。惟改革者进，惟创新者强，惟改革创新者胜。要通过深化改革、科技创新和人才队伍建设，厚植公司高质量发展的新优势。

一要以深化改革厚植体制机制优势……

二要以科技创新厚植核心竞争优势……

三要以人才建设厚植创新发展优势……

第五，强化责任担当要有新气象。大家作为职工代表，身上的担子和责任更重，一定要想在前、干在前，不忘"我为祖国献石油"的初心，始终牢记找油找气责任使命，努力成为干事创业的推动者、实践者和贡献者。

一要带头讲政治……

二要带头讲担当……

三要带头讲实干……

三、集中精力抓好贯彻落实

各单位要把学习贯彻这次会议精神作为当前的一项重要任务，结合本单位、本部门工作实际，认真学习领会，把握精神实质，加快推进会议安排部署工作的贯彻落实。

一要认真抓好会议的传达学习。会后，各单位要……各位职工代表要……

二要切实加强会议的贯彻落实……形成全年工作运行大表，明确领导责任、单位责任和完成时限。各部门各单位要……要加强监督考核和责任追究，确保各项工作落实到位。

三要扎实做好春节期间各项工作。春节将至，当前又是公司生产大忙季节，各部门各单位要安排好春节期间的生产经营和节日值班，严格执行领导带班制度，确保野外生产平稳运行。高度重视节日期间的安全工作，强化安保防恐、防火防冻和交通安全管理，确保万无一失。要组织好节前慰问，走访慰问一线员工、离退休老同志和困难群体，关心员工群众生活。要认真贯彻中央八项规定精神，严禁铺张浪费，不搞迎来送往，过一个文明俭朴、欢乐祥和的新春佳节。

各位代表，同志们！新时代催人奋进，新征程任重道远。让我们坚持以习近平新时代中国特色社会主义思想为指导，深入贯彻落实党的十九大精神，苦干实干，积极作为，凝聚起建设世界一流企业的磅礴之力，不断开创公司稳健发展的新局面，为集团公司高质量发展作出新的更大贡献！

最后，我代表公司党委、公司，向大家并通过你们，向公司全体干部员工、职工家属和离退休老同志，致以新春的祝福和美好的祝愿，祝大家春节愉快、身体健康、阖家幸福！

【写作点评】

这篇文章也是地区企业职代会暨工作会闭幕时的讲话，篇章结构与写作范例 11 有相似之处，采用的是传统三段论结构，主体内容是按照思维逻辑编排的，即"提高认识＋目标举措＋组织落实"，在写法上与写作范例11 有所不同，原因在于，这篇讲话主体内容第一部分是通报的会议共识（思想认识）；主体内容第二部分是思想、方法、举措和保障措施（重点举措）；第三部分是就贯彻落实会议精神提出的几点要求（组织落实）。出现这种情况，有可能是会议闭幕式由企业主要领导主持，不需要另外再安排主持人就贯彻落实会议精神进行安排部署。这篇讲话的核心精华在主体内容第二部分，大家可以仔细品读、学习借鉴。

写作范例14：

在××公司××年"三会"上的讲话

×××

（××年××月××日）

各位代表，同志们：

在大家的共同努力下，公司××年工作会、×届×次职代会工代会圆满完成各项议程，就要结束了。会上，我们传达学习了集团公司和中油技服工作会议精神，总结了公司过去一年的工作，部署了今年的工作目标和重点任务，表彰了先进集体和先进个人，××家单位作了交流发言，希望大家以先进为榜样，相互学习、共同提高。会前，我们广泛收集了职工代表的意见建议，下一步公司将抓紧研究解决。

下面，围绕贯彻这次会议精神，我讲三个方面意见：

一、把握形势变化，接力攻坚主要矛盾

关于今年的形势，公司党委、公司作出了"三个更加突出、四个没有变"的深入分析，指出解决××业务不盈利矛盾仍是公司当前最紧迫、最主要的任务。我们要准确把握时与势、危与机，进一步厘清思路、优化部署，全力以赴打赢这场攻坚战。

一要抓住攻坚窗口期。"窗口期"是解决问题、加快发展的最佳时间节点，同时也是风险矛盾的"加剧期"。一方面，我们具备"四个没有变"的有利条件……这些为我们攻坚创造了有利的战略空间。另一方面，还要看到……××业务盈利难度加大。如果我们不能在这段时期取得有效突破，将会面临严峻的生存危机。大家必须增强时不我待、不进则退的紧迫感，抢抓窗口期的难得机遇，主动适应新变化，创新思路举措，巩固发展基础，构筑竞争优势，尽快扭转××业务不盈利的被动局面，保持公司稳健效益发展良好态势。

二要打好攻坚持久战。市场化是大势必然，低成本是客观要求。自公司重组以来，适应市场化、低成本一直是××企业改革发展的主线。公司××业务不盈利，根源就是不适应当前市场化、低成本的发展环境。公司以施工作业为主、盈利能力低，增收难增效；用工规模大、生产效率低、资产负担重、后辅费用高，成本管控不力；重生产、轻经营，组织结构、管理模式、运行机制跟不上市场变化，经营短板突出。这些既有历史遗留的"沉疴痼疾"，也有市场化冲击带来的"转型阵痛"，需要以刮骨疗伤的勇气和敢于攻坚的担当深化改革、久久为功。我们必须摒弃怨天尤人、等待观望的消极思想，继承创新、主动作为，紧盯主要矛盾系统谋划、精准实施，以坚定的决心和恒心，在市场化低成本环境下闯出一条效益发展之路。

三要落实攻坚路线图。攻坚主要矛盾，必须兼顾当前与长远、治标与治本，稳中求进、蹄疾步稳。在今年公司总体部署中，攻坚主要矛盾是主线，首要是坚持党的领导、加强党的建设，基础是守住安全环保红线，关键是统筹推进提质增效和三大战略，标本兼治推动攻坚取得新进展。深化提质增效是治标之策，重在精益管理、持续改进，通过……全面完成考核指标，牢牢守住效益发展、队伍稳定的底线；实施三大战略是治本之道，重在创新驱动、变革突围，立足解决深层次、机制上的突出问题，找准战略落地的突破口和着力点……不断增强公司发展动能和核心竞争力。

二、注重策略方法，抓好攻坚重点任务

攻坚主要矛盾，完成全年目标，既要准确理解公司整体战略意图，更要把握重点工作部署，找准发力方向，以新思路、新方法破解难题，打开局面。

一要强化系统观念，着力提高整体效益。一体化是公司的突出优势，但现阶段更多体现在"形"上，在"质"上做得还不够，各自为政的问题依然突出。部分单位、部门仅从自身利益考虑问题、推进工作，总包工程中各专业工作导向还没有完全统一到项目整体效益上，成为深化协同、扩大共享、共降成本的阻碍。面对低成本加速演进的不利形势，各单位、各部门要思想统一、目标合一、步调一致。要把整体利益摆在首要位置……要把项目管理作为主攻方向……要把资源共享作为重要抓手……

二要强化创新意识，不断增强发展动能。创新是推动企业进步发展的第一动力。习近平总书记强调，科技创新、制度创新要协同发挥作用，两个轮

子一起转。我们抓创新，首要是转变思想观念。老观念解决不了老问题，也难以应对新情况……要敢于刀刃向内、自我革新，主动……以新思路、新理念、新认识解决问题、推进工作。要坚持研究先行，更加注重前瞻性思考和系统性谋划……形成更科学合理、更具可操作性的对策措施和解决方案。我们抓创新，核心是加强科技攻关。这几年公司科研投入不断加大，但科研选题和产出质量不高，对解决工程瓶颈难题支撑还不够全面，关键技术体系仍然薄弱。针对这些问题，今年我们提出以"八二"原则布局科技攻关项目……目的就是提高科技贡献率。要整合全公司创新资源……要着眼未来若干年……要加快推进数字化转型、智能化发展……我们抓创新，关键是深化改革管理。今年是国企改革三年行动收官之年，好改的能改的都改了，剩下的大都是难啃的"硬骨头"。要树立"已完成不等于有实效、进度达标不等于效果达标"的理念，加快未完成任务攻坚进度，深入开展已完成任务"回头看"，切忌搞数据改革、账面改革。要以三项制度改革为突破口，加大工效挂钩力度，进一步完善考核激励政策。

这里着重强调一下对标管理的问题。当前，公司内部单位间发展不平衡的问题较为突出……要以周期、成本最优为核心，因地制宜开展同质业务对标分析……要以管理效能提升为目标，主动对标学习国内外先进企业……

三要强化经营理念，持续改善经营质量。这几年各单位经营管理水平普遍有了提高，但还有很大提升空间，特别是对一些习以为常的工作，不善于从成本和收益角度进行反思……要加快转变关联交易思维模式……要加快做优生产经营策划……要加快推进后辅业务市场化……

三、强化党建引领，凝聚攻坚强大合力

应对复杂严峻形势，完成破局攻坚任务，需要我们各级党组织认真落实全面从严治党责任，以提升党的建设质量为主线，强化组织保障，突出队伍建设这个重点，通过育才提能、文化凝心、民生聚力，更好地激发全员智慧力量。

一要建设坚强队伍。公司发展要转型，人才素质必须率先提升。要牢固树立"人才是第一资源、没有人才一切归零"的理念，以工程思维推进人才强企。要加快推进干部队伍年轻化……要强化复合型人才培养……要加强高层次人才引进……

二要打造特色文化。文化是一个企业的灵魂，是支撑企业攻坚克难的不竭精神动力。特别是我们长期进行野外作业，工作强度高，安全风险大，干部员工非常辛苦，没有一股精气神是不行的。回顾公司发展历程……面对改革发展的繁重任务，我们更加需要依靠文化的力量凝聚人心、提振士气。要深挖大庆精神、铁人精神时代内涵……增强全员文化自信，凝聚奋进新征程的强大精神动力。

三要做好群众工作。员工群众是推动公司发展的基石，一切工作都离不开他们。要牢固树立以人民为中心的思想，始终将群众工作放在重要位置，继续开展好"我为员工群众办实事"实践活动，持续改善基层一线及边远站点生产生活条件，加强职工心理和健康管理，不断增强队伍凝聚力和员工归属感。要高度重视员工群众思想动态……对于员工群众普遍关注、反映强烈的问题，要……要强化宗旨意识……真正为员工群众办实事解难事，不断提高群众满意度；基层干部要主动抓好思想政治工作，提高聚人心、带队伍能力。

抓好部署推动落实，关键要靠领导干部担当作为。各级领导干部要以身作则、带头实干，以新状态、新作风打好破局攻坚持久战。要做到政治坚定。把握正确政治方向，持续提高政治"三力"，巩固党史学习教育成果，运用党在不同时期应对复杂局面的成功经验，在危机中育先机，于变局中破困局。要锻造过硬本领。把握好"国之大者、企之要情"，提高综合素质，特别是主要领导干部要弄懂生产技术、精通经营管理、掌握党建知识，不断提高科学决策、破解难题的能力。要锤炼实干作风。树立正确政绩观，把雷厉风行和久久为功结合起来，力戒形式主义、官僚主义，抓部署、抓执行、抓督查，以钉钉子精神做实做细各项工作，干出实实在在的业绩。要严守廉洁底线。企业要健康发展，必须要有一个风清气正的环境，关键是各级领导干部要率先垂范，自觉遵守中央八项规定精神和廉洁从业各项要求，不做违法乱纪的事情。基层单位领导要……各级项目部、机关领导要……各级党委要……

最后，再强调一下岁末年初的工作。今年是政治大年，大事要事特别多，中央明确提出要保持平稳健康的经济环境、国泰民安的社会环境、风清气正的政治环境。实现开门红、开门稳才能奠定全年稳的基调。要深刻汲取安全事故教训，深入贯彻落实新安全生产法，层层压实安全环保责任，完善双重预防工作机制，突出抓好井控、交通、承包商及吊装作业等领域安全，精心组织冬季生产，加强环境保护，有效防范化解重大风险，坚决遏制各类事故事件发生。要统筹安排节假日值班工作，严格执行领导干部带班值班和外出请示报告制度，加强重点区域、重点部位和关键环节监督检查，强化突发事件应急协调，确保生产经营、服务保障、应急处置正常有序运行。要慎终如始抓好疫情防控，严格落实属地政府、项目所在国和公司相关防控措施……保持公司疫情防控"双零"良好态势。要真心实意关心关爱员工，深入开展扶贫帮困和走访慰问活动……确保员工群众过一个喜乐安康的节日。要严明廉洁过节各项纪律要求，坚决整治群众身边的腐败和不正之风，营造风清气正的节日氛围。

各位代表，同志们，艰难更需勇毅，磨砺必能玉成。希望大家以无坚不摧的信心、敢打必胜的决心，锐意进取、接力攻坚，推动公司高质量发展迈上新台阶，为建设特色鲜明、领先发展的××综合服务商作出更大贡献！

借此机会，提前向大家拜个早年！祝全体干部员工身体健康、新春吉祥、阖家幸福！

谢谢大家！

【写作点评】

这篇文章采用的是标准传统三段论结构，主体内容是按照思维逻辑编排的，即"提高认识＋思路举措＋组织保障"。前面有些写作范例主体内容是按照时序逻辑编排的，即"肯定成绩＋形势（意义）分析＋工作部署"。本文主体内容是"纵式＋横式"混合式，思路清晰、逻辑严谨、前后照应，具有一定的代表性和借鉴意义。这篇讲话大家可以重点学习各级标题的表述方式，一级标题均十分简短，但高度凝练，"把握形势变化，接力攻坚主要矛盾""注重策略方法，抓好攻坚重点任务""强化党建引领，凝聚攻坚强大合力"。二级标题有两种形式：一种是简单单句，比如"抓住攻坚窗口期、打好攻坚持久战、落实攻坚路线图"，就是告诉受众群体要抓住时间节点、做好心理准备、制订工作计划；另一种是条件复句（条件复句中分句之间是条件和结果的关系），比如"强化系统观念，着力提高整体效益""强化创新意识，不断增强发展动能""强化经营理念，持续改善经营质量"，其实就是告诉受众群体，要强化系统观念、创新意识和经营理念，这是打好攻坚战的主要方法。三级标题比较具体，有的采用"一方面……；另一方面……"，分两个方面陈述具体事项时使用；有的采用"要……；要……；要……"就事论事，陈述三个或三个以上事项时可以使用这种形式。

写作范例15：

在××公司×届×次职代会暨××年工作会议
闭幕式上的讲话

×××

（××年××月××日）

同志们：

这次会议，是在"十三五"收官、"十四五"开局之际，公司召开的一次重要会议。会上，全面总结了工作，深入分析了形势，详细部署了任务，表彰了先进，交流了经验，对于推动公司高质量发展具有十分重要的意义。会后，各单位要认真学习领会，尽快把思想统一到会议精神上来，把行动落实到具体工作中去。

（帽段强调会议召开背景，是强调落实会议精神的重要性）

××年，是极不平凡、极具挑战的一年。公司党委团结带领广大党员干部和职工群众，准确识变、科学应变、主动求变，积极应对疫情突发、原油价格暴跌、海外两大主力市场受挫等"黑天鹅""灰犀牛"事件叠加影响，扎实开展提质增效专项行动，打赢了一场历史性大硬仗，取得了疫情防控和生产经营"双胜利"，圆满完成了集团公司和××公司下达的工作任务，有效保障了广大干部员工收入，交出了一份满意的答卷。回首过去的一年，我们干得很难。这一年，多重困难和挑战叠加，生产经营压力倍增，我们不等不靠、积极作为，苦干实干、承压奋进，付出得比以往任何一年都多，干得比以往任何一年都累，成绩比以往任何一年都来得不易。回首过去的一年，我们干得很实。面对市场严冬，我们坚持目标导向和问题导向，积极落实"四精"要求，在市场上用实力抢份额，在管理上用实招堵漏洞，取得了实实在在的经营成效。回首过去的一年，我们干得很值。通过大家的共同努力、苦干实干，全面完成了年度各项任务目标，发展成果惠及全体干部员工，较好地保障了干部员工利益。这份成绩单来之不易，饱含着全体干部员工的心血和汗水，饱含着公司上下的担当实干，饱含着大家的智慧和奉献……在这里，我代表公司党委、公司，向大家致以崇高的敬意，表示衷心的感谢！

（第二自然段简要总结过去一年的工作，肯定大家的艰苦付出）

　　××年，我国经济社会发展的内外部环境正发生深刻复杂变化，但发展仍然处于重要战略机遇期，只是机遇和挑战都有新的变化。习近平总书记在党的十九届五中全会上，就百年未有之大变局之"变"作了透彻分析……我国已转向高质量发展阶段，制度优势明显，经济长期向好，油气行业仍大有可为。

　　总体而言，预计今年形势略好于去年。之所以这么说，是基于以下几个方面的对比。一是对疫情防控有充分的思想准备和工作准备……二是原油价格预期总体好于去年……三是国际市场形势好于去年……四是国内市场仍有增量……

　　虽然总体形势趋于好转，但身处百年未有之大变局下，不确定性因素依然较多，困难和挑战不容忽视，尤其是……今后一个时期，我们能否实现高质量发展，关键取决于能否持续提升质量效益。

　　（第三至五自然段，相当于形势分析，既有形势变化分析，又指明了所面临的机遇和挑战）

　　借此机会，结合当前形势和任务，就如何提升质量效益、实现高质量发展的问题，我主要强调七点意见。

　　一、向市场营销要效益，持续拓展发展空间

　　市场营销是一项战略性、全局性工作，是企业的生命线。在"两个大局"的时代背景下，公司经营环境和市场环境都发生了深刻变化，我们必须准确认识市场营销新趋势、新要求，坚持"市场导向、客户至上，一体协同、竞合共赢"方针，坚持一体化发展方向和目标一致性原则不动摇，准确把握市场定位，创新市场营销模式，落实"四强化、四研究、五着力、两评估"要求，奋力拓展创收创效空间。

　　一要强化"四种观念"。强化"系统观"。市场开发要突出系统性、整体性，从产业链的整体效益来决策，系统考虑工作量的最大化，发挥好一体化相互拉动、相互支持联动作用……强化"量效观"。围绕高质量发展，突出效益中心，既要注重市场占有率、扩大规模，更要注重市场含金量、提高效益，效益在先、数量在后，做到量效兼顾、量效齐增，有所为有所不为。强化"大局观"……强化"营销观"。要改进营销方式，秉承"客户至上"的理念，精准了解客户需求，利用公司的特色技术和综合实力，为客户提供一揽子解决方案，解决客户难题，赢得客户青睐，市场开发由我们有什么、干什么，向客户需要什么、解决什么转变……

　　二要深化"四个研究"。深化市场环境研究……深化关联交易市场保障举措研究……深化低效市场运营模式研究……深化资源调配机制研究……

三要做到"五个着力"。着力拓展增量市场……着力开发国际市场……着力创新合作模式……着力坚持总包驱动……着力延伸业务链条……

四要做好"两个评估"。做好项目承揽前的风险评估。充分评估建设方的资信情况……没有把握回收工程款的坚决不做。做好项目承揽前的效益评估。先算后干、算准再干，不能是"大概可以盈利、应该不会亏"，而是要做到心中有数，坚决做到亏损的市场不进，没有效益的标不投。同时，也要防止对效益期望值过高，导致投标失败。

二、向安全生产要效益，持续巩固发展根基

安全是最大的效益，没有安全就谈不上发展。公司上下一定要正确处理好安全与生产经营、质量效益的关系，算好生命价值账、经济损失账、社会影响账、政治前途账、家庭痛苦账这"五笔账"，把安全作为一切工作的前提和发展的根基。

当前，公司安全管理仍然处于严抓严管阶段，基层员工安全意识不强、安全技能不强等问题依然存在，无知无畏、侥幸心理、经验主义仍未杜绝，距安全自主管理还有很长的路要走。对此，大家要有清醒的认识，持续严抓严管，决不能掉以轻心。一方面，要狠抓"五个重点"。狠抓疫情防控……狠抓井控管理……狠抓风险防控……狠抓环保工作……狠抓承包商管理……另一方面，要用好"两种工具"。用好安全培训工具，提高员工安全素质……用好严查严罚工具，规范员工安全行为……

三、向科技创新要效益，持续增强发展动能

科技创新是引领发展的第一动力，核心技术是创收创效的重要支撑。目前，公司科技创新方面还存在诸多问题，对此，我们要有清醒的认识。一是创新能力不强……二是科技研发路径不够……三是体制机制不灵活……四是高端仪器研发进度慢……五是人才储备不足……六是科技成果转化率较低……

要始终把科技创新放在公司发展的核心位置，坚持有利于市场转化和创收创效的研发定位，坚持为科研工作创造积极环境的政策导向，聚焦"四个重点"，全面增强引领发展的"硬核"实力。

一要聚焦科技创新的体制机制。要认真落实公司近两年出台的一系列激励政策，确保真落实、真见效。要敢于拉开利益分配差距，按项目贡献分配收益，多劳多得……要针对科研管理中存在的问题，研究制定改进提

升的意见办法，**盯着问题补问题，盯着缺陷补缺陷。要围绕科技创新激励和保障**，在人、财、物的自主权上让科研单位和科研人员拥有更大自由。**要探索实施"揭榜制＋里程碑"课题研究机制，强化顶层设计，鼓励"能人揭榜"**，谁能干就让谁干。要完善科技管理机制，推动科研管理由研发管理向创新服务转变，用制度和服务将科研人员的才智黏合起来，发挥最大效应。

二要聚焦科技成果转化。要坚持市场导向，从立项源头控制科研与市场"两张皮"问题，防止科研成果找不到市场、走不到现场。**要扶持自有创新产品**，自主研发的产品要自己先用，不能出现墙内开花墙外香的现象……要加大推介力度，主动邀请甲方参与技术交流，先让甲方认识，再让甲方认可，最后让甲方依赖。到"十四五"末，力争年创收××亿元以上的科技项目达到××个，其中……**要依靠特色技术推进××业务发展**，年均增收要保持××。

三要聚焦创新人才引育。推进科技创新关键靠人才。这几年，我们引育了一些人才，但也流失了不少。比如……这是严重的人才浪费，说明我们在引才育才留才方面很多工作做得不到位。下一步，**要研究制订以科研需求为导向的人才引进计划**，加大成熟、尖端科技带头人的引进力度……**要制订完善杰出人才培养计划**，积极培育科研领军人、带头人和创新团队……**要不断优化人才发展生态**，坚持以用为本、评用结合……

四要聚焦全员创新。"淘金行动"是推动全员创新的重要载体，既为基层"创客"们搭建了创新建功平台，也为公司安全生产、提质增效作出了突出贡献。自××年开展以来，已征集淘金成果××项，仅去年取得的直接经济效益已经超过××亿元。下一步，要将"淘金行动"作为公司的一项长期重点工作来推进，重点做好"四个一"，即每年拿出一笔资金专项支持"淘金行动"，每年形成一批能复制、可推广的淘金成果，每年举办一次成果展示交流活动，每年表彰一批"淘金行动"先进集体和个人。**各单位要……两级机关要……**

四、向精益管理要效益，持续提升发展质量

提质增效是企业持之以恒的工作，精益管理是提质增效的重要手段。要深化"四精"管理和提质增效行动，实现由生产型向效益经营型企业转变；要对标对表世界一流，向管理技术型企业加速迈进。

一要强化招标管理。要把招标工作上升到"一把手"工程，亲自安排布置把控。从去年招标工作检查情况来看……下一步，**要切实规范招标行为，**

提高招标成效。抓住招标方案编制这个核心，管控好招标价格。分管领导要……各业务主管部门要……年底，公司将对招标工作进行检查，对工作做得好的给予奖励，对失职、渎职人员进行严肃追责。抓住招标选商这个关键，实现公开公正招标。要把控好总包外包招标原则，把控好一个标段多家授标原则，面向全社会招标，发挥"鲶鱼效应"，通过公平、公正、公开竞争……要盯住……抓好招标人员培训这个基础，打造素质过硬队伍……

二要严格物耗管控。这些年，尽管我们在物耗管控方面作了大量工作，但是……我们必须坚持问题导向……强化定额执行……强化现场管理……强化违规违法行为整治……

三要用足优惠政策。去年，公司充分利用××等政策，累计增效××亿元。今年要继续加强××，做到"应享尽享"。

四要强化审计和巡察……

五要严控非生产性支出。这几年，虽然非生产性支出每年都在压减，但仍有节约空间。今年要继续加大管控力度，尤其是两级机关要带头"过紧日子"……

五、向提速提质要效益，持续提升发展效能

提速提质是最直接、见效最快的增效途径。近几年，我们狠抓页岩气项目提速，有效实现了减亏。去年，我们狠抓事故复杂防控，将损失时率由××降到××，对××市场减亏发挥了重要作用。今后，我们必须坚持问题导向，强意识、提能力、严管理，持续提速提质。

一要牢固树立"提速无极限、提质有空间"的理念。这几年，我们在提速提质方面作了大量工作，也取得了显著成效，但并不能说明这项工作已无潜力。一方面……这些差距充分说明，我们在提速提质上还有很大潜力可挖；另一方面，随着技术的进步、装备的改良、生产模式的优化，施工速度肯定会越来越快，质量会越来越高……我们应该正视差距，坚定提速提质的信心和决心，坚定不移地向提速提质要效益，推进公司高质量发展。

二要坚决抓好井筒质量管理……井筒质量抓不好，对公司来讲既影响效益又影响口碑。公司对这项工作已经作了专题部署，大家一定要高度重视，认真抓好落实，必须坚决完成集团公司下达的井身质量和固井质量考核指标。

三要突出抓好"三个中心"建设。工程地质一体化中心要……防漏堵漏中心要……EISC中心要……各单位要……全面提升管理效益和整体效率，推动公司数字化转型、智能化发展。

四要突出抓好工艺技术和工法推广……

五要突出单井提速创效工程……

六、向改革调整要效益，不断激发发展活力

去年，集团公司召开改革三年行动工作部署会议，并印发实施方案。公司也结合实际，制订改革三年行动方案。今后一个时期，要认真抓好方案落实，推动改革走深走实，切实释放增效潜力。

一要稳妥推进管理体制改革……

二要稳妥推进两级领导人员任期制改革……

三要持续优化人力资源管理……

四要持续优化考核政策……

五要持续推进资源共享。要研究探索建立四个共享平台：建立物资装备共享平台……建立人力资源共享平台……建立区域市场管理资源共享平台……建立技术和工艺共享平台……

七、全面加强党的建设，提升发展引领能力

当前，正处在"两个一百年"奋斗目标历史交汇点上，使命神圣、责任重大。我们必须始终胸怀"两个大局"，准确把握形势变化，充分认识经营形势的严峻性、复杂性，把坚持党的领导、加强党的建设作为企业发展的"根"和"魂"，充分发挥党委"把方向、管大局、保落实"作用，完整、准确、全面贯彻新发展理念，把政治优势、组织优势转化为竞争优势、发展优势，推动公司提质增效。

一要以政治建设举旗定向，把"两个维护"落到实处……

二要扛起管党治党主体责任，不断提高党的建设质量……

三要深化"四强化、四提升"，推进党建工作与生产经营深度融合……

四要持之以恒正风肃纪，推动全面从严治党向纵深发展……

五要做好宣传思想文化工作，汇聚高质量发展正能量……

（主体内容共有七部分，其实还是重点关注的几方面工作，采用六个"向……要效益"和一个"全面加强……"，让人耳目一新）

同志们，任务书已经下达，时间表已经明确，以什么样的精神状态和奋斗姿态担当作为，能否实现质量效益目标，是对各级领导干部的重大考验。各级领导干部要做到以下几点：一要坚定信心。充分认识到，当前的严峻形势，是所有企业都必须面对的，对差的企业来说是灭顶之灾，对一般企业来说是严峻考验，对强的企业来说是赶超机会。必须以不为困难找理由、只为成功找办法的劲头，坚定不移把事业推向前进。二要只争朝夕。充分认识到，我们前有标兵、后有追兵、不进则退、慢进也是退。必须以"等不起"的紧

迫感、"慢不得"的危机感、"坐不住"的责任感，拿出闻鸡起舞、日夜兼程的劲头，盯住工作目标、重点任务，倒排工期、挂图作战。三要敢于斗争。充分认识到，公司实现高质量发展任务艰巨繁重，面临一系列风险挑战。必须发扬斗争精神，讲求斗争艺术、增强斗争本领，在严峻形势和斗争任务面前，敢于出击、敢战能胜。四要履职尽责。充分认识到，敢担当、善作为是领导干部必备的基本素质，干部就要有担当。必须把使命放在心上、把责任扛在肩上，以担难、担险、担苦、担重的勇气，以舍我其谁的气概，在急难险重任务面前挺身而出，不达目标不罢休，不获全胜不收兵。

（在此强调，这段不是结尾，而是强调责任落实的一些工作要求，既是针对领导干部讲的，也可以看作党的建设的一部分）

同志们，沧海桑田，方显英雄本色。面对复杂多变的形势，面对更加艰巨的任务，我们必须坚定信念、以变应变，知重负重、拼搏奋进、担当作为，奋力完成全年任务目标，开创高质量发展新局面，才能以更加优异的业绩迎接中国共产党成立100周年！

（强调式结尾法：讲话前面部分部署了工作，提出了要求，结尾再进行强调，目的就是引起大家足够的重视，落实好工作部署要求。标志性词语有"面对……，要……""更加……，更加……，更加……""要……，坚持……"等）

春节即将来临，各部门、各单位要切实安排好节日期间的安全环保井控、生产经营、值班值守、节日慰问和送温暖、反腐倡廉等工作，让大家过一个欢乐、祥和、平安的新春佳节。

最后，我代表公司党委、公司，向在座的各位，并通过你们向全体干部员工、家属和退休老同志，致以新春的问候和美好的祝愿。预祝大家新春愉快，身体健康，工作顺利，阖家幸福！

谢谢大家！

【写作点评】

这篇讲话采用的是传统三段论的变体结构，是按照时序逻辑编排的，即"肯定成绩＋形势（意义）分析＋工作部署"。主体内容是"纵式＋横式"的混合式，思路清晰、逻辑严谨，具有一定的代表性和借鉴意义。讲话第一自然段简要回顾会议过程，指明会议召开背景、意义，提出学习贯彻会议精神要求；第二自然段简要总结过去一年的工作成果（肯定成绩）；第三、

四、五自然段分析新的一年面临的形势（形势分析）。讲话主体内容分为七个部分，实际上部署了七项重点任务（工作部署）。这篇讲话具有三个方面的突出特点：一是讲话主题和主线十分清晰，均是"坚定战略定力 提升安全效益"，讲话主体部分提出了六个"向……要效益"；二是讲话语言平实却不平淡，比如讲话第二自然段中"回首过去的一年，我们干得很难""回首过去的一年，我们干得很实""回首过去的一年，我们干得很值"的表述，是工程技术业务艰难发展的真实写照，真可谓"莫言道路多险阻，一山放出一山拦"；三是充分彰显出企业领导班子的责任担当，工作部署紧紧围绕"提效益"谋篇布局，在七个方面想实策、出实招、求实效，全文有很多思想方面的闪光点值得学习，比如"四强化、四研究、五着力、两评估""算好生命价值账、经济损失账、社会影响账、政治前途账、家庭痛苦账这'五笔账'""提速提质是最直接、见效最快的增效途径"等。

第八节 主持总结讲话

工作会议主持总结讲话一般不单独成文，而是作为会议主持词的一部分。在会议闭幕前由会议主持人发表，其核心内容就是总结会议过程并就贯彻落实会议精神提出具体工作要求。

一、主持总结讲话的特点

1. 短小精悍。主持总结讲话必须严格控制篇幅，通常在千字左右或者更短，切忌长篇大论、穿靴戴帽。因为主要议程已经结束，篇幅太冗长反而会适得其反。

2. 要素齐全。主持总结讲话虽然篇幅短且一般为程式化的内容，但要素要齐全。比如对会议议程的回顾，对会议成果的简要总结，对贯彻落实会议精神的号召动员，以及宣布会议闭幕等。

3. 用语精确。主持总结讲话要特别注意言之有度，可以适当使用鼓舞性话语调动受众情绪，语言要铿锵有力、感情真挚，但领导讲话珠玉在前，切不可喧宾夺主。

二、主持总结讲话的结构和起草要点

主持总结讲话顺接前面议程，一般主要分为两部分，即总结会议过程，就贯彻落实会议精神提出要求、发出号召。

1.**回顾会议要简明扼要**。首先开门见山定性说明会议主要议程已经结束，然后自然引到回顾会议过程，简述会议主要环节，总结提炼会议部署和要求。如果上级领导出席会议并讲话，这部分主要就上级领导讲话中肯定了什么、要求了什么进行再次明确；如果未邀请上级领导出席会议，可以就工作报告和企业领导讲话中的核心部署和要求以高度凝练的语句再作强调。

2.**提出要求并发出号召**。最后围绕贯彻会议精神，言简意赅地发出行动号召。要注意与工作报告、领导讲话中号召性结尾的呼应和区分。结尾处宣布会议结束。

写作范例 16：

××公司××年工作会议主持总结讲话

主持人：×××

（××年××月××日）

各位代表，同志们：

经过与会代表的共同努力，××公司××年工作会议各项议程已经圆满完成。会上，传达了×××董事长的批示要求，××公司作了工作报告，××公司、××公司分别介绍了国内外保障需求和工作安排。××家单位作了交流发言，纷纷表示将认真贯彻落实集团公司工作会议精神和本次会议各项安排，全力以赴完成年度生产经营任务。

集团公司党组成员、副总经理×××同志作了讲话，对××公司××年服务保障、改革创新、提质增效、协同发展、风险管控、党的建设等方面的工作，给予了充分肯定和高度评价，强调要全面贯彻党的二十大精神，增强新征程上抓工作、谋发展的使命感、责任感、紧迫感，胸怀"国之大者"，提高政治站位，转观念、扛使命、勇担当，坚持稳中求进，锚定党组赋予的新任务、新目标，统筹抓好各项工作，为保障国家能源安全、奋进高质量发展而团结奋斗。

×××同志要求重点做好以下工作。

一要坚定不移做优服务保障，全力支撑油气增储上产。

二要坚定不移强化创新领先，着力高水平科技自立自强。

三要坚定不移加快数智转型，推动业务发展深层变革。

四要坚定不移突出质效双增，全力提升价值创造能力。

五要坚定不移深化内部改革，打造现代化公司治理体系。

六要坚定不移狠抓安全管控，坚决杜绝重大安全事故。

七要坚定不移加强党的领导，以高质量党建引领高质量发展。

×××董事长的批示和×××同志的讲话，充分体现了集团公司党组对××业务的关心关怀和高度重视，明确了××业务下一步工作的思路、目标和任务，具有很强的针对性和指导性，为我们做好当前和今后一段时期的工作提供了遵循、指明了方向。会后，各企业、各部门要迅速组织广大干部员工认真学习领会，抓好贯彻落实。

××年，××业务生产经营任务更加艰巨繁重，各企业要在集团公司党组的坚强领导下，深入学习全面贯彻党的二十大精神，主动对标对表党中央战略部署，集中精力落实好集团公司工作会议精神和集团公司党组领导对××业务作出的批示要求，坚定战略定力，奋勇开拓创新，大力弘扬石油精神和大庆精神、铁人精神，苦干实干、团结奋斗，统筹抓好生产经营和改革发展各项工作，以"时时放心不下"的责任感和"困难面前有我们，我们面前无困难"的精气神，全力推动一流示范企业建设迈上新台阶，为集团公司油气增储上产降本和建设基业长青的世界一流综合性国际能源公司作出新的更大贡献！

现在，我宣布，××公司××年工作会议胜利闭幕！

【写作点评】

主持总结讲话是主持词的后半部分。这类讲话写作时一般都可以套用制式结构，即"简述会议过程＋强调领导讲话重要性＋提出贯彻落实会议精神要求"。若要分析讲话内容前后逻辑关系，这篇讲话是按照时序逻辑编排的，即"肯定成绩（会议成果）＋分析意义（强调讲话的重要性）＋

部署要求（贯彻落实会议精神的部署要求）"。强调这些，主要是提示大家，起草主持讲话，可以按照时序逻辑编排。其实，也可以按照思维逻辑起草，写作范例 17 便是，大家可以对比学习。

写作范例 17：

×× 公司 × 届 × 次职代会暨 ×× 年工作会议主持总结讲话

主持人：×××

（×× 年 ×× 月 ×× 日）

各位代表，同志们：

在大家的共同努力下，公司 × 届 × 次职代会暨 ×× 年工作会议已经圆满完成各项议程。**会上**，我们共同回顾了公司 ×× 年和"十三五"以来的发展成果，审议通过了公司工作报告、财务工作报告、业绩考核管理办法等 5 份文件，民主测评了公司领导班子和领导人员，隆重表彰了新当选劳模、集团公司先进集体、铁人队站、铁人基因传承者，×× 公司等 4 家单位、×× 项目部以及 ××× 等获奖代表作了交流发言。**总体上讲**，这次会议团结民主、务实高效、成果丰硕。刚才，××× 同志作了会议讲话，从党中央以及集团公司、公司自身发展实际等多个维度，阐述了坚定管理技术型企业建设战略选择的必要性和实践意义，并对加强党的领导、推动单井安全提速创效工程、提升干部队伍能力，以及岁末年初重点工作提出了明确要求，为做好全年各项重点工作指明了方向。**会后**，我们要将思想和行动统一到此次会议精神上来，认真抓好宣贯落实，保持战略定力，坚定发展信心，全力以赴推动公司管理技术型企业建设迈上新台阶。

（领导讲话中需要强调的字句，可以用方正黑体简体标示）

下面，就贯彻会议精神，我提几点意见：

一要统一全员思想，切实提高抓落实的积极性。各单位、各部门要紧密围绕管理技术型企业建设思路，深入开展会议精神宣贯和形势任务教育，讲清形势，讲明目标，讲透责任，迅速把广大干部员工的思想统一到公司发展

149

战略上来，统一到公司全年各项工作部署上来，充分调动抓落实、促发展的积极性。

二要凝聚各方力量，切实增强抓落实的主动性。 各单位、各部门要把吃透"上情"与摸清"下情"有机结合，深入分析公司改革发展的新任务、新特点，找准公司发展战略与本单位、本部门发展实际的结合点和切入点，使本次会议形成的思想成果有效转化为生产力。要对报告中所有工作安排进行分解，把责任落实到每位班子成员，落实到每个岗位员工，明确重点任务、工作标准、责任人、责任单位和完成时限，加大落实跟踪督办，提高工作质量效率。

三要持续改进作风，切实提高抓落实的执行力。 两级机关和全体党员尤其领导干部要率先垂范，带头解放思想，持续转变作风，主动践行"靠前管理、靠前指挥、靠前服务"理念，自觉走在前、作表率，苦干实干、主动作为，创造性开展工作，奋力在推进管理技术型企业发展中当好"排头兵"、开创新局面。

各位代表，同志们，春节将至，借此机会，向广大干部员工、家属、离退休老同志致以新春的问候，祝愿大家节日快乐、阖家幸福！

现在，我宣布：××公司×届×次职代会暨××年工作会议胜利闭幕！

请全体起立，奏唱《我为祖国献石油》。

（奏唱结束后）散会。

【写作点评】

这篇主持总结讲话主体内容采用的是传统三段论结构，按照思维逻辑编排，即"提高认识（统一思想）＋思路方法（重点举措）＋组织落实（组织保障）"。这类讲话虽然篇幅短小，但结构完整、逻辑严谨，应当有的环节一个都不能少，要严格遵循会议程序，未经企业主要领导允许，不能随意简化或省略某个环节。大家可以学习这种制式结构和表述方式，虽然这类讲话没有太多创新的必要，但还是需要根据每次会议的实际情况进行适当创新，不能每年都使用同一个模板，每年都听同样的程序性安排。

写作范例18：

在××公司第×次党代会结束时的讲话

当选的新一届党委书记：×××

（××年××月××日）

各位委员，同志们：

这次会议，选举产生了**中国共产党××公司第×届委员会书记、副书记**，通过了**中国共产党××公司纪律检查委员会**第一次全体会议选举结果。会议结束后，将呈报集团公司党组审批。

被选为**中国共产党××公司第×届委员会委员**，是公司广大党员对我们的信任和对我们的支持。我本人被推选为党委书记，在这里也对各位委员对我的信任和支持表示感谢！我将与各位委员同心协力、恪尽职守、勤勉工作，不负重托、不辱使命。

本届委员会的成员都是我们班子成员，可以说，这个班子既是公司各级党组织的核心，也是公司发展的领导核心，这就要求我们在各个方面都要发挥好引领和推动作用。对于下一步加强班子建设，我谈几点想法：**一要讲政治**。我们要带头守纪律、讲规矩，坚决贯彻落实党中央和上级决策部署，要严格党内政治生活，严格遵守议事规则。**二要讲学习**。思路决定出路。我们要坚持好的学习制度，开阔视野、开拓思路，思路一变很多困难就会迎刃而解。**三要讲廉洁**。我们要模范遵守中央八项规定精神，严控职务消费，重细节、重小节、作表率。**四要讲担当**。我们要在公司改革发展上有作为，要深化内部改革，真正做几件有利于公司长远发展的大事要事。**五要讲团结**。作为党委书记，我会全力支持大家的工作，也希望各位委员切实落实好"一岗双责"，密切配合，形成合力。我坚信，在党中央的坚强领导下，在集团公司党组和××公司党委的信任和支持下，新一届党委班子齐心协力，一定不辜负全体员工的期盼和重托，一定能把工作做好，一定能把公司发展推到一个新高度。

各位委员，同志们：

中国共产党××公司第×届委员会第一次全体会议的议程全部完成，会议到此结束。

谢谢大家！

【写作点评】

这篇文章是地区企业党代会上的主持总结讲话，既对新一届党委班子提出了几点工作要求，也是新当选的党委书记的表态发言。作为党委书记，提出的"五讲"就是"五个带头"。这类讲话一般也可以套用制式结构，但仅可以套用结构，而不能完全照抄照搬人家讲过的内容，要有自己鲜明的思想和观点，这样的讲话才有生命力。这篇讲话中，中国共产党××公司第×届委员会、中国共产党××公司纪律检查委员会均使用方正黑体简体标示，主要是为提示大家要在公文中规范使用这两个法定委员会名称，不可以在同一篇讲话中、短短一两页的文字中就出现两三种不规范的表述。

第三章 专业会议讲话

宋代政治家、文学家王安石在《上人书》里指出："所谓文者，务为有补于世而已矣。"意思是写文章一定要对社会有实用价值，能产生实际效用。企业机关部门的职能和作用就是统筹、协调、服务和管理。统筹的是业务发展、资源配置和协同共享；协调的是企业发展中的重点工作和基层单位的合理诉求；服务的是推动和解决业务发展面临的问题和矛盾；管理的核心是人，管理活动应该在对人的思想、感情和需要等充分了解的基础上，充分发挥人的主动性、创造性和积极性。所谓"管理"，就是在有限的资源和无限的欲望之间，寻求一个最优解。笔者认为，企业机关部门应当把更多精力放在优化顶层设计，发挥统筹、协调和服务作用上，出台有利于产业控制和产业发展的政策与制度，让一些政策形成良性循环，让一些行之有效的制度形成标准规范。比如，深入研判形势，强化政策导向，在经济大环境低迷时，适当增加投资支持优良产业发展、加快传统产业转型升级，待到经济大环境好转，低成本投资的效益溢出效应就会比较可观。本系统企业机关就是要做有求必应、未雨绸缪的服务型机关，坚决不能做"门难进、脸难看，基层单位高攀不起"的衙门型机关。良好的管理需要有明确的方向和目标，坚持以终为始，不断建立信任，分清轻重缓急，优化资源配置，做到知人善任，持续优化提升，让工作更有效率，让效率更有人性，让人性充满快乐。这应当是企业管理的本质和初衷。如果企业管理一味强调"管"，而无视"理"的作用，基层单位就可能举步维艰，这样的机关肯定不得民心。

企业孜孜以求的目标是卓越的管理效能，这就要求企业决策者要为大家构建良好的内在环境、创造良好的政治生态，坚决避免"内卷""内耗"等现象发生。企业机关部门站位要高、视野要大、胸怀要广，要面向全局、全过程进行统筹规划和协调，进行科学决策和资源配置，使各类资源配置、各方关系处理和各项工作效果达到最佳程度。因此，企业组织召开的业务专题会议，如市场营销、工程技术、科技创新、安全井控、经营分析、改革创新等，就是为了统筹、协调和服务业务发展，推动解决业务方面存在的各类问题和矛盾。这些都是对企业发展有实用价值的会议。无论是哪个专业、哪种形式的业务专题会议，会议讲话的主题、主线都必须十分清晰，逻辑严谨、特点鲜明、求真务实。

第一节 专业会议讲话的显著特点

这类讲话都有特定的作者、特定的代表性、特定的受众群体，这类讲话的时效性、专业性、针对性比较强，重在写实与写意相结合，可以说是实意参半。这是由讲话的性质和原则所决定的。按照业务主导原则，特定的作者就是业务主管部门，特定的代表性就是代表企业领导班子的决策意志，特定的受众群体就是本业务系统管理人员和专业人员。业务主管部门工作干得好固然很重要，但也要发挥好战略引领、统筹谋划、顶层设计作用。想得透，发挥引领作用；拎得清，分清轻重缓急；讲得好，能够让全系统干部员工清楚奋进的方向、目标、措施和计划等。只有做好以上这些，才能更好地发挥业务发展引领和参谋助手作用。

一、时效性强

及时发现问题、分析问题和解决问题。像油田技术服务企业，职责和使命决定了企业管理者决策的作出效率和运行效率都比较高，所以领导讲话的时效性非常强。具体体现在三个方面：一是传达贯彻上级精神时效性强，总是第一时间学习贯彻习近平总书记最新的重要讲话精神和重要指示批示精神，党中央、国务院最新精神，集团公司党组最新决策，上级单位最新部署要求等。这就要求，业务部门内部必须做到信息对等，部门负责人尤其是部门主要负责人，必须第一时间把了解掌握的信息传递给部门每一名员工，坚决不能让重要信息躺在部门负责人的大脑里睡大觉，从而贻误了贯彻落实的最佳时机，耽误了领导交办的重要工作。二是综合研判形势时效性强，企业经营受国内外政治形势、经济形势和有关政策影响较大，必须及时研判形势变化，研究应对之策，确保企业生产运行不受影响或将影响降到最低。这就要求，业务部门必须担当起形势研判第一责任人的责任，根据某个方面的形势变化或者国内外先进同行的趋势动态，及时、准确进行研判，为企业领导决策提供重要参考和有力支撑。三是贯彻执行决策部署时效性强，必须始终将贯彻落实上级战略决策和重要部署放在首要位置，结合企业实际情况，及时协调、推动解决业务发展过程中面临的各类问题，确保将上级战略决策和本企业战略规划不折不扣落实到位。这就要求，业务部门必须主动思考问题、承担责任，紧密结合业务发展实际作出相应安排。这是业务部门应当认真履行好的基本职责。

二、专业性强

这类讲话一般属于就事论事，主要思路就是指出问题、剖析问题、解决问题。这类讲话的受众群体是本业务系统管理人员和专业人员，涉及的都是专业方面的事情，讲话内容、语言表达都必须非常专业，要求具有较强的思想性和前瞻性，充分体现出业务部门的引领能力和专业水准。所以，专业会议讲话文稿起草，必须要坚持业务主导原则，由专业的人干专业的事，虽然是讲具体业务、具体工作，但也要考虑到业务发展战略、实际进展情况，清楚优势和劣势、困难和挑战所在，以及具体策略和措施，从思想到行动都充分体现专业精神和专业素养。也就是说，这类讲话的内容要有明确的主题思想、清晰的逻辑层次，工作思路、举措必须与上级决策部署、有关要求前后呼应。讲成绩可以采取"思路＋举措＋成果"的方式表述，所有成果都要有数据支持；形势研判要直面问题，对标对表上级要求和国内外先进同行企业，剖析问题要有专业水准；部署要求必须做到前后呼应，提出的措施和要求能够包含所有上级相关部署和领导要求，并且要体现出精准施策和专业水平。

三、针对性强

专业会议讲话虽然没有工作报告综合性强，但同样要求站位高、立意远、重点突出、要求明确，具有很强的针对性、指导性和可操作性。讲话内容必须与上级部署要求高度契合，能够让干部员工把讲话精神落实在行动上，体现在履职尽责、做好本职工作的实效上。就某项业务而言，讲话要紧紧围绕传达贯彻上级决策部署和相关会议精神，指出过去一段时间该项业务存在的突出问题，分析面临的困难和挑战，并针对这些问题有的放矢地提出下一步工作部署和指导意见。这是确保企业战略决策上下贯通、一张蓝图绘到底的重要保证。所以要求这类讲话有很强的针对性，其根本目的就是让干部员工更好学习领悟上级精神，准确把握发展战略，认清在业务推进过程中出现的问题和矛盾，准确把握下一步的奋斗方向、目标和任务，真正发挥好业务发展引领和协调推动作用。

第二节 专业会议讲话文稿的写作难点

专业会议讲话最能体现斗争精神。对于企业发展而言，斗争的对象到底是谁？这是发自灵魂的拷问。比如油气行业，无论甲方还是乙方，斗争的对象都只有一个，就是油气勘探开发过程中遇到的复杂地层问题。甲、乙双方的目标永远都是一致的，解决好复杂地层问题就解决了一切，桶油成本也好，完全成本也好，自然就会降下来。那么，如何去和复杂地层作斗争呢？大力支持内部企业创新发展才是硬道理。更好发挥一体化统筹作用，大力推进一体化协同发展，甲、乙双方共同探查清楚地层构造、找准地质甜点、优化顶层设计、推进均衡生产、深化"四提"工程，大力推动技术进步，就一定能够实现革命性变化。

"四提"工程，就是指提质、提速、提产、提效工程。提质，就是提高质量，包括地质设计质量、工程设计质量、井筒工程质量等；提产，就是提高单井产量，由地质、工程共同决定；提速，就是提高工程速度，由地面条件、施工条件、技术支撑等多种因素共同决定；提效，就是提高效益，在确保安全生产的前提下，通过甲、乙双方共同努力，降低高效勘探和效益开发成本。

谈到这里，笔者突然想起毛泽东同志在青年时代写的一首诗《奋斗自勉》，其原文内容如下：

与天奋斗，其乐无穷！

与地奋斗，其乐无穷！

与人奋斗，其乐无穷！

　　《奋斗自勉》表达的是毛泽东同志敢与天地共同奋斗，愿与志同道合的同志们一起奋斗的决心，体现的是一代伟人青年时代就拥有的斗争精神和博大胸怀。这首诗的哲理是何等深刻，气势又是何等磅礴。

　　"幸福是奋斗出来的，社会主义是撸起袖子干出来的。"走过辉煌征程的中国共产党，仍然顽强奋斗、自强不息，临危不惧、迎难而上。这是中国人的时代精神！

　　勘探开发和工程技术是油气勘探开发的"一体两面"（好比手心和手背的关系），双方共举一面旗帜，共同担负支撑中国石油保障国家能源安全的重大责任，一体化协同发展完全符合事物发展的客观规律，有利于维护中国石油整体利益最大化。贯彻落实"四个坚持"兴企方略和"四化"治企准则，充分发挥好集团公司一体化统筹作用，能够更好促进全产业链高质量发展。双方共同履行好"一体两面"责任，携手破解各类复杂难题，协同推动创新发展，高举新时代的奋斗旗帜，一定能够焕发出永久魅力和时代风采，为保障国家能源安全贡献更大力量。

　　由此看来，专业会议讲话需要考虑的因素很多，包含业务所涉及的方方面面，写作难点就在于是否有高度、有胸怀、有思想、有良策。即便是就事论事，也要做到言之有物、言之有理、言之有情、言之有序、言之有礼。

　　所谓"言之有物"，就是要胸怀全局，讲话内容务实，所有事项都切中主题。专业会议都是为统筹、协调、推动、解决实际问题而召开的，关键是要讲实话、出实招、干实事。既然所有的内容都是奔着问题去的，首先就要对标对表上级要求和先进同行，找准问题所在和问题根源，提出的观点一定要鲜明，摆出的论据一定要充分，对问题的剖析一定要合理，这样才能增强讲话的说服力。那么，怎样才能使讲话内容切中主题呢？如果按照三段论结构编排，那么应做到以下几点：传达上级精神，就要抓住核心要义，把与会议相关的思想、内容及时传递给大家，尤其是涉及业务的新指示、新提法、新理念，做好受众群体的思想引导；讲述上级政策，就要讲清讲透、掷地有声，体现出上级组织和本级组织对某项业务发展的高度重视，坚定干部员工的发展信心。科学研判形势，既要对标对表上级要求，又要放眼国内外先进同行，坚持刀刃向内、直面问题挑战，明确指出存在的短板弱项。工作部署部分，要对照战略部署和领导要求，结合本企业实际，提出落实战略部署和领导要求的相应措施，要确保每个方面都有部署、有要求、有执行、有落实。

所谓"言之有理"，这里包含两层意思：一是讲话要有道理，无论是理念、观点、措施，还是建议、结论等，都要阐明理由，能够使人信服。道理不在多，也不在深，但要切中要害。二是讲话要有条理，无论讲多讲少，都必须做到条理清晰、思路清楚，还要善于从理论上认识和思考问题，把原始信息加工成精细养料输送给领导或干部员工，这样才能显示出个人的魅力和风范。言之有理既是一种能力，更是一种态度。具备这种能力的人，都会让人高看一眼，其实也没有什么秘诀，就是能够把自己的思想和理念客观、准确、清晰地表达出来，所讲的内容都是基于客观事实和逻辑推理，不带有任何偏见和感情因素。要学会尊重别人的观点和意见，愿意在沟通协作中求同存异，建立良好的合作共赢关系。作为领导干部，做到言之有理是一种能力，就能够赢得群众的拥护和支持。讲出的话、作出的事都要立足当前、着眼长远，不仅能促进本领域业务发展，而且对相关领域能够产生积极的、正面的影响。起草这类讲话文稿，必须学会换位思考，站在企业发展全局高度，进行全面思考和理性分析，才能使讲话内容逻辑严密、有条不紊、以理服人。

所谓"言之有情"，就是讲话要富有感情，真心实意从支持和推动所负责业务高质量发展的角度出发，不仅要做到以理服人，更要做到以情动人。指出问题要实事求是，要有事实依据和数据支撑，不能只讲自己喜欢的、认可的事情，听不进别人的意见建议，尤其是基层单位的意见建议，对不认可、不喜欢的事和人一味批评和施压。坚决不能基于个人感情和主观意识，有意发泄私愤，制造矛盾对立，挑起内部斗争。作为企业领导干部，要十分清楚，失去民心比赢得民心容易得多。作为执笔人，更要弄清楚斗争的对象是什么，讲清楚为什么要斗争，要从哪些方面去斗争，怎样才能取得斗争的胜利。讲话一定要抓住痛点、痒点和盼点，饱含感情去讲，带着感情去说，既要做到置身事内，还要真诚倾诉心灵深处的情感和体验，能够与受众在心灵上产生互动和共鸣。高水平的讲话，是不折不扣落实组织决策，设身处地地为基层着想，并充分考虑相关领域的实际难处。简要来说，就是要想感动别人，首先要能够感动自己。

所谓"言之有序"，就是讲话条理清晰、结构严谨、逻辑性强，能够做到前后呼应、一贯到底。我们通常讲，文章一般由四部分组成，即标题、开头、中间、结尾。古人把作文的开头、中间、结尾，分别比喻成凤头、猪肚、豹尾，大致意思是起要美丽（简洁、精彩），中要浩荡（言之有物、有气势），结要响亮（转出别意、宕开警策）。尤其要做到首尾贯穿、前后呼应，意思清晰。这才是高水平的讲话。所谓"凤头"，是说作品的开头要像凤凰的头那样秀气、漂亮，开头站位要高、立意要远，要直入主题、直面问题。所谓"猪肚"，是说文章的中间主体部分要像猪的肚子一样沉甸甸、有分量，充实丰满。千万要记住，作为企业的一级组织，要牢记使命责任，把握上情、吃透下情，紧密结合企业战略部署和实施，讲清讲透所负责业务领域内的问题和解决措施，这样才能更容易让受众清楚事情的来龙去脉，解决好"是什么、为什么、怎么办"的问题。这类讲话最忌讳的就是内容前后相互包含，逻辑性不强，且带有明显的个人感情色彩，这样的讲话主体不能称为"猪肚"，而是"败絮其中"。所谓"豹尾"，是说作品的结尾要像豹子的尾巴那样刚健、有力。结尾一般都不会太长，要有非常强的表现力和张力，通常要展现出精诚所至的坚定意志、金石为开的拼搏精神、破浪前行的壮志豪情。但有的讲话部署要求部分比较丰富饱满，没有结尾段。

所谓"言之有礼"，就是说话的方式要文雅得体，在开头称谓上、成绩肯定上、工作要求上都要注重礼节。作为分管领导，既有引导和推动分管领域高质量发展的使命和责任，更有维护班子团结、从大局谋划和推动工作的义务和责任。无论什么样的企业，无论什么层级的领导，都必须具备很强的大局意识，都要维护和服从班子集体决策，能够做到"不以物喜，不以己悲""不念过往，不畏将来"。所以，要客观评价成绩，从严提出要求，但不能犯官僚主义、本位主义的毛病，切忌使用粗俗低级的语言、进行言辞犀利的批评、提出蛮横无理的要求和使用不切实际的比喻。

做到以上"五有"，就能写出高质量、高水准的讲话，就会让讲话富有灵魂，让内容更具思想性、指导性和针对性，讲话中提出的相关要求也更容易让广大干部员工接受、遵守和执行。

第三节 专业会议讲话的主题和主线

虽然专业会议讲话需要考虑很多方面的影响因素，但笔者认为，相对综合性报告和讲话，专业会议讲话文稿的起草还是相对简单一些，但更加专业。正所谓"内行看门道，外行看热闹"。门道，是指事物的本质、规律、技巧等。看，就是观看、学习、研究，寻找规律。比如对同一件事物，懂行的会了解、研究、掌握事物的规律，发现它的精彩与内涵；不懂行的，只会凑凑热闹。

所以，专业会议讲话文稿的起草应由相应的业务部门负责，办公室、政策研究室可以按照企业分管领导的要求提供协助，协助是提供必要的支持，而不是越俎代庖。专业的事还是要由专业的人干。业务部门首先应独立起草讲话初稿。业务部门负责人尤其是主要负责人，要有清晰的思路、清醒的头脑，准确掌握上级单位、上级领导对部门所管业务的战略决策、重点部署和指示批示，全面了解本业务领域的优势和不足，发挥好业务发展引领作用。

同综合性报告和讲话一样，专业会议讲话也必须有明确的主题、清晰的主线。将主题和主线体现得淋漓尽致的文章，就是精彩的文章。

何谓"主题"？主题就是讲话领导所要表达的中心思想（总论点）。一篇讲话的主题渗透、贯穿于讲话全文，体现了讲话领导的主要意图，包含了讲话领导对讲话中所反映的客观事物的基本认识、理解和评价。如果从听众的角度来说，主题就是听众对文章中心思想的一种独特理解。

主题是文章的灵魂，决定文章的质量高低、价值大小、作用强弱，是文章的统帅。确立主题必须符合正确、集中、深刻、新颖等要求。所以，行文必须围绕主题展开，主题是作品的中心思想，但不等于全部思想。

何谓"主线"？主线就是占主导地位或主要统领事物发展的线条，这里特指文章的主要线索（主要脉络）。一篇好的文章，必须有一条贯穿始终的线索，也就是清晰、明朗的主线。讲话文稿少则几页，多则十几页甚至几十页，如果没有清晰、明朗的贯穿全文的思想脊梁，听众就不会明白这篇讲话文稿到底在说什么。

如何设计专业会议讲话的主线呢？

首先，要谋取重点、统筹全文。 所谓"谋取重点"，就是要弄清楚为什么写、为谁写，了解清楚讲话的目的、背景、场合和受众，找准角色定位；

就是要弄清楚写什么，有哪些方面需要体现在这篇讲话文稿里，不能缺项，也不能多项，抓住主要矛盾；还要弄清楚怎么写，就是要思考清楚表现形式和逻辑结构，做到"看人下菜碟，依事作文章"，确定方向目标。以上就是设计主线的三个重点。所谓"统筹全文"，就是要从目标导向和问题导向两个方面去统筹，把以上三个重点贯穿起来进行系统思考。找准了角色定位，抓住了主要矛盾，确定了方向目标，就基本确定了讲话结构和内容安排。其实，体现好这三个重点，就是统筹好了讲话全文。那么，用什么思路将这些重点串起来呢？一般有两种方式，即时序逻辑和思维逻辑。所谓"时序逻辑"，就是按照过去（总结成绩）、现在（分析形势）、将来（部署工作）的时间顺序安排。所谓"思维逻辑"，就是按照为什么干（提高认识）、干什么（明确目标）、怎么干（抓好落实）的逻辑关系安排。

其次，要抓住关键、铺枝展叶。 所谓"抓住关键"，就是在框架结构搭建好后，把各类素材编筐装篓。重点部分要浓墨重彩，深剖问题、指出弊病、制定措施；次要部分就简要带过。所谓"铺枝展叶"，就是要按照设定好的主线叙述重点，好像鱼骨一样，主线上分出许多有序的枝节，每个枝节对应一个重点。所谓"展叶"，就是把该强调的问题讲清、讲透、讲好。下面，结合讲话的结构来了解一下如何铺枝展叶。讲话通常采用两段论和三段论两种结构形式。先分析两段论结构，按时序逻辑来说，就是"肯定成绩＋形势分析和工作部署"，形势分析简要带过，不作大篇幅剖析；按思维逻辑来说，就是"提高认识＋抓好部署"，问题、方向、目标等内容可以放在提高认识中一并论述。两段论结构很少采用，但不是没有，主要看领导的习惯。再看三段论结构，按时序逻辑来说，就是"肯定成绩＋形势（意义）分析＋工作部署"或"肯定意义（成绩）＋形势分析＋工作部署"，具体怎么编排要具体情况具体分析；按思维逻辑来说，就是"提高认识＋思路目标、重点举措＋组织落实"，多用于主题教育、主题活动等动员部署会。有的讲话采用多段论结构，就是讲话主体内容可分为四部分及以上，这种结构多用于综合性报告和专业会议讲话，一般分为纵式、横式、纵横混合式三种结构。所谓"纵式"，就是按照递进关系安排前后几个部分的内容；所谓"横式"，就是按照并列关系安排前后几个部分的内容；所谓"纵横混合式"，大多是前为纵式、后为横式的结构。有的讲话是整块式结构，多用于篇幅简短的讲话，比如致辞、贺词等。

最后，要激发情感、走进心灵。 就是要做到言之有情、言之有礼，讲话要接地气，能够激发、调动听众的情绪，让大家有收获、有感悟、有行动。要想达到如此效果，一定要掌握修改完善讲话文稿的技巧：一是要学会拔高升华，引用权威说法，比如中央精神、党组决策、领导批示等；二是学会概括总结，用最简洁凝练的话强化观点语言，比如"四个坚持"兴企方略、"四化"治企准则、"两个理念、一个信念"等；三是学会完善例证，就是要坚持用事实说话，引用恰当、新近发生的事例作为佐证；四是学会体现特点，就是要回归文体语言，不能说外行话，即便是将专业的话转化为通俗易懂的话，也要使其恰如其分。

第四节 市场营销会议讲话

无论是国有企业还是非国有企业，市场营销会议都至关重要。对于工程技术企业而言，通常在每年年底或年初召开一次市场营销工作部署会，总结成绩、分析形势、部署工作；其他时间的市场营销工作会议则是根据实际面临的问题随机召开，有针对性地统筹谋划、推动专项工作或研究解决具体问题。

一、市场营销会议讲话的显著特点

所有的讲话都倡导"短、实、新"，市场营销会议讲话更是如此。并不是说上级要求开短会、讲短话才倡导"短、实、新"，而是从实际出发必须这么做。如果是为了解决业务上的实际问题，必然不能长篇累牍、滔滔不绝，否则就有失身份、有失水准。"短"是因为讲话是直奔问题而去的，没有必要穿靴戴帽，把上级市场营销工作会议精神和上级领导有关要求传达到位，把发现的问题讲清，把处理的原则讲明即可；"实"是实事求是、求真务实，把产生问题的原因和问题产生的影响剖析清楚，无论是外在因素，还是内在原因，都要剖析得鞭辟入里、一针见血；"新"是指应对复杂问题的观念要新、思路要新、举措要新，如果采取老思路、老办法就能解决的事情就没必要召开会议。新问题意味着可能引发新矛盾、带来新挑战，坚决不能抱残守缺，固执己见用老观念去思考、去处置。这样的会议，就是要广开言路、集思广益，听听大家是怎么看的、有什么好的办法，再根据上级精神、结合单位实际，抓住主要矛盾和矛盾的主要方面，统一思想、统一意志，有的放矢去解决好产生的新问题、新矛盾、新挑战。

■ 二、市场营销会议讲话的探讨范畴

市场是企业生存和发展之基，抓市场就是抓开源、抓增收，市场营销重在统筹谋划市场布局、市场策略、营销战术，重在统筹、协调、推动和解决某些区域市场出现的新情况、新问题、新挑战，重在统筹优化政策机制、资源配置、技术支持、运营管理等方面的工作。企业所有生产经营活动都是围绕市场展开的，市场营销的关键在于市场观念、市场意识和思维方式。既然是观念意识上的问题，就不可能指望通过召开一两次会议完全解决，召开市场营销会议主要是从战略和战术层面进行研究部署，重在引导干部员工创新思维方式，用新理念、新方法、新举措去统筹、协调、推动和解决出现的各种问题。

市场营销是一项涉及面非常广泛的系统工程，绝不仅仅是市场部门的事，而是涉及企业生产经营的方方面面，比如装备、技术、人员、物资、安全、政策、法律、合同和财务等。要做的具体工作也很多，如拜访客户、合作洽谈、资质审查、合同签订、合同履行、合同变更、技术支持、资源配置、质量控制、安全管控、工作量确认和协调结算等。虽然市场服务是依靠质量和效率取胜，但以上工作大部分是同特定的组织和人员打交道，所以市场营销工作最重要的就是基于已有市场和目标市场做好战略谋划，包括优化市场布局、增进合作交流，强化技术支持、提高质量效率，稳固合作关系、拓展合作空间，履行服务合同、完成目标任务，迎接完工验收、做好项目结算等。就专业公司和局级企业而言，会议研究的大多是市场战略、政策机制和统筹组织等方面的事情；就处级单位和项目部而言，会议研究的大多是区域市场营销和服务的一些具体问题。

无论国内还是国外，市场空间都非常广阔，但是要想在日益激烈的市场竞争中分得一杯羹，多数企业都有说不完、道不尽的辛酸。在参与市场竞争中，企业面对的是能力、业绩、方案、价格、成本和管理等方面的综

合考验，所以，市场营销会议虽说是业务类会议，研究的内容基本都在框架内，但由于这类会议属于结果导向型会议，所以，考验的更是分管领导和业务部门统筹谋划、沟通协调，以及创造性推动和解决具体问题的能力。

■ 三、市场营销会议讲话文稿的写作要点

业务部门不同于综合部门，业务部门不缺干业务的好手和精英，但一提到起草讲话文稿很多人都会头皮发麻。笔者认为，业务精英不能只干具体事务性工作，更重要的是要善于从大局出发想问题、作决策、办事情，善于从繁杂问题中把握事物的规律性、从苗头问题中发现事物的趋势性、从偶然问题中认识事物的必然性。只有具备较强战略思维和系统思维能力的业务精英，才是能够统领众人开创新局面或具有相应潜质的高阶层精英。只会干具体事务性工作的业务人员充其量算是岗位能手，与高阶层精英有着相当大的差距。为什么这么说呢？因为市场营销面对的竞争环境、竞争对象大都比较复杂，充满了方方面面的斗争，没有工作的主动性、预见性、创造性，没有防风险、迎挑战、抗打压的能力，是很难担当这份责任的。鉴于市场营销会议讲话专业性很强，探讨问题相对集中、深入，起草此类讲话文稿应重点把握好以下三点。

1.确保主题鲜明，善于从繁杂问题中把握事物的规律性。王安石有诗云："不畏浮云遮望眼，只缘身在最高层。"这其实就是告诉我们，做任何事情，不要限于一时一地，而要登高望远，放眼大局、着眼长远，从战略高度统筹思考问题，就能够把握事物的本质和特性，将复杂问题简单化。起草市场营销会议讲话文稿，就是要立足企业战略发展高度，去思考和统筹市场营销工作，这样才能准确把握矛盾（确定讲话主题），做到有的放矢。市场问题无论如何繁杂，都不会脱离市场主体而单独存在。市场主体就是市场上从事交易活动的组织和个人。所谓"市场营销"，就是为了达成我方的预期目标而与特定的组织和个人打交道，千方百计实现他们制定的预期目标的活动。面对复杂的市场环境、市场问题，我们要学会从更高的层面思考和看待问题，把影响最大的、最亟待解决的问题拎出来，再把与之相关的问题和因素拎出来，这其实就是会议集中要解决的议题。比如，某区域市场项目投标屡屡失利，市场规模急剧萎缩，就要及时分析研判，

找出具体原因和相关因素，看是政策、法律影响，还是质量、效率所致，抑或是其他原因。这样会议研讨才更有针对性，才能对症下药，药到病除。起草这类讲话文稿的思考逻辑大抵如此。

2. **精准研判形势，善于从苗头问题中发现事物的趋势性。**想必大家都看过《蝴蝶效应》这部影片。蝴蝶效应，是指在一个动力系统中，初始条件下微小的变化能带动整个系统的长期的、巨大的连锁反应。其实，在市场活动中也是如此。市场如战场，竞争像打仗。企业机关部门尤其是市场部门，必须要有很强的市场观念、市场意识，能够通过一些苗头问题预判整个形势的发展趋向与结果，才能打赢这场没有硝烟的战争。这考验的不仅仅是市场工作人员见微知著的能力，考验的更是市场工作人员的综合素质能力。如果身为市场营销分管领导和市场部门工作人员，不关注、不重视一些苗头性问题，就可能会丢掉已有市场（项目），也可能会酿成更为严重的后果。这样的教训屡见不鲜。因此，起草这类讲话文稿，需要分管领导和市场部门进行深思熟虑，将影响本企业或本系统市场营销工作的上下、左右、内外的有利因素、不利因素全部梳理清楚，并进行一定程度的前瞻性思考，才能对市场形势和发展趋势作出精准研判。这也告诉我们，作为执笔人，不仅要了解掌握大量市场信息，而且要熟悉领导的风格特点，才能在将所有问题考虑清楚的情况下，适当延伸领导讲话的思想和要求，提出前瞻性、创新性的工作举措。这样的讲话才会有理有据、有血有肉，事实、道理都讲得很清楚，大家听起来才更容易理解和接受，才能增强战胜困难和挑战的信心和决心。作为业务管理部门，只有具备这样的素质能力，才能对主管业务发展进行战略统筹和战略预判，才能更好地引领和推动业务发展。

3. **做到未雨绸缪，善于从偶然问题中认识事物的必然性。**很多事情看似偶然，实则必然。为什么这么说呢？因为偶然与必然的辩证关系贯穿于自然界和社会领域的方方面面。必然性存在于偶然性之中，没有脱离偶然性的纯粹必然性；偶然性体现并受制于必然性，没有脱离必然性的纯粹偶然性。二者相互依赖、相互作用，在一定条件下可以相互转化。会议讲话尤其是市场会议讲话，要特别重视这个问题。市场竞争激烈，并不是没有机会；市场趋势向好，可能早已暗流涌动。所以，这类讲话很多时候会着重强调这样的辩证关系，通过摆事实、讲道理，引导干部员工不要因循守旧，持续强化市场意识，不断转变市场观念和思维方式，统筹思考破解市场营销中的各方面问题。大家都清楚"打江山难，守江山更难"的道理，在部署工作时，要根据实际情况，对于已有市场、目标市场、潜在市场以及区域市场中涉及装备、技术、人员、物资、安全、政策等方面的问题等作出相应安排。这样大家才能清楚努力的方向、目标、措施和需要关注的重点事项，才能更加精准、高效统筹、协调和推动解决有关问题，实现预期目标。

写作范例19：

在××公司市场营销工作研讨会上的讲话

×××

（××年××月××日）

同志们：

今天，我们在××召开××市场营销工作研讨会，主要目的是深入贯彻集团公司市场营销工作会议精神及××子集团有关要求，交流共享各成员企业市场营销工作成果和做法，深入分析现阶段市场营销工作存在的问题和挑战，专题研究市场营销工作实施方案和××油田服务保障实施方案，为服务油气田企业高效勘探和效益开发、实现集团公司上游业务效益最大化贡献智慧和力量。

（帽段开宗明义，简要说明召开会议的主要目的、意义。这样的叙述方式，说明讲话人就是会议主持人，否则通常情况下将第三自然段作为起始段，简要概述会议的过程）

我们以这种方式与大家交流工作是非常有益的，今后还要通过各种方式，如技术研讨、方案讨论等专项会议交流工作，认真贯彻落实集团公司党组及子集团统筹委的部署要求，准确掌握油气田企业新需求，观大势、谋全局，共同商讨落实集团公司勘探开发重大部署的有效举措，共同商讨贯彻集团公司"专业化发展、市场化运作、精益化管理、一体化统筹"治企准则的重要任务，共同商讨服务高效勘探和效益开发过程中遇到的各类问题，为推动集团公司高质量发展贡献技服企业的智慧和力量。

（进一步阐述召开会议的主要意图和重要意义，引起与会人员的高度重

视，从而全身心投入会议）

　　为开好这次会议，××公司、××企业都做了充分准备，广泛征求了意见建议，形成了今天的两份指导文件，充分体现了各单位班子的大局意识、责任意识和协同发展意识。刚才，几位同志还提出了一些好的建议，会后要认真整理，形成指导××业务市场营销工作的实施方案和××油田服务保障的实施方案。在筹备召开本次会议之前，我们提前向×××同志作了汇报，×××同志给予了大力支持。他强调，希望通过这样的会议进一步统一思想、提高认识、加强领导，共同促进市场营销工作落实到位。

　　（简要概述会议过程，并对会议取得的成果给予肯定）

　　听了各单位的市场营销工作汇报，以及两份文件的讨论发言，我主要谈五个方面的感受和体会。

　　一要增强政治意识。×××董事长要求，要深入贯彻习近平总书记重要指示批示精神，要对"国之大者"做到心中有数。"国之大者"就是为中国人民谋幸福，就是为中华民族谋复兴。作为××，我们不仅要做到对"国之大者"心中有数，也要做到对"企之要情"了然于胸。"企之要情"就是指集团公司的整体利益，就是履行好经济、政治、社会三大责任。就××业务而言，"企之要情"就是要实现上游效益最大化，巩固集团公司上游业务在全国的地位。这是摆在我们面前的一项重要任务。油气田企业的利益就是高效勘探、效益开发，使投入的每一分钱都有回报，使能够动用的储量很好动用，目前尚不能够动用的储量通过技术进步也要逐步动用，实现增储上产、创造效益。对于××业务来讲，就是要充分发挥好服务保障主力军作用，紧紧围绕集团公司勘探开发总体部署和"四精"需求，及时、深入了解油气田企业的"急难愁盼"，千方百计帮助油气田企业解决勘探开发难题。××公司要充分发挥好服务职能作用，进一步加强与各成员企业沟通，急成员企业之所急，切实解决企业发展过程中的实际困难，共同提升××业务的能力和水平，不断提高客户满意度。

　　二要牢记责任使命。按照×××董事长关于勘探开发与工程技术"一体两面"的定位，油公司代表的是勘探开发层面，服务公司代表的是工程技术层面，"两面"是一个有机整体、密不可分。集团公司将××公司划归第一子集团，目的就是要充分发挥"一体两面"作用，共同助力集团公司实现上游业务效益最大化。按照"一体两面"的定位，我们一直在思考要建设什么样的××公司，我们能干什么，应该怎么干。在公司第一季度生产经营例会上，我谈了一些观点，这些观点不见得全部正确，但也是实践经验的总结。希望我们会后进一步加强交流，共同把集团公司利益维护好，把油气田企业保障好，最大限度维护成员企业利益，最终让员工幸福。

三要突出结果导向。我本人在工程技术企业工作多年，走过的单位、跨越的区域比较多，对市场的感受也是酸甜苦辣俱全。其实，集团公司就是希望我们用最好的技术、最好的管理、最好的队伍，把油气田部署的每口井打成打好打快，最后实现单井产量提高和投资成本压降。通过多年的努力，我们已经取得了显著成效，但距离集团公司党组的要求还有差距，特别是一些油气田的重点井，仍然出现了工程质量问题，还有些井钻井周期超限、压裂存在丢段现象，××技术还没有完全达到国际一流水平，在关键技术攻关和先进技术应用上还需要下大功夫。

四要勇于开拓创新。今年以来，集团公司提出了市场营销"二十四字"方针……正因如此，我们急需创新改变传统的市场营销模式，充分发挥好公司的一体化统筹协调作用，彻底扭转这种低效或者无效的市场营销方法，解放更多的管理和技术人员，将主要精力投入到如何把井打成打好打快打省上。目前，公司发展的主要矛盾是工程技术能力还不能够完全满足低成本条件下集团公司高效勘探和效益开发的要求。对照集团公司勘探开发部署和"十四五"发展要求，我们在技术方面的确还有些力不从心。所以，我们不能仅仅为了获得某一口井、某一个项目，而忽视对科技创新、技术攻关的持续加强。专业公司制定的市场营销方案，以及我最近提出的观点和想法，是完全符合集团公司要求的。这些观点和想法经得起实践检验。

五要强化协同发展。昨天，我们与××油田公司进行了座谈交流，尽管得到了油田公司领导的肯定和包容，但也要清楚地认识到，对照油田公司目标，特别是"十四五"发展新要求，我们还有很大差距。不管是现场安全井控管理，还是技术管理和基层建设，包括人员素质，还很难完全适应深井、超深井的钻完井工艺要求，也没有足够的信心做到把每一口井都打成打好，这就是差距。对照差距，我们要认真反思存在的问题……我们必须坚持差异化发展，牢固树立"一家人、一条心、一股劲、一起干"的理念，坚决打破技术壁垒和单位之间的壁垒，实现资源共享，集中资源和力量，搞好服务保障，增强核心功能，提高核心竞争能力，这样才能有效促进共同发展。

（上述内容主要结合集团公司部署、集团公司党组领导工作要求，以及同油气田企业座谈交流，谈了五个方面的感受和体会，相当于对公司的短板弱项作了全面深入的分析，指明了下一步的努力方向）

针对集团公司党组领导要求和子集团统筹委的有关安排，我们应当做好以下三个方面的工作。

一、认真落实集团公司勘探开发总体部署，坚决履行好服务保障使命。

今年以来，集团公司党组特别是×××董事长在不同会议上指出……试想，如果去年集团公司没有建立以效益为导向的考核机制和配套政策，可能也没有这么理想的经营成果。×××董事长强调，大家一定不能为了当前所取得的一些效益或者取得的成果而掩盖一些问题，一定要坚持做到"两个务必"，即务必继续保持谦虚谨慎、不骄不躁的作风，务必继续保持艰苦奋斗的作风。当前受××的影响是直接的，但集团公司的长远发展基础和高质量发展基础并不稳固，还有很多不确定因素，希望大家对此要有清醒的认识。另外，×××董事长反复强调，一定要把安全生产作为头等大事抓实抓好，切不可因为安全形势稳定了而放松管理。他多次强调，要把低成本特别是降本增效这项工作做到常抓不懈，养成文化、形成习惯，确保……

一要落实好"五油三气"，特别是重点盆地和新区新领域的勘探开发服务保障工作。近几年来，集团公司勘探开发的重点主要集中在西部地区的××、××、××、××等四大盆地，东部地区还有××盆地和××盆地。但相对而言，集团公司勘探开发的重点还是在西部，投资的主要方向也在西部，所以不管涉及哪个单位，一定要把这方面的工作做好。比如××盆地，昨天听×××同志介绍，"十四五"只要投资到位，集团公司政策到位，那就有干不完的工作量，因为××区域是少井、高产、高效；××盆地是规模大，但产量低，只有靠堆积更多工作量来实现稳产；××盆地相对而言更复杂，现在勘探开发领域基本上是瞄准××和××，效益不如××盆地；××盆地主要以油为主，特别是××地区，勘探风险很大。

所以，一定要围绕集团公司"五油三气"，特别是重点区域、重点新领域开展工作。各成员企业都要统筹好设备、技术、人员等各类资源，不断提高市场反应能力和服务保障能力，全力保障好这几大盆地，特别是重点区域资源需求。我已向×××董事长作出承诺，要通过"十四五"前几年的努力，特别是在×××同志带领公司努力的基础上，确保各类资源在各大区域保障到位。就目前而言，市场工作量和我们的装备资源、队伍资源相比，队伍资源显性过剩。市场经济的本质就是过剩经济，这是竞争的结果，也是必然的结果。

二要抓好提质增效，加强亏损企业治理……×××董事长自来到集团公司任职以来，提出了一些新的理念和要求，如果去年没有提质增效的成果，集团公司也不会有这么好的经营成果，如果不能够保持住去年提质增效的成果，今年1—4月份集团公司也就没有这么好的经营成果。所以，钻探企业千万不能放弃对提质增效和低成本竞争力的追求。低成本就是竞争力。我们不能总是抱怨或者埋怨，这样是于事无补的，也不利于企业发展。以××地区为例，早些年一口井的总包费用为××美金，降价后××公司（某国际油服企业）最终以××美元中标。技术进步就体现在为油气田企业增储上产贡献力量，就体现在单井投资下降。所以，我们一定要对油气田企业降价有清醒的认识。我也经常讲，只要坚持刀刃向内，只要还没有穷尽提质增效潜力，我们的工作就仍然有提升空间。低成本战略是集团公司的一个重要战略，我们要持续巩固阶段性成果，把低成本转变成竞争优势。亏损企业治理方面，截至目前，公司还有亏损企业××家，在集团公司亏损企业数量中占比最多，主要集中在××企业和××企业，目前分别由我和×××同志帮助解决。国务院国资委考核集团公司领导班子，这个方面占有一定权重。集团公司考核公司领导班子，这个方面同样占有一定权重，希望各单位千方百计消灭亏损，实现治理目标。

三要狠抓井筒质量三年治理工程，努力实现既定目标。通过今年1—4月份的努力，井筒质量合格率达到××，同比提高××；固井质量合格率××，同比提高××。但这个成绩还不行，只要没有达到100%，甲方就不会满意。所以，不要满足于当前指标，实际上我们在井身质量控制、固井质量控制、完井测试阶段质量控制方面还有很多问题，比如：超高温还没有很好解决，大漏层堵漏方面还没有更有效的办法，岩膏层、××地区优快钻井还有很多工作要做，等等。井筒质量三年治理工程是集团公司和公司的一项重要工作，希望各单位严格贯彻落实，及时整改提出的问题，确保让油气田企业满意。

四要大力推动科技进步，推进科技成果共享。当我们埋怨项目不挣钱、井不好打或者甲方降价时，我们要清楚，原来××区域一口井投资××，有些井1年多甚至3年、5年都打不下来，但现在150天甚至120天就能打下来，主要原因就是技术进步了。所以，现在油气田企业有了新的更高要求，我们仍然要靠技术进步去帮助油气田企业实现价值追求。公司和各企业就是一家人、一个集体，我们要建立资源共享机制，充分共享各企业的技术、管理、经验和教训，确保把油气田企业部署的每口井都打好打快，避免重复试错。下一步，我们还要与××共同研究，实施差异化发展模式，突出各钻探企业强项，不搞齐头并进、重复研发。比如：××、××、××等技术，谁的好就用谁的。我相信，通过3—5年的努力就能把这件事干成。

五要守住安全井控底线。安全井控既是底线也是红线，这是各企业生产发展的基础。我们要深刻汲取以往的教训，不能再出现大事故，尤其是不能出现像××、××井类似的事件，更不能发生像××油公司近期发生的重大事故。

二、充分发挥公司的统筹协调作用，全力维护好成员企业利益。"基层好、成员企业好，公司才会好。"反之，基层有问题，成员企业不会好，公司同样会受到影响。所以，**各企业的困难就是公司的困难。**我相信，通过大家的共同努力，即便不能100%解决目前存在的问题，也能够解决部分或者相当一部分问题。希望大家有事及时反映，有困难我们一起解决。

一要完善重点区域市场营销管理办法。认真落实集团公司党组领导要求，按照**"区域化统筹、一体化运行、市场化运作、集约化发展"**原则，推动实施好公司市场营销工作实施方案和××油田服务保障实施方案，完善实施好重点区域市场营销管理办法。当前，重点区域市场营销办法已经制定，最核心的问题是要抓好落实，**从根本上使更多同志从低效、无效的市场营销中解放出来，把更多精力放在把井打好打快上。**从公司领导班子做起，各单位领导班子要跟着一块做。其中：**在关联交易市场……在开放性市场……在集团公司流转区块……在国外市场……对于公司内部。**重点要体现"一家人"的理念，某一个内部企业的优势产品就是公司的一部分，就是××的一部分，××的优势技术产品就是公司的一部分。**我们要主动作为，打破单位间界限，不能抱残守缺、孤芳自赏。**各成员企业内部要对照查找还有哪些与这一理念不相符的地方，以追求卓越的工作态度，主动改进提升，切实打破当前各项壁垒。

二要加快推进风险合作业务发展……

三要全面开展"三评估三分级"……

四要积极建言献策……

三、优化完善各项激励政策，最大限度地激发成员企业和基层队伍活力。我们要精准聚焦集团公司党组部署要求，研究出台一系列激励政策，充分调动成员企业的积极性和创造性，充分激发基层队伍活力，汇聚推动高质量发展的强大合力。

一要优化业绩考核政策。当前，各成员企业的考核由专业公司完成。要聚焦集团公司关注的重点工作，进一步优化业绩考核要素，更加注重净利润、净资产收益率、收入利润率等指标，确保每个要素体现每个部门的责任。希望在优化完善业绩考核政策过程中，各成员企业能主动提出相关建议。

二要实施"单井安全提速创效工程"。不仅仅指单个钻井，也包括单个项目，主要是体现基层创造性和主观能动性，使每口井都能成为创效单元。公司通过对××、××等单位的充分调研，并借鉴西方相关管理理念，制定了单井安全提速创效工程指导意见，提出了"两挂钩一否决"考核机制，其中安全方面实行"一票否决"，体现了对安全的极端重视。近期将下发征求意见稿，希望各单位认真组织研究，提出一些好的工作建议。

三要加快打通基层人才培养和使用渠道。当前，各成员企业已经实施扁平化管理，比如钻探企业，下设钻井公司，钻井公司下设项目部，项目部下面是井队，如果不打通基层井队培养选拔和使用人才的渠道，很多井队长就不愿意扎根基层。所以，公司即将下发指导意见，各成员企业要全力支持。主要是针对连续几年担任 ZJ90 钻机、ZJ80 钻机或者是 ZJ70 钻机以及海上平台井队长的员工，可以聘任到三级副甚至是三级正岗位。这样在科级岗位上，就可以直接晋升各钻井公司（处级单位）的副经理（二级副岗位）。其他企业也要研究这方面的工作，坚决打通基层队伍培养选拔和使用人才的渠道。

四要建立技术专家库，共享人才资源。在专业公司层面，建设钻井、钻井液、事故复杂处置、井控安全应急等方面的专家库，井控管理办公室代表集团公司下发聘书，配套相关政策，对聘任人员给予补偿和奖励，目的就是要共享人才资源，充分发挥好专业技术专家对现场生产的支撑力度，集中力量解决好现场生产过程中遇到的各类难题。各成员企业要大力支持，共同推进人才资源共享。

五要推进企业内部专业化整合。当前，各成员企业内部仍然存在一些规模不大的单位，机关、后勤部门一应俱全，人员较多，成本支出也较大。如果实施专业化整合，就可以实现资源、技术共享，特别是能够解决人力资源紧缺矛盾。会后，各企业要认真研究、主动出击，加快推进专业化整合，着力解决竞争力不强、成本居高不下、资源共享不足等问题。

六要优化投资方向和投资结构。公司要组织研究今后的发展方向和投资重点，使投资服务于差异化的发展战略。当前，公司正在梳理相关技术系列，比如：××、××等技术系列，还是要坚持哪家强就哪家干的原则，不能够再四面出击、到处投资，要通过差异化发展，以投资导向来支持资源优化布局。

【写作点评】

这篇讲话从全文来看，也是传统三段论结构，是按照时序逻辑编排的，即"肯定成绩＋形势（意义）分析＋工作部署"。讲话站位较高、立意深远，是观大势、谋全局的经典之作。

第一自然段开宗明义，指出了会议的主题；第二自然段强调了召开这种方式会议的重要性和必要性；第三自然段肯定了大家所做的有益工作，并对贯彻落实会议部署提出要求。前三个自然段相当于讲话第一大部分，肯定各企业所做工作。

接下来的六个自然段主要谈了五个方面的感受和体会，即增强政治意识、牢记责任使命、突出结果导向、勇于开拓创新、强化协同发展。这五个方面层次清晰、逻辑严谨、导向明确，用讲道理的方式清晰回答了技服企业应当如何面对困难、化解矛盾、履行责任、实现发展的问题。中间的六个自然段相当于第二大部分，形势任务分析。

讲话主体内容是针对下一步工作作出的三个方面（也是三个层面）部署要求，分别是落实集团公司部署、发挥技服统筹作用、激励企业干事创业。这三方面部署要求构成了讲话的第三大部分。

这篇讲话从主体内容（讲话第三大部分）来看，采用的依然是传统三段论结构，是按照思维逻辑编排的，即"提高认识（明确任务）＋思路举措（问题导向）＋政策保障（政策激励）"。

通过以上分析大家可以看出，其实这篇讲话表现形式更加灵活、更有张力。所谓三段论结构，只是起草讲话文稿的常用结构形式，而不是必用结构形式，我们在起草不同方面的讲话文稿时具体情况具体分析，可以形成更多切合实际、富有张力的结构形式。在此提示大家一点，这篇讲话没有结尾部分，主体内容讲完即结束。

写作范例20：

在××公司市场工作会议上的讲话

×××

（××年××月××日）

同志们：

这次会议是在公司应对海外疫情蔓延和国际油价大跌的特殊时期，召开的一次十分重要的会议，对于我们认清形势、理清思路、迎难而上、坚决打赢市场开发进攻战具有重要意义。会上，×××处长作了专题报告，总结工作、分析形势、安排下一步市场开发重点工作，讲得很好，我都同意。××等×家单位分享了市场开发经验，创新性、可操作性和指导性都很好，大家要相互借鉴提高。刚才，会议表彰了去年市场开发成绩突出的单位和个人，我对大家取得的成绩表示衷心祝贺。会后，各单位要按照会议部署，切实抓好工作落实。

（帽段开宗明义，简要指出召开会议的背景、意义，全面回顾会议过程，肯定会议取得的成果。一般情况下，当讲话人不是主持人的时候，会使用这样的开头。如果讲话人与主持人是同一位领导，显然不会在开头再讲一遍召开会议的背景、意义）

下面，结合公司当前市场开发形势，对做好今年及今后一个时期的市场工作，我谈三个方面的意见：

一、充分肯定××年市场开发工作成绩

过去的一年，是公司深入学习贯彻习近平新时代中国特色社会主义思想、推进高质量发展取得历史最辉煌业绩的一年。面对复杂的行业形势，市场开发系统全体干部员工坚决贯彻公司党委和公司的决策部署，坚持"以客户为中心"，有限市场、无限开拓，持续加大市场开发力度，创造了优异业绩。一是落实市场首次突破××亿元大关，达到××亿元，其中新签合同××亿元，同比分别增长××、××，为公司收入首次突破××亿元大关、连续×年保持全球行业第一、持续扩大行业领先优势奠定了坚实基础。二是市场开发质量稳步提升，公司上下认真贯彻习近平总书记重要指示批示精神，充分发挥找油找气主力军作用，推动国内市场再创新高；海外实施"三大战略"成效显著，国际陆上市场增长强劲，××市场依靠小投资取得大突破，

××业务占据全球市场××，公司全年亿元以上项目达到××个，海外高端市场比例达到××。三是技术服务营销有声有色，全年走访客户××家，开展技术交流××次，积极参加国际展会，成功举办××技术成果交流会，有效提升了公司影响力，推进自主技术成果应用，新增客户××家。四是市场创新意识显著提升，国内"一帮一""结对子"等跨探区协作成效显著，促进了内部市场均衡发展。海外充分发挥一体化优势，带动一体化业务市场增幅明显。市场营销模式创新取得积极进展，创造了良好经济效益。总部机关加强组织协调，为推动市场开发和项目投资、服务推介发挥了重要作用。

（简要指出过去一年公司市场营销工作亮点，鼓舞斗志）

在错综复杂、竞争激烈的形势下，公司市场开发取得好成绩实属不易，凝聚了大家的智慧和辛勤汗水，充分体现了大家对公司、对事业的忠诚担当，体现了勇往直前、勇争一流、永不服输的先锋精神，大家的成绩得到了上级单位的高度肯定，公司荣获集团公司市场开发先进单位，××、××单位荣获集团公司市场创新先进集体，××名员工被评为市场开发工作先进个人。在此，我代表公司党委、公司向一年来辛勤奋战在市场开发战线的全体干部员工，表示诚挚的慰问和衷心的感谢！

（正文第一部分：充分肯定过去一年公司市场营销工作取得的成绩，并对各级领导干部、市场开发工作人员给予褒奖和感谢）

二、当前公司市场开发面临的形势

春节以来，全球先后发生两大"黑天鹅"事件。一是疫情突然暴发，对公司生产经营造成重大影响……二是受疫情和减产联盟谈判破裂等因素影响，国际油价再次发生断崖式大跌，已累计下跌××，国际资本市场大幅震荡，全球××家能源公司市值被腰斩。这两大事件相互叠加、相互影响，使公司原本向好的市场形势急转直下，面临的困难和挑战更加严峻。

一是从对行业市场的影响来看，油价大跌后，大幅压缩投资是油公司保利润、保现金流、保生存的必然选择，目前油公司已经开始大幅削减资本性支出。海外市场，××公司计划削减至××亿美元，××公司计划削减××，××公司计划削减××，北美油气生产商平均削减超××；国内市场，××公司预计削减投资××亿元，其中勘探开发削减投资××亿元。××公司预计今年全球勘探开发投资将减少××亿美元，如果目前情况延续至明年，将再减少××亿美元。勘探开发投资作为油公司成本性支出，在削减计划中首当其冲，油公司不但要压缩下一步投资，对已招标项目也会推迟或取消，目前公司海外已接到××个项目被取消的通知，××个项目延期启动，合同金额超过××亿美元。与××年相比，本轮油价大跌后油公司无人减产护盘，都在增产抢夺市场，加上疫情因素，机构对油价未来走势普遍比较悲观，今年全球市场大幅下跌基本已成定局。

二是从对勘探价格的影响来看，在低油价下，油公司为了维护自身利益，更加关注成本和服务质量。一方面，通过压价直接向服务公司转嫁成本，目前全球已有多家油服公司接到油公司降价要求，公司××项目，油公司要求降价××。另一方面，要求××公司强化技术方法，提供更加优质、更加高效的技术服务，推动勘探开发取得重大突破，使投资效益最大化，这其实也是变相压价。虽然手法不同，但最终都会增加公司的成本支出，大幅压缩公司的利润空间。服务公司为了生存，必须采取更加积极的竞争策略扩大市场空间，全球市场特别是中低端市场价格战将会异常惨烈，××市场国际大公司将采取措施进一步强化技术优势地位，××公司已向我们实行××软件禁售政策。与××年相比，我们的竞争对手经过破产重组、资产盘亏等方式已经实现轻装上阵，在竞争中将对我们发起更大的挑战。

三是从对市场营销的影响来看，与××年相比，这次油价大跌最大的不同就是受全球疫情影响……当前，××市场形势已经十分严峻，我们绝不能心存侥幸，绝不能认为低油价危机很快就会过去，必须尽快做好应对市场"寒冬"的心理准备，把工作重心转移到市场开发、项目运作、降本增效等生产经营重点工作上来，把思想和行动调整到打赢市场开发进攻战的战斗状态。

在全面分析面临的挑战的同时，我们也要深刻认识到，疫情扩散和油价大跌不仅给我们带来了严重影响，同样也给竞争对手也造成了严重影响，甚至影响更大；要深刻认识到，危机与机遇都是相伴而生的，越是大的危机，越是蕴藏着重大机遇，我们正是抓住了××年低油价危机中蕴藏的难得机遇，才成功实现弯道超车，跃居全球××行业第一，走近了世界××舞台的中央；要深刻认识到，与国际竞争对手相比，公司发展具备很多有利条件。集团公司新一届党组高度重视××业务发展，对××事业十分关怀支持；公司拥有雄厚的技术实力和集中力量办大事的体制优势、国企政治文化优势，特别是××年以来，我们在行业低谷期锻炼了队伍、积累了经验，这些都是我们战胜困难最大的依托，也是我们信心和力量的来源。我们要辩证地看待不利因素和有利条件，既不夜郎自大，也不妄自菲薄，牢固树立忧患意识和底线思维，坚定必胜的信心决心，以"越是艰难越向前"的责任担当，敢于迎难而上、拼搏进取、永不言败，敢于开拓创新、独辟蹊径、危中寻机，坚决打赢疫情防控阻击战和市场开发进攻战，战胜前进道路上的"拦路虎"和事业发展中的"黑天鹅"，化危为机，再创辉煌。

（正文第二部分：从三个维度分析公司面临的严峻形势，并指明今后市场营销工作的努力方向，既让大家认识到了严峻的形势，又让广大干部员工更加坚定了发展信心，激发了迎接挑战的昂扬斗志）

三、全力以赴抓好全年市场开发工作

市场是公司生存发展的命根子，没有市场一切都是空谈。今年时间已过去××，但受疫情影响，公司市场开发还未实现踏线运行，后面工作压力巨大。我常讲，我们不能改变环境，就只能改变自己，要接受不能改变的，改变可以改变的。当前疫情蔓延和油价大跌给公司带来的挑战我们无法改变，但我们完全可以从改变自己着手，进一步坚定信心决心，强化责任担当，创新思维模式，超前谋划、超前部署、超前行动，采取更加积极主动的市场开发策略，确保公司全年市场开发目标如期完成。

一要突出重点市场，确保全年目标箭头向上。实现全年市场开发箭头向上的目标，必须突出国内××、海外××和信息服务三大市场，在市场开发中不但要守土尽责，更要拓土有方。国内业务作为公司生存之基，要进一步增强主动服务意识，切实发挥××主力军作用……各××单位和研究分院要积极协同，强化与油气田企业沟通对接，加快推动部署设计和审查工作……要积极配合油田公司强化××研究，持续加大××技术攻关力度，以××技术的大突破带动××的新部署；要全力做好××合作区××和××部署工作，大力发展××业务，努力打造新的市场增长极；要切实加大系统外市场开发力度，全力巩固扩大××等传统市场，加快推进××等项目落地，积极跟进新的投资主体和潜在客户市场，有效扩大市场空间。海外业务要把××作为重中之重，绝不能有半点闪失。××市场要深入分析甲方需求，研究竞争对手动态，制定差异化竞争策略，全力确保重点项目中标。××市场要切实巩固公司××优势地位，加快提升××能力，确保海上市场保持稳定。要统筹兼顾海外规模市场与新兴市场、高端市场与低端市场、大项目与小项目开发工作，加快没有市场份额和低市场份额区域的开发进程。要积极推进一体化业务"走出去"步伐，有效扩大海外市场空间。信息服务业务作为公司重要增长极，要抓住××机遇，加快从项目型公司向平台型公司转变进程，积极创新技术服务模式，加快海外业务发展步伐，努力为公司市场增收创效多作贡献。

二要突出责任落实，有效激发市场开发活力。这次会议强调要把市场开

发箭头向上作为硬任务，不折不扣完成，充分体现了各单位、市场开发人员的责任担当，我感到非常高兴。在当前严峻市场形势下，完成这一目标的压力确实很大，是对我们各级领导干部责任担当的又一次大考。要狠抓工作责任落实。各单位、各部门要把市场开发摆在首要位置。各级领导班子特别是党政主要领导要切实负起责任，带头跑市场、抓项目，班子成员要齐抓共管，分片负责，共同推动市场开发工作；总部机关和技术支持、专业化服务单位要各尽其责、主动担当，全力配合主业单位实现市场突破；各单位要强化全员市场意识，层层分解市场指标，压实市场开发责任，充分调动全员市场开发积极性，形成人人关心市场开发、人人维护市场形象的良好氛围，在激烈的市场竞争中杀出一条血路。要狠抓工作机制完善。打赢市场开发进攻战不能靠单兵独舞、单打独斗，必须发挥公司整体合力。总部机关要充分发挥组织服务、协调指导职能，切实完善"公司抓总、单位主攻，上下协同、分进合击"的市场开发工作机制，为各单位打赢市场开发进攻战提供强力支撑。要切实完善海外业务一体化运营机制，充分发挥国际××事业部带动作用，有效推进××、××等一体化业务海外发展进程。要加快完善探区一体化服务运作机制，充分发挥××业务协同工作模式，有效提升市场竞争合力。要狠抓奖惩激励。进一步完善市场开发激励机制，对业绩突出的单位和个人要给予重奖，对工作不力的要强化责任追究。今年公司计划拿出××万元，对市场开发、项目运作等方面贡献突出的单位和个人进行奖励，就是要通过奖得心跳、罚得心痛，发挥好绩效考核导向作用。

三要突出市场细分，积极创新市场营销策略。市场营销中有句名言："只有枯竭的思维，没有萧条的市场"，讲的就是市场营销创新的重要性。当前××市场面临疫情蔓延和投资大跌双重挑战，许多困难都是我们从未遇到过的，许多成功经验现在很难有用武之地，这就要求我们必须大力解放思想、深入研判形势、加快调整市场营销策略，以新理念、新措施闯出一片新天地。要加强市场细分。市场细分是发现新的目标市场、创新市场营销策略、提高市场开发质量的重要工具。各单位要牢固树立"以客户为中心"的理念，深入了解现有市场、潜在市场客户需求，通过客户需求差异细分市场，挖掘新的市场机会，完善营销竞争策略，有效扩大市场空间。要提高细分市场的眼界胸怀，打破路径思维，对客户选择不能只拘泥于油气田，要扩大到需要××服务的所有客户；对需求分析不能只关注自己所能，要扩大到公司可以从事的所有领域，这样就会发现更多的"富矿"，就可以为公司提供更多的市场机会。要创新竞争策略。市场开发和打仗一样，不但要勇，更要重谋，多谋多胜，少谋少胜。各单位要坚持"有限市场、无限开拓"的理念，根据细分市场客户需求，按照"一国一策""一企一策""一标一策"的要求，制定全新的竞争策略，有效提高项目中标率。对××等高端市场我们要依托技术、服务、品牌，以更强技术、更优服务确保市场份额和盈利水平；对竞争激烈的市场要有狭路相逢勇者胜的胆魄，敢于和竞争对手进行竞争；对后续经营具有较大影响的战略性市场，只要……竞争就有机会；对高安保风险市场，要创新安保措施，有效降低风险，打开新的市场空间。公司将在××、××等方面出台政策，全力支持各单位踊跃参与竞争。要创新营销模式。在市场低谷，合作也是市场开发的有效手段，各单位要坚持"无中生有、有中生新"的理念。在国内要积极探索××新模式，拓展新的市场空间；在海外要积极与资源国油公司、油服公司合作，充分发挥××优势，有效提高市场竞争力；在海上要加强××，有效规避市场风险。要树立跨界意识，积极开拓国内外××、××等非油市场，特别在××国家，目前有很多非油市场机会。

四要突出科技创新，充分发挥技术拉动作用。市场竞争归根结底是技术竞争，要想在竞争中赢得市场，就要比竞争对手技高一筹、棋高一招。××年以来的行业低谷期，公司在陆上凭借××、××等技术，在海上凭借××技术，实现了逆势突围，充分说明行业低谷期技术创新对于拉动市场的极端重要性。面对当前市场下跌的挑战，我们要进一步加大科技攻关力度，特别是面对国际强手，要增强打"技术战"的信心和能力，在积极推进××等关键核心技术提升的同时，加快打造"四大技术利器"。要加快××生产制造，在国内外全面推广××技术，有效降低成本，提升效率，增强市场竞争力。要切实提升××技术性能，加快××配套技术集成创新，全面整合××技术服务力量，有效拓展××领域市场。要加强××技术攻关，加大技术成果推广应用力度，依靠高精度的××资源，在甲方形成××的理念。要加大××技术攻关，切实提高××等为核心的服务水平，为页岩油气开发提供有力支撑。这四项技术是公司应对市场挑战新的尖兵利器，研发单位要高度重视，积极采取超常规措施强化技术攻关，在力度上加强加强再加强，在进度上加快加快再加快，为公司市场开发提供强力支撑。各单位要高度重视技术服务营销工作，虽然当前受疫情影响，技术交流等工作难以开展，但我们不能坐等疫情结束，国内外靠前单位要加强与油公司交流，要提前策划筹备国际年会参展和国际技术暨市场研讨会等活动，精心准备技术资料，提高营销质量，一旦条件允许，各方面技术营销工作都要迅速开展起来。

　　五要突出管理创新，有效提高市场营销水平。强化市场营销管理是市场开发提质增量最直接的手段。要切实强化重点环节营销管理，有效扩大市场版图、提高开发质量。**在客户关系维护上**，学懂用好"二八定律"。市场营销学中有个著名的"二八定律"：企业80%的利润来源于20%老客户的重复购买，开发新客户是维护老客户成本的6倍。各单位要高度重视客户关系维护，借鉴××处市场开发KPI量化考核经验，推动市场开发**电话打起来、电邮发起来、双腿跑起来、耳朵立起来**。特别是当前疫情越是肆虐，越是维护客户关系的好机会，虽与客户无法见面，但……**在营销队伍建设上**，要把人才培养作为提升营销水平的重要保障。积极引进海外高层次市场开发人员，有效提升国际化营销水平，推进建立新的国际客户关系群。要强化市场开发力量配备，注重从科研人员中选拔市场开发人才，切实加大培养力度，有效提升市场开发队伍综合能力；要关心关爱市场营销人员，重视市场营销人员职业生涯规划，完善市场营销激励机制，充分调动大家的积极性。**在市场风险防控上**，要积极采取有效措施加以应对。对油公司、分包商以疫情为借口，滥用不可抗力条款的风险，要尽快制定法律防范措施和预案；要全面分析账款回收风险，积极探索买方信贷、"服务＋保险"等模式，确保公司利益不受损害。

　　（正文第三部分：紧密结合形势分析，有针对性地部署了五个方面的重点工作。这五个方面的工作安排就是为了有效应对严峻的市场形势，以达到公司明确的增收创效工作目标）

　　同志们，**当前公司市场开发总体部署已经明确，关键是要抓好落实、抓出成效**。这是对我们各级领导干部和市场开发人员责任担当的重大考验，也是对我们市场开发工作能力水平的集体检验。我相信，在公司党委和公司的坚强领导下，大家一定不会辜负组织的重托和群众的期望，**以敢打必胜、勇争一流的决心，以勇往直前、永不服输的斗志**，全力以赴开拓国内外市场，坚决打赢疫情防控阻击战和市场开发进攻战，为公司高质量建设世界一流企业作出新的更大贡献！

　　（决心式结尾法：在讲话前面部分部署了工作，进行了动员，结尾时再表达一下决心，激励大家团结奋进一流企业目标。标志性词语是"我们要……""只要我们……"等）

【写作点评】

　　这篇讲话采用的是传统三段论结构，按照时序逻辑编排主体内容，即"肯定成绩＋形势分析＋工作部署"。全文有四个方面的突出亮点：一是讲话的主题和主线十分清晰，主题就是大力推动市场开发工作，主线就是千方百计确保市场开发箭头向上，从突出重点市场（指明方向目标）、强化责任落实、强化细分策略、强化技术创新、强化管理创新（四项保障措施）等五个方面进行阐述，结构清晰，逻辑严谨。二是思想和观点富有冲击力，比如"不但要守土尽责，更要拓土有方""要奖得心跳、罚得心痛""只有枯竭的思维，没有萧条的市场""要树立跨界意识"等。三是充分体现出领导班子的责任担当，比如主要领导提出"公司抓总、单位主攻，上下协同、分进合击"观点，这里强调的是要发挥好"公司统领、上下协同"作用，再比如"各级领导班子特别是党政主要领导要切实负起责任，带头跑市场、抓项目""打赢市场开发进攻战不能靠单兵独舞、单打独斗，必须发挥公司整体合力"等要求和观点。这说明这家企业的主要领导很清楚市场开发不仅仅是市场部门和所属单位的责任，担子不能全压在市场部门和基层单位肩上，领导班子必须带头跑市场。企业家家如此，何愁没有市场。四是讲话语言富有感染力，使用的短句、排比句比较多，修辞手法运用得较好，摆事实、讲道理，读起来很有冲击力，是很有代表性的一篇专业会议讲话。为了让大家学习领会这篇讲话的谋篇布局和写作技巧，删除了部分文字，基本保留了讲话的大部分原稿内容。

【延伸思考】

　　对于市场营销工作来说，目前表现非常突出的是，本行业的国内企业（包括国企和民企）在国际市场上的无序竞争抑或说是恶性竞争，导致越来越多的企业生存发展艰难。此类情况在其他市场也不同程度存在。想必很多行业都有同感。在国际市场，如果能够发挥同一业务或同一领域在装备、队伍、技术、物资、信息等资源方面的一体化统筹作用，加大高端装备、核心技术、工业软件等方面的攻关力度，增强技术支撑能力，就能不断提高生产运行效率、降低项目运营成本，大大提高市场综合竞争力。

写作范例21：

在××公司市场营销工作会议上的讲话

×××

（××年××月××日）

同志们：

今天，我们召开市场营销工作会议，主要任务是传达贯彻落实集团公司市场营销工作会议精神，总结过去一年公司市场营销工作成绩，深入查找问题，明确今年的目标和措施，全力推动公司市场营销工作再上新台阶。

（帽段开宗明义，明确指出召开会议的主要目的）

刚才，××部门通报了公司全年市场营销工作方案，各区域协调部结合相应油田勘探开发部署，着重分析了市场营销中存在的问题和难点，提出了营销思路及工作措施。部分单位、机关部门作了讨论发言，×××同志对公司市场营销工作作了总体部署。各单位、相关部门要认真贯彻落实本次会议精神，准确研判市场竞争的新形势，全面把握市场营销的新要求，清醒认识自身存在的突出矛盾和问题，切实增强忧患意识和市场观念，在日趋激烈的市场竞争中，牢牢把握主动权，为公司"十四五"开好局、起好步奠定坚实基础。

（简要回顾会议过程，肯定会议取得的成果，并提出期望）

下面，我再强调三个方面的意见：

一、总结成绩、查找不足，深入分析××年市场营销工作

市场是企业生存发展的根基。过去的一年，受疫情和低油价影响，集团公司勘探开发投资大幅削减，公司各市场"量价齐跌"。在艰难形势下，公司更加注重市场占有率指标，坚持高端引领、一体推进，市场营销工作取得了明显成效。

（一）市场营销理念深入践行。面对复杂严峻的市场竞争形势，公司上下不断深化市场规律认识，坚定推动市场战略，深入践行"成就甲方才能成就自己"的服务理念和"不做唯一，就做第一"的竞争理念，坚定守土责任，增强竞争意识，主动出击闯市场、拓市场，服务保障成效得到各油田高度认可。

（二）市场营销水平不断增强。上下联动凝聚市场营销合力，深化与油田公司多层面、常态化对接交流，达成系列共识，形成以国内五大盆地为主体的一体化发展格局。传统市场……竞争市场……海外市场……

（三）市场营销改革持续深化。坚持一体化营销，与油田公司……降低了产建投资，实现了合作共赢。进一步完善统销管理机制，实施划区域资源统一调配，逐步形成了"全产业链创收、全价值链降本、全管理链保障"的一体营销体系，专业协同成效显著增强。健全完善内部互供服务机制，发布内部市场价格体系，调动了各专业牵头开拓市场、扩销增收创效的积极性。

（四）市场营销团队建设持续加强。完善选人用人机制，健全考核激励政策，搭建成长平台，市场营销骨干队伍快速成长，××名市场营销人员获得集团公司市场开发工作先进个人荣誉、××个单位获得先进集体荣誉。同时，经过"十三五"特别是近三年的发展积累，广大干部员工的斗争血性显著增强，"狼性"文化逐步形成，锻造出一支政治素质过硬的高素质市场营销人才队伍。

（正文第一部分：简要指出过去一年公司市场营销工作的亮点）

尽管取得了一定成绩，但对照集团公司党组要求、油田效益发展需求，还有较大差距，主要表现在三个方面。一是市场营销意识有待增强。重生产轻市场、重开发轻维护的现象依然存在，客户至上的理念还没有真正树立，竞争意识、危机意识不强；部分专业对钻井存在严重依赖，主动牵头闯市场的积极性、主动性不强。二是市场营销机制不完善。缺乏整体谋划和长远规划，对目标市场定位不清晰，市场研判不深入，营销策略不精准。三是内部市场化机制不健全。内部价格传导机制还有待完善，没有完全公平反映各专业实际价值创造水平。

（对照上级要求和甲方需求，分析市场营销工作存在的问题和不足）

二、统一思想、凝聚共识，充分认清面临的基本形势

当前，我们既要看到市场的机遇和条件，也要深刻认识到公司面临的风险和挑战，坚定不移地做好市场营销工作。

（一）勘探开发投资保持稳定。勘探开发是集团公司产业链的龙头，近两年投资在××亿元左右，基本没有变化；同时，按效益排队，重点向"五油三气"六大盆地倾斜，将打造××、××等五大原油上产工程，××、××等三大天然气上产工程。

（二）传统市场基础较为稳固。××油田计划原油产能××万吨、天然气产能××亿方，进尺××万米；××油田计划原油产能××万吨、天然气产能××亿方，进尺××万米；××油田加大勘探力度，争取到××口风险探井……近期，公司与这些油田公司通过座谈交流，达成系列共识。

（三）**外部市场展现良好苗头。**××油田虽然钻机存在一定富余，但技术服务业务空间广阔，能够增收××亿元以上；××油田就××区域总包达成一致；××油田市场在××、××方面取得积极进展；与××油田正在积极协商××；在××、××等市场取得突破。

（四）**市场化低成本竞争激烈。**对于集团公司提出的……我们要有正确的认识……同时×××同志也对油公司提出明确要求……低成本是由于集团公司未动用的油气资源品质劣质化特性，主要体现了对油田效益开发的要求。因此，我们务必认清现实，知道价格市场化是大势所趋，低成本才更有竞争力，必须主动接受并适应这一变化，决不能抱有任何侥幸心理。

（正文第二部分：从投资、市场、成本等方面统筹分析公司市场营销面临的形势，简明扼要，条理清晰，数据翔实，让干部员工增强了信心，进一步明确了未来的奋斗方向）

三、把握主题、科学谋划，抓好全年市场营销工作

市场是公司的立身之本、发展之机、效益之源，是体现企业价值的舞台。我们要准确把握营销工作方针和"六个必须坚持"的基本遵循，树牢竞争意识，深化单井安全提速创效工程，加快推进公司由生产型向经营型、利润导向型企业转变。

（一）**肩负起促进企业高质量发展、保障员工利益的责任使命，高度重视服务保障责任落实**

一要深入践行服务理念。市场在盆地，客户是油田。我们要深刻认识到"市场不相信眼泪，市场不同情弱者"，坚决摒弃"等、靠、要"思想，坚持市场导向、客户至上，以市场需求为引领，第一时间掌握油田关注、关心的难点、重点事项，及时协调解决，提升服务保障能力，切实为油田成长增动力、为油田创效增活力。

二要主动掌握技术需求。要瞄准制约油气勘探开发的技术难题，发挥××作用，加强地质工程一体化技术攻关，定期到各油田开展特色技术、提速利器推介，帮助解决增储上产瓶颈难题，依靠技术实力、管理优势和优质服务，助力油田高效勘探、效益开发。

三要增强一体化服务能力。要把实现地质学家和开发专家的梦想作为最高追求，聚焦油气效益开发，创新市场运营方式，通过一体化总包、风险合作，为油田提供高质量、差异化服务，提供一体化、一站式综合解决方案，打造精品"交钥匙"工程。

四要加大专项对接力度。要加强源头管控，强化与油公司专项对接，着力解决××、××等重大专项问题。要深化甲、乙双方项目部对接，全方位开展工作量摸排、资源协调、工程提速等交流，及时协调解决现场存在的难题，持续提高服务质量效率。

（二）站在保障企业生存、稳固发展根基的战略高度，全面落实传统市场增收创效任务

一要持续提高市场占有率。市场占有率是体现企业竞争力的重要指标。在传统市场的各单位要居安思危，树牢底线思维，强化斗争精神和亮剑精神，做到守土尽责、拓土有责，确保市场占有率不能低于××年水平。

二要着力提升高端业务占比。既要注重市场占有率的提升，稳固主力军地位，更要关注市场占有率的含金量，持续提高确保××、××等高端业务占比，最大限度提升经营效益，增强市场影响力和话语权。其中，风险探井、储气库井要……

三要加快双方达成共识落实。××市场重点要加快推进合同签订工作，积极推进××事宜对接进度；××市场重点要抓好××对接，以及××推进工作；××市场重点要做好××落实。

（三）坚定攻坚破冰、逆势突围的信心决心，持续加大国内外市场的开拓力度

一要加强市场研判。坚持"事前算盈"，以量效齐增为目标，完善从市场信息收集研判、项目效益评估到施工后的效益评价机制，严防经营风险，增强市场营销人员经营意识、成本意识，做到总部机关市场研判清晰，协调部门组织协调有序，专业一体化协同精准发力，提升服务增值创效能力。

二要培育狼性文化。开拓市场，既要善于捕捉市场信息，主动掌握油田需求，又要发扬亮剑精神，打造狼性团队。要积极主动投身市场化进程，在竞争中锻炼队伍、提升能力、服务甲方。公司也将引入内部竞争机制，××、××、××等钻井公司的队伍，只要有能力，都能参与××等区块施工。

三要树立品牌形象。开拓市场靠沟通、靠技术，站稳市场看质量、看品牌。要把市场维护放在与市场开发同等重要的位置，决不能做"一锤子"买卖。要立足长远发展，把拿到手的工作量一定要干好，打造优质工程，树立品牌形象，赢得甲方长久信赖。

（四）完善信息共享、合力攻坚的协调机制，扎实做好区域市场管理和协调工作

一要完善一体化协调机制。要建立"公司统领、区域共享、单位协同、实现共赢"组织模式，真正做到区域内、单位间相互支撑、相互分享、相互

合作，形成以井筒为中心、钻井为龙头、技术服务协同的全管理链保障体系，把握住每个市场机遇。

二要大力推进大项目制管理。要系统总结××、××"项目制＋专业化"管理经验，实施划区域"大项目制"管理，加快推进各区域专业化单位与钻井公司集中办公，切实实现管理、技术、装备、物资等资源充分共享，并建立联动考核机制，提高一体化运行效率。

三要注重创造价值。要深入推进"单井安全提速创效工程"，坚持效益优先，明确内外部队伍"优秀者优先、有效益者优先"的工作量安排原则，以点带面推进"自有＋合作"共同提速，促进整体作业能力提升，在支持高效勘探与效益开发上体现价值。

（五）系统收集资料、开展降价的对比分析，全力以赴抓好合同谈判签订工作

一要深入开展降价对比分析。结算价格直接影响到年度经营考核指标的完成，各单位主要领导、主管领导和总会计师一定要把账算清楚，用数据说话，向油公司客观反映……赢得甲方理解支持，全力化解经营风险，守住工资总额，更好维护员工利益。特别是重点亏损单位，××处、××处要从市场、价格、成本、管理等方面，与重点亏损单位共同梳理分析亏损的重要环节和项点，找出"出血点"，××月前形成专项治理报告，制定帮扶和改进措施。

二要加快推进合同签订工作。合同签订是一项系统工程，机关相关处室、各区域协调部、各单位要各尽其责，坚持××的基本原则，全力抓好价格测算、合同签订和关系协调等工作。要与油公司面对面交流，着力解决××问题；要加强同××、××等战略市场沟通协商，坚持……对已开工项目，要加快协商……

三要全面增强忧患意识。要坚决摒弃"幻想甲方恩赐、依赖高层协调"思想，坚持"质量是企业自尊"理念，彻底杜绝依靠年底协商解决……确实由于……追加费用的，必须想方设法在过程中解决。

（正文第三部分：从保障内部市场、守住传统市场、拓展外部市场、做好区域协调、抓好合同谈判签订等五个方面作出具体部署）

同志们，战略决定方向，思路决定出路。我们要坚持把市场战略作为行动引领，准确把握市场走势和变化规律，加大装备、技术、管理等方面的支持力度，不断提高产品和服务增值创效能力，以市场营销工作的高质量发展推动公司管理技术型企业建设迈上新台阶。

（强调式结尾法：在前面作出部署，指明了方向，提出了思路，结尾再

进行强调，就是在引导大家高度重视，加大推动力度，认真落实好本次会议的工作要求）

【写作点评】

这篇讲话采用的是典型的三段论结构，主体内容亦是按照时序逻辑编排的，即"肯定成绩＋形势分析＋工作部署"。从前面这些专业会议讲话写作范例可以看出，本系统企业常用的是三段论结构和时序逻辑。这样的结构和逻辑既容易掌控，又可以充分体现领导思想和意图，所以备受文字工作人员青睐。这篇讲话的突出特点与前面的写作范例大致相同，总体来看，就是主题鲜明、结构清晰、内容简洁、数据翔实。从这篇讲话中，我们可以读出自信和振奋，读出求实和求是，读出方向和目标，读出格局和胸怀，读出对党和石油事业的忠诚、担当、尽职、尽责。在此提示大家，要注意这篇讲话的各级标题形式，分别为"一"（一）"一要"这类形式。无论使用哪种形式，全文每级标题的形式统一即可，不能读起来拗口。

第五节 技术交流会议讲话

对于技术服务型企业而言，技术交流会议是提高站位、拓宽视野、汇集智慧、推动工作的有效载体。比如本系统企业，国际技术论坛、国内行业技术交流会、行业技术年会、企业科技管理委员会会议、企业内部技术交流会等各层级的会议都有，会议类型可分为技术推介会、技术交流会、成果发布会、问题研讨会、工作例会等，还有因急需解决的技术问题而临时组织召开的会议。通过这些会议，可以分享经验、交流成果、研讨问题、规划战略、研究和明确努力方向和工作重点，为更好促进企业技术进步、提高企业技术服务水平、价值创造能力和市场竞争力作出积极努力。

一、技术交流会议讲话的显著特点

这类会议很多，层级不同、形式多样，但主题鲜明、议题集中、专业性比较强，属于问题导向型，所以必须由技术部门负责起草讲话文稿，才能确保讲话主题不偏离、探索问题有深度、语言表述不外行。至于这类会议的会议致辞、交流发言等文字材料，也应由技术部门负责起草，综合管理部（办公室）、政策研究等部门可以提供必要支持，参与讲话文稿起草讨论，协助修改完善。单就讲话本身而言，笔者认为，技术进步对国家富强、民族复兴至关重要，对经济发展、企业竞争至关重要，每一名中华儿女都应勇往直前、挺膺前行。这类讲话应当具有十分鲜明的时代性、创新性、前瞻性等特点，写出民族气节，写出民族精神，迸发出一种势不可当的发展锐气。

　　1. 讲话要具有鲜明的时代性。每个时代都有自己的使命和责任，历史时代不同，技术发展阶段不同，技术发展水平不同，时代对于技术发展的需求和要求也不同。我们当前所处的时代，是一个科技大爆发的时代，大数据、物联网、人工智能等现代科技蓬勃发展，这些技术已经开始大范围影响我们的生产和生活。而我们所处的行业，随着油气勘探开发向深地、深海、非常规方向发展，对技术的需求比以往任何历史阶段都更强烈。无论是市场主体的哪一方，对技术价值创造能力都有很强的诉求和期盼。本系统内企业现场遇到越来越多的技术难题，就是因为存在相应的技术瓶颈问题。技术上的问题，已经引起国家层面的高度重视，新的技术革命正在孕育爆发。因此，这类讲话要认真贯彻上级战略部署、有关会议精神和上级领导的有关要求，紧密结合企业科技发展规划和进步路径计划，紧密结合企业面临的内外部环境，提出并实施更具时代性、针对性、可操作性的技术方案或具体措施，引领和推动本领域的技术实现更快更好发展。

　　2. 讲话要体现一定的创新性。创新是高质量发展的决定力量。没有创新就没有真正意义的发展，就没有高质量高效益、可持续有活力的发展。创新已成为新时代获取竞争优势的关键。谁在创新上占据了优势，谁就能在日益激烈的市场竞争中胜出。因此，这类会议讲话需要分管科技或分管工程技术的领导，还有技术部门负责人，站在更高的层面回顾历史、系统思考、统筹谋划科技管理或技术发展（技术攻关）等方面的工作。创新性体现在哪些方面呢？管理（体制机制、政策支持）、技术、人才队伍建设等方面都可以体现一定的创新性。技术部门要让这类会议讲话处处闪耀着创新点，总结成果、研判形势、剖析问题、部署工作等，都应体现一定的创新性，这样的讲话才是求真务实、富有活力、充满激情的讲话，才能增强与会人员的发展信心，才能有力促进企业技术进步和创新发展。

3. **讲话要具有较强的前瞻性。**无论是哪个层面、哪个领域、哪种形式的技术交流会，会议讲话都必须具有较强的前瞻性，这对企业分管领导和业务部门是一种考验。因为企业必须始终在创新上保持忧患意识和领先态势，不断为企业发展引入新要素、提供新组合、创造新价值，才能实现高质量可持续发展。企业只有矢志不移地谋创新、抓创新，从根本上实现动力变革、效率变革、质量变革，才能不断开创高质量发展的新局面，在日益激烈的市场竞争中永远立于不败之地。即便是探讨技术方面的具体问题，没有前瞻性的思考，对于解决技术方面的问题也不会产生太大的效益和驱动作用。因此，作为技术型企业务必高度重视这个问题，技术交流会议讲话往往是企业分管科技或技术方面的领导，甚至是企业主要领导发表的讲话，对于指导和推动企业一个阶段的技术发展是很有必要的，也有相当大的作用。

▍二、技术交流会议讲话的探讨范畴

技术交流会议探讨的范畴一般包括技术趋势、成果发布、技术需求、技术问题、技术支持、技术应用和技术标准等方面。比如国际技术交流会，一般是新技术推介或企业优势技术推介，有的交流会具有一定的市场营销目的。国内行业技术交流会，一般是新技术交流、技术论文评比、技术标准研讨，可以开阔视野、增进交流、相互学习。本节主要介绍企业内部技术交流会的探讨范畴，一般包括经验分享（有的会安排成果发布、技术推介，但是不太常见）、形势研判、问题剖析和对策研究等。

1. **经验分享。**根据会议类型的不同，议程安排也有所不同，比如，有的会议是总结（发布）成果，有的会议是技术（经验）推介，有的会议是部署全年工作，有的会议是技术研讨。根据会议形式的不同，日程安排也有所不同，比如，有的会议是"现场观摩＋专题讲座＋会议交流"形式，有的会议是"现场观摩＋会议交流"形式，有的会议只有会议交流。无论是哪种类型、哪种形式的会议，一般都会安排经验分享环节，比如，写作范例 22，安排的是"现场观摩学习＋企业交流发言"形式，来介绍典型经验；写作范例 23，安排的是"观摩演示＋技术报告（技术成果和经验介绍）"

形式，来介绍主办企业和有关企业的典型经验。

2. 问题剖析。问题剖析环节，也就是专业研讨环节，与会专家将围绕核心议题进行广泛讨论，仁者见仁、智者见智，就某一问题给出解决方案，通过充分研讨可以统一思想、统一意志、统一行动。这类会议讲话的问题剖析环节，就要紧密结合大家的研讨过程、研讨结果。因为会议讲话是提前起草的。怎样紧密结合问题研讨环节呢？那就需要进行深入思考，提前作出预判（意思就是预判与会人员的预判）。这需要企业分管科技或技术的领导和业务部门先行就某些问题进行研讨并作出预判，仅仅依靠执笔人是很难完成这项任务的。如果是企业主要领导出席会议并讲话，主要领导就要亲自审阅讲话提纲，并就存在的问题和他人没有认识到的方面给出明确的指导意见。所以，起草这类讲话文稿，务必坚持"专业的人干专业的事"原则。

3. 形势研判。形势研判环节，既要坚持刀刃向内，对照上级战略部署与要求，深刻剖析企业自身的短板弱项，又要进行对标提升，清醒认识企业在国内外同行企业中的位置。形势研判不仅仅是讲清楚面临的形势，即一些表象问题，还要精准研判形势的变化与走势，即便做不到百分之百精准，也要对形势变化趋势作出初步判断，并就应对形势变化明确工作方向。这是形势研判的初衷和基本要求。如果在这类讲话内容中，形势研判部分说来说去都是众所周知的那些表象问题，对于企业科技创新、技术进步是毫无裨益的。这样的内容越多越容易引起受众群体的反感，很难得到大家的理解和支持。所以，技术方面所面临的形势和问题，的确需要分管科技或技术的领导和业务部门认真对待，最好是分管领导带领业务部门召开专题讨论会，汇聚智慧，深入剖析，精准研判，明确方向和奋斗目标。

4. 对策研究。对策研究是指在一定时期内为改进生产技术和完善生产管理而制定相应方案及实施办法。主要任务是通过更新和改造原有的生产工艺和技术装备，采用新技术、新工艺、新设备、新材料，以及探索先进的生产组织模式和管理模式，达到提高质量、提高产量、提高效率、提高效益的目的。就本系统而言，提高抗高温、高压能力是最为急迫的技术需求，也是很多技术的攻关方向。这是实现技术改造和技术革新的具体方法和步骤，是增强核心功能提高核心竞争力的重要途径。就本系统而言，任何方面的技术交流会议，其初衷和目的基本都是一致的。所以，起草这类讲话文稿，务必紧紧围绕大力推动技术进步、解决现场技术瓶颈问题、最终实现提高核心竞争力这一方向来统筹谋划。

三、技术交流会议讲话文稿的写作要点

这类讲话文稿的写作需要关注的要点很多，这里主要介绍三个方面。准确把握住这三个方面，基本就可以确保起草这类讲话文稿不出现重大原则性问题。

1. 准确把握会议层级。把握住这一问题，才能准确找到与会领导的恰当定位，确定会议讲话的规格和内容。

如果是国际技术交流会议，无论是交流某方面技术的最新成果、最新趋势，还是技术推介，一般都会邀请国际同行与会交流，出席会议的有可能是集团公司领导（有的会邀请更高层级的领导），也可能是主办企业的主要领导。这样层级的会议，一般会为出席会议的上级领导安排会议致辞，主办企业的主要领导讲话可以安排致欢迎词或闭幕词，有时候仅能安排为主持讲话。

如果是国内同行技术交流会议，一般是邀请院士、专家、学者与会交流，出席会议的有可能是集团公司领导或主办企业的主要领导。这样层级的会议，一般会为出席会议的上级领导安排会议致辞或主题讲话，主办企业的主要领导一般安排致欢迎词。如果没有上级领导出席会议，主办企业的主要领导一般可以安排致欢迎词，也可以安排主题讲话（放在会议最后环节）。

如果是企业内部技术交流会议，出席会议的有可能是企业主要领导，也可能是企业分管科技或技术的领导。这样的会议一般会安排领导作总结讲话。

由此看来，不同层级的会议，领导讲话的规格和内容是不同的。这方面大家务必了解和掌握。

2. 准确把握会议主题。会议主题不同，出席会议领导的讲话规格和内容也是不同的。如果是国际技术交流会议，就要站在促进全球技术发展、促进全球同行友好交流、发挥主办企业的支持作用的角度去讲，讲话内容一般会涉及某方面技术在国际上取得的最新成果、发展的最新趋势，为推动技术发展国际同行所做的努力，主办企业这方面技术的最新发展情况以及企业有意

为促进技术发展发挥更大作用等内容。如果是本系统国内技术交流会议，就要站在保障国家能源安全、促进同行技术进步的角度去讲，讲话内容一般会涉及本系统某方面技术的最新成果（包括应用范围、创造指标等）、国内同行企业研发应用情况，主办企业的战略部署、重点安排、研究方向，以及愿意深化交流、实现合作共赢等内容。如果是企业内部技术交流会议，就要站在企业发展战略高度去讲，讲话一般会涉及过去一段时间取得的成果和经验，存在的问题和不足，并对面临的形势作出研判、部署下一步重点工作等。如果是特别具体的技术会议，就需要具体问题具体分析，有时也要站在企业发展战略高度，积极争取政策支持，解决好实际问题。

3. 准确把握研讨方向。会议研讨方向决定了会议讲话工作部署部分的重点内容。确定会议研讨方向主要有两种方式：一是直接去请示领导，得到明确的指示；二是根据会议层级和议题安排，理解把握准确的研讨方向。很显然，后者难度相对较大，需要执笔人具备较高的站位和职业素养。比如国内页岩油气技术交流会，如果想准确把握研讨方向，就要十分清楚以下这些基本知识：国内页岩油气储层属陆相与湖相沉积，地质构造复杂，储层非均质性强，有效页岩厚度薄、储量丰度较低。这些地质因素注定了我国页岩油气开发难度和钻完井风险大，开发成本高，很多区块还不具备商业开发价值。相比国内页岩油气，北美页岩油气储层属海相沉积，以单斜构造为主，地质构造简单、稳定，面积大、分布广，单井产量高，开采成本也比较低。举办技术交流会议，就是要逐步解决国内油气勘探开发面临的诸多技术难题和困难挑战。所以，这类企业必须由内行人领导，才能实现更快更好更稳健发展。作为技术型企业的领导干部，必须熟悉行业发展、了解行业技术、理解行业难处，具有丰富的管理知识和过硬的管理能力。这样的领导讲话才有高度、有水准、能服人，才能带领广大干部员工解决实实在在的问题。

写作范例22:

在××技术交流现场会上的讲话

×××

（××年××月××日）

同志们：

为贯彻落实集团公司党组关于××的决策部署和×××董事长、×××总经理、×××同志对××的有关要求，××公司与××公司共同组织本次经验交流会，目的就是全面总结××成功经验，共同分析制约××大发展的××问题，进一步理清思路、明确目标，加快提升××保障能力，全面支撑集团公司××取得新的更大突破。

（帽段开宗明义，简要指出召开会议的目的和意义）

昨天我们组织参观了××大平台钻井现场、××大平台压裂现场。应该说，大家的收获都很多。今天上午，××油田、××钻探分别作了专题报告，××公司、××公司作了交流发言，内容丰富，总结深入，具有较强的借鉴意义。刚才，×××同志对××企业的工作成果给予高度肯定，并对下一步工作作出了系统要求和安排，希望大家认真学习，共享成果，助力集团公司页岩油资源效益开发。

（第二自然段简要回顾会议过程，肯定会议取得的成果）

为了开好这次会，我们提前把会议议程和会议内容向集团公司党组领导作了汇报。×××同志明确指出，××在集团公司几大盆地都有发现，有的早有的晚，但现在仍处于勘探开发初期。油公司和服务公司通过合作和共同努力，形成了一些适合本地区特点的优快钻井模式和效益开发的典型做法，希望通过这次交流来分享经验。×××同志特别指出，实现××效益开发，核心就是技术，技术创新是根本，通过技术创新和管理创新，大幅度降低成本，使得我们能够有效动用已经发现的储量。另外一个关键，就是提高单井产量。提高单井产量，不仅仅是油公司的事情，更是油公司和服务公司共同的责任，只有提高单井产量，才能够真正实现效益开发。×××同志也强调，××开发的根本是解决成本问题，要把成本降下来。希望通过组织这次会议，大家共同分享经验、携手继续努力。

（第三自然段简要传达集团公司领导对此次会议的指示要求，强调集团

公司领导高度重视这次会议，并对下一步工作作出明确指示）

下面根据会议交流情况，我主要谈三点意见，供大家参考。

一、牢记责任使命，主动担当作为，助力××取得重要突破

近几年，油公司和服务公司坚决贯彻落实集团公司党组部署，持续深化地质认识、加快推动技术进步、稳步推进产能建设，已在××、××等盆地取得阶段性重大突破和进展。主要表现在：在××盆地……在××盆地……在××盆地……特别是在××盆地……截至目前，通过多方共同努力，我们在不同盆地形成了××效益开发新模式。我们计划把本次会议的情况，特别是××油田和××钻探良好的合作关系、合作模式向集团公司作专题汇报。

通过系统总结，以事实和数据为依据，实现××效益开发的成功经验，主要有以下三个方面。

（一）技术创新是××效益开发的关键。没有技术创新，就不会发现这些储量；没有技术创新，这些储量也不会被动用。在××盆地，××油田和服务公司，特别是和××钻探，强化协同奋战，通过多年攻关试验，形成了××大系列××项××开发配套技术，探索出了一条适合区域特点的效益开发技术路线。面对××口井超大平台布井难题，××油田超前决策，坚持物探先行……在钻井方面……在压裂方面……有的技术已经比肩北美。

（二）将管理创新作为提质提速的重要抓手。在这方面，几个钻探公司都有非常好的实践。如果没有油公司的支持和理解，这种管理创新很难实现。在管理层面……在项目层面……在作业层面……客观上讲，我们的地质条件、储层物性、可钻性以及储层的分布规律，比北美地区还要复杂。

（三）降本增效始终是我们的不懈追求。这既是油公司的责任，更是服务公司的责任。××大平台开发模式为服务公司实施精益管理、降低××成本创造了必要条件。如果不是大平台，还是单一作战，肯定达不到这样的效果。在××平台……在服务公司……实践证明，实施大平台统一管理、资源共享，是服务公司和油公司实现降本增效的必由之路。平台越大，越集约共享，越容易降低××成本。降低成本是服务公司的责任和目标，希望能够得到油公司的大力支持。建议在充分研究、试验基础上……××开发平台能不能实现这样的部署，和地质条件有关系，如果不是整装的或储量不达标，建大平台井也不现实，但是，有可能建设大平台的，还是要创造条件，因为降本增效的潜力非常大。

（主体内容的第一部分：从技术创新、管理创新、降本增效三个方面简要总结集团公司页岩油勘探开发取得的成功经验）

二、坚持问题导向，强化目标引领，勇于直面集团公司××大发展的困难挑战

刚才，×××同志提到了很多，特别是上午发言的几位同志认识也很到位。通过××年来的不断探索与实践，××的理论、技术和管理模式均实现创新突破，目前已基本具备大发展的资源基础和技术条件。但也要清醒地认识到，要实现规模效益开发，还需要解决一系列科学、技术和经济问题。主要体现在三个方面。

（一）大平台布井方式尚未形成规模效益。从集团公司整体来看，××口井以上大平台布井尚处于试验探索阶段，没有规模推广。一方面……另一方面……

（二）单井产量不达标影响效益开发进程。这是集团公司领导非常关注的。××勘探开发起步晚，研究程度较低，开发经验不足，不同区域的产量主控因素还未完全厘清，是储量问题，还是压裂工艺问题，抑或是后期排产问题，需要进一步探索。甜点区甜点段的识别精度有待提高……从工程技术角度要加大技术创新和管理创新……我们要客观地、辩证地、全面地、深刻地分析，才能找到问题的症结，才能有的放矢，形成双方合力，最终把油公司的储量变成产量，实现集团公司利益最大化。

（三）协同高效开发问题。应辩证看待国内××与北美××地质条件的差异，在座的很多人去过加拿大，北美的地质条件与国内不一样，分布非常有规律，储层也非常厚，充分认识自身生产组织管理上的不足，大多数平台规模较小，集约化管理挖潜余地有限……

（主体内容的第二部分：从大平台布井方式少、单井产量不达标、未形成更好的协同高效开发模式等三个方面明确指出页岩油勘探开发存在的主要问题和挑战）

三、明确奋斗目标，强化协同共享，履行好保障国家能源安全"一体两面"责任

服务公司要同油公司及相关单位一道，严格落实集团公司党组部署要求，牢记责任使命，抓住有利机遇，突出服务保障××效益产能建设，多措并举为集团公司保障国家能源安全提供强力支撑。

（一）坚决扛起××国家级示范区建设的历史重任。截至目前，集团公司已有三个国家级××示范区块。×××董事长在××调研时，针对××项目强调，要全力打造"创新领航、技术先进、绿色生产、管控智能、机制灵活、少人高效"的示范工程，闯出一条具有中国石油特色的陆相××高效勘探、效益建产和高质量发展之路……

（二）下大决心抓好××大平台建设部署。我国××的地上和地质条件比北美更复杂，要推进××勘探突破、实现效益建产，对工艺水准、组织效率、成本控制等都有更高要求，推广大平台集约建产这种革命性的措施显得尤为重要……

（三）坚定推进国内××技术革命。油公司和服务公司要抓住影响效益开发进程的主要矛盾和矛盾的主要方面，协同发力，创新推进，奋力实现集团公司"十四五"××勘探开发目标。油公司要……服务公司要……

（四）大力推进××大平台体系管理创新。要增强"大合作、大效益"观念，"地质先行、工程跟进、专业融合、一体联动"，同油公司合力打好××气勘探开发进攻战。一要强化组织领导……二要深化沟通协调……三要创新作业模式……

（五）持续优化××全方位资源配置。一是优化装备资源配置……二是优化施工方案……三是优化人才配置与政策导向……

（六）着力打造绿色低碳可持续发展示范基地。要守住安全生产底线，特别是在井控方面，一定要严防死守。国家对安全环保的要求越来越高，执法越来越严，页岩油区域生态系统脆弱，我们要主动站在政治和全局的高度，深入贯彻落实国家安全生产法和集团公司有关部署要求，严守安全生产"四条红线"。要认真落实双方"联责、联管、联动"机制，狠抓井控风险防控，保持井控高压态势，抓好"全员、全方位、全过程"的积极井控工作，确保井控安全万无一失。要紧紧围绕"双碳"目标，加强安全绿色文化培育，大力实施绿色低碳战略，打造绿色低碳可持续发展的示范区。当前已临近中秋国庆假期，要全面升级管理，严格现场监督检查，严肃问题隐患追责问责，坚决守住安全环保底线。

（主体内容的第三部分：统筹作出六个方面的工作部署）

同志们，××勘探开发任重道远但前景光明，我们一定要深入贯彻习近平总书记重要指示批示精神，认真落实集团公司党组决策部署，牢牢把握发展机遇，携手应对困难挑战，坚决扛起打造××国家级示范区和示范基地的重任，认真履行好保障国家能源安全的"一体两面"责任。

谢谢大家！

（要求式结尾法：在讲话前面部分总结了成绩，查找了问题，部署了工作，结尾时再提出要求，就是在激励大家认真抓好落实相关工作。标志性词语是"我们一定要……，坚决扛起……"）

【写作点评】

这篇文章是专业性比较强的讲话，采用的也是传统三段论结构，主体内容按照时序逻辑编排，即"肯定成绩＋分析形势（困难挑战）＋部署要求"。讲话的主题和主线十分清晰，主体内容的第一部分是肯定成绩，强调的是油公司和服务公司共同在技术创新、管理创新和降本增效方面作出的努力和取得的成果；第二部分是分析形势，主要讲的是××效益开发面临的困难挑战；第三部分作出工作部署，提出了推动页岩油效益开发的意见。由于这篇讲话的专业性比较强，在此就不作过多点评，感兴趣的技术部门人员可以仔细品鉴。

从讲话内容来看，这是中国石油××勘探开发领域的技术交流会议，出席会议的最高领导是工程技术业务领域的主要领导，参加会议的人员既有油公司的领导和业务部门人员，又有服务公司的领导和业务部门人员，还有基层队伍代表。会议形式是"现场观摩＋会议交流"形式。虽然会议安排不仅有技术方面，也涉及开发模式、生产组织、项目管理等方面，但核心是为了加快推动××效益开发，从技术、管理、组织等方面探讨如何实现××效益开发。

写作范例 23：

在××学会××技术研讨会上的讲话

×××

（××年××月××日）

各位领导、专家：

大家好！

由××学会和××公司共同举办的××技术研讨会，是我们深入学习贯彻党的二十大精神，着力高水平科技自立自强，保障国家能源安全的具体行动,是我们按照中国石油学会和中国科协要求,做实中国特色一流学会建设、构建××技术创新生态的重要举措,对于促进我国××技术创新发展,特别是对于推动××技术升级换代、迎接××技术时代的到来具有重要的意义。

(帽段开宗明义,简要指明召开会议的目的和意义)

这次会议是××学会首次以××技术为主题召开的专业性会议。会议覆盖面广,包括了国内三大石油公司、相关高校和企业的代表参加会议。可以说,这是一次全国性的技术研讨会。研讨十分深入,发布了××个技术报告,全面展示了××技术高质量的研究成果和实践经验,为××的工业化应用提供了新思路;达成广泛共识,围绕××技术的应用前景,从技术现状和未来趋势,各位专家提出了许多好的创新性意见建议,厘清了××技术的发展方向,展示了××技术在提升资源勘探水平,特别是提高油气勘探开发能力方面的重要作用。可以说,这次会议既是一次汇集众智、融合创新的研讨会,也是一次齐心协力、共同推进我国××技术创新的促进会。在此,我代表××学会对大家的辛勤付出和所作出的突出贡献表示衷心的感谢!

(第二自然段简要回顾会议过程,肯定会议取得的成果,并对与会单位的积极参与表示感谢。这次会议是某学会的年会,从讲话内容上可以看出是该学会主要领导所作的讲话,同企业技术类工作会议安排的会议内容和会议形式基本一致)

习近平总书记指出,能源安全关系我国经济社会发展全局,是最重要的安全之一。从这次会议交流展示的成果来看,××作为地震勘探的一项革命性技术,必将有力促进油气勘探不断取得新发现大突破,为保障我国能源安全提供有效支撑。我们要以这次会议为契机……形成良好的技术创新生态。坚持技术创新引领,瞄准××研发方向,加大技术攻关力度,着力破解××、××等"卡脖子"技术,群策群力、集智攻关,打造××技术,引领发展方向。坚持规模化推广应用,着力打造令用户"好用、爱用"的技术利器,实现国内地震勘探的历史性跨越。

(第三自然段相当于形势研判,文中引用了习近平总书记的重要指示精神,谈这次会议展示的技术成果,再谈到某项技术对保障国家能源安全的重要支撑作用,进而明确了某项技术的创新引领方向、主要攻关方向和奋斗目标)

这次会议也是××学会在疫情过后召开的首次线下会议。借此机会,我和大家简要分享自己的一些想法。

…………

(省略部分为讲话领导个人的一些情况,在此不作展示)

登高才能望远，站高才能引领。进入新的发展阶段，我们要以习近平新时代中国特色社会主义思想为统领，深入学习贯彻党的二十大精神，大力实施"中国特色一流学会建设项目"，深度融入国家创新体系，打造学术创新高地。对于××学会下一步工作思路，概括起来讲，就是"三句话、二十四个字"。

第一句，就是"坚定信心，守正创新"。纵览国际国内油气勘探大突破新发现，无不得益于××技术的发展与进步。不久前，由××公司牵头申建的国家××技术创新中心正式通过科技部专家组论证，有望成为××领域的唯一一家国家级技术创新中心。这充分说明了××技术在国家油气能源战略布局中的重要作用。××学会要始终胸怀"国之大者"，积极协调共建单位，共同推动创新中心建设。要以推动××技术创新发展为己任，增强工作的责任感、紧迫感，充分调动和发挥委员单位和全体会员的积极性，坚定信心、守正创新，不断把××学会发展提升到一个新高度。

第二句，就是"长风破浪，未来可期"。前几年，担任××公司主要领导时，我特别深刻地感受到：中国的××，在世界是有影响力的，也是有地位的，更是受人尊重的。我任职××年，参加了××次××学会年会，每次××学会董事会都要听取我们的意见建议。有这样的基础，有这样的地位，我相信××学会一定能够建设得更好，对此我充满信心。下一步，要瞄准"做实中国特色一流学会建设"这个目标，把握大势、聚焦核心，优化科研布局，创新方式载体，切实把××学会打造成为知名品牌，把××打造成为具有重要影响力、知名度的精品期刊，将××建设成为行业引领、企业信任的××科技智库。

第三句，就是"团结奋进，勠（lù）力前行"。××学会的发展需要我们委员会、委员单位、每名委员和会员的共同参与、大力支持，需要我们跨越地域、行业、单位界限，不论××、××、××，不论国有、民营，我们都是"好伙伴、一家人"。每一个××人都要有责任感、使命感，都要积极努力去推动技术创新。我们要秉承"××的事情大家一起办、大家商量着办"的理念，齐心协力，团结一致，积极开展跨区域、跨专业、跨单位合作，促进资源共享、优势互补，建立形成良好的创新生态；要积极探索××建设新机制、新路径，打造联系广泛、服务科技工作者的工作体系，汇聚科技人才创新合力，推动我国××技术创新发展实现新跨越，为国内油气勘探开发提供有力支撑，为保障国家能源安全贡献××力量！

谢谢大家！

【写作点评】

这篇讲话是会议总结讲话，也相当于闭幕致辞，内容和结构相对简单，但全文逻辑严谨、前后呼应、思（思想）行（安排）统一。与企业内部技术交流会议讲话结构唯一不同的是，没有独立的技术成果（或经验总结）部分，而是把对技术成果的充分肯定及取得技术成果的重要意义，同明确上级要求和下一步攻关方向融合在了一起。这样的讲话内容安排一般用于国际技术交流会或国内某些学会（协会）专题会议的闭幕式讲话。在此特别提示，会议讲话一般不使用生僻汉字，如果讲话中使用了生僻汉字，不管讲话领导是否熟悉这些字，领导在会场使用的这份讲话文稿一定要做好拼音标注（公开印发版本不需要拼音标注）。

第六节 安全管理会议讲话

安全生产法第五条规定，生产经营单位的主要负责人是本单位安全生产第一责任人，对本单位的安全生产工作全面负责。其他负责人对职责范围内的安全生产工作负责。《中共中央 国务院关于推进安全生产领域改革发展的意见》规定，生产经营单位的法定代表人和实际控制人同为安全生产的第一责任人。《北京市生产经营单位安全总监制度实施办法（试行）》（京应急规文〔2020〕5号）规定，安全总监是协助主要负责人履行安全生产职责的高级管理人员，对职责或授权范围内的事项承担相应的领导和监督责任，不替代主要负责人、其他业务分管负责人及安全管理机构负责人履行安全生产法定职责。

对于大多数企业而言，安全管理会议都是至关重要、不可缺少的一项重要会议。比如本系统企业，安全管理委员会会议（分年度会议和季度例会）一般由主要负责人主持召开，是所有委员会成员都必须参加的一项重要会议。井控和资质管理领导小组会议，一般由分管井控的负责人主持召开。会议以现场形式居多，特殊时期则以视频形式召开。

一、安全管理会议讲话的显著特点

这类会议属于问题导向型会议，重在贯彻上级决策部署、推动企业安全生产责任落实、防范和化解安全风险，保障企业安全发展。单就讲话本身而言，重在统筹把握好发展与安全、宏观与微观、刚性约束与柔性管理等方面的关系。

1. **必须统筹把握好发展与安全的关系**。安全和发展是一体之两翼、驱动之双轮。统筹发展和安全作出战略决策，是为了在各种可以预见和难以预见的风险挑战中增强企业的生存力、竞争力、发展力和持续力。作为国有企业，必须坚决贯彻习近平总书记关于安全工作的重要指示批示精神和党中央、国务院关于安全工作的决策部署，更要强化政治担当和责任担当，采取切实有效的措施，不断巩固企业安全发展基础，做党和人民都放心的企业。所以，在这类讲话中，要体现习近平总书记关于安全工作的重要指示批示精神和党中央、国务院关于安全工作的决策部署；要体现上级单位关于安全工作的统一安排和有关要求，尤其是上级单位有关会议精神、文件精神；要体现本企业在强化安全意识、强化责任落实、严格制度执行、严格规程操作、强化设备保障、加强岗位培训、提升应急能力、严肃责任追究等多方面的具体安排，扎扎实实抓好安全工作。简单来讲，就是要强调强调再强调安全工作的极端重要性，教育和引导干部员工不断增强安全意识、不折不扣落实上级决策部署，坚决堵住安全管理漏洞，严密防范各类安全风险。必须结合企业实际和阶段工作重点，统筹安排好贴合实际需求的安全工作，并突出抓好推动落实。

2. **必须统筹把握好宏观与微观的关系**。宏观与微观的辩证统一问题是中国哲学史上备受关注的重要命题。两者协调一致才能趋于合理。一方面，宏观政策、宏观调控及安全发展战略布局是企业行为协调一致的前提条件，是企业安全工作微观活动的行动导向；另一方面，微观活动是落实宏观政策、宏观调控及安全发展战略布局的必要条件，是保障安全发展的重要保证。在这类讲话中，要高度重视宏观方面与微观方面的协调统一和对应关系。比如，在肯定成绩时，要做到宏观与微观统筹兼顾（既要肯定企业层面的战略统筹、战略决策，又要关注基层单位的工作成绩、突出亮点）；在研判形势时，要做好宏观形势与微观形势的统筹分析（将分析宏观形势、传达上级精神与剖析自我缺陷相结合）；在部署工作时，要兼顾宏观部署与微观安排（上级决策部署、宏观政策导向与安全风险防范、重点措施落实要相互映衬）。

3.必须统筹把握好刚性约束与柔性管理的关系。这里和大家分享四个理论，帮助大家理解两者之间的关系。

事故主因结构理论。据统计，事故发生的因素中：人的不安全行为占96%，为主要原因，是人为直接造成的，是可以避免的因素；物的不安全状态占4%，为次要原因，是人为间接造成的，也是可以避免的。通过大量的事实统计分析，我们发现，在现场工作中绝大多数事故是人为造成的。

事故金字塔理论。大量数据表明，死亡事故、受伤损工、伤害事件、危险事件、不安全行为的比例是1∶30∶300∶3000∶30 000。这一理论与海因里希法则是同样的道理。海因里希经过统计发现，在机械生产过程中，每330起意外事件里，有300起未产生人员伤害，29起造成人员轻伤，1起导致重伤或死亡。不同生产过程，不同类型事故，比例不一定完全相同，但这个规律说明了在同一项活动中，若出现很多次意外事件，则必然导致重大伤亡事故发生。要防止重大事故，必须减少和消除无伤害事故，重视事故的苗头和未遂事故，否则终会酿成大祸。

事故冰山理论。日常工作中人的不安全行为和物的不安全状态就像冰山的水下部分，不容易被发现。它有三层含义：一是人们往往只关注事故或事件的表面，未探究事故的根源；二是要从根源上解决问题，不要只关心事故本身，做一些表面工作；三是事故经济损失大部分是由人的不安全行为和物的不安全状态造成的暗损失，而不是某起事故本身造成的明损失。企业安全管理工作的一项重要内容就是要找出生产操作者的不安全行为，并采取针对性措施消除安全隐患。企业要让广大干部员工充分认识到"隐藏在水下的冰山"更危险的道理，通过形式多样的宣传宣贯，让安全变成一种习惯，让习惯变得更规范。

事故经济理论。据统计，很多事故的直接经济损失只是冰山露出水面的小尖角，大部分经济损失来自物的不安全状态和人的不安全行为。很多时候，我们在计算事故经济损失时只注重直接经济损失，那只是一小部分，往往忽视了那些还未发生的或不好衡量的潜在的间接经济损失，而那却是一大部分。

通过学习了解上述理论，我们可以清楚事故发生的偶然性与必然性之间的辩证关系，能够更加深刻地认识到：坚持实事求是、事不避丑，正视企业自身存在的问题和不足，保持严抓狠管的安全管理态势，要求各级单位刚性落实国家安全法律法规和企业制度规程，是抓好安全工作的必要条件。在抓好刚性约束的同时，我们还要深挖问题根源，高度重视柔性管理，比如引导广大干部员工强化安全意识、树牢安全理念、抓好岗位培训、强化文化引领等，这些柔性管理都是为了规范干部员工的安全行为。起草这类讲话文稿时，要注重把握刚性约束与柔性管理的统筹结合，比如，要严抓狠管制度执行和责任落实，要持续深化文化引领和专业培训。执笔人要在讲话的内容中统筹安排好这两方面的工作。

▋ 二、安全管理会议讲话的探讨范畴

安全管理会议讲话一般包括肯定成绩、检视不足，并结合上级决策部署和企业工作实际，部署下一步重点工作。这类会议探讨范畴比较广泛，主要谈一些认识和体会。

1.**掌握安全管理基础**。完善有效的安全管理制度体系、安全生产标准体系、应急与救灾救援体系，制订符合企业战略的安全生产发展目标、发展规划、年度计划，开展危险源的辨识、评估和管理，保障安全生产的生产安全风险防控费用、隐患治理专项费用、员工安全培训教育经费，以及应急与救灾救援能力建设费用等。

2.**了解安全设备设施**。预防事故发生的检测、报警系统（包括现场报警系统和 EISC 系统），并控设备设施，设备安全防护设施，防爆设施，安全警示标志等；控制事故发生的泄压和止逆设施、紧急处理设施等；减少与消除事故影响的防止火灾蔓延设施、灭火设施、逃生设施、应急救援设施和劳动防护用品等。

3.**熟悉安全管理文化**。企业安全文化建设的核心内容是安全文化观念的建设，包括安全理念、安全行为、安全规范、安全标准、安全要求的宣传宣贯，事故案例警示教育。安全生产责任制、安全生产规章制度建立和落实情况，安全生产法律法规和标准、安全培训教育、应急管理、事故处理和责任追究等贯彻落实情况。

4. 把握安全保障方法。在企业发展历程中，逐步形成了包括检查、调查、审查、评估、考核，以及责任追究等在内的多种安全保障方法。比如，安全检查、井控检查、体系审核、专项调查、专项审查、安全管理评估、安全管理业绩考核，以及一些激励、处罚措施等。所有上述方法，都是为了企业安全发展。

列举上述内容，就是为了让大家了解安全管理的一些基础知识，知道每次会议涉及的范畴不过是上述内容的一部分，只要我们熟悉、掌握了安全管理的基础、内容、文化、方法，其实起草这类讲话文稿并不难。之所以认为比较难，主要还是因为不熟悉业务，不清楚情况，不理解文化，未掌握方法。没有一定的实际工作经历，很难担当如此重任。作为企业员工，无论是什么职级、什么岗位，处于什么时间、什么地点，都应高度关注安全管理工作，认真落实好"管业务必须管安全"的要求和本职岗位的安全责任。企业如何实现安全发展？靠的就是制度和责任的落实。

■ 三、安全管理会议讲话文稿的写作要点

这类讲话文稿的写作要点很多，以下主要介绍三个方面。准确把握住这几个方面，就可以写出一篇合格的讲话文稿。

1. 牢记慎言成绩，工作点评要点面结合。如果作工作点评，建议做到统筹兼顾，既要有面上的工作，一般是企业层面统筹安排的事项，也要有点上的工作，最好点到企业所属单位。这样做的目的是倡导正确的导向，肯定大家的努力，鼓舞干部员工的士气。之前看到有的企业此类讲话只讲企业层面如何如何，总是在肯定领导自己的所作所为，这样的讲话很难让员工产生共鸣。此类讲话，要么不讲成绩，要讲就要体现出格局和胸怀。

2. 提高政治站位，形势研判要上下结合。本系统的此类讲话，大多会在形势研判部分强调中央精神、上级部署和领导指示批示要求等方面的内容，同时对标对表指出企业自身存在的问题和不足。笔者认为，这种处理方式比较合适：一是可以传达贯彻上级精神和部署要求，进一步强调安全管理的极端重要性；二是可以教育引导干部员工，必须强化责任落实，必须把"管业务必须管安全"的要求落实到位；三是可以深刻指出企业自身

存在的安全问题,让大家认识到这些问题与企业发展、自身利益之间的关系。

3. **准确把握方向,部署工作要突出重点。**要明确工作方向,在工作部署中学会取舍,不能眉毛胡子一把抓,什么工作、什么事项都往工作部署里装。大家还要清楚,一次会议不可能解决所有问题,即便是安全管理年度会议。每个层级都有自己的责任,企业层面就是要进行统筹部署,工作安排要重点突出;企业所属单位和基层队伍就是要细化部署要求,抓好企业层面部署的重点工作落实,还要就企业层面没有部署但本单位(队伍)存在的一些问题进行安排。即便是企业所属单位和基层队伍,在工作安排上也要注意重点突出,因为并不是所有单位和队伍存在的问题都是完全一样的。抓不住工作重点,就是没有抓住主要矛盾。抓不住主要矛盾,就很难避免安全管理不出现问题。这是所有安全人员都应该重视的问题。

写作范例24:

在××公司HSE工作会议上的讲话

×××

(××年××月××日)

同志们:

刚刚过去的一年,是公司建设管理技术型企业、推动高质量发展的关键之年。一年来,面对前所未有的挑战和压力,广大干部员工砥砺奋进、苦干实干,圆满完成各项生产经营任务,安全环保形势持续向好,连续七年荣获集团公司质量安全环保节能先进企业称号。回顾近年来的工作,主要有五点体会。

(帽段直接肯定过去一年的成绩。这说明,讲话领导不是会议主持人,否则会说明召开会议的目的和意义)

一是推进HSE体系规范运行,是实现安全环保形势稳定向好的根本之策。必须坚决贯彻集团公司部署要求,将HSE体系建设贯穿始终,通过管理理念宣贯、制度规程设计、工具方法应用、标准化队站建设等措施,确保基层现场安全环保风险全面受控。

二是做优制度流程顶层设计，是实现安全环保形势稳定向好的重要前提。只有不断完善安全生产责任清单、HSE 管理制度体系，才能推动形成更加清晰的管理界面、更加明确的工作职责、更加简洁的流程表单、更加规范的现场操作，提高整体管理水平。

三是构建监管防控责任体系，是实现安全环保形势稳定向好的有力保障。必须发挥"监管分离、同体管理、异体监督"的体制优势，建立机关部门综合管理、监督机构现场监督、机关基层各负其责的责任体系，确保责任落实落地、现场管控有力。

四是加大隐患排查治理力度，是实现安全环保形势稳定向好的关键举措。必须保持合理规模的资金投入，全面治理安全环保隐患，提高设备能力水平，消除潜在风险，促进本质安全。

五是抓实员工安全培训教育，是实现安全环保形势稳定向好的坚实基础。必须将 HSE 培训、全员"写风险"、关键岗位人员安全环保履职能力评估等工作有机结合，持续增强员工安全意识和安全技能，才能有力夯实安全环保工作基础。

成绩来之不易。一直以来，广大安全环保管理工作者以高度的责任感和使命感，夜以继日、如履薄冰，承受巨大压力，常年深入一线，用艰苦付出维护了大局稳定。在此，我代表公司党委、公司，向安全环保岗位员工及管理者致以衷心感谢和崇高敬意！

（正文第二至第六自然段，既是肯定过去一年的成绩，也是系统总结五个方面的工作经验，每个方面点了几项具体工作，这也是一种肯定成绩的方式，但是企业使用的频次不多）

关于下一步工作，我再强调四点意见。

一、提高思想认识，增强做好 HSE 工作的责任感

安全生产事关人民群众福祉，事关经济社会发展大局。近年来，国内外的事故案例一再警示我们，事故猛于虎，责任重于山，在任何情况下，抓好安全生产工作的思想都不能松、力度都不能减，决不能有任何麻痹思想和侥幸心理。要充分认识到以下几点。

全面加强和改进安全环保工作，是贯彻落实党中央决策部署的必然要求。党的十八届四中全会作出全面依法治国的战略布局，加强安全环保领域立法，颁布史上最严安全生产法和环境保护法，给安全环保工作提供了最有力的政治、法律和制度保障，同时也把安全发展战略提升到了全新的高度。近年来，习近平总书记对全面加强生态环境保护，坚决打好污染防治攻坚战，作出了系统重要部署和重要指示批示。安全环保工作从科学定位，到理念诠释，到立法保障，再到考核追责，层层推进、步步深入，彰显了党和国家全面加强此项工作的坚强意志和坚定决心。因此，我们要坚决贯彻落实党中央决策部署，持续增强红线意识，牢固树立底线思维，严格执行法律法规，全面推进企业安全生产、清洁发展。

全面加强和改进安全环保工作，是加快建设管理技术型企业的重要保障。××年，是公司实现"十三五"规划、推进高质量发展的决胜之年，我们面临的环境更加复杂，任务更加艰巨，责任更加重大。特别是随着勘探开发走向非常规和更深领域，公司在××、××等重点区域，承担的风险探井数量越来越多，面临着"超深、超陡、高温、高压"等世界级工程难题，给井控安全带来严峻挑战。同时，由于……安全环保管控难度不断升级。我们要主动适应新形势，做到安全管理全面跟进不脱节，实现与企业发展步调一致、同频共振。

全面加强和改进安全环保工作，是解决自身隐患和问题的现实需要。近年来，公司总体形势平稳，但也要清醒地看到，公司仍处于并将长期处于严格监管阶段，还存在很多突出问题。一是HSE管理基础还比较薄弱，直线责任、属地管理存在短板。××年……必须引起高度警醒。二是井控安全风险居高不下，突出表现在风险管控水平低、人员素质差，以及事故警示教训未能入脑入心等方面。三是管理风险依然较为突出，部分管理人员工作积极性、主动性不够，浮在表面、停在口头，对深层次问题和隐患缺少深研细究。四是施工风险管控还不全面，尤其是对"四新"技术应用风险重视程度还不够，部分技术缺乏有效管控措施。五是重点风险管控不彻底，吊装作业不使用牵引绳、高处作业不系安全带等违章现象时有发生，高危作业管控还需强化。这些问题，必须引起高度重视并严肃责任落实。

全面加强和改进安全环保工作，是维护员工切身利益的首要前提。集团公司安全环保责任书明确规定，发生工业亡人等重特大事故，不仅要追究相关领导责任，还要扣减工资总额基数、部分或全部新增工资。这与每名员工的切身利益息息相关。因此，我们一定要时刻保持清醒头脑，牢固树立"安全才能发展、发展必须安全"的理念，真正把安全环保当作第一责任、视为第一业绩，以更加严格的要求抓好安全环保工作，为员工收入持续增长提供坚实的安全保障。

（工作部署第一部分：实际上相当于形势分析，传达上级精神，贯彻企业战略，剖析自身的短板弱项，明确奋斗方向）

二、运用科学方法，持续提升公司 HSE 管理水平

《申鉴·杂言》中有言："进忠有三术：一曰防，二曰救，三曰戒。防为上，救次之，戒为下。"这也为我们提供了思想指引。大道至简，知易行难，关键要形成科学有效的工作方法。

一是文化塑造法。以先进的安全文化为特征的自我管理，是安全管理的最高阶段，是我们的不懈追求。众所周知，杜邦公司是安全文化建设领域最具代表性的企业，在美国工业界，"杜邦"几乎是"安全"的同义词。要积极借鉴杜邦公司的安全文化体系，着力构建具有公司特色的安全文化，让"生命至上、安全第一""安全成本永远小于事故成本""任何事故都是可以避免的"等理念为广大干部员工所认同，内化于心、外化于行，逐步构建员工共同遵守的安全行为准则，实现由"要我安全"向"我要安全"的转变。

二是制度约束法。安全环保领域的每一项规章制度，都是用鲜血和生命写就的戒律，是安全生产的"紧箍咒"。近两年，公司对照新"两法"，通过推进体系融合，对安全环保制度体系进行流程再造，切实解决了制度繁杂、交叉重叠、缺项漏项等一些问题，实现了有法可依、配套衔接、便于操作。要继续梳理 QHSE 制度标准体系，强化提升各项制度在实际操作和检查考核等环节的执行力，真正发挥制度的基础性、根本性和主导性作用。要加大宣贯培训力度，使广大干部员工切实掌握要领，自觉遵守管理规范、作业流程和工作标准，增强安全意识和安全技能。要加强执行力建设，坚持奖惩并重，将制度 100% 落实到各级管理者，落实到岗位员工，筑牢安全防线。

三是标准化推动法。基层队站是公司的细胞，只有基层强劲有力，公司大局才能平稳。要大力开展标准化示范队站建设，增强基层风险管控能力，夯实基层安全基础。要坚持标准化管理，明确目标责任，健全制度文件，优化工作流程，简化基础资料，严格规范执行，实现管理合规无漏洞。要打造标准化现场，确保设备设施完整好用，选用可靠工艺技术，改善作业环境，实现现场完好无隐患。要推广标准化操作，系统识别风险，完善操作规程，加强技能培训，做到"人人上标准岗、个个干标准活"，实现操作规范无违章。

四是考核激励法。安全环保工作考核向来具有一票否决权，在强化负面约束的同时，也要发挥正向激励作用。要合理设置指标，注重"常态化"和"日常化"，优化过程考核与结果考核的分值比重，区分工作难度，客观反映事实，体现干部员工的履职尽责，确保考核结果有理有据。要量化考核指标，做到一事一考核，一日一积分，坚决避免轮流坐庄、拍脑袋排名等不良情况出现。要保护安全环保管理人员的工作积极性，不让他们在群众投票、

打分中吃亏，真正严格按照规定开展事故事件调查和处理。

（工作部署第二部分：采取创新方式对如何抓好安全管理、抓好哪些方面的安全管理进行部署，这种方式很新颖，很容易得到受众群体的理解和支持，获得预期效果）

三、严防井控风险，坚决杜绝井喷失控事故

井控风险是集团公司"八大风险"之首、"四条红线"之一，也是公司最大的风险。要认真落实×××董事长提出的"井控务必抓实抓狠"要求，全力以赴减少溢流、遏制井涌、杜绝井喷。

一是强化井控风险防范。要深入践行"积极井控"理念，强化风险源头控制，全方位开展系统性评估，保持井控高压态势，确保万无一失。要重点加强××、××等高风险区域井控管理，持续提高井控设计与地层压力的匹配性，增强各环节防喷措施的针对性，加大技术分析力度和督查频次，避免"遭遇战"。

二是强化溢流控制及处理。要全面总结压井成功经验，形成系列标准和应急工作模板。要坚持"发现溢流，立即正确关井；疑似溢流，立即关井检查"的原则，加强井控事件第一时间、第一现场的有效处置。要以一级风险井为着力点，强化钻井队主体责任落实，切实抓好一次井控，坚决杜绝溢流变成恶性井喷事故。要充分发挥井控应急中心作用，不断提升员工技能，确保井控"黄金三分钟"及时、正确实施。要加强钻井队与专业化技术服务队伍之间的协同联动，确保及时、有效、平稳处置突发事件。

三是强化井控基础工作。要持续健全井控安全管理制度，理顺海外井控管理流程，不断提升科学性和有效性。要压实井控专家责任，遇到有溢流风险和溢漏同层的情况，井控专家必须24小时住井。要充分发挥远程技术支撑作用，为井控工作保驾护航。要加快井控装备升级，逐步更新井控老旧装备，全面推广自动化拆卸工具，从严规范供应商管理，建立长期服务保障模式，保障装备本质安全。

（工作部署第三部分：强调井控工作的极端重要性，必须从强化井控风险防范、强化溢流控制及处理、强化井控基础工作等三个方面抓好抓实井控工作。这种方式比较传统，但是内容很务实、很有针对性）

四、落实重点措施，全力保障大局平稳受控

一要以责任落实为基础，层层强化履职担当。责任界定不清，落实就是一句空话。领导干部要践行有感领导，带头抓安全环保、带头落实责任，以身作则、率先垂范。两级机关，特别是生产、安全、技术、设备等部门，要

将50%—70%的时间用于现场，组织员工培训，帮助解决困难，检查并指导解决发现的问题，从严落实直线责任。各单位要发挥主观能动性，落实好属地责任和主体责任，把责任细化到每个岗位、每个环节。各级安全管理人员要强化监管责任，加大"低、老、坏"问题检查力度，及时处理安全隐患和违章行为。要制定"一岗一清单"，形成尽职照单免责、失职照单追责的工作格局。

二要以过程管控为重点，全面削减风险隐患。要坚持"四不两直"，强化日常监督检查、隐患排查治理、安全专项整治，解决各类突出问题，做到防患于未然。要狠抓大型施工、交叉作业、非常规作业等重点领域、关键环节的安全运行，加大节假日、特殊敏感时期的风险防控力度，坚决遏制各类事故发生。要加强激励约束，坚持正向激励，加大负向惩罚，特别是对于各级检查中发现的重大风险、未遂事件、严重违章，必须严肃追责问责，严格实施行政和经济惩罚。

三要以源头预防为导向，夯实本质安全基础。在新领域、新市场、新区域，要强化与甲方的前期沟通，从设计源头保障井下安全。要严把竣工验收、许可审批关，严格执行"三同时"制度，凡是不符合要求的一律不得开工，没有达到标准的一律不予验收。要进一步加大安全风险识别、评估和重大危险源的监控力度，切实将各类隐患消灭在萌芽状态。要坚持抓好质量管理，持续提高工程质量、项目质量、服务质量，从源头上确保安全环保。

四要以应急管理为保障，增强抢险救援能力。应急处置是事故发生后的最后一道屏障，必须将危害和损失降到最低。要提高思想认识，将应急"零启动"作为最终追求。要强化应急预案编制和演练工作，多开展实战训练，加大基层班组、站队的演练频次，不断提高演练质量。要强化应急救援队伍建设，不断提升快速反应、应急机动、专业救援和综合施救能力。

五要以培训教育为平台，提高全员安全素质。安全培训要区分对象，突出重点，务求实效。对公司管理层，重点进行安全发展战略、HSE体系以及安全新理念、新方法的培训。对中层干部，重点开展法律法规、知识技能、管理方法培训，着力强化安全意识、安全态度、安全行为和安全责任。对一线员工，要从素质"短板"入手，分层次、分专业、分岗位，加强操作技能和应知应会的培训，全员开展HSE履职能力评估，做到评估不合格不能上岗。两级人事部门要开展针对性考核，岗位关键知识不达标的一票否决；要加快培训信息化建设，围绕岗位技能和关键工序等内容，系统制作视频课件，丰富一线日常培训，不断提高干部员工的素质能力。

六要以执行力建设为保障，全力维护安全大局。制度的生命在于执行。要深化基层队站执行力建设，坚持"只有规定动作、杜绝自选动作"，确保各项要求、制度、规程在现场落地生根，尽最大努力消灭违章。各级安全环保监管人员要加强自身建设，常思责任之重、常想事故之害，坚持原则、敢抓敢管、不徇私情，敢于向岗位违章说"不"、敢于向违章作业亮红牌。公司两级党委要为安全管理人员和现场监督撑腰鼓劲，让他们心无旁骛、底气十足地履职尽责。

七要以承包商监管为关键，坚决杜绝责任事故。当前，承包商监管不力、事故多发频发，是集团公司事故总量居高不下的最主要症结。要突出全过程监管，严格承包商安全准入，加强过程考核和业绩评估，落实"黑名单"制度，及时清退不合格承包商。要加强承包商培训，持续强化安全管理规章制度、基础知识、应急演练等方面的教育，提高承包商素质，降低管理风险。

（工作部署第四部分：强调了七个方面的重点工作，主要强调抓好源头预防、过程管控和承包商监管，强化各级责任落实。这样的处理方式很好，这些重点工作相当于普适事项，前三部分都可以讲这些内容，但是如果放在前面任何一个部分，都容易造成某个方面的工作任务不清、重点不明、逻辑不严谨的现象）

当前正值冬季生产的关键时期，也是安全环保事故高发易发的敏感时段。要认真落实中央关于做好元旦春节期间有关工作的通知精神，做到一切工作为井控和安全让路，坚决避免责任事故和井控险情，不给组织添乱，要让员工安心。各单位要严格落实"冬季八防"要求，认真识别各工序新增的风险，持续加强生产组织、技术支撑、应急管理力度，对钻机搬安、夜间施工等工序实行升级管理，全面加强冬季施工安全保障。要切实做好一线慰问，让基层员工真真切切感受到公司党委的关怀和温暖。

（工作部署补充部分，强调召开会议最近一段时间的工作重点）

同志们，安全工作只有起点、没有终点，只有不足、没有满足。我们要时刻保持清醒头脑，不断增强忧患意识，始终保持警钟长鸣、居安思危，切实做到严防死守、常抓不懈，确保井控安全环保形势持续稳定向好，为公司高质量发展保驾护航。

（要求式结尾法：在讲话前面部分总结了成绩，查找了问题，部署了工作，结尾时再提出要求，即激励大家认真抓好落实相关工作。标志性词语是"我们要……，确保……，为……"等）

最后，祝愿大家在新的一年里身体健康、工作顺利、阖家欢乐、万事如意！

【写作点评】

这篇讲话采用的是三段论结构的变体，全文按照时序逻辑编排，即"肯定成绩＋分析形势＋部署要求"。讲话主体前面部分是肯定过去一年的工作成绩，讲话主体第一部分是分析形势，讲话主体第二、三、四部分是部署要求。但是从讲话主体来看，这四部分又是什么逻辑关系呢？可以看成按照思维逻辑安排，即"提高认识＋思路举措＋保障落实"。第一部分从四个维度强调必须高度重视 HSE 工作（提高认识），第二部分重点强调了抓好 HSE 工作的四个基本方法（思路方法），第三部分突出强调了必须严防井控风险（突出重点），第四部分提出保障大局平稳受控的七项具体举措（保障措施）。

详细剖析这篇讲话的结构布局和逻辑安排，旨在提示大家，三段论结构是会议讲话常用的一种结构形式，但也不要过于拘泥于这种结构，可以在掌握领悟了领导思想和意图的情况下，结合实际需求进行灵活组合，只要能够更好体现大会主题，在时间允许的情况下可以进行更为深入的探索。在此强调一点，三段论结构是比较容易驾驭、比较稳妥的一种结构，处于写作初始阶段的文字工作者可以从掌握运用这种常用结构起步，逐步提高自己的文字重塑水平。

【延伸思考】

安全生产法规定，安全生产工作坚持中国共产党的领导。所有企业都必须认真履行安全生产主体责任，做到安全投入到位、安全培训到位、基础管理到位、应急救援到位，确保安全生产。生产经营单位主要负责人是安全生产工作第一责任人，对本单位的安全生产工作全面负责。为坚决履行好这一责任，本系统地区企业每年年初召开的第一个会议就是安全管理工作会议（也称 HSE 管理工作会议），全面总结梳理上年度工作，分析研判形势，作出新的一年的重点工作部署。党委书记作主旨讲话（总结讲话），总经理或安全总监作工作报告。这类讲话的结构形式很多，本系统企业通常采用三段论结构，这样比较容易处理主体内容和各部分之间的逻辑关系。由于安全管理工作会议讲话文稿通用性比较强，且一般没有涉密内容，所以这类讲话文稿的写作范例均保留了大部分内容，大家可以学习借鉴。

写作范例 25：

××公司 HSE 管理委员会会议上的主持讲话

×××

（××年××月××日）

各位委员：

大家好！

今天，我们以视频会议形式召开公司 HSE 管理委员会会议，主要目的是传达贯彻党中央、国务院关于安全生产的会议精神，集团公司党组决策部署，审议公司 HSE 工作有关议题，统一思想、提高认识，团结带领广大干部员工，坚决贯彻习近平总书记关于安全生产的重要论述，强化统筹推动和责任落实，不断巩固公司发展的安全基础。

在主会场参加会议的有公司领导班子成员和助理层成员，公司机关委员；在分会场参加会议的是其他委员和相关工作人员。

本次会议共有六项议程：一是传达上级精神；二是宣读《公司 ××年 HSE 管理评审报告》；三是审议公司 ××年 HSE 工作报告；四是审议 ××年 HSE 管理先进单位和先进个人的评选情况；五是审议公司 ××年 HSE 投入执行情况和 ××年 HSE 投入计划情况；六是讨论发言。

下面，进行第一项议程，首先由我传达贯彻党中央、国务院关于安全生产的会议精神，集团公司党组决策部署。

下面，进行第二项议程，请公司副总经理、安全总监 ×××同志宣读《公司 ××年 HSE 管理评审报告》。

（×××同志宣读）

下面，进行第三至五项议程，请公司安全副总监、安全环保部主任 ×××同志一并汇报公司 ××年 HSE 工作报告、××年 HSE 管理先进单位和先进个人的评选情况、××年公司 HSE 投入执行情况和 ××年 HSE 投入计划情况。

（×××同志汇报）

下面，进行第六项议程，请各位委员对公司副总经理、安全总监 ×××同志汇报的内容发表意见。

（各位委员逐一发表意见）

同志们：刚才，由我传达了党中央、国务院有关安全生产的会议精神，以及集团公司党组决策部署；公司副总经理、安全总监×××同志宣读了《公司××年HSE管理评审报告》；公司安全副总监、安全环保部主任×××同志汇报了需要各位委员审议的内容。各位委员提出了一些调整意见建议，我完全同意。请安全环保部在会后进行认真修改，做好公司××年HSE工作会议筹备工作。

××年，公司以更大力度、更实举措，统筹抓好疫情防控和安全生产，保持了良好的HSE业绩，百万工时可记录事件率为××，先后获评集团公司质量健康安全环保节能先进企业、集团公司健康企业建设达标企业、××省安全生产先进企业、××省健康企业等荣誉称号。这些成绩的取得是公司广大干部员工、是HSE管理人员共同努力的结果。在此，我代表公司向广大干部员工，特别是各级安全环保部门的同志们表示衷心的感谢！

下面，就进一步做好安全环保工作，我再强调四点意见。

一是不断增强做好HSE工作的责任意识。今年是贯彻落实党的二十大精神的开局之年，党的二十大报告用大量篇幅对健康中国建设、生态文明建设、维护国家安全、防范化解重大风险等进行了论述，充分体现了党中央对健康安全环保工作的高度重视。当前，国家安全生产监管要求日趋严格，安全生产既是政治要求，也是政治责任，出现事故极易引发社会关注，造成不良的舆论影响，更重要的是可能给人民生命、财产安全造成巨大损失。去年国内几起事故的发生，拉响了石油行业安全生产的警报，国家部委加大对石油石化行业监管力度，相继开展了集中治理、专项督导核查、安全生产专项整治等一系列督导和检查，企业安全生产压力陡增。公司干部员工必须提高政治站位，全面按照新安全生产法和上级安全工作要求，逐条对照本单位、本岗位的工作，进一步完善岗位责任、规章制度和工作流程，牢牢守住依法合规的底线；必须加强体系建设，建立健全"企业负责、员工参与"的体系运行机制，推动全员责任落实落地；必须严格落实二级单位新任职主要领导和安全总监安全述职制度，督导领导干部切实履职尽责；必须加快完善《安全生产责任清单》，切实把"三管三必须"要求落到实处，逐级压紧压实安全生产责任。

二是毫不松懈地抓好重点领域风险防控。各单位要紧扣业务风险特点，持续推进重点领域安全生产集中整治，狠抓作业现场安全管理。要研究建立一套HSE管理的长效机制，持续推动风险防控措施走深走实、落地见效。要毫不松懈抓好野外施工项目风险管控。根据生产组织模式的变化，持续执行好野外项目"风险会商"和"工序安全确认"制度。针对跨探区作业、复杂地形施工等高风险项目，要组织专业人员和安全监督直插现场，落实"领导督办指导、风险专题评审、专家现场督导、风险作业旁站监督"的升级管控机制，不断提升野外作业风险管控水平。要毫不松懈抓好民爆风险防控。强化"五化"管理措施，落实控制××数量和区域的"两控"模式，有效落实民爆物品全流程风险管控，确保万无一失。要毫不松懈抓好交通风险防控。持续强化车辆"三级监控"和全旅程管控，全面推行防御性驾驶评估考核，持续提升交通风险管控水平。要毫不松懈抓好高危作业风险防控。严格控制高风险作业数量，升级高风险作业许可，落实领导干部现场巡查督导措施，全面强化重要敏感时段升级管控。要毫不松懈抓好承包商安全风险防控。强化承包商关键岗位人员资格培训，开展岗前履职能力评估和设备设施完整性评估，不合格坚决不允许上岗开工。要毫不松懈抓好冬季安全风险防控。各级领导要带班值守，坚守现场，靠前指挥，抓好冬季"八防"措施落实，扎实做好冬季安全生产各项工作。要加大对重点场所、关键设施、关键岗位和关键时间节点的"四不两直"检查，确保今冬明春安全生产。

三是扎实践行生态环保社会责任。过去的一年，公司持续推进绿色企业建设，通过"管理、现场、岗位"的标准化建设，提升全员绿色低碳意识，打造绿色低碳企业文化。积极践行企业社会责任，海上作业案例入选国务院国资委"央企海外十大精彩瞬间"，有力展现了公司负责任企业的良好形象。今年，各单位要进一步落实环境保护主体责任，严格依法落实"环评、三同时、排污许可"管理，严控重大环境风险；要强化生态环境隐患排查治理，加大绿色勘探装备、绿色勘探成果和清洁生产技术应用，全面完成节能减排控制指标；要严格落实生态环境保护重大事项议事规则，严肃抓好特殊敏感时段环保工作，坚决打好污染防治攻坚战。加大绿色队伍创建力度，严抓项目开工验收，把生态保护、污染减排、节能降耗的具体措施融入项目运作。恪守生态环境保护准入要求，加强涉及"自然保护区、生态脆弱区、生态功能区、环境敏感区"等施工项目生态环境保护工作，依法依规严格做好相关计划报备及准入的行政审批。

四是持续提升全员健康管理水平。要积极推进健康企业建设，按照健康企业建设标准，细化各业务领域的建设目标和基本要求。加大工作引导，量化考评指标，发挥示范带动和引领作用，培育制度健全、管理规范、防护完备、健康文化与实践突出的健康单位，激励各单位持续提高健康管理水平。全面总结健康企业经验和启示，不断完善各环节工作。要充分发挥好 AED（除颤器）、健康小屋、医疗健康服务包等健康资源的作用，加强员工急救知识与急救技能培训，提高突发急救能力；要组织开展形式多样的健康培训和教育活动，全面实施健康干预，大力倡导健康生活方式，坚决遏制非生产亡人。各单位要继续保持清醒头脑，严格遵守政府防疫规定，根据疫情形势变化和防控新要求，不断完善防控机制和措施，抓实常态化疫情防控工作。

同志们，健康安全环保工作关乎全局、至关重要。我们要坚持以习近平新时代中国特色社会主义思想为指导，全面贯彻党中央精神和集团公司党组决策部署，压紧压实主体责任，精准抓好风险防控，确保安全环保形势持续向好，为公司加快建成世界一流示范企业筑牢安全基础！

（要求式结尾法：在讲话前面部分总结了成绩，查找了问题，部署了工作，结尾时再提出要求，即激励大家认真抓好落实相关工作。标志性词语是"我们要……，确保……，为……"等）

会议到此结束。谢谢大家！

【写作点评】

这是本系统企业安全管理委员会会议上的主持讲话，企业主要领导主持本次会议并讲话。为帮助大家了解这类会议主持讲话的结构布局（主持讲话，顾名思义，包括主持词＋总结讲话），基本没有删减讲话内容，比较完整地保留了各环节的程序性表述。这类会议内容一般包括传达贯彻党中央、国务院有关安全生产会议精神，集团公司党组决策部署，审议本企业HSE工作报告、HSE管理工作情况等有关议题，听取各位委员的意见建议，企业主要领导（委员会主任）对新的一年的重点工作进行部署、提出相应要求。各企业各阶段的工作侧重点不同，主持讲话内容的侧重点也不同，具体情况具体分析即可。在此强调一点，就是各企业HSE工作必须始终以上级精神为指引，紧密结合本企业生产实际，抓住主要矛盾，不折不扣抓好工作部署、统筹推动和责任落实，用企业安全稳健发展成果检验HSE工作成效。

写作范例 26：

在××公司井控管理领导小组季度工作例会上的讲话

×××

（××年××月××日）

同志们：

今天，井控管理办公室系统汇报了上年度井控管理工作情况，对今年工作进行了细致、全面的安排。各位领导小组成员围绕井控管理工作报告及审议议题进行了充分讨论，提出了很好的意见和建议。对于下一步工作，××、××等几位同志提出了很好的建议，井控管理办公室要抓好落实。我总体同意井控管理工作报告，原则同意两项井控工作议案，请井控管理办公室对今年井控工作要点修改完善后，按照程序尽快下发。各单位要严格抓好落实落地。

结合刚才大家提出的意见建议，我再讲三点意见。

一、充分肯定上年度公司井控工作

过去的一年，公司所属单位、部门紧紧围绕"四全""四查"总体要求，坚持"零容忍"严抓狠管井控工作，着力解决关键性、突出性问题，杜绝了重大井控险情和井喷事故，有力保障了公司战略实施，主要表现在以下七个方面。

一是新理念贯彻比较到位。 加强教育引导，牢固树立"一切事故都是可以避免的""防范胜于救灾"理念，积极践行井控"八大理念"，找准管理重点和关键，狠抓一次井控，狠抓溢流及时发现和及时正确关井，狠抓"司钻是现场关井第一责任人"职责落实，溢流次数大幅下降，关井高套压大幅下降，溢流处置时间大幅下降，管控效果显著，为杜绝重大井控险情和井喷事故奠定了基础。

二是三联管理责任基本落实。 ××公司与××公司，××企业与××企业，两个层面都建立了定期沟通机制，甲、乙双方落实井控"一把手"工程，深化构建了紧密合作、齐抓共管的工作局面，共同助力风险探井打成、打好，有效保障了公司勘探重大发现。

三是井控分级管控有力实施。 井控管理办公室牵头组织，制定完善评估标准、评估流程，组织开展井控风险"三评估三分级"，风险管控更加精确、更具针对性。对评估出的施工队伍不匹配问题，发函要求建立管控措施，全面实现升级管理。

四是井控管理体系更加完善。印发井控管理规定，完成××家企业井控实施细则评审。针对现场疑难杂症，组织专家论证，统一标准规范。井控专家队伍建设稳步推进，在××企业建立井控专家队伍的基础上，××家××企业均建立了井控专家队伍。井控智能化、信息化平台、EISC 远程支持得到积极推广应用，预警提示作用更加凸显。

五是双重预防机制深入推进。树牢大抓基层的鲜明导向，保持严抓狠管的高压态势，周密策划组织井控大检查，对重点地区开展诊断评估，对××、××等高风险区块开展专项督查，常态化开展"四不两直"抽查，对突出问题挂牌督办，取得较好效果。开展井控警示月和"12·23"警示日活动，各级干部员工井控意识持续提升。

六是应急体系建设稳步推进。总部部门给予大力支持，协调解决了应急抢险救援中心的机构设置、建设费用和运行费用，重大科研项目、新设备购置、基建项目有序推进。三个中心加快建章立制，形成联合演练、交流培训工作机制。强力推进××、××等区域建成重浆应急储备站，提升了快速及时压井能力。一键关井装置、重粉罐在重点地区、重点井得到进一步推广应用。

七是现场本质安全持续夯实。加大高等级井控装备投入，重点地区安装双四通、四条放喷管线，满足"三高一超"井勘探开发需求。

二、提高站位，查找不足，必须扛稳井控安全责任

做好井控工作不仅事关安全生产、事关高质量发展，还事关社会和谐稳定大局，是公司上下必须坚决扛起的政治责任。

一要深刻认识做好井控工作是讲政治的重要体现。习近平总书记多次强调，"人民至上、生命至上""发展决不能以牺牲人的生命为代价"，这必须作为一条不可逾越的红线。应急管理部专门发文要求加强石油、天然气开采井控安全管理。特别是今年将召开党的二十大，是政治大年，必须要保持平稳健康的经济环境、国泰民安的社会环境、风清气正的政治环境……我们要坚决贯彻党中央精神，扎实做好井控管理工作……大家要始终保持清醒的认识。

二要深刻认识保障井控安全是高质量发展的必然要求。×××董事长多次强调，井控是集团公司最大的安全风险，一定要把井控工作放在更加突出、更加重要的位置，坚持零容忍抓好井控管理，坚决查处"严格不起来、落实不下去"的问题。要抓早抓细，运用"海因里希法则"，坚决杜绝重大

以上井喷事故。×××总经理明确要求，**要始终把井控安全作为"天字号"工程，构建严密有效的井控管理体系，确保万无一失。**井控工作是红线、是底线，一旦发生井控、油气泄漏爆炸等，都是极其严重的事故事件，后果是灾难性的。当前公司正处于创建世界一流企业的关键时期，绝不能在井控上犯颠覆性错误。

三要深刻认识井控工作还存在大量薄弱环节。目前公司井控基础还不牢固，井控形势依然严峻复杂。部分员工对杜绝井喷事故的信心不足，近50%基层员工认为安全事故不可避免，部分干部对待溢流管控存在麻痹思想，认为溢流多一点、少一点无关大局。这是极其危险的思想问题。溢流及时发现、及时正确关井的执行还有漏洞，不及时关井的现象依然存在。这说明部分单位在井控工作责任落实、源头管控、标准执行等方面还有很多不足，执行上打了折扣、搞了变通。必须引起大家高度重视的是，部分基层队伍员工素质偏低，直接作业环节存在潜在风险。**"没有不好的员工，只有不称职的领导"，员工素质偏低的关键还是在于各级管理者没有尽职尽责，管理者不能推卸责任。**员工岗位技能不合格就不能上岗，必须培训合格后再上岗。对于这些薄弱环节，各单位、各级干部必须深刻反思，认真抓好整改。

三、坚定信念，严抓狠管，持续提升井控工作水平

一要树牢井控理念提高站位。要始终牢记井控风险是公司最大的风险，井喷失控事故是具有颠覆性影响的事故。要树牢"一切事故都是可以避免的""防范胜于救灾"的理念，坚定杜绝井控重大险情和井喷事故的必胜信念，坚持"零容忍"抓好井控管理，各级干部要坚定信心，把井控放在更加突出、更为重要的位置，**严格贯彻"三管三必须"规定，落实"四全""四查"要求，**坚持大抓基层不动摇，坚持严抓狠管不动摇，坚持制度规程落实不走样，坚持应急资源保障不走样，坚决守住不发生重大井控险情和井喷事故的底线。

二要强化协同责任落实。抓好井控管理是甲、乙双方的共同责任，要严格落实甲方的属地管理主体责任和乙方的过程管理主体责任，**双方要"联责、联管、联动"，在制度规程制定、管理实施、监督管理、资源保障、应急处置等方面紧密配合，共同履职。**要建立甲、乙双方溢流发现及时率100%、正确关井及时率100%的考核指标，将甲、乙双方的井控工作责任落到实处。要狠抓一次井控，加强设计管理，提高地层压力、地层流体预测的精准度，科学设计井身结构，共同实现减少溢流、遏制高套压、杜绝井喷的目标。要实施季度井控联席会议制度、重点井井控设计双方联合评审制度、联合应急演练制度、联合定期检查和问题分析整改制度，全方位抓好井控管理。

三要狠抓重点领域风险管控。要抓好井控风险"三评估三分级"管理，不折不扣执行评估结果，今年新开井必须实行施工队伍与井控风险级别的精准匹配。甲、乙双方均要实施升级管理，建立管控措施，强化全过程严格监督管理，抓好重点区域监管，××、××等区域沟溢流仍然很多，是高风险地区，要高度重视，严抓细管，建好用好重泥浆储备站，确保快速压井、消除风险……要抓好重点井监管……要实施EISC远程支持和现场专家督导相结合的方式抓好过程管控。要坚持依靠科技创新抓好井控，强化井控装备更新和升级改造，加大井控自动化、智能化研究和应用力度，大力推广井口自动化装备，提升本质安全水平。要强化司钻培训，严格取证上岗，严格实操演练，同时要给司钻履行职责创造条件。

四要组织开展井控监督检查。今年上半年质量健康安全环保部联合井控管理办公室，开展一次系统的井控大检查，坚持国内外一体化检查，钻井、井下作业以及油气生产三个专业同步开展，高风险盆地、重点地区要安排资深专家带队，严肃组织问题隐患整改，下半年迎接××检查，为××营造一个安全稳定的环境。对于新开井未落实队伍井控能力与井控风险相匹配的，以及当前施工队伍能力与井控风险不匹配而没有落实相关要求的，要对××企业和××企业进行通报批评，并对施工队伍进行停工整顿。

五要加快井控应急中心建设。要瞄准国际一流目标，高质量建设井控应急中心，加快推进井控抢险装备和技术攻关，建立月报制度，跟踪指导中心建设和技术研发，基建项目建设必须在年内完成。井控管理办公室要会同相关企业，研究制定如何更好发挥中心作用、让中心更多承担井控监管职责、更多参与重点地区井控监督检查、精准掌握所在区域井控风险防控重点难点的具体措施。承担应急中心建设的企业，要把应急中心建设好支持好，井控主管领导要亲自抓，必须支持好资源保障、技术保障、人员队伍配套等。

【写作点评】

按照有关规定，本系统企业井控管理领导小组会议实行季度工作例会制度，及时总结上一阶段井控工作，审议有关议题，分析研判形势，部署下一阶段井控重点任务。会议主持人和讲话人可以是同一个人，也可以不是同一个人。本系统企业召开这类会议，主持人和讲话人一般均为领导小组组长。这篇讲话稿采用的是传统三段论结构，主体内容按照时序逻辑编排，即"肯定成绩＋形势分析＋工作部署"。之所以推选这篇讲话，是因为讲话领导的格局胸怀和责任担当，其熟悉工程技术业务，讲话条理清晰、逻辑严谨、专业规范，肯定企业工作毫不吝啬，指出问题鞭辟入里，部署工作重点突出、责任分明，给予了工程技术业务发展很大的支持和帮助。总体来看，这篇讲话文稿思路清晰、观点鲜明、掷地有声，"要始终把井控安全作为'天字号'工程""井控管理甲、乙双方要联责、联管、联动""没有不好的员工，只有不称职的领导"等要求和观点给人留下十分深刻的印象。

第七节　井控专题会议讲话

井控工作是油气勘探开发过程中一项系统化、专业化、全程性的重要工作，其主要涉及井控设计、井控装备、作业观察、溢流预警等工作，以及溢流处置、失控处理、井控抢险等应对措施。整个井控工作中涉及的风险因素非常多，勘探井、开发井甚至是停产井，都有可能发生井喷事故，井喷失控后果极其严重。因此，井控风险被中国石油列为八大风险之首。随着时代的发展，井控管理水平和井控技术能力持续提高，但随着油气勘探开发向深地、深海、非常规领域发展，勘探开发难度越来越大，井控风险也越来越大，新的工程技术革命正在全面推进。

一、井控专题会议讲话的显著特点

1.突出问题导向。纵观国内外，之所以发生那么多井控风险，主要原因就在于观念意识淡薄、管理体系不完善、监管责任不落实、员工素质参差不齐、应急救援能力不足、井控设备设施未真正发挥作用等。开展井控大检查，就是为了排查隐患、补强短板，尽最大努力防患于未然。本系统召开井控专题会议，主要目的就是通报井控检查结果，总结好经验、好办法，分级分类指出现场存在的问题和不足，结合上级最新精神和井控工作实际，统筹部署更有针对性的井控工作，严密防范井控风险发生，保障油气生产顺利实施，为我国经济社会发展提供油气能源保障。

2.突出大抓基层。随着油气勘探开发向深地、深海、非常规领域发展，井控风险越来越高。抓实基层队伍能力与风险井级别精准匹配是基础和前提，坚决不能出现"小马拉大车"的现象，有多大能力就承揽什么风险级别的工程；抓实基层队伍规范操作和现场责任落实是防范井控风险的重要条件，坚决不能容忍"事不关己，高高挂起"的现象发生，根除"低、老、坏"是确保现场井控安全的重要措施。回顾近几年来的井控工作，成效显著，但存在的问题仍不容小觑。召开这类会议就是为夯实井控工作基础。分级分类做好问题分析是指导和推动基层能力提升的关键，必须明确指出问题所在和责任所在，让有关单位受到触动。

3.**突出联防联动**。在国内油气勘探开发过程中，抓实井控管理是甲、乙双方的共同责任。甲方必须落实的是属地管理主体责任，乙方必须落实的是过程管理主体责任，双方"联责、联管、联动"，为井控风险防控上了"双保险"。"三联"管理不是口号，需要甲、乙双方共同推动和干好事关井控工作的各环节、各层级工作，从上至下、从始至终、从预防到应急（当然我们不希望出现需要应急的情况）。国内油气勘探开发，对于油公司和服务公司而言，只是目标相同、分工不同。这类会议之所以再三强调"三联"责任，就是希望通过甲、乙双方的共同努力，更好地应对油气勘探开发向着深地、深海、非常规领域进军所带来的巨大井控风险。

二、起草井控专题会议讲话文稿的一般方法

这类讲话文稿一般可以采用三段论结构，具体内容安排有很多种方式，下面介绍两种常用的方式。

1.**按照时序逻辑起草**：指出问题（可以先肯定成绩，再指出问题，也可以直接指出问题）＋分析形势（包括贯彻上级精神、企业发展面临的挑战等）＋部署工作（根据检查中发现的问题，有针对性地部署下一步重点工作）。

2.**按照思维逻辑起草**：提高认识（相当于分析形势，包括贯彻上级精神、企业发展面临的挑战等）＋思路目标（根据检查中发现的问题明确下一步工作的方向、思路和目标）＋推动落实（根据检查中发现的突出问题，有针对性地部署下一步重点工作）。

写作范例 27 是典型的三段论结构，采用的就是思维逻辑，其实这篇讲话文稿完全可以调整为时序逻辑。

三、起草井控专题会议讲话文稿的注意事项

1.确保逻辑严谨。这类讲话文稿起草相对较简单，最重要的是突出专业性。一般会议主题非常明确，在确定讲话结构形式后，就是把主体内容按照逻辑关系表达好。无论是时序逻辑，还是思维逻辑，都要弄清楚"是什么（指出问题）、为什么（分析问题）、怎么办（解决问题）"的问题。大家可以通过品读写作范例27，学习总结各部分的选材和处理方法。

2.避免穿靴戴帽。本系统企业均为高新技术企业，主要为油气勘探开发提供资源保障和技术支撑，召开的各类会议都是为了解决实际问题，是直接奔着问题去的，基本不存在穿靴戴帽的做法。务必避免"讲问题顾及情面、讲责任指向不明、讲落实绕来绕去"现象的出现，紧紧围绕发现问题、分析问题、解决问题展开，是比较务实、比较实用、比较受欢迎的方式。

3.注意语言风格。不同领导表达方式可能有很大不同，所以在起草这类讲话文稿时更需注意领导的语言风格。思想引领是各类讲话应当重点关注的方面，在这类讲话中要多提炼、多引用经过实践验证行之有效的领导思想理念，好的思想理念可以反复提，有效的工作措施需要持续推动落实。这方面不好把握，只有通过多读、多品、多写、多练，才能快速提高自身的写作水平，越来越恰如其分地处理好一些内在的知识。

写作范例27：

在××公司井控工作部署会上的讲话

×××

（××年××月××日）

同志们：

　　今天召开公司井控工作视频会，主要任务是深入学习领会习近平总书记近期关于安全生产的重要指示精神，认真贯彻全国安全生产电视电话会议、中央企业安全生产工作视频会议，以及公司安全生产大检查暨疫情防控工作部署会议要求，总结第一季度井控工作开展情况，分析存在的问题，全面部署推进下一步井控管理工作，持续提升工作能力和水平，为公司高质量发展

和世界一流企业建设营造安全稳定环境。刚才，×××同志代表井控管理办公室通报了近期公司井控工作进展，以及第一季度工作情况，对全年井控管理工作作出更加细致全面的安排，我完全同意，请各单位认真抓好贯彻落实。

（帽段开宗明义，简要指出召开会议的目的和意义，简要回顾会议过程，明确表示支持井控管理办公室对近期井控工作的进展情况分析和对全年井控工作的统一部署）

结合会议主题，我强调三个方面的意见。

一、提高政治站位，坚决贯彻落实党中央、国务院及集团公司决策部署

今年是政治大年。党中央强调，要保持平稳健康的经济环境、国泰民安的社会环境、风清气正的政治环境。落实好中央精神，实现安全生产至关重要。近期，中央和国家层面密集召开安全生产有关会议，国家部委专程到中央企业调研，了解安全生产形势，将安全生产提高到了前所未有的高度，充分体现了我们党坚持以人民为中心的发展思想，充分体现了中央保持国泰民安、推动经济发展、维护大局稳定的坚定决心。我们要站在政治和全局的高度，充分认清做好安全生产和井控工作的特殊重大意义，坚决扛起肩负的这份政治责任。

一要深入学习领会习近平总书记重要指示精神。习近平总书记多次强调，"安全生产事关人民群众福祉，事关经济社会发展大局"，"要坚持人民至上、生命至上"，"牢牢守住安全生产底线"，"坚持发展和安全并重"。特别是"3·21"××航空器飞行事故发生后，习近平总书记立即作出重要指示，并主持召开中央政治局常委会。会议指出，要坚持统筹发展和安全，发展决不能以牺牲安全为代价，各方面一定要深刻吸取教训，举一反三，进一步健全安全生产责任制，抓好安全生产责任落实，在全国全面开展安全生产专项大检查，全面排查整治风险隐患，最大限度防范遏制各类事故发生，保持社会大局稳定。3月24日，习近平总书记又专门作出重要指示，强调安全生产要坚持党政同责、一岗双责、齐抓共管、失职追责，管行业必须管安全，管业务必须管安全，管生产经营必须管安全。要在全国深入开展安全大检查，严厉打击违法违规行为，采取有力措施清除各类风险隐患，坚决遏制重特大事故，确保人民生命财产安全。这些都为我们进一步做好安全生产和井控工作提供了根本遵循和行动指南。我们要深入学习领会习近平总书记的重要讲话和重要指示精神，切实增强政治判断力、政治领悟力、政治执行力，把高质量做好安全生产和井控工作、更好维护社会大局稳定作为胸怀"国之大者"、践行"两个维护"的具体行动。

二要全面贯彻全国安全生产电视电话会议和中央企业安全生产工作视频会议部署。3月31日，国务院召开全国安全生产电视电话会议，部署进一步强化安全生产责任落实、坚决防范遏制重特大事故的15条措施。国务院国资委在中央企业安全生产工作视频会议上强调，要从严从细从实抓好中央企业的安全生产工作，做到"五个必须"，全面提升企业安全发展水平。我们要时刻紧绷安全生产这根弦，牢固树立红线意识，严之又严、细之又细、实之又实，织密织牢"安全网"，坚决守住不发生重特大事故的底线，确保员工生命安全和企业大局稳定。

三要认真落实集团公司安全生产大检查暨疫情防控工作部署会要求。4月1日，×××董事长主持召开集团公司安全生产大检查部署会，强调要深入学习领会习近平总书记重要指示精神和中央部署要求，把安全生产大检查和15项硬性措施落到实处，确保安全生产形势持续向好，全面提升集团公司安全发展水平，为党的二十大召开全力营造安全稳定环境。×××总经理从安全生产大检查、落实15项硬性措施、抓好疫情防控等三个方面作出具体安排。我们要认真落实集团公司党组部署要求，将安全生产和井控工作作为一切工作的前提，始终追求"零事故、零伤害、零污染"的HSE目标，以实际行动践行"以人为本、安全第一"的理念。

（主体内容第一部分：传达贯彻习近平总书记的重要指示精神和上级组织关于安全、井控工作的部署、要求）

二、认清严峻形势，切实增强做好井控工作的责任感、紧迫感

近两年来，公司井控安全形势总体稳定，溢流次数逐年降低，今年一季度发生溢流同比减少××。尽管如此，我们绝不能盲目乐观、掉以轻心……

一要深刻认识井控安全工作的极端重要性。井喷失控事故是灾难性事故，"12·23"特大井喷事故教训还历历在目，集团公司绝不能再发生、更不应该再发生井喷失控事故。×××董事长多次强调，井控风险是集团公司最大的安全风险，一定要把井控放在更加突出、更加重要的位置，坚持"零容忍"抓实抓好，坚决查处"严格不起来、落实不下去"的问题。刚才，×××同志分享了近年来的几起井控事故和重大险情案例，涉及陆上和海上，涵盖钻井、压裂、带压作业等多个专业，其中一个主要原因就是对井控工作重视不够，忽视了三高两浅井、深井超深井、气井带压作业、海上作业的井控极高风险性，给我们再次敲响了警钟。各级领导干部要深刻吸取教训，慎言成绩、居安思危，善于运用海因里希法则，以最坚决的态度、最严格的要求、最严厉的手段、最有效的举措，坚决防范和遏制井控险情和井喷事故。

二要深刻认识井控风险持续加大的客观现实。近年来，集团公司认真贯彻习近平总书记关于"加大油气资源勘探开发力度""保障国家能源安全""能源的饭碗必须端在自己手里"等重要指示批示精神，积极投身七年行动计划，加大风险勘探投资，油气勘探开发向超深层、非常规领域进军。今年，集团公司进一步加大了勘探开发力度……随着井越打越深、地层压力越来越高，工程情况更加复杂，井控形势也更加严峻，既挑战技术极限，也挑战井控安全极限。目前，四个重点盆地正钻井中，一级风险井××口，占比超过××，地层压力超过100MPa的探井也越来越多，对井控风险管控提出了更高要求。同时，矿权流转、市场开放带来了新挑战……井控风险明显增加。特别要注意的是，在去年的安全感知度调查中，有近50%的基层员工认为安全事故不可避免，部分干部对待溢流管控不够重视，认为溢流多一点、少一点无关大局，这些思想问题从源头上加剧了井控风险隐患。我们既要客观面对现实，更要坚定必胜信念，牢固树立"两个理念、一个信念"，全力推动集团公司井控安全形势持续向好。

三要深刻认识井控工作还存在大量薄弱环节。第一季度发生的××次溢流，绝大部分集中在××、××等井控极高风险盆地，主要原因是钻遇异常高压油气水层发生了遭遇战，其中既有设计源头的问题，也反映出我们的井控基础还不够牢固。目前，钻探企业基层队伍社会用工超过××，钻井现场工作经验不足的比较多，井控意识和专业素质整体偏低，导致发现溢流不够及时，应急状况下不能及时正确关井。部分单位对井控工作在责任落实、源头管控、标准执行等方面还存在漏洞，执行上打折扣、搞变通。对于这些薄弱环节，我们决不能寄希望于员工通过自我管理来改进，必须坚持井控工作长期处于严格监管阶段的定位，保持高压严管态势。同时还要深刻认识到，员工素质偏低的关键还是在于各级管理者没有尽职尽责，培训组织不到位，管理者不能推卸责任，必须严格履职尽责。

（主体内容第二部分：分析研判本企业安全生产的严峻形势，强调井控工作的极端重要性，明确指出井控工作存在的问题和挑战）

三、紧盯任务落实，持续推动井控工作再上新水平

"一分部署、九分落实。"各单位要深入学习领会习近平总书记重要指示批示精神，按照党中央、国务院和集团公司关于安全生产大检查和15项硬性措施的要求，找准工作坐标，强化责任落实，推动各项工作部署落实落细落地，不断开创井控安全新局面。

一要始终保持高压严管态势。要健全溢流发现、处置奖惩制度，高度

226

讲话文稿里的丰厚遒美

第三章 专业会议讲话

关注高套压事件，将井控风险识别不到位、溢流关井不果断作为严重的井控隐患进行集中治理，将重大隐患升级为井控险情处理，逐级追责、从严问责，坚决杜绝任何侥幸心理、麻痹思想，使严考核、重奖惩成为当前严格监管阶段的鲜明特色。要强化井控过程管理，加强重点地区、高含硫气田、矿权流转区块、海上作业井控督查，狠抓"司钻是现场关井第一责任人"的责任落实，确保溢流发现及时率和关井及时率"两个100%"。第一季度这"两个100%"执行得不错，特别是溢流发现时间、关井时间保持较高水平，说明大家的工作卓有成效。第一季度能做好，我相信上半年、全年也能做好。只要锲而不舍、久久为功，就一定能实现减少溢流、遏制高套压、杜绝井喷的目标。

二要加强甲、乙双方协同联动。抓好井控管理是甲、乙双方的共同责任。要严格落实甲方的属地管理主体责任和乙方的过程管理主体责任，推动双方"联责、联管、联动"，在制度规程制定、管理实施、监督管理、资源保障、应急处置等方面紧密配合，共同履职、齐抓共管、相互支持。甲方必须要比乙方要求更严、标准更高，严格检查、形成闭环；乙方要严格执行甲方的设计要求，严格现场实施。要继续落实井控联席会议、重点井井控设计联合评审、联合应急演练等制度，全方位抓好井控管理。今年，××公司和××公司共同开展了溢流专报分析，这个做法值得肯定，要继续加强……××公司也要把海外井控检查评审纳入集团公司井控检查，共同推动实施。

三要狠抓各级责任落实。要压实领导责任，将井控作为"一把手"工程，严格落实"三管三必须"要求，突出抓好企业主要负责人第一责任和业务分管负责人直线领导责任落实，力戒形式主义、官僚主义，真正把井控责任压实传递下去。要压实管理责任，井控管理办公室要将井控大检查与QHSE体系审核有机结合，聚焦3项专项检查内容与7项重点检查内容，采取"线上＋线下""自查＋抽查"的方式，全面排查整改井控风险和问题隐患。各企业和所属单位要按照"管工作必须管井控"原则，真正把井控安全作为不可推卸的责任，对照井控责任清单，落实管理部门责任，发挥好监督、支持和指导职能。油公司和服务公司要……油公司要……要压实监督责任，两级监管部门……工程监督、外包监督、HSE监督……

四要强化设计源头管理。数据显示，近两年发生溢流的直接原因中，钻遇异常高压油气水层占比达到××以上，说明我们的压力预测还不够精准。要践行"甲方必须管设计、设计必须重井控"的理念，牢牢把住井控风险源头，加强地质工程一体化，共享录井等信息，压力预测要准确、井身结构要科学、井控投入要足够、钻井液密度要合理、技术要求要明确，出现压力变化应对要及时，最大限度避免出现井控遭遇战。井漏、卡钻等事故复杂极易引发溢流，特别是对于××、××等极高风险区域的重点探井，一定要以打成试好为目标，在井身结构上为复杂处置留有余地。要规模应用精细控压等技术，将随钻堵漏阀上升为井控工具，提高复杂地层应对能力。油公司要……

五要确保风险精准防控。要抓好三评估三分级，从刚才通报的情况看……相关油公司要……要抓好重点区域监管，聚焦主要矛盾，制定针对性措施。在高风险区块加快建设重泥浆应急储备站，实行压裂车区域值班，打造两小时应急圈，确保"及时发现、及时关井、及时压井"要求落到实处。对于矿权流转区块，要增强风险意识，严格落实建设方的井控管理和应急处置责任，加大监管和现场督导力度，堵塞漏洞、消除隐患。要充分认清海上平台发生井喷失控造成的颠覆性后果，按照海洋石油安全风险专项治理要求，强化海上移动平台安全风险辨识、分级和管控，防范遏制生产安全事故。要抓好EISC技术支撑，第一季度EISC监控各类重点井××口，风险提示××次，取得较好效果。要通过专家24小时值班值守，实时提供技术支持、监督和决策，发现异常及时预警，真正将"科技兴安"落到实处。××公司要加快建设涵盖海外业务支持的总部EISC；油公司要……

六要着力提升基层素质。要强化队伍源头管理，严格资质管理和井控评估分级，严把入口关、井控能力关，一级风险井和带压作业必须由符合要求的内部队伍承担，因能力和工艺原因确需引进外部作业队伍的，一定要落实"三评估三分级"要求，严格履行审批程序，原则上不再增加集团公司以外队伍资质；要按照"谁引进谁负责、谁使用谁监管"要求，对于不合格承包商队伍发生的事故，从严追究准入部门的责任。要大力提升基层素质，当前社会化员工已是基层队伍的主体力量，人员流失率高，导致队伍素质参差不齐。要加快开展基层队HSE能力调研，聚焦钻井队长、工程师、司钻及修井作业队长等关键岗位，有针对性地采取提出能力提升措施。要严格岗位操作规程执行，确保每一道工序安全平稳，全面加强作业风险辨识，做到不逾越作业程序、不自选操作动作，让"两书一表"回归根本，杜绝流于形式，搞变通、打折扣。要大力提升实操培训力度，将防喷演练、井控装备结构原理、实际操作和典型案例作为基层岗位井控取换证培训重点，严格执行"必知必会出错就是零分"等刚性要求，分区分类抓实井控能力提升轮训，努力消除人的不安全行为。无论新老员工，培训不合格坚决不能上岗。要举办好集团公司井控技能竞赛，激励司钻更好发挥在井控安全、井筒质量等方面的关键作用。

七要加快应急中心建设。目前三个应急中心骨干人员基本到位，已具备正常运行条件。下一步，要加快基建项目建设进度，推进井控抢险装备和技术攻关，强化联合演练和实操培训，不断增强抢险实战能力。×××同志要带领井控专家队伍，定期对三个中心进行督促检查，及时协调解决遇到的难题。井控管理办公室要建立联动机制，与企业共同研究制定措施，让中心更多承担集团公司井控监管职责，更多参与重点地区井控监督检查，促进各区域井控管理水平提升。

（主体内容第三部分：结合上级精神和部署要求，作出七个方面的重点工作安排，并提出了具体工作要求）

同志们，做好井控安全工作、维护安全发展大局，意义重大、责任重大。我们要全面贯彻党中央、国务院决策部署，认真落实公司党委的工作要求，牢固树立红线意识和底线思维，抓紧抓实抓细各项工作，确保井控安全形势持续向好，为推动公司高质量发展奠定更加坚实的基础，以优异成绩迎接党的二十大胜利召开。

（要求式结尾法：在讲话前面部分总结了成绩，查找了问题，部署了工作，结尾时再提出要求，即激励大家认真抓好落实相关工作。标志性词语是"我们要……，确保……，为……"等）

【写作点评】

国内外已经发生很多起井喷失控事故，造成了巨大损失和巨大影响，所以井控安全的重要性怎么强调都不过分。本系统企业每年至少召开1—2次全系统的井控检查通报视频会，全面检视发现问题，全面剖析管理漏洞，全面整改问题隐患，为安全生产保驾护航。这篇讲话主题鲜明、思路清晰、逻辑严谨，运用三段论结构把应当指出的问题、应当贯彻的精神、应当明确的要求、应当作出的安排，分层分类分项摆布得非常清楚，让听众很容易理解，能够起到较好的警示作用和教育引导作用。当然，这篇范例并不能称得上十全十美，本书所选的范例都可能存在一些不足，大家可以在阅读过程中学习品评，欢迎大家提出宝贵意见，也可以给我们提供更加完美、更加精彩、更加具有实用性的写作范例，相互促进、共同提升、惠及大众。

第八节　QHSE 管理体系审核会议讲话

本节主要讲解 QHSE 管理体系审核会议讲话，这类会议亦属于问题导向型会议。QHSE 管理体系审核是实现企业发展战略的重要管理手段，是实现企业安全发展的重要保障。QHSE 管理体系的核心是人本管理，注重企业社会责任，注重员工生命健康，注重企业战略发展，重视生产经营过程中的风险管控。

（一）QHSE 管理体系基本知识

QHSE 管理体系是指在质量（Quality）、健康（Health）、安全（Safety）和环境（Environment）方面指挥和控制组织的管理体系。它是在 ISO 9001标准、ISO 14001 标准、GB/T 28000 标准和 SY/T 6276《石油天然气工业 健康、安全与环境管理体系》的基础上，根据共性兼容、个性互补的原则整合而成的管理体系。

企业主要负责 QHSE 管理体系的顶层设计、目标设定、资源提供、体系策划、运行管理、定期的监视评审，并提出改进建议；基层单位是QHSE 管理体系要求的执行主体，应基于对风险的辨识、分析和评价结果，将 QHSE 管理体系要求融入日常生产管理，强化 QHSE 管理制度的执行力，并利用过程趋势分析，持续改进体系运行效果。领导层是 QHSE 管理体系的决策层，应切实发挥领导作用，确定统一的宗旨和方向，创造全员积极参与实现企业目标的条件，并通过不断提高员工的 QHSE 意识，纠正不安全行为，从而有效控制过程风险，预防事故发生。岗位员工则要做好生产过程中的风险辨识，落实风险控制措施，确保质量、安全、环保目标实现。

QHSE 管理体系遵循 PDCA 管理模式，即策划（Plan）、实施（Do）、检查（Check）和改进（Action）。其主要要素包括公司环境，领导作用和员工参与，质量、健康、安全与环境方针，风险和机遇控制，目标策划，组织机构、岗位、职责和权限，资源管理，能力和意识，文件和记录控制，运行管理，绩效评价，改进。

策划阶段主要包括公司环境，领导作用和员工参与，质量、健康、安全与环境方针，组织机构、岗位、职责和权限，风险和机遇控制，目标策划。

实施阶段主要通过对人力、设备设施、过程环境、财力、技术和信息资源的管理，以及对人员能力和意识、文件和记录控制的管理，逐项落实法律法规、标准、制度规程要求，保障产品和服务的运行过程在受控条件下实施，最终获取满足要求的产品和服务。

检查阶段主要是通过日常监督检查、关键节点确认、数据分析、合规性评价、内部审核、管理评审等措施实现管理体系的绩效评价，为下一步改进提供依据。

改进阶段则是通过识别出的改进机会，采取必要的纠正措施，改进 QHSE 管理体系的绩效和有效性。

（二）QHSE 管理体系审核基本情况

本系统企业均已建立较为完善且行之有效的 QHSE 管理体系，每年组织开展两次体系审核，一般安排在上半年 3—5 月份和下半年 9—11 月份。审核的主要目的是客观全面评价企业 QHSE 管理水平，推动中央有关精神和上级部署，以及企业制度标准规程、重大风险防控措施、审核发现问题整改落实落地，不断巩固企业高质量发展的安全保障基础。目前 QHSE 管理体系审核采取"盆地＋企业""全要素＋专项"方式进行，每个盆地安排一个审核组，聚焦风险防控重点，以企业重大风险清单及防控方案编制与落实为切入点，重点审核人的不安全行为、查证系统性管理问题，查验工艺纪律、操作纪律、劳动纪律执行情况。横向上，验证企业设计、施工、生产、技术、装备、人事等关键业务部门直线责任和防控措施的落实情况；纵向上，验证企业、所属二级单位、基层单位、基层岗位等各层级风险防控责任、防控措施的落实情况。

某公司全年对 9 家工程技术企业完成一次全覆盖审核。对上年度审核排名末位的企业，全年实施两次审核，其中一次量化审核、一次专项审核。对上年度审核排名第一的企业，本年度不组织实施审核，充分发挥企业主体作用，自行规范开展内部审核工作，强化自我约束和自我改进。审核过程中，坚持"五个必审"，即三年内发生 B 级及以上安全环保事故的单位和基层队伍必审、主要负责人或安全总监调整不足半年的生产单位必审、新成立的生产经营单位和队伍（含本年度新取得资质的队伍）必审、五年内接受审核低于 2 次的单位必审、上年度企业内审排名后三位的生产单位必审。对企业所属主要生产单位的审核抽样比例不得低于 50%。不在上半年、下半年审核范围内的企业，须于 5 月中旬、11 月中旬前分别完成一次内部审核。

审核过程坚持问题导向、目标导向、结果导向，严格落实集团公司"深挖管理深层次问题"的工作要求，不断强化审核过程"四不两直"抽查、岗位标准化操作验证、典型问题管理追溯，充分利用各种视频监控回放追溯现场违章行为，围绕管理追溯、安全文化感知度调查、事件管理分析、专项领域深度评估、督办情况分析、重点盆地管理现状分析等六个方面开展工作。审核发现的问题通过盆地和企业讲评会向被审核单位通报，督促被审核单位立行立改。上、下半年审核结束后，立即组织对发现的问题进行分类分级，开展系统分析研判，对所有问题进行追溯，查找问题根源，督促企业制定整改方案，所有问题按"三管三必须"原则，落实各级领导的挂牌整改责任，严重问题由主管领导挂牌负责，二级单位主要领导挂牌整改。中油技服定期督办整改情况，扎实推动企业做好审核的"后半篇"文章。

（三）QHSE 管理体系审核会议介绍

体系审核结束后，本系统主要召开两个会议，即企业体系审核末次会、全系统体系审核通报会。两个会议虽然是不同层面的会议，但会议内容安排基本一致，一般只有两项议程，即体系审核情况通报、出席会议的上级领导讲话。两个会议安排的不同主要在于通报问题范围和出席会议领导层级不同。就通报问题而言，前者通报的是被审核企业发现的问题，问题相对少，但针对性很强；后者通报的是全系统审核发现的问题，包括一般性问题、严重性问题、重大风险问题，并对"低、老、坏"问题重复出现进行特别提示。两个层面的会议讲话主体结构大体相同，多采用三段论结构，但讲话内容有很大差别。企业体系审核末次会讲话主要分为三部分，比如写作范例 28、29，都是同样的模式：肯定成绩、指出问题、提出要求（也可以）。全系统审核通报会讲话也主要分为三部分，比如写作范例 30，内容分别是：剖析问题和挑战（包括传达上级精神和部署要求）、重点工作部署、具体工作要求。除了这些，其实还可以有很多种形式，比如：指出发现的问题（结合当前国内外事故案例、安全生产形势，深刻指出审核发现问题的共性和个性、发生问题的主观＋客观因素）、传达上级精神（传达上级最新精神和部署要求，明确下一步安全工作的方向、目标和要求）、作出工作部署（结合发现的问题和上级精神，有针对性地作出下一步工作部署，部署＋要求可以一并讲）。文章有千种写法，无论是哪一种写法，只要能够达到预期目的就都是好方法。但每个业务领域都有其约定俗成的一些写法，可以学习借鉴，也可以通过学习进行适当创新。

写作范例28:

在××公司上半年 QHSE 管理体系审核通报会上的讲话

×××

（××年××月××日）

同志们：

按照集团公司整体部署，我们组织开展了今年上半年 QHSE 管理体系审核。本次审核按照"三不审核""五个必审"原则，以"盆地＋企业""四不两直＋随机抽样"等方式，突出"五个聚焦、六个重点、五个专项"的审核，达到了预期目的。刚才，×××同志代表审核组作了讲评通报，总结成绩实事求是，审核内容丰富翔实，分析问题客观精准，提出建议科学合理。希望××公司充分利用这次审核成果，举一反三持续改进，全力提升质量健康安全环保管理水平。

下面，结合审核情况和当前形势，再强调三个方面的意见。

一、锚定世界一流，××公司各项工作取得良好业绩

近年来，××公司认真贯彻落实集团公司党组决策部署和××公司工作安排，锚定世界一流目标，深化实施××发展战略，有效应对了××和海外市场不确定性增加等诸多挑战。特别是过去的一年，在以×××同志为班长的新班子带领下，公司服务保障、科技创新、生产经营等各方面都展现了新气象，保持了高质量发展的良好态势，近期被国务院国资委确认为全国××家"创建世界一流专精特新示范企业"之一，为服务公司发展作出了表率。找油找气方面，配合油气田大打高效勘探进攻战，围绕重点盆地打造"××工程"，全年完成集团内部××作业××万平方千米，全面完成集团公司追加部署工作量，集团公司重大油气发现成果参与率保持100%。科技创新方面，成功被认定为××省科技领军企业，××成功入选国务院国资委"科改示范

企业"，特别是前不久××公司牵头申建的××技术创新中心完成科技部专家论证，即将成为××行业首家国家级创新中心。**经营管理方面**，大力实施提质增效价值创造行动，××年实现营业收入××亿元，净利润××亿元，排名××业务系统第一，"两利四率"等经营指标实现"两增一控三提高"，为××公司完成全年经营指标作出突出贡献。**QHSE管理方面**，严格落实集团公司安全生产"四全"原则和"四查"要求，坚持问题导向，坚持严抓狠管，保持了安全生产平稳态势。**一是**去年实现安全生产××个百万工时，获得集团公司安全环保先进企业和健康企业建设达标企业，××省安全生产先进企业和健康企业称号。**二是**QHSE管理体系持续优化，管理体系升级到H版，修订公共聚集场所安全管理规定等3个标准，消防安全管理办法等5项制度，体系运行质量显著提升。**三是**扎实开展基层队站QHSE标准化建设，连续6年组织开展QHSE标准化队站建设现场交流，总结形成137项标准化成果，2支队伍荣获集团公司标准化示范队站，连续两年在集团公司榜上有名。**四是**统筹开展专项整治行动，全面落实全国安全生产大检查要求，紧密围绕"15条硬措施"，识别治理隐患××项，专项整治活动取得明显成效。**五是**重要风险得到有效管控，突出抓好民爆物品管理，针对民爆物品用量大、涉爆人员多等难点，推广"五化＋两控"管理模式，充分应用信息化管控手段，实现民爆物品全流程管控。不断加强海外项目HSSE管理，连续4年保持集团公司社会安全管理体系五维绩效考核"卓越级"成绩。强化升级管理，建立11类升级管理清单和禁止作业清单，实现了安全生产。

这些成绩的取得，充分说明集团公司和××公司的各项决策部署，在××公司得到了很好的贯彻落实；也充分证明了××公司领导班子是一个**率先垂范、真抓实干、务实进取、追求卓越**的班子，××公司广大干部员工队伍是一支**有信仰、有担当、有本领、有纪律**的铁人队伍。在此，我代表××公司党委对大家的辛勤付出表示感谢，对工作中取得的成绩表示祝贺。

二、认清当前形势，刀刃向内查找自身存在问题

今年以来，全国煤矿、交通、危险化学品等行业发生多起安全生产事故，尤其是××、××等事故，给人民群众生命财产安全造成极大损害。为深刻吸取教训，×××董事长和×××总经理作出批示，强调**落实"四查"要求，坚持"四不放过"，严肃追责**，采取有力举措遏制安全事故频发势头。在本周一的工作会议上，×××董事长再次强调，**当前安全生产的基础不牢，存在"说起来重要，干起来次要，忙起来不要"的现象**，要对安全生产处于严格监管阶段保持清醒认识，举一反三，深刻汲取事故教训，严格抓好安全生产。

近日，集团公司召开第一季度生产安全事故警示视频会，对有关事故情况进行了通报，×家事故单位主要负责同志就事故作了检查，×××副总经理深入分析研判当前集团公司面临的严峻形势和存在的主要风险，对认清形势、精心组织，抓好第二季度质量安全环保重点工作提出明确要求。××公司要认真传达贯彻落实这次安全事故警示视频会精神，分解任务，逐项落实。要针对这几起事故所暴露出的突出问题，举一反三，真正把别人的事故当成自己的事故，深入分析和自我反思，坚决杜绝类似问题的反复出现、类似事故的重复发生。

从本次审核结果来看，××公司 QHSE 管理体系整体运行良好，但还存在以下问题。一是安全理念信念认同感不够。各级干部员工对安全的重要性认识差距较大，"上热、中温、下冷"现象没有得到根本改变，部分单位基层队骨干人员不清楚"班组四环节"风险防控机制的 12 项内容。这说明，理念信念宣贯和制度要求落实的"最后一公里"没有彻底打通。二是麻痹思想依然存在。以上安全生产事故暴露出的问题，在××公司不同程度存在，主要表现在违规随意作业、作业监督不落实、风险控制工具走形式等方面，需要深刻吸取教训，举一反三整改。三是安全责任落实不到位。直线责任落实挂空挡、监管责任落实宽松软、隐患排查不深入的问题在一些单位依然存在，"严格不起来、落实不下去"的现象还没有得到根本解决。有的单位不重视事故事件的统计分析，对海因里希法则中 1：29：300 之间的关系认识不够，没有用好 PDCA 循环工作法，管理的科学性还不够。四是基层基础管理还要持续夯实。有的 QHSE 规章制度和操作规程在基层传达落实不到位，部分现场操作人员 QHSE 能力意识不能满足岗位需要，××队作业现场"低、老、坏"问题还时有发生。五是高危作业风险管控有待进一步强化。××作业大量使用易爆物品，仍然存在爆炸和丢失被盗风险，山地、沙漠、黄土源等复杂地形施工的风险管控措施不够严细，防洪、防坠落等突发事件应急演练不扎实，高危作业许可审批存在走过场的现象。六是健康管理重视不够。一些单位健康管理不严格，对高风险人群未及时落实健康干预措施，健康管理措施在基层现场存在虚化现象，实现健康管理任重道远。

三、严守底线红线，持续提升 QHSE 管理水平

今年是学习宣传贯彻党的二十大精神的开局之年，做好安全工作意义重大。我们必须坚持严抓狠管、大抓基层，以日保月、以月保季、以季保年，确保员工生命安全和企业大局稳定。

一要提高政治站位，树牢安全发展理念。要深入学习领会习近平总书记关于做好安全生产工作的重要指示精神，正确处理发展与安全的关系，深刻认识安全工作"万无一失"和"一失万无"的关系，把抓好安全生产工作作为重大政治任务和政治责任，最大限度防范遏制各类事故发生，为企业高质量发展提供坚强保障。要牢固树立"一切事故都是可以避免的""防范胜于救灾"理念，坚定杜绝生产亡人事故的必胜信念，按照×××副总经理提出的"更好地统筹企业发展与安全，坚持进度服从安全，效益服从安全"要求，始终把安全放在首要位置，保持"强基础、严监管、零容忍"高压态势，深化"四全"管理和"四查"要求，加强安全文化体系建设，做好安全文化手册宣贯，切实将安全理念内化于心、外化于行。要认真落实国务院国资委、集团公司安全管理强化年的"六个强化"部署和危险化学品专项整治重点任务，不断提升管理水平。

二要压实各级责任，坚持严抓狠管。要深刻认识到，不重视安全的领导，就是不讲政治的领导、不合格的领导。各级领导、安全监管人员、基层岗位人员要严格落实岗位安全生产责任清单，履行好有感领导、直线责任、监管责任和执行责任。要认识到当前安全管理处于并将长期处于严格监管阶段的实际，以"时时放心不下"的责任感和坐不住的紧迫感，重心下移、关口前置，坚持严抓狠管、大抓基层，坚决克服麻痹思想、厌战情绪、松劲心态，决不能掉以轻心，牢牢守住安全环保底线。要进一步压实各级管理责任，尤其是处级单位的管理责任，坚决杜绝各项管理要求中断在处级层面。要严格落实对承包商的监管责任，切实把好队伍资质关、人员能力关和开工验收关，加强过程监管和业绩考核，严格落实"黑名单"制度。要把理念信念、六必做、十必须、班组12项工作内容等工作要求，推动落实在各层级日常工作中，打通责任落实、制度落地、要求入心的"最后一公里"。要令行禁止，做到"六个坚决不允许"：坚决不允许管理监管和执行责任不落实；坚决不允许安全能力与风险防控需求不匹配的队伍开工；坚决不允许现场监督不到位的高风险和非常规作业施工；坚决不允许不满足安全条件的承包商准入；坚决不允许培训不到位的员工进入现场；坚决不允许隐患治理不彻底的作业实施。

三要突出××重点风险，守住不发生事故的红线。要严格各层级管理，各层级要结合实际找准自己的大风险、大隐患，不能上下一般粗，各企业都要明确各层级的安全管理目标。要坚持严的基调，严肃工艺纪律、操作纪律、劳动纪律，严守"没有开展风险评估不作业、没有办理有效许可不作业、没有落实安全措施不作业、没有现场监护人员不作业"的"四不作业"的底线要求。要突出抓好民爆物品管理，持续强化涉爆人员法治意识和安全意识，深化"五化＋两控"管理，着重加强民爆物品数字化、智能化管控，有效防止民爆物品意外爆炸和丢失被盗，确保万无一失。要加强山地登山和下山风险识别和防范措施，加强作业交底，严防事故发生。要狠抓自然灾害和季节转换风险防范，结合夏季防洪防汛、冬季防冻防滑等要求，加强××项目特殊天气预警预报，落实地质灾害排查和危险作业区域准入制度，有效预防自然灾害危害。要强化野外项目风险管控，严格落实三级风险会商和工序安全确认制度，突出抓好交通、现场作业等关键环节管控，确保××项目安全施工。要高度重视有限空间和用电安全管理，深刻汲取××、××等事故教训，突出做好用电安全、能量隔离、危险作业的现场培训，杜绝事故发生。

四要做好审核后半篇文章，夯实基层基础。要有效开展各级体系内审，强化关键业务领域、重点要害岗位、高风险作业场所的审核，加大高风险作业管理、非常规作业制度制修订、作业预约、作业审批、措施落实、安全交底、现场监护等关键环节的审核验证，对于不满足安全生产条件的队伍要坚决停工整顿。要有效整改问题，充分用好审核成果，深入分析表象问题背后的根本问题，研究建立防范问题重复出现的系统性整改措施，并阶段性跟踪验证整改效果。要加强基层队伍现场培训，把制度规程和上级部署要求作为重点，建立处级单位直连基层的月度宣贯培训机制，及时将制度规程和要求传达培训到基层队伍。要强化班前培训，落实班前培训内容与作业工况对应机制，切实把风险识别控制与标准化操作程序培训紧密融合，提升基层队伍作业技能和风险管控水平。

五要加快健康企业建设，保障员工生命健康。要切实提高对健康管理重要性的认识，本着对企业负责、对员工生命健康负责的态度，认真细致抓好职业卫生和员工健康管理。要坚决完成非生产亡人下降的硬指标，严格落实健康管理"组织、制度、技术、经费、培训、责任"六保障机制，完善各层级健康标准，建立定期非生产亡人分析通报机制，及时研究解决健康管理的突出问题。要抓实特殊作业岗位健康负面清单管理，加强高风险人群健康干预和接害岗位人员职业防护。要搭建覆盖生产一线的线上健康咨询和应急就医服务平台，帮助和督促患病员工及时规范就医，坚定推动职工食堂减油、减盐、减糖，做到营养均衡，有效保障员工身心健康，坚决减少非生产亡人。

同志们，我们必须时刻紧绷安全这根弦，始终坚持居安思危、警钟长鸣，切实做到严抓狠管、久久为功，确保安全环保形势持续稳定。同时，希望××公司继续当好建设世界一流企业排头兵，乘势而上、再接再厉，创造高质量发展新业绩，为集团公司保障国家能源安全作出新的更大贡献！

（"要求式＋希望式"结尾法：在讲话前面部分总结了成绩，查找了问题，部署了工作，结尾时既提出了要求，也提出了希望。标志性词语是"我们必须……，确保……"和"希望……"等）

【写作点评】

这是专业公司领导出席地区企业 QHSE 管理体系审核通报会时的讲话，主体内容采用的是传统三段论结构，按照时序逻辑编排，即"肯定成绩＋形势分析（指出问题）＋部署要求"。值得一提的是，这家地区企业主要领导刚刚调任，因此肯定成绩部分笔墨较重，主要是肯定、鼓励和支持，帮助地区企业推动 QHSE 管理体系建设和运行，更好地统筹安全与发展。指出问题比较客观中肯，提出了六个方面的突出问题，部署和要求针对性非常强，是解决突出问题的应对举措。从这篇讲话中可以体会到，工程技术企业始终牢记"三个务必"，始终如履薄冰，具有很强的安全意识和危机意识，是国有企业一支敢打硬仗、能打胜仗、作风过硬、勇担重任的队伍。由于讲话专业性比较强，很多地方的语言表述作了处理，大家可以仔细阅读体会。

写作范例 29：

在 ×× 公司下半年 QHSE 管理体系审核末次会上的讲话

×××

（×× 年 ×× 月 ×× 日）

同志们：

按照集团公司整体部署，我们 ×× 业务系统组织开展了 ×× 年下半年 QHSE 管理体系审核。刚才，审核组专业组长 ××× 同志代表审核组作了通报，讲评内容系统深入、翔实严谨，肯定了主要做法和取得的成效，指出了存在的问题和不足，提出了有针对性的意见和建议，希望 ×× 公司认真研究，贯彻落实。

下面，结合审核情况，我讲三个方面的意见。

一、牢记使命、认真履责，服务保障油气勘探开发取得显著成效

今年以来，面对前所未有的严峻挑战，××公司认真贯彻落实集团公司和××公司疫情防控、复工复产、安全环保井控等各项决策部署，强化责任落实，深化体系运行，加强风险管控，认真履行服务保障责任，生产经营平稳有序，各项工作取得阶段性成效。1—9月，完成钻井进尺××万米、压裂××层，实现营业收入××亿元、净利润××亿元，守住了"自由现金流为正、整体不亏损"两条底线。

一是服务保障水平不断提升。面对施工区域广、队伍战线长、高风险区域多等复杂情况，××公司领导班子严格履行安全管理责任，带头践行"成就甲方才能成就自己"理念，疫情防控成效显著，队伍动用率××，精准保障了油田复工复产。突出××、××等喷漏卡塌、工程异常等风险防范，规范钻具及井下工具管理，严格执行区块模板，落实处级干部、技术专家、技术骨干驻井制度，同时加快推进地质工程一体化模式实施，钻井提速××、压裂提效××，创出先进指标××项，打出××、××等多口发现井高产井，助力油公司发现规模勘探新领域，进一步提高了油气产量。

二是创新创效能力显著增强。××公司承钻的水平井、深井、超深井数量最多，分别占集团公司国内市场的××、××和××，××、××区域都面临着世界级深井钻探难题，时时面临挑战，处处迎接"大考"。××公司充分发挥××平台作用，牵头攻关××项集团公司重大科研项目，加快突破"卡脖子"技术。成功研制××，形成××，规模应用××、××，连续保供自产××，提高了安全保障，促进了竞争能力和创效水平"双提升"。

三是提质增效行动成果丰硕。认真落实集团公司和××业务系统提质增效专项行动部署，扎实推进××主题教育，××公司紧紧围绕降低百万吨产能建设投资和桶油完全成本奋斗目标，与油公司共商发展对策，共同优化方案，深化"四提"工程，助力各关联油公司降低勘探开发投资超过××亿元。同时，以刀刃向内的勇气，深入挖掘自身潜力，制定实施优化资源配置、降低采购成本、压控"两金"规模、减少管理支出、调整人员结构、获取政策红利、严格考核激励、加强过程监督等××项措施，有效弥补了量价下行导致的经营缺口。截至目前，已实现降本增效近××亿元。

四是QHSE管理体系建设稳准推进。坚持精简、实用原则，将QHSE制度文件由原来的××项优化精简为××项，管理职责和流程更加明确，针对性、可操作性更强。按照"集中统一、覆盖全面"要求，探索实施QHSE管理体系一体化认证审核，有效减轻了基层单位工作负担，促进了QHSE管理体系有效运行。首次采用机关部门督导、各区域协调部门及各单位组织实施的方式，完成下半年体系内审，发现问题××项，审核更加深入、更加细致，审核成果应用更有成效。深入开展"驻点审核"和问题"大数据分析"，系统查找产生原因，严肃追究失职失责人员，及时补齐管理短板，体系运行质量进一步提升。

五是井控管理工作比较完善。按照"四查"要求，全面开展××活动，××公司领导班子成员带头研讨井控安全工作，各级管理人员深入反思，使井控安全理念逐步入脑入心。深入梳理近三年的井控安全问题，开展井控安全风险隐患排查治理与专项检查，集中整治井控和设备、技能培训等问题，进一步消除了现场井控安全风险。科学评估井控风险，明确各区域井控风险级别，开展施工队伍能力评价分级，基本实现了队伍、人员、管理等能力与区域风险等级相匹配。增补局级井控专家，增强专职井控力量，强化制度管理和制度落实，实行"必知必会出错就是零分"，考核追责××个二级单位，责令××名井控考试不合格人员停岗再培训，保持了严抓严管的高压态势，井控管理各项工作有了明显改观。

六是党的政治作用充分发挥。牢固树立"坚持在经济领域为党工作"理念，用高质量党建引领高质量发展。制发学习贯彻落实习近平总书记重要指示批示精神十八条措施，修订党委工作规则，健全落实全面从严治党主体责任清单，党的领导与企业治理实现有机结合。将党的领导写入公司章程，建立全面从严治党主体责任清单，完善党委工作规则，积极履行企业安全生产主体责任，党委作用全面发挥。推动"四个专项整治"，开展全覆盖合规检查，对××家单位进行内部巡察，严肃财经纪律，营造了依法合规和风清气正的政治生态。加大年轻干部培养选拔力度，干部队伍的年轻化、专业化程度显著提高，引领企业发展的能力持续增强。深化基层党建，建强组织、树立标杆，凝聚起推动发展的强大力量。

这些成绩的取得，得益于××公司各级领导干部的担当作为、率先垂范，得益于两级业务部门主动履职、作用发挥，更得益于各族员工协力同心、并肩奋斗，尤其是在××过程中……面对大风险，克服大困难，战胜大挑战，实现大发展，凝结了现场干部员工的艰苦努力、智慧和汗水，用实际行动践行了初心、履行了使命。在此，我代表××公司，向长期在××辛勤付出、默默奉献的××公司广大干部员工，表示亲切的慰问和衷心的感谢！

二、认清形势、正视问题，切实增强做好安全工作的责任感、紧迫感

近些年来，我们国家各类安全事故多发频发，给人民生命安全和社会经济发展带来不利影响。习近平总书记多次对安全生产工作作出重要指示批示，强调"生命重于泰山"，要求"强化企业主体责任落实，牢牢守住安全生产底线，切实维护人民群众生命财产安全"。国家在安全环保方面，先后颁布实施了史上最严"两法"、推进安全生产领域改革发展和严守生态保护红线意见，实行环保"督察高压"常态化，由"出重拳"上升到"组合拳"联击，管理追责力度前所未有，零容忍、严监管、狠问责、动真格已成为常态。我们必须进一步提高思想认识，讲政治、顾大局，全力以赴抓好井控安全环保工作。

集团公司新一届党组也对井控安全环保工作提出明确要求。×××董事长指出，质量健康安全环保工作是公司发展的重要基础性工程，QHSE管理体系是公司治理体系和现代企业制度的重要组成部分。×××总经理要求，树牢"安全环保是最大的效益、最大的业绩"的理念，坚守"底线"、不越"红线"。前三季度，集团公司发生一般A级工业生产安全事故××起……其中……教训极其深刻，必须吸取教训、提高认识，避免险情再次发生。

从本次审核情况来看，××公司QHSE管理方面存在一些薄弱环节：一是QHSE管理工作抓得还不够严、不够细、不够实，各单位在执行具体要求上不统一……二是基层队站标准化建设管理要求未能有效落实，现场QHSE管理水平有所下滑……三是QHSE培训工作要求贯彻不彻底，部分岗位员工安全知识应知应会不熟悉……××公司各级领导干部对当前的安全形势要有清醒的认识，要坚持目标导向、问题导向和结果导向，举一反三、抓好整改。

安全生产是"天字号"工程和"零字号"工程，必须始终如履薄冰、如临深渊。近几年来，××公司生产经营业绩突飞猛进，营业收入从"1"字头换到了"2"字头，目前正在向"3"字头迈进，经营利润更是成倍增加，企业发展给广大干部员工带来了实实在在的利益。大家在看到成绩、分享果实的同时，也要进一步增强忧患意识和危机意识。俗话讲，"创业难，守业更难"。我们没有一成不变的市场，每年的收入都要从零开始一点点累积；我们也没有固若金汤的防线，必须严控各类风险，才能守住到手的果实。所以，××公司各级领导干部一定要保持清醒的头脑，不忘初心、牢记使命，带领广大干部员工深入学习贯彻习近平总书记关于安全生产工作的重要指示批示精神，严格落实集团公司新一届党组，尤其是×××董事长、×××总经理、×××同志等各位领导的明确要求，始终将员工生命安全置于首位，始终把企业安全稳定发展当作首要任务，持之以恒推进QHSE体系建设，不折不扣抓好健康井控安全环保各项工作，不断夯实安全管理基础，持续提高服务集团公司油气勘探开发、保障国家能源安全的能力和水平，不辜负集团公司党组重托，无愧于员工期盼。

三、提高站位、严抓严管，全力推动体系建设与运行再上新台阶

集团公司开展体系审核工作××年来，经过持续改进，取得良好成效，为推动高质量发展提供了强大保障。这次审核也是对各企业的"把脉问诊"，核心是要求各企业着重抓好问题整改闭环，强化审核成果应用，不断提升QHSE管理实效。马上就要进入冬季，××公司要抓紧问题整改，应用审核成果，夯实QHSE管理基础，增强风险防控能力，全面保障冬季安全生产。

一要狠抓安全责任落实。要进一步提高政治站位，严格按照"党政同责、一岗双责、齐抓共管、失职追责"要求，修订完善岗位QHSE管理职责和安全生产责任清单，明确岗位职责范围和考核标准，全面强化主体责任、监管责任、直线责任和属地管理责任的落实。尤其要突出抓好井控安全环保主管部门、二级单位和基层队伍的安全责任履行，切实做到"传达上级精神不打折，执行标准不走样，规定动作不变形"。要严肃过程考核，坚决把党中央、国务院以及集团公司安全生产要求，落实到生产过程中的每个环节、每个细节、每个步骤，着力推动领导干部认真履职、业务部门主动尽责，切实为企业安全发展保驾护航。

二要狠抓现场井控管理。要深刻吸取近几年发生的井控险情教训，深入开展警示教育，切实增强井控安全意识，彻底排查井控管理、井控操作、井控设备、井控应急处置等各方面隐患和不足，不怕丑、不遮丑，应查必查、应改必改，坚决提高井控工作水平。要严加防范漏转喷井控风险，狠抓"三高两浅井"井控管理，尤其要突出抓好××、××等地区的井控风险防范，切实提高基层队伍的井控风险分析和预警能力，发现溢流立即正确关井，疑似溢流立即关井检查，坚决守住井控安全生命线。要系统强化井控应急能力建设，保证必要投入，加强岗位培训，加强现场演练，加强坐岗观察，全员、全方位、全过程、全天候做好井控工作，坚决防止类似险情再次发生。

三要狠抓安全风险管控。要严格按照集团公司油气水井质量三年集中整治行动方案等要求，加强对××施工过程质量监管，持续提升工程质量风险管控能力。要牢固树立"一切事故都是可以避免的""防范胜于救灾"理

讲话文稿里的丰厚遒美

第三章 专业会议讲话

念，持续强化双重预防机制建设，狠抓关键环节、重大风险领域和重要敏感时段以及非常规作业风险管控，下大功夫推广工作前安全分析、作业许可、上锁挂牌等体系工具方法应用，进一步提升基层岗位员工的风险控制能力。要扎实开展冬季生产隐患排查治理，严格实行分级管理、挂牌督办、动态监控制度，严格落实隐患治理"五到位"，着力解决突出问题隐患，严加防控冬季重大风险。

四要狠抓承包商管理。要严格按照"谁引进、谁负责，谁使用、谁监管"原则，全面落实承包商监管主体责任，严格执行集团公司《关于进一步加强承包商施工作业安全准入管理的意见》，强化"承包商施工作业前能力准入、施工作业过程中监督检查和竣工后安全绩效评估"三个阶段的管理，突出承包商队伍、人员资质能力、设备设施完整性、风险管控能力等评价考核，加大承包商违法违规行为查处力度，坚决及时清退不合格承包商，消除承包商可能带来的安全风险。

五要抓好重点专项工作。要深入推进安全生产专项整治三年行动方案，按照任务清单层层细化落实任务，认真开展专项督查巡查，深入排查民爆品、环保、交通等方面的重大风险和问题隐患，切实把问题隐患和制度措施"两个清单"落到实处，确保不能出现任何问题。同时，要深入贯彻落实××座谈会精神，认真履行企业社会责任，持续开展好民族团结活动，推动各项维稳决策部署落到实处，保障油区平安稳定。要严格落实"外防输入、内防反弹"疫情防控方针，抓好常态化疫情防控，保护员工生命健康，保障国内外业务平稳有序开展。

六要强化 QHSE 管理体系执行。要"真刀真枪"开展好企业内审，深入推行"6：4"审核法，规范开展问题追溯，持续深化"驻点审核"，充分发挥审核提升效能。要高度重视各级审核发现问题的统计分析，全面查找体系管理的薄弱环节，切实发挥好体系的运行作用。要坚定不移推进井控安全环保治理体系和治理能力现代化，理清安全管理工作思路，优化现行 QHSE 管理体系，培养造就学体系、懂体系、用体系的安全管理团队，不断规范体系管理，及时消除隐患、管控各类风险，真正实现本质安全。

七要深化基层队伍建设。要始终把井控安全环保工作的重心放在基层，坚决夯实基层安全基础。要充分发挥两级党委的政治引领作用，突出抓好基层干部的教育引导，深入调研基层队伍建设的薄弱环节，全面配备担当实干、团结奋进的基层队班子，使其真正成为基层队伍的"主心骨"，带领基层员工攻坚克难、认真履责，用心打造品牌工程、放心工程。要扎实推进 QHSE

标准化队站建设，认真落实工程技术××建设标准，严格评估、验收和过程考核，逐步实现管理标准化、操作标准化、现场标准化。要给支持、给政策、给奖励，鼓励各区域、各单位开展基层岗位标准化操作技能大赛，促进各单位相互交流、相互学习，大力提升基层岗位员工的标准化操作水平。要坚持做好"一人一事"的思想工作，关心关爱基层员工，尤其要做好各民族及外雇员工的思想工作，使其真正融入企业发展，让每名干部、每名员工都成为推动企业安全稳定发展的坚定拥护者、践行者。

同志们，奋进新时代，扬帆新征程。当前集团公司生产经营、井控安全环保形势依然严峻，我们要进一步增强大局意识、责任意识和忧患意识，大力发扬"严、细、实"的过硬作风，观大势、谋全局，全力抓好冬防保温、井控安全环保等各项重点工作，坚决完成年度生产经营任务，努力实现"十三五"圆满收官、"十四五"高点起步，为集团公司建设世界一流综合性国际能源公司作出更大贡献。

谢谢大家！

【写作点评】

这是上级领导出席地区企业QHSE管理体系审核末次会时的讲话，主体内容采用的是三段论结构，按照时序逻辑编排，即"肯定成绩＋形势分析＋部署要求"。这类讲话多是采用这种结构和逻辑组稿的，一般是在充分调研的基础上，运用"鼓励＋鞭策"的方法（正反论述法）摆事实、讲道理，强力推动QHSE管理体系建设和执行落实。关键是要把握好体系审核发现的突出问题和产生问题的症结所在，讲话中务必指出这些问题和症结，达到"刮骨疗伤、对症下药、治病救人"的目的。需要特别强调的是，前面所提问题和后面所提要求必须做到前后呼应，这才是对症下药、以理服人。这篇讲话结尾采用的也是要求式结尾法。

写作范例30：

在 ×× 业务上半年 QHSE 管理体系审核
通报视频会上的讲话

×××

（××年××月××日）

同志们：

今天我们召开这次会议，主要是通报 ×× 业务上半年 QHSE 管理体系审核情况，总结分析落实"四全""四查"工作取得的成效和存在的不足，交流成果，查摆问题，研究部署下阶段安全生产工作。刚才，××× 同志传达了集团公司 QHSE 管理体系审核总结会精神，××× 同志通报了 ×× 业务上半年 QHSE 管理体系审核情况，总结了好的做法，分析了典型问题，安排部署了下一步重点工作。各企业要充分利用审核成果，相互借鉴、举一反三、补齐短板，抓好贯彻落实、认真履职尽责，持续提升质量健康安全环保管理水平。

今年是集团公司推行 QHSE 管理体系审核的第 10 年。10 年来，集团公司安全生产形势持续好转，尤其是今年第一季度，生产安全事故起数同比分别下降 ××，凸显了 QHSE 管理体系审核的促进作用。×× 业务坚决贯彻集团公司党组决策部署，积极探索指导审核、驻点审核和区域审核等方式，深挖管理漏洞，持续改进管理，取得了较好效果。上半年，按照集团公司"一个统一、三个突出"审核要求，结合 ×× 业务生产实际，优化了 QHSE 管理体系审核方法。一是实施"区域＋企业"审核。抽样比例大幅增加，专业覆盖更加全面，企业对标效果显著。二是问题导向更加鲜明。本次审核发现问题 ×× 个，同比增加 ××，其中井控问题 ×× 个、同比增加 ××；质量问题 ×× 个、同比增加 ××，严重问题 ×× 个、同比增加 ××，有效落实了"多查问题、多查关键问题"的审核要求。这些问题发生在基层，但根本在管理层。各级领导干部要学习运用审核成果，深刻反思警醒，深入检视整改，在管理实施、资源保障、人力资源培育等方面为基层提供支持。会后，质量安全环保部要对这些典型做法进行固化和总结，形成具有工程技术板块特色的体系审核模板，不断提升审核质量和效果。

"十三五"以来，××企业始终把井控安全环保作为生命线，各级安全管理者与广大干部员工一道，付出了艰辛努力，承受了巨大压力，作了大量细致且富有成效的工作。一是坚持党政同责、一岗双责、齐抓共管，各级领导干部积极践行有感领导，主动解决问题和难题，打破管理瓶颈，不断健全完善安全生产治理体系和治理能力。二是强化重点领域、关键环节过程监管，围绕"五大风险"，以质量安全集中整治三年行动计划为抓手，狠抓隐患排查治理，加大较大及以上安全环保隐患考核问责力度，切实提高了基层现场安全管控水平。三是狠抓井控安全管理，压紧压实各级井控安全责任，强化重点区域、重点井、重点工序过程管控，提升井控复杂研判、预防和应急处置能力，不断夯实井控管理基础。希望各企业能够保持"严、细、实"的工作作风，不断总结，持续改进，继续抓好井控安全环保工作。

下面，我结合××业务工作实际，着重强调以下三点意见。

一、提高站位，认清形势，进一步增强做好井控安全环保工作的责任感和使命感

在总结成绩的同时，我们要认清"井控安全环保仍然处于并将长期处于严格监管阶段"的形势判断，树立"一以贯之、立足基层、严抓狠管、消除隐患"的鲜明导向，主动适应当前安全"零容忍"、环保"严监管"的新常态，做到警钟长鸣，居安思危。

（一）提高政治站位，不断增强安全环保责任意识。今年是"十四五"开局之年，也是中国共产党成立100周年，做好安全环保工作责任重大，扛起的是政治责任，体现的是央企担当。习近平总书记强调："所有企业都必须认真履行安全生产主体责任，做到安全投入到位、安全培训到位、基础管理到位、应急救援到位，确保安全生产。"国务院今年召开的全国安全生产电视电话会议和国务院国资委召开的中央企业安全生产工作视频会议，均强调要把安全发展理念贯穿到国家发展各领域和全过程，自觉提高政治站位，牢牢把安全生产工作抓在手上，推动实现更为安全的发展。国家于2021年3月1日发布施行刑法修正案，增加了"危险作业罪""拒不整改重大事故隐患犯罪"，将危险作业和重大安全隐患纳入"犯罪"的范畴。这些决策部署为新时代做好安全生产工作提出了更高要求，尤其是××企业，施工领域广、安全风险高，必须进一步提高政治站位，强化责任担当。

（二）充分认清形势，切实抓好井控安全环保工作。从集团公司层面来看，×××董事长多次强调，"安全是发展的前提和基础，也是企业综合管理水平的体现""防范胜于救灾，责任重于泰山""牢固树立发展决不能以牺牲安全为代价的红线意识，按照识别大风险、消除大隐患、杜绝大事故的要求和全员、全过程、全天候、全方位的原则，层层压实责任，针对关键环节和风险点标本兼治，坚决杜绝重特大事故发生"。近期，×××董事长亲自前往"12·23"特大井喷事故现场进行调研，慰问川庆钻探应急救援中心的一线同志们，充分体现了集团公司党组对井控安全工作的高度重视。从××业务层面来看，勘探开发逐步向新层系、新领域不断扩展，超深井、高压、高产、高含硫和特殊工艺井逐步增加，井控风险逐步增大……从QHSE管理体系审核发现问题来看，主要存在四个方面的突出问题：一是现场安全管理基础依然薄弱……二是岗位员工素质能力滑坡严重……三是制度执行力层层衰减……四是承包商管理不到位……

我们要深刻认识到，一些制约安全环保发展的问题还没有得到根本性解决，井控安全环保形势依然严峻复杂，必须慎言成绩、直面问题，坚持把严抓狠管作为当前安全管控最重要的方式和手段，用系统管理的思维分析差距和不足，补齐管理漏洞，牢牢守住底线、红线。

二、突出重点，严抓狠管，坚决防范各类事故事件发生

（一）坚决防范井控风险。各级领导干部要严格落实集团公司×××副总经理提出的大井控理念和"五确保、六严格、五提升"要求，牢固树立"一切事故都是可以避免的""防范胜于救灾"理念，不折不扣抓好井控工作。今年集团公司累计发生溢流××起，同比下降××，主要分布在××和××区域，占比××，是我们的管控重点，该区域企业要认真开展溢流分析，找准原因，对症下药，切实防范和减少溢流发生。发生溢流，没有及时发现或正确处置，就有可能导致井喷事故，要最大限度减少溢流，要客观准确上报溢流。要狠抓井控装备质量和日常维护，确保始终处于完好状态。要突出抓好一次井控，现场岗位必须做到"发现溢流，立即正确关井；疑似溢流，立即关井检查"，明确作业班长（司钻）是现场关井第一责任人，努力实现企业应急"零启动"。要加快三个井控应急中心建设，××、××、××等三家企业要高度关注，分管领导具体负责，到年底必须形成战斗力。另外，要扎实推进"三评估三分级"。近期，我们将与××公司、××企业一道开展盆地、区域、单井风险评估分级，对钻井、完井试油队伍进行能力评估分级，按照风险级别匹配适合的施工队伍，实施差异化管理，为集团公司勘探开发保驾护航。此项工作要在10月底之前完成，相关企业做好配合工作。

（二）高度重视质量管理。要全面提高思想认识，坚持"质量是企业自尊"理念，聚焦油气水井全生命周期管理，严守井身质量、固井质量"七条红线"。要明晰井筒质量职责分工，质量部门综合监管，技术部门具体负责，建立企业月度井筒质量分析制度。今年1—4月份，井身质量、固井质量比去年有所提升，但××区域固井质量有所下滑，相关企业要高度重视，认真分析原因，制定针对性改进提升措施，并抓好落实，提升固井质量管控水平。要严格按照油气水井质量三年集中整治行动方案，细化集中整治管控措施，加大对大漏层堵漏、××地区优快钻井等方面的攻关力度，打赢事故复杂歼灭战，守住井筒质量生命线。要严格执行××公司印发的《井筒工程事故复杂管理办法》，加大工程事故复杂预防、处置管理力度，下达了年度管控目标，此项工作已纳入技服年度业绩考核，要引起高度重视，落实到位。

（三）着力创建健康企业。要严格落实常态化疫情防控措施，切实巩固防控成果。要加大疫苗接种力度，提高疫苗接种率。要精准掌握海外疫情蔓延态势，遵循"一国一策、一地一策、一项目一策"原则，做到严防死守；××部及××企业要定期对重点人员进行心理疏导，对职工家属进行安抚慰问，千方百计解决滞留海外人员的倒班问题；要坚持"以员工为中心"，健全公共卫生和职业健康管理体制机制，突出做好健康企业试点工作，及时对身体状况无法满足岗位要求的员工进行岗位调整，坚决防范并减少非生产亡人事故发生。

（四）狠抓生态环境保护。各级领导要进一步增强环保意识，树立红线思维，将环保工作放在更加突出的位置抓实抓好。要认真落实生态环境保护重大事项议事规则，做好中央环保督察发现问题销项整改。要强化废水、废气、固体废物合规处置，深入推广电代油、气代油、压裂返排液的重复利用等节能节水环保举措，减少工业污染排放，全面提升环保管理水平。

（五）大力推动专项整治。今年是实施安全生产专项整治三年行动的第二年，也是攻坚之年，各企业要聚焦防井喷失控、放射源丢失、硫化氢中毒、火工品爆炸和海上平台倾覆等重大风险，突出抓好高压高含硫井、页岩气压裂、放射源、火工品等关键环节管控，切实构建起风险辨识、分级管控、全员参与、过程控制、持续改进的安全预防控制体系，确保专项整治取得预期成效。

（六）严格承包商安全管理。××企业承包商管理的重点就是总包外包队伍，要明确主管部门和管理责任，严格承包商安全准入，做好入场前培训教育和安全交底，配齐外包监督，强化过程监管，加大关键环节和高风险作业的旁站监督力度。要落实"黑名单"制度，及时清退不合格承包商。要按照"一事双责、一事双查、一事双免"原则，严肃承包商事故追责问责，坚决遏制承包商事故多发态势。

（七）加强危化品管理。要健全完善危化品安全管理制度，规范危化品生产、运输、存储、使用和销毁等各环节的安全管理。要全面梳理危化品的种类、数量、存放场所和管控措施情况，深入开展危化品风险排查，突出对危化品生产单位、民爆品仓库、泥浆材料库房等重要场所和关键部位进行危险辨识，明确防控重点，细化管控措施。

（八）做好防汛减灾工作。要高度重视汛期各种地质灾害和自然灾害的突然性和破坏性，统筹做好防汛防洪的预防和应急处置工作，坚决防范灾害天气引发的各类次生危害，要在汛期前、汛期中持续开展全覆盖的汛期安全检查和隐患排查治理，确保汛期安全生产。

（九）开展好安全生产月活动。要紧扣"落实安全责任，推动安全发展"活动主题，围绕集团公司和公司部署内容，认真开展好安全生产月内的各项工作、各项活动，极力营造"全员抓安全、全员管安全、全员做安全"的良好氛围。

三、落实责任，系统推进，为保障安全发展提供有力支撑

目前正值生产大忙季节，也已经进入夏季，是井控安全环保事故事件多发易发时段。各企业要时刻保持清醒头脑，坚决克服自满心态、麻痹思想和侥幸心理，狠抓各级管理责任落实，有力推动 QHSE 管理体系建设和规范有序运行，保障安全发展。

（一）落实领导责任，坚决维护广大员工切身利益。各级领导干部要牢固树立"不重视安全的领导是不讲政治、不合格的领导""不关心生产安全，不真心对待生产安全，事故就会给你最现实的报复""安全工作必须要领导静心，让员工安心，让上级放心""只有重视做好过程，才会有好的结果，积小胜才能达成大成功"等理念，主动站在公司全局高度，严格落实"党政同责、一岗双责、齐抓共管"要求，带头"讲安全、谈安全、做安全"，认真落实个人安全行动计划、开展安全生产承包点活动、定期研究解决安全问题，用实际行动抓好安全工作，做有感领导，才能不辜负组织重托，不辜负群众期盼。

（二）落实直线责任，贯彻"管业务管安全"工作要求。各级管理者要学习领会本岗位安全生产责任清单，熟练掌握自身QHSE职责，从思想上重视、行动上重实，熟知安全工艺、管理工具和制度规程，学习先进安全理念、工艺技术和管理方法，成为安全管理的行家里手，有效提升管理能力和水平。要积极践行"管业务必须管安全、管生产必须管安全、管工作必须管安全"

要求，身体力行抓安全，不管开展什么工作、召开什么会议、组织什么检查，都要把安全纳入其中。从本次审核的安全文化感知度调查结果来看……各级管理者要认识到这样的现实，采取有针对性的管理措施，重点解决领导干部的理念问题，解决员工的认识问题，从根本上抓好安全工作。

（三）落实监管责任，确保施工作业风险受控。各级管理部门和监管部门要强化关键风险领域管控措施落实情况跟踪督导和过程监管，突出抓好"四条红线""重点风险领域"安全管控，该升级管理的就要升级管理，不断提升现场风险防控能力。要重点抓好执行层员工素质能力提升，尤其是基层队站长和班组长，这是我们安全管理的重中之重，要提升他们制度规程执行能力、安全风险识别能力、隐患排查治理能力及现场应急处置能力，真正发挥"排头兵"作用。

（四）落实稳定责任，扎实推进基层基础建设。做好安全工作"关键在领导、重点在基层、要害在岗位"，基层现场既是引发事故的主要场所，也是预防事故的重点环节。各企业要牢固树立大抓基层的鲜明导向，重心下移、关口前置、服务基层、保障基层，紧紧围绕基层和岗位开展工作。基层强才是真正强，要把资源和力量更多用到基层，为"单井安全提速创效工程"提供强有力的安全保障。公司近期印发了《关于鼓励成员企业开展基层队伍负责人职级聘任的意见》（以下简称《意见》），主要是解决基层队伍特别是关键岗位人员稳定问题，解决基层管理人员晋升通道，尤其是为了培养使用好年轻人才。各企业要高度重视，坚决贯彻落实好《意见》要求。要推动基层站队 QHSE 标准化"百千示范工程"建设，着力解决基层 QHSE 标准化工作重视不够、达标工作流于形式等突出问题，实现从注重达标数量向提高达标质量转变。

同志们，当前是××业务全面贯彻集团公司年度工作会议部署，助力打赢勘探开发进攻战的攻坚时期，我们一定要始终保持强烈的责任感和使命感，依靠严密的责任体系、有效的体制机制和有力的基础保障，不断健全完善安全生产治理体系和治理能力，进一步提升工程技术质量健康安全环保管理水平。

谢谢大家！

【写作点评】

这篇讲话较原文作了结构性调整，原文主体内容的第一部分没有改动，对第二、三部分的次序作了调整，并将原文第二部分的井控管理、三评估三分级、专项整治等三项内容调整到了第三部分。否则，原文第二部分既有强调几个方面责任落实的内容，又有井控管理、三评估三分级（可以归属为井控管理的一项具体工作）、专项整治等内容，稍显混乱，没有突出重点。这样调整后，就是标准的传统三段论结构，主体内容按照思维逻辑编排，即"提高认识＋重点部署＋组织落实（支撑保障）"。第一部分就是强调要提高政治站位和思想认识，第二部分就是强调要抓好质量、健康、安全、环保等方面的工作（这样重点更突出，结构更规范，井控放在第一位是因为风险最高）和几项具体工作。其实几项具体工作也可以不放在第三部分，放在第三部分后面强调一下即可，可以借鉴写作范例11、23的处理方式。这篇讲话结尾采用的也是要求式结尾法。

第九节　科技创新会议讲话

科技创新是经济社会发展的驱动力，也是推动世界进步和改变人类生活方式的强大引擎。当前，新一轮科技革命突飞猛进，作为能源企业，必须牢记习近平总书记的重要指示批示精神，将能源的饭碗端在自己手里，当好能源保供的"顶梁柱"。

中国石油向来高度重视科技创新工作。集团公司党组号召，要深入贯彻落实习近平总书记关于加快实现高水平科技自立自强等重要指示精神，志存高远、勇挑重担、敢打头阵，加强企业科技创新，以高质量科技供给引领支撑企业高质量发展，为保障国家能源安全作出新贡献。为了加快推动科技创新发展，编制实施了一系列对应方案，出台了一系列激励政策，科技创新氛围愈加浓厚，科技创新成果不断涌出，成果转化应用成果丰硕。

本系统企业一直高度重视科技创新方面的会议，组织和参与的各层级各专业会议非常多，大部分都与具体科研技术相关，具有很高的保密要求，本节不作介绍。此处重点介绍企业科技创新工作会议和科技管理委员会会议。

这类会议属于目标导向型会议，重在推动企业战略实施、助力经营稳健向好、服务国家经济社会发展。单就讲话本身而言，重在理解和把握企业作为科技创新主体地位、加快向科技自立自强转变、坚持系统观念立足全球视野等三个方面的战略意义。这就要求执笔人必须具有主体意识、战略思维、系统观念和全球视野，清楚会议主题，明确战略方向，在传达贯彻上级精神中体现企业创新责任，在分析研判形势中引导广大干部员工增强由服务保障向科技自立自强转变的主观意识，在部署下一步重点任务中坚持系统观念、立足全球视野思考问题。

1. 必须突出企业科技创新主体地位。2023 年政府工作报告提出，科技政策要聚焦自立自强。完善新型举国体制，发挥好政府在关键核心技术攻关中的组织作用，突出企业科技创新主体地位。中央企业在我国科技创新全局中具有战略地位，应在高水平科技自立自强中担当战略引领作用。其实，无论是国有企业，还是民营企业，都是科技创新的主体，只不过中央企业在稳定经济社会大局中发挥着"顶梁柱"和"压舱石"的作用，承担着成为国家战略科技力量和原创技术策源地的责任和使命。国资央企凭借强大的产业链基础优势，在优化科技创新机制、占领科技前沿领域以及突破关键核心技术方面发挥着重要作用。那么，国资央企作为科技创新的主力军，如何助力我国实现高水平科技自立自强？笔者结合一些专家、学者的意见，大致梳理了几个方面。一是勇当国家战略科技力量。中央企业等国有企业要勇挑重担、敢打头阵，充分发挥企业创新主体作用，勇当原创技术策源地和现代产业链"链长"，围绕服务国家战略，加强基础性、紧迫性、前沿性、颠覆性原创技术研究。二是发挥科技创新引领作用。中央企业在科技战略、规划制定及重大科技项目实施中，要做优顶层设计，精准把握战略方向，高效整合优势资源，不断优化创新生态。三是推进关键核心技术攻关。国资央企要始终心怀"国之大者"，从国家急迫需要和长远需求出发，聚焦重要领域和关键环节，不断加大科研投入，在关键核心技术攻关和破解"卡脖子"技术等方面打造一批原创技术策源地，为提高综合国力、维护国家安全、促进经济社会健康发展提供支撑；聚焦建设现代产业体系，推动产学研检用联合，加快解决一批产业技术短板弱项，不断提高产业链、供应链的安全性和稳定性；聚焦提升企业自身核心竞争力，发挥企业科技创新的主体作用。

2. **必须加快向科技自立自强转变。** 科技立则民族立，科技强则国家强。习近平总书记高度重视科技事业，多次发表重要讲话，深刻阐释我国推进科技创新的战略目标和重点任务，为我国加快实现高水平科技自立自强，构建新发展格局，全面建成社会主义现代化强国提供了根本遵循。依据目前的情况来看，我国还远远未实现科技自立自强，各行各业都还有很多关键核心技术并未掌握在自己手里。石油行业也是这样，随着油气勘探开发加快向深地、深海、非常规方向发展，遇到了高温、高压、通信等方面的诸多挑战，万米装备已经投入运行，但是入井的设备工具仪器不能满足高温、高压以及信息传输要求，严重制约了油气战略实施。纵观世界历史，科技创新在世界力量格局变化中发挥了重要作用，可以说，科技实力决定着世界政治经济力量对比的变化，也决定着各国各民族的前途命运。新一轮科技革命来势汹汹，在技术封锁和产业变革的背景下，我们既面临着千载难逢的历史机遇，又面临着差距拉大的挑战。形势逼人、挑战逼人、使命逼人。现实告诉我们，只有把核心技术掌握在自己手中，才能真正掌握竞争和发展的主动权，才能实现高水平科技自立自强，从根本上保障国家经济安全、国防安全和人民安全。所以，在起草这类讲话文稿时，要有坚定的发展自信和强烈的民族自尊，才能写出"力拔山兮气盖世"的豪迈气概和"会当凌绝顶，一览众山小"的磅礴气势。

3. **必须坚持系统观念、立足全球视野。** 科技创新是一项系统工程。首先要有适合的环境和土壤，有制度支撑和政策保障，制度不健全、政策不到位就有可能严重制约科技创新发展。当下，世界百年未有之大变局加速演进，不确定性、不稳定性因素明显增加，科技创新成为国际战略博弈的主战场。国有企业要实现高水平科技自立自强，必须落实好立足新发展阶段、贯彻新发展理念、构建新发展格局、推动高质量发展的战略要求，坚决贯彻国资央企新一轮改革行动方案要求，完善优化科技创新环境，加大对外开放合作力度，瞄准世界一流的创新生态，推动提升国有企业科技创新整体效能。当前，全球科技制高点的竞争空前激烈，必须牢牢把握打造世界一流的战略目标，以只争朝夕的责任感、使命感、紧迫感，抢抓全球科技发展先机。必须高度重视原始创新，坚持问题导向、目标导向、结果导向，瞄准油气勘探开发最紧急、最紧迫的问题，加快建设原创技术策源地，加快突破关键核心技术，实现从"卡脖子"到自主可控；必须加快推进创新成果转移转化机制，将资源禀赋转化为现实生产力，支撑油气勘探开发实现更大突破；必须构建协同攻关的完善机制，高效配置科技力量和创新资源，强化跨领域跨学科协同攻关，形成关键核心技术攻关强大合力；必须以人才强企战略为重要支撑，聚天下英才而用之，坚持"破四唯"和"立新标"并举，加快建立以创新价值、能力、贡献为导向的科技人才评价体系，充分激发科研和生产一线员工的积极性、主动性、创造性。

二、科技创新会议讲话的探讨范畴

科技创新会议的探讨范畴很广泛，包括国际技术交流会、国际科技创新论坛、国内行业技术年会、国内行业技术高端论坛、企业科技创新战略规划研讨会、企业科技创新工作会议、企业科技管理委员会（简称科委会）会议、企业科研课题评审会，以及很多专业的技术研讨会、审查会等。国际会议和国内行业会议的内容较多，包括深地、深海、非常规油气勘探开发技术领域，以及数字化转型、智能化发展、信息化技术等，但很多会议不安排领导讲话，企业出席领导一般是在开幕式或闭幕式上致辞。专业技术研讨会等专业性技术会议有很多涉密内容，此书不作介绍。本节仅介绍企业科技创新工作会议和企业科技管理委员会会议，这是本系统内每家企业都要组织召开的会议，具有很强的通用性，这类会议讲话也具有较强的普适性。

企业科技创新工作会议，一般包括科技创新工作报告、表彰科技创新工作者和科技创新团队、典型经验交流、领导总结讲话等议程，有的可能会有科技创新成果发布（科技创新工作会和科技创新成果发布会合二为一）这一议程。参会范围较广，现场会议一般包括企业领导班子成员、机关相关部门负责人及相关人员，所属单位分管科技创新和工程技术的同志、相关部门负责人及相关人员、荣获优秀团队和个人先进的代表、科研和生产一线代表等。视频会议参会范围可能更广泛。这类会议一般安排在年初召开。

企业科技管理委员会会议，一般包括科委会工作报告、科技项目立项报告、科技经费安排建议等议程。如遇特殊年份或特殊时段，还要审议科技创新发展规划、科技创新发展规划调整、科技创新体制机制改革、科技创新支持政策、科委会成员调整等。参会范围比较小，一般包括企业科委会成员、科委会办公室人员和会议议题相关人员。这类会议的召开时间各企业都有明确规定，有的企业按照季度召开。

三、科技创新会议讲话文稿的写作要点

这类会议讲话文稿的写作要点很多，主要提示以下五个方面的内容。希望大家通过了解掌握这些内容，写出符合本企业战略发展和领导要求的科技创新会议讲话文稿。

1. **准确把握全球科技创新进展和趋势。**企业必须高度关注全球科技创新最新进展和未来发展趋势，坚持业务主导，依托科技管理和工程技术部门主动"走出去"，赴国际市场、国际公司调研，准确掌握本企业所在领域科技创新的前沿和重点，包括高端装备、技术、软件等研发、应用情况，以及未来国际科技创新发展方向；准确掌握国际市场需求和未来市场需求，把握目标市场的当前需求规模、国内外同行供给规模、市场剩余（潜在）空间，以及未来国际市场的需求空间；准确掌握本企业在满足国际市场需求的高端装备、技术、软件等方面的基本情况，以及在国际市场的技术服务和市场反馈情况。这是制定本企业科技创新战略、计划和实施路径的前提和基础。没有这些市场信息和形势研判，企业制定的科技创新战略就是纸上谈兵、闭门造车，这样的科技创新战略等同于一张废纸。

2. **准确把握上级精神和战略决策部署。**企业必须准确把握中央精神和上级组织的战略决策部署，确保本企业的战略规划、计划和实施路径同国家战略保持高度一致，坚决贯彻执行上级组织的决策部署。这是确保本企业战略规划、计划和实施路径符合国家战略决策的必要条件。这就要求，任何企业都要认真学习领悟习近平新时代中国特色社会主义思想，认真学习领悟习近平总书记关于科技创新的重要论述和党中央决策部署，将本企业科技创新放在国家层面进行宏观思考和系统把握。特别是要围绕上级组织对本企业（本单位）的战略定位和发展目标，聚焦上级组织在科技创新重点领域和主攻方向的部署和要求，细化实施本企业（本单位）科技创新

的思路目标和相应举措，确保中央精神和上级组织决策部署在本企业（本单位）落实落地、开花结果。

3. 准确把握本企业的战略部署和要求。 企业必须按照上级组织的战略部署和要求制定本企业的战略规划、计划和实施路径。作为科技、技术管理部门，必须发挥业务主导作用，在战略部署编制、执行和推动落实等方面履职尽责，超前谋划、超前部署、超前行动、全程督导，允许所属单位在企业战略框架内进行创新，遇到问题须及时研究、及时回应，全方位支持和鼓励所属单位加快推进创新发展。要发挥业务主导作用，负责研究、起草好这类讲话文稿，统筹谋划和推动好科技创新、技术攻关、数智转型、标准建设等各项工作，让所有单位、部门都清楚本企业的科技创新战略规划、计划、实施路径和每个阶段的重点任务，加快推动本企业向高水平科技自立自强转变。

4. 准确把握创新规律性的认识和经验。 企业必须及时总结梳理本企业战略实施过程中每项任务的进展情况和下一步计划安排，做好过程记录和报告整理，准确统计数据信息，深入开展数据分析，查找问题和不足之处，提炼成功经验，为更好推进战略实施提供决策支持。实践证明，凡是不重视这些基础工作的企业，其科技创新犹如风中摇曳的蛛网、湖中荡漾的浮萍、冬天树上的残叶，对本企业战略决策和战略实施起不到什么重要作用；凡是不重视这些基础工作的业务部门，就无法做优顶层设计，就不能充分发挥战略统筹和决策支持作用。只有企业主要领导、分管领导和业务部门负责人具备较强的全局观念和较高的战略视野，才有能力统筹谋划好企业科技创新战略，精准把控好战略实施，有效推动企业科技创新发展，实现企业科技创新战略和美好愿景。

5. 准确把握本企业存在的问题和挑战。 在制定企业科技创新战略规划、计划和实施路径时，一般都能预测到一些可能存在的问题和挑战，也会拟定相应的保障举措。即便是这样，在科技创新战略实施过程中，还是会遇到这样那样的问题，比如技术瓶颈问题、试验场地（井位）协调、成果转化机制、推广应用政策等，业务部门需要高度重视这些问题，及时研究制定解决办法和应对策略。召开科技创新工作会议，核心就是为了推动企业科技创新战略实施、部署和推动这些问题的有效解决。所以，这类会议应当坚持业务主导，由业务部门做好战略统筹、内外协调和一体推进，将科技创新工作会议办成本业务系统的年度盛会。这是统筹推动科技创新战略实施的一项重要工作，若会议取得好的效果，就可以更好推动后续工作的落实落地。

写作范例 31：

着力高水平科技自立自强
全面推进世界一流创新型企业建设

——在××公司科技与信息化创新大会结束时的讲话

×××

（××××年××月××日）

同志们：

抓创新就是抓发展，谋创新就是谋未来。今年，在集团公司科技与信息化创新大会上，集团公司党组明确提出要着力高水平科技自立自强，建设国家战略科技力量和世界能源创新高地，率先建成××公司等一批世界一流创新型企业。公司在"十四五"开局之年，专题召开科技与信息化创新大会，主要目的就是深入贯彻习近平总书记关于科技创新的重要论述，认真落实集团公司科技与信息化创新大会精神，总结公司"十三五"技术创新取得的成果，部署"十四五"及中长期科技创新目标任务和重点举措，动员全体干部员工特别是科技工作者进一步解放思想、锐意创新，着力高水平科技自立自强，加快建设世界一流创新型企业，成为国家战略科技力量的重要组成部分。

（正文开头：开宗明义，简要传达上级精神，明确会议的主题）

刚才，×××总经理作了科技创新工作报告，报告作得很好，成绩总结到位，形势研判深入，工作部署精准，对下一步技术创新具有很强的指导性和可操作性。会上，公司对"十三五"优秀科技工作者和科技创新团队进行了表彰，××家单位作了科技创新典型经验交流。在此，我代表公司党委向受到表彰的优秀科技团队和先进科技工作者表示热烈的祝贺！向长期奋战在科研一线，为公司高质量发展作出突出贡献的广大科技工作者表示衷心的感谢和崇高的敬意！

（正文第二自然段：回顾会议过程，肯定工作成果，表达组织关怀）

上午的会议结束后，公司接着召开××成果交流会，希望大家深入交流、认真研讨，开出成果、开出水平、开出成效。

下面，围绕××技术创新，再谈三个方面的意见。

一、切实增强建设世界一流创新型企业的责任感、紧迫感

我国石油××发展史就是一部××技术创新史。石油××技术的每一次创新，都会带来油气勘探开发的大突破、新发现，在我国油气事业发展中处于十分关键的战略地位，为我国油气勘探开发发挥了至关重要的战略作用。

特别是"十三五"以来，公司积极贯彻新发展理念，紧跟集团公司战略部署，始终把创新摆在公司发展全局核心位置，大力实施创新优先战略，坚持科技自立自强，创新科研体制机制，充分发挥人才创新价值，推动公司技术创新步入快车道，实现了从长期技术跟随向技术并跑、部分领跑的历史性跨越。

（一）党对科技创新工作的领导不断加强。公司党委在科技攻关方向确定、重大改革方案制定、高层次人才培养引进等重大事项的举旗定向作用充分发挥，各级党组织联系人才制度全面落实，打造了一支忠诚担当、矢志创新、攻坚克难、无私奉献的科技人才队伍，成为推动××技术创新发展的重要力量。

（二）一批重大创新成果加速喷涌。打造形成了以××软件、××装备、××技术等核心软件、核心装备、核心技术系列，成为全球唯一全产业链××公司，总体技术水平处于国际先进、部分关键技术达到领先水平。"十三五"成为公司取得创新成果数量最多、质量最优的时期，在中国能源企业创新能力百强榜中位列第×，多项××装备亮相国家"十三五"科技创新成果展。

（三）科技战略支撑能力显著增强。全力推动自主创新技术成果工业化应用，有力促进了××勘探提质增效，"十三五"期间……在国内外打造了一系列精品项目和示范工程，大大提升了公司综合实力和国际竞争力，为公司在行业低谷期成功实现弯道超车、完成收入连续××年位居全球首位提供了战略支撑，企业增加值占××省科学研究与技术服务业 GDP 的××。公司找油找气主力军地位更加巩固……

（四）"两化"深度融合扎实推进。着力以信息化建设推进组织优化和管理变革，建立公司生产管理指挥平台和远程专家技术支持系统，实现生产

高效运行和服务快速响应。搭建××智能云平台和××数据湖，形成××一体化、××一体化、××一体化协同攻关模式。大力推进智能化××队伍建设，推动传统作业模式发生革命性重塑。

（五）科研创新活力有效激发。深化科研体制机制改革，"一个整体、三个层次"科研体系不断健全完善，"共建、共享、共赢"研发生态加快形成，率先完成全员专业技术岗位序列改革，各级各类人员创新活力不断点燃、激情充分释放。群众性经济技术创新和小改小革活动广泛开展，职工"创新工作室"取得大批成果。

实践证明，科技创新是企业强盛之基、进步之魂。我们深刻认识到：必须始终大力实施创新优先战略。切实把创新摆在公司发展全局的核心位置，坚持事业发展、科技先行，围绕产业链部署创新链，依靠创新链提升价值链，着力在固链、补链、强链上下功夫，积极抢占科技竞争制高点，始终把握发展主动权。必须始终坚持科研市场导向。精准把握全球××技术创新趋势，瞄准高精度、低成本、智能化研发方向，坚持产学研紧密结合，以技术满足市场、以技术抢占市场、以技术引领市场，打造油气勘探开发技术利器，努力提升技术服务保障能力和国际竞争力。必须始终推进科研体制机制变革。坚持把深化改革作为关键一招，不断健全科研体系，创新科研体制机制，整合有效创新资源，聚集科技创新要素，培育开放创新生态，大力提升公司创新效能。必须始终把人才作为第一资源。积极以工程思维推进人才强企，聚焦"高精尖缺"，完善"生聚理用"机制，优化人才素质能力和年龄结构，不断激发人才创新潜能，培养造就一支专业化、领军型、高素质的科研人才队伍。必须始终强化党对科研工作的领导。充分发挥党的领导政治优势，把方向、管大局、保落实，抓重大、抓尖端、抓基础，为科技创新提供坚强的政治保证。

当前，新一轮科技革命和产业变革突飞猛进，科学技术作为核心竞争力，日益成为国家之间、企业之间竞争的焦点，成为解决当前和未来发展重大问题的根本手段。进入新发展阶段，贯彻新发展理念，服务和融入新发展格局，建设世界一流创新型企业，我们比以往任何时候都需要更加强大的科技创新力量。

（一）加快建设世界一流创新型企业是贯彻党中央决策部署的必然要求。党的十八大以来，以习近平同志为核心的党中央围绕实施创新驱动发展战略，作出了一系列重要论断和重大部署，发出了加快建设世界科技强国的号召。习近平总书记对油气行业寄予厚望，把石油天然气作为当前亟待解决、急迫攻坚的七大关键核心技术的第一位，明确指出科技领军企业是国家战略科技力量的重要组成部分，要自觉履行高水平科技自立自强的使命担当。习近平总书记在视察胜利油田时强调，石油能源建设对我们国家意义重大，能源的饭碗必须端在自己手里。作为为国找油找气主力军和中国××技术领军企业，我们要坚决贯彻习近平总书记的重要指示批示精神，胸怀"国之大者"，提高政治站位，强化实干担当，以时不我待的紧迫感、舍我其谁的责任感、功成有我的使命感、抓铁有痕的执行力，勇挑重担、勇打头阵，着力高水平自立自强，当好现代××产业链"链长"，成为国家战略科技力量的重要组成部分。

（二）加快建设世界一流创新型企业是落实集团公司党组决策的战略需要。今年以来，集团公司党组立足新发展阶段，锚定世界一流目标，围绕奋进"十四五"及中长期高质量发展、大力实施人才强企工程、着力高水平科技自立自强等进行了系统安排和周密部署。集团公司党组对××高质量发展和技术创新寄予殷切期望，明确要求××公司要率先打造世界一流、率先建成世界一流创新型企业。我们必须坚决贯彻落实集团公司党组决策部署，志存高远、志创一流，加快构建全球××技术创新高地，在打造世界一流中当先锋、作表率，为集团公司建设世界一流企业贡献××力量、打造××样板。

（三）加快建设世界一流创新型企业是增强公司国际竞争力的战略举措。当前，全球能源结构加快向清洁低碳转型，油公司向综合能源公司转变，对油气勘探开发投资更加谨慎，积极布局新能源业务，注重发展和应用油气高效勘探开发技术和新能源技术。为抢占市场竞争主动权……产业变革带来的是更加激烈的市场竞争和科技竞争，如果在科技创新上发力不够、踟蹰不前（[zhí zhú bù qián]，迟疑不决，不敢前进），就会在新一轮竞争中丧失机遇、受制于人。我们必须准确把握全球能源发展趋势，对标世界一流水平，找差距、补短板、强弱项、破瓶颈，加快赶超步伐，牢牢抓住发展的主动权。

（四）加快建设世界一流创新型企业是公司推进科技创新的战略追求。我们要清醒看到，尽管公司科技创新取得了长足进步，但仍存在一些不容忽视的问题。一是……二是……三是……四是……这些问题务必引起我们高度重视，要以变革思维破解创新难题，以强力举措推进创新驱动，破除一切体制机制障碍，激发科技创新潜能，在不断创新中把握机遇，在持续攻坚中追求卓越，以高质量科技供给支撑和引领公司高质量发展。

（正文主体第一部分：系统总结科技创新工作成果、成功经验和思想认识，思路清晰、架构合理、逻辑严谨）

二、当前及中长期科技创新总体思路和目标

国家富强需要一大批创新型企业攻坚克难、乘势而上，民族复兴需要全国人民保持定力、自强不息。"十四五"是我们着力高水平科技自立自强、加快建设世界一流创新型企业至关重要的阶段。我们既面临着新一轮科技革命和产业变革带来的难得历史机遇，也具备我国深化油气改革、实施增储上产七年行动的良好环境，更具有公司经过不懈努力奋斗取得的坚实基础和创新成果。机遇稍纵即逝，抓住了是机会，抓不住就会失之交臂、痛失良机。

（一）总体思路……

（二）奋斗目标……

到 2025 年，基本建成世界一流创新型企业……

到 2030 年，全面建成世界一流创新型企业……

到本世纪中叶，成为基业长青的世界一流创新型企业……

（正文主体第二部分：明确当前及中长期科技创新总体思路、奋斗目标）

三、全面推进世界一流创新型企业建设的战略举措

不畏浮云遮望眼，风物长宜放眼量。着力高水平科技自立自强，建设世界一流创新型企业要树立国际视野，做优顶层设计，明确主攻方向，激发内在活力，集聚形成推动 ×× 技术创新的强大合力。

（一）聚焦关键核心技术攻关，打造战略发展新高地。当前，公司站在了全球 ×× 技术创新的最前沿，进入了技术"无人区"。创新从来都是九死一生，但真正的勇士从不惧怕失败。我们要发扬永不服输、永争一流的企业精神，肯下"十年磨一剑"的苦功夫，以"虽九死其犹未悔"的豪情，以"超越权威、超越前人、超越自我"的自信，围绕"快速突破"和"久久为功"两个层面，将科技创新进行到底。在"快速突破"层面……在"久久为功"层面……

（二）聚焦数字化转型智能化发展，提升战略实施新动能。当今世界正加快进入数字经济快速发展的时期，推进数字化转型、智能化发展是建设世界一流创新型企业的必然要求。我们要按照 ×× 的思路，充分利用先进信息技术，建立……打通……实现……打造"智能 ××"。一是推进 ×× 业务数字化转型、智能化发展……二是推进企业管理变革……三是推进服务模式创新……

（三）聚焦科研体制创新，构建战略发展新格局。体制创新是建立高效能科研运行体系的重要方法，是把握趋势、科学决策的组织保障。我们要按照集团公司和公司改革三年行动部署，深入推进科研体制创新，不断完善研发体系，把各方面力量拧成一股绳，形成整体优势，提升创新效能。一是完善科研体系……二是优化科研布局……三是打造创新条件平台……

（四）聚焦科研机制创新，激发战略发展新动力。公司实践证明，只有不断深化科研机制创新，才能让资金、项目、人才都充分活跃起来，为建设世界一流创新型企业提供源源不竭的动力。一是健全完善科研投入机制……二是健全完善研发应用机制……三是健全完善科研评价机制……四是健全完善科研管理机制……五是健全完善"生聚理用"机制……

（五）聚焦强化党的领导，集聚战略发展新优势。公司党委和各级党组织要坚持把科技创新摆在发展全局的核心位置，高效推进实施创新优先战略，发挥好把方向、管大局、保落实的领导作用。一要……二要……三要……四要……各单位领导班子特别是主要负责人要带头提高科学素养，强化创新意识和数字思维，尊重创新发展规律、科研管理规律、人才成长规律，努力成为"内行"领导，当好创新发展的探索者、组织者、引领者。

广大科技工作者特别是青年科技人才，要志存高远、开拓创新、堪当大任，努力在公司建设世界一流创新型企业征程中当先锋、作表率。要作胸怀"国之大者"、矢志找油找气的表率。自觉把个人前途命运与××技术创新发展紧密结合起来，大力弘扬新时代科学家精神，传承发扬石油精神和大庆精神、铁人精神，树立科技兴油、科技兴企的远大理想，自觉肩负科技自立自强的责任使命。要作攻坚克难、担当作为的表率。树立敢为人先的信念，弘扬"三超"精神，敢于提出新理论、探寻新路径，不畏挫折、敢于试错，在独创独有上下功夫，在解决重大瓶颈问题上强化担当作为。要作甘于奉献、勇攀高峰的表率，以"板凳甘坐十年冷"的钻劲，"绳锯木断、水滴石穿"的韧劲，大胆探索、勤奋钻研，着力攻克关键核心技术，奋力攀登科技创新高峰，谱写出新时代奋力推进我国石油××技术创新的崭新篇章。

（正文主体第三部分：采用"五个聚焦"展开战略部署）

同志们，百舸争流，奋楫者进；千帆竞渡，勇进者胜。希望广大科技工作者始终胸怀"国之大者"，矢志攻关、砥砺创新，发动科技创新的强大引擎，奋力开创公司战略发展新局面，加快建成世界一流创新型企业，为集团公司建设国家战略科技力量和能源与化工创新高地作出新的更大贡献，以优异成绩迎接党的二十大胜利召开！

谢谢大家!

（希望式结尾法：在报告前面部分明确了目标，部署了工作，落实了责任，结尾时再提出希望。标志性词语是"希望……"等）

【写作点评】

这篇讲话文稿是本系统一家地区企业在"十四五"开局之年所作，讲话站位高、格局大，彰显了国有企业的责任担当，全文系统总结了"十三五"科技创新工作的成果、经验和思想认识，明确了"十四五"的思路、目标和战略部署。从主体内容来看，采用的是传统三段论结构，按照思维逻辑编排，即"提高认识＋思路目标＋重点举措"。总体来看，这篇讲话文稿创新点较多，充分体现出这家地区企业的战略定力和战略自信。第一部分是这篇讲话文稿的重要创新点之一，目的就是现场开展形势任务教育，动员广大干部员工要始终胸怀"国之大者"，提高政治站位、增强发展自信、直面问题挑战、勇创世界一流。科技创新工作报告既然系统总结了"十三五"科技创新成果，为什么还要写这部分内容呢？笔者认为，主要是为了体现企业党委的高度重视，也是开展形势任务教育的需要，以使这部分内容更加系统。如果放在一般年份，这类讲话可以按照"总结成果、形势研判、提出要求"三部分起草，科技创新工作报告就是通报主要成果、安排重点工作，类似于企业工作会议讲话和生产经营报告。主体内容第三部分也是重要创新点之一，"五个聚焦"铿锵有力、掷地有声，抓住了科技创新战略实施的关键与核心。此外，这篇讲话内容表述创新点多，使用的短句多、排比句多，语言大气、很有张力，比如，"要以变革思维破解创新难题，以强力举措推进创新驱动""超越权威、超越前人、超越自我""虽九死其犹未悔""板凳甘坐十年冷"。

写作范例32：

在××公司科学技术委员会会议上的讲话

×××

（××年××月××日）

同志们：

今天，我们召开公司科学技术委员会会议，总结过去一年的科技工作，研究部署今年的重点任务。刚才，科委会办公室作了工作报告，并汇报了新开科技项目立项情况、科技经费安排建议及委员会调整情况，会后要认真收集各位委员的意见建议，将其融入公司全年科技重点工作中去，抓好执行落实。

（正文开头：简要说明召开会议的主要目的，简要回顾会议过程，并对落实会议精神提出具体工作要求。看到这样的开头语，就应该清楚讲话领导与会议主持人一般不是同一个人）

过去的一年，公司上下认真学习贯彻习近平总书记关于创新发展理念等系列重要论述精神，全面落实集团公司党组和公司党委决策部署，大力实施创新战略，科技创新工作取得阶段性成效，呈现良好势头。**一是创新基础更加坚实。**以"两院三中心"和试油测试中心等为特色的院所建设取得显著进展，在行业拥有一定影响力。获批筹建省部级××中心和××中心，顺利通过"高新技术企业"认定。**二是科研能力不断增强。**牵头××项、参与××项集团公司重大专项，争取上级经费××亿元，项目和经费数量创公司成立以来最好水平。**三是技术支撑成效显著。**"××科技示范工程"、××优快钻井技术创多项指标，首创××技术，工程速度大幅提高，助力了油田高效勘探、效益开发。**四是创新实力持续增强。**××项产品通过集团公司成果鉴定，总体达到国际先进水平，地质工程一体化平台、两级EISC功能不断完善，加快了现场作业信息化、智能化进程。这些成绩的取得，凝聚着广大科技工作者的心血和汗水，希望大家在新的一年里再接再厉，在新的历史起点上持续奋斗，奋力取得更好成绩。

在总结科技工作的同时，我们还要认识到存在的问题和不足，主要表现在：**一是创新成果不足**……**二是创新活力不足**……**三是创效能力不足**……

（正文第二、三自然段：系统总结过去一年的工作成果，指出存在的问

题和不足。这是一般年度科委会会议常用的讲话结构，在写讲话主体内容之前先总结成绩和不足，随后提出下一步工作要求）

结合今年科技工作安排，我讲几点意见，与大家共勉。

一、进一步增强科技创新的责任感和紧迫感

科技是国家强盛之基，创新是民族进步之魂。当前，创新已成为时代最强音。习近平总书记指出，抓创新就是抓发展，谋创新就是谋未来。我们只有大力创新，才能赢得主动、赢得优势、赢得未来。

一方面，实施创新战略，是贯彻落实党中央、集团公司党组决策部署的重要体现。党的十八大以来，以习近平同志为核心的党中央高度重视科技创新工作，围绕实施创新驱动发展战略、加快推进以科技创新为核心的全面创新，提出了一系列新思想、新论断、新要求。集团公司党组着眼于提高核心竞争力、抢占发展制高点，紧盯科技与信息化发展大趋势，打出了一系列实施创新战略的"组合拳"。×××董事长在学习贯彻党的十九届五中全会精神专题党课上强调，要始终把创新放在发展全局的核心位置，努力在实施创新驱动发展战略、建设创新型国家中发挥主力军作用。在春节前召开的集团公司科委会上，×××董事长再次明确，要充分发挥科技创新"支撑当前、引领未来"作用，有所为有所不为，开放合作，推动科技事业迈上新台阶、取得新成效，支撑引领世界一流综合性国际能源公司建设。这充分体现了集团公司党组贯彻创新发展理念、落实创新战略部署的决心、恒心，为我们推进创新战略明确了重点、规划了途径。公司必须认真贯彻党中央精神和集团公司党组决策部署，充分发挥创新主体和推动创新创造生力军作用，坚定不移把创新理念贯穿于改革发展全过程、落实到生产经营各项工作中，坚定不移把发展基点牢固建立在依靠科技创新和技术进步上，不断提高科技成果转化率和产业化水平，不断开辟发展新领域、新赛道，塑造发展新动能、新优势。

另一方面，实施创新战略，是顺应科技发展大势、提升可持续发展能力的必然要求。从能源行业特别是油气行业来看，油气资源勘探开发领域不断向低渗透、深层、非常规扩展，国家对生态环境保护、节能减排等方面的监督日益严格，对能源生产和消费的绿色清洁要求不断提高，×××董事长在接受央视专访时特别强调……这些趋势和要求，使我们对科技创新的需求比以往任何时候都更加迫切。

唯有创新，才能顺应时代发展要求；唯有创新，才能永葆生机活力。从自身发展来看，公司处在油气供应链的前端，肩负着保障油气高效勘探、效

益开发的重大使命。长期以来，公司党委高度重视创新工作，将创新战略摆在首位，作为第一战略，强化技术攻关，取得了显著进展，支撑了××、××等区域规模开发，将地质学家和开发专家的部分梦想变成了现实。但与集团公司党组和××公司要求，特别是与勘探开发需求、公司管理技术型企业建设的目标相比，与国际先进水平对标，我们仍存在很大差距。当前在价格市场化的环境下……针对这种情况，我们必须加大科技创新力度……用创新成果支持公司生产经营持续向好。

（主体内容第一部分：相当于现场开展形势任务教育，传达党中央精神和集团公司党组决策部署，重点强调科技创新的重大意义，明确公司科技创新的战略方向，指出公司在这方面存在的差距，引导广大干部员工增强责任感和紧迫感）

二、持续优化完善公司科技创新体系

一要加快平台建设，夯实创新基础。××年，公司作出建设"两院三中心"重大部署，规划到××年，综合实力和创新能力大幅跃升，专业技术发展、人才创新能力、科研实力和服务保障能力全面达到国内领先水平。两年过去了，我们一定要冷静分析，到底完成得怎么样？科技部门、"两院三中心"相关单位，特别是各级领导，要对照担当尽责标准，对照"五个一流"（一流的顶层设计和方案规划能力；一流的科技研发和利器应用能力；一流的资源整合和集成应用能力；一流的科技领军团队和人才队伍；一流的科研创新和人文知识环境）、对照"四个领先"（工艺水平国内领先；流体研究与评价、高端助剂及配套工具评价应用能力国内领先；实验仪器设备、助剂和工具检测能力国内领先；技术服务能力行业领先）的目标进度，深入总结、查找不足，制定强力措施，加快推进，进一步夯实提升公司服务保障能力和核心竞争力的创新基础。

二要培育创新主体，打造技术优势。今年，公司开展以创新分配机制和提升技术能力为核心的单井安全提速创效工程，广大科技工作者要主动担当，坚持自主创新与合作创新相结合，以解决单井安全提速问题为重点，攻关制约提速提效的"卡脖子"问题，缩短单井周期、降低单井成本。地质方面……钻完井方面……储层改造方面……

三要深化机制改革，增强创新活力。当前，公司已初步建成以"两院三中心"和试油公司为主体，生产和专业化单位补充，研发与应用相互支撑，资源高效配置的一体化创新组织体系。要加快科技机制改革步伐……要创新科技管理机制……要创新科技激励机制……

　　四要坚持人才优先，壮大创新队伍。人才是创新的根基。谁拥有一流的创新人才，谁就拥有了科技创新的优势和主导权。公司地处西部地区，"两院三中心"特别是工程技术研究院要在留住人才、最大限度引进人才上解放思想。**要加强内部人才培养**……**要加强外部人才合作**……**要加强高端人才引进**……

　　（正文主体第二部分：明确指出公司科技创新体系宏观层面亟需优化完善的四个重要方面，这是支撑科技创新的前提和基础）

　　三、全力抓好科技创新六项重点工作任务

　　一要积极为公司业绩考核增光添彩。集团公司业绩考核政策中，国家奖、国际标准均为加分项，要认真谋划，做好国家奖获取、国际标准制定等相关工作。**国家奖方面**……**国际标准方面**……

　　二要积极争取集团公司科技立项支持。一方面，要围绕"企之要情"，充分发挥公司××区域勘探开发主力军优势，加强与集团公司科技管理部门的沟通交流，依托公司"两院三中心"创新平台和集团公司××研究院战略合作关系，积极争取××技术研究等集团公司立项，争取更多经费支持。**另一方面，要以集团重大专项为依托**，不断提升公司科技创新能力。各专业要加强行业内部的沟通交流，积极参与国家、集团公司重大项目攻关。

　　三要加强与油田和科研院所合作交流。深化与各油气田的科研合作，围绕××、××等重点区域勘探开发难题，共享优势资源，共同优化提速模板，完善配套工艺，加快解决"卡脖子"问题，以打成、打好、打快推动重要共识落实落地。**抓好与集团公司××研究院联合开展项目的研究工作**，在"××科技示范工程"、现场提速工具等方面紧密合作，打造一批高指标井，充分展示公司作业实力，树立良好形象。**依托××重点实验室**，深化与××合作，提升××、××能力，打造储层改造核心竞争力。

　　四要加快推进自研产品产业化发展。坚持市场导向……**学习借鉴兄弟单位成熟做法**……**加大产品推广力度**……

　　五要着力抓好重点项目运行管理。组织好公司牵头的集团重大专项，以及参与的××等××项集团公司重大项目攻关，定期召开项目推进会，总结经验、查找不足，不断提高项目研究水平，尽快将项目成果应用到现场，为单井安全提速创效工程提供强有力的支持。

　　六要加快现场生产信息化建设进程。加快推进数据中台和工程地质一体化平台一期项目建设，提升数据分析核心价值，助力单井安全提速创效工程，促进数字化转型、智能化发展。要争取××月份上线投运，××处抓好数据填报与考核管理，挖掘数据价值，指导现场减少复杂事故；××处做好自有和合作队伍生产数据填报管理，解决现场重复填报问题；××中心确保现场网络和数据采集传输保障，打通各专业数据库。

（正文主体第三部分：明确指出公司科技创新微观层面的六项重点工作任务，这是新的一年的主要努力方向）

同志们，××年是充满挑战和机遇的一年，科技工作承担着光荣的使命。让我们在集团公司党组的坚强领导下，坚定信心，振奋精神，开拓创新，扎实工作，大力推动科技进步和自主创新，努力开创公司科技工作新局面，为公司管理技术型企业建设再上新台阶作出新贡献，以优异成绩迎接中国共产党成立100周年！

（展望式结尾法：前面作了规划和安排，结尾时根据发展规划描绘宏伟蓝图，展望美好愿景，激发大家向往未来、开创新局的热情。标志性词语是"让我们……，为……，以……"等）

【写作点评】

这篇讲话采用的是典型的三段论结构，突出了目标导向和结果导向，讲清了本企业科技创新宏观层面和微观层面亟需推动和解决的问题。总体来看，这篇讲话思路清晰、逻辑严谨，充分体现了国有企业牢记"三个务必"，敢打敢拼、真抓实干、实事求是、追求卓越的工作态度，彰显了国有企业的使命担当。大家可以仔细品鉴这样的三段论结构布局和各部分内容安排，深入思考各部分之间的逻辑关系，为自己写作水平的提升汲取营养。同时欢迎大家指出问题和不足，以便我们不断改进提升。

第十节　经营分析会议讲话

经营分析是对企业经营状况进行整体分析研判。在整个数据分析体系里，经营分析是最顶层的分析，主要解决两个方面的问题，即企业整体经营状况是否达到预期和企业主要经营举措是否符合预期。这类会议一般由企业主要领导或总会计师主持，由计划、市场（生产）、财务部门分别作专题分析通报。根据经营分析需要，专题分析内容可以进行适当调整。经营分析的目的，可以概括为评价企业过去的经营业绩、衡量企业现在的经营状况、预测企业未来的发展趋势。企业召开经营分析会议，一般需要计划、市场（生产）、财务等部门参加，共同审视经营情况。

经营分析会议是企业年度经营目标落实落地的助推器，必须坚持目标导向和问题导向，明确方向、理清思路、找到差距、提出举措，引导和推动企业经营达到预期目标。这类会议本系统企业一般按照季度召开，有的企业可能按照月度召开。笔者建议，一般可以按照季度召开，遇到特殊或紧急情况可视实际情况而定。

一、经营分析会议讲话的显著特点

这类会议属于结果导向型会议，重在剖析生产经营过程中出现的问题和矛盾，明确奋斗方向、目标、思路，共同研究制定解决突出问题和矛盾的工作措施，确保企业全年经营情况符合预期目标。其主要有三个特点和作用。

1.发现问题和机会。企业开展经营分析活动，就是要运用快速有效的方法，对照上级决策部署和预期目标计划，与国内外同行企业开展对标对表，及时发现存在的问题和潜在的机会，及时采取相应措施，严密防范风险，稳固发展基础，借机扩大优势。

2.支持决策与战略。经营分析提供的数据和信息是为企业决策和战略实施服务，这是开展经营分析的意义所在。所有企业都应依靠客观、准确、真实的经营分析数据和信息进行决策部署，制定符合本企业发展实际的决策与战略。

3.改进质量和效率。开展经营分析，主要就是为了改进经营思路和策略，持续提高产品质量和客户满意度，持续提高经营质量和发展速度。通过分析和识别存在的瓶颈和问题，能够不断修正企业经营方向、思路和前进轨迹。

二、经营分析会议讲话的探讨范畴

经营分析会议的探讨范畴相对集中，但也比较广泛，就是围绕生产经营剖析问题、发现机会，凡是影响经营状况的有利因素和不利因素都在探讨范畴之内。

1. **影响企业经营的宏观因素**。宏观因素是影响企业生产经营和经营效果的外部因素，主要包括企业所在国（项目所在国）经济、政治、社会等各方面的因素，以及自然环境条件等。具体包括产业政策、税收政策、法律法规、资源条件、服务价格、劳工制度、人员素质、市场机制、科技水平、自然灾害、战争与和平等。这些因素都有可能影响企业经营状况。

2. **影响企业经营的微观因素**。微观因素包括企业内部环境、市场需求、竞争环境、资源环境等，这与行业性质、产业布局、各方利益等都有着千丝万缕的联系。就本系统来说，当前国际市场需求依然旺盛，国内市场呈现饱和状态；国际资源环境相对较好，国内资源环境劣势化日趋严重；竞争环境越来越差，国际市场存在国内企业恶性竞争现象，国内市场存在同行（甚至是内部）企业恶性竞争等。

3. **影响企业经营的内部环境**。企业内部环境是指企业内部的物质、文化环境的总和，包括战略思想、战略决策、经营理念、队伍素质、技术能力、内部资源、企业文化等因素。企业内部环境分析的内容包括经营收入、成本支出、资源配置等很多方面。其实无论包括多少方面，最核心的是对照财务报表和经营报表，围绕"两利五率"等关键经营指标，对生产经营重点环节和要素进行深入分析。

三、生产经营会议讲话文稿的写作要点

这类会议讲话思路和结构相对简单，主要就是准确把握好"四个必须"：必须有明确的主题和主线（主要议题）；必须找出存在的问题和症结；必须体现管理者的思想和策略；必须有效触动与会者的思想和行为。这样才能凝聚干事创业力量，增强内生动力，形成推动企业更好更快发展的强大动力。

1. 必须明确会议的主题和主线

企业经营分析会议，每个季度的侧重点不会完全相同，每个季度的目的和定位也会有所不同。具体确定什么样的主题和主线，要结合每个季度的工作实际来判断。这不仅考验决策者的分析决策能力，也决定着经营分析会议的质量水平。鉴于这类会议都有着明确的目的和定位，所以会议议题不必面面俱到，关键是要突出重点，抓住当前最急需推动和解决的问题，

比如竞争态势变化、单位协同配合、资源配置错位、企业发展机会等，只有抓住主要矛盾和矛盾的主要方面，抓住机会、对症下药，才可以开出高质量、高效率、高效能的经营分析会议。

2. 必须找出存在的问题和症结

开展经营分析，最主要的目的就是要挖掘经营数字背后所潜在的规律和存在的问题，并分析出问题的症结所在，同时还要关注与经营状况改善有关的发展机会。重点是对照财务"三张表"（资产负债表、利润表、现金流量表）和"两利五率"（"两利"是指利润总额、净利润，"五率"是指资产负债率、净资产收益率、全员劳动生产率、研发投入率、营业现金比率）开展深入分析，将经营状况是否达到预期和影响经营状况的内在因素、外在因素找出来，为明确下一步工作的方向、思路和举措提供决策支持。

3. 必须体现管理者的思想和策略

经营与管理始终是密不可分的。召开经营分析会议，虽然讲的是生产经营，但更多的是体现管理者的思想和策略。因此，在召开会议之前，生产、财务、计划等部门要进行充分沟通，确保生产、经营、计划数据口径一致，如果出现"三大计划"不能协同的情况，相关部门要提前进行会商，为企业领导决策提供可靠的数据支持和决策建议支持。召开经营分析会议，就是要依据经营分析实际情况，对企业生产经营工作的方向、思路和策略作出调整，统一思想、统一意志、统一行动。

4. 必须有效触动与会者的思想和行为

要确保会议开出成效，凝聚发展动能，就要直面问题、开诚布公、坦诚沟通，讲问题就要指出具体问题和症结所在，坚决不能蜻蜓点水或一带而过，必须要对责任单位和责任人有所触动。为什么说领导讲话要把握好分寸、把握好尺度呢？因为企业经营问题一般都是资源配置、经营管理等方面的问题，不是敌我矛盾，所以不能出现激化内部矛盾的语言和行为。作为企业管理者、决策者，不仅要指出问题所在，更要在广泛征求意见建议的基础上，提出解决问题和矛盾的有效办法；不仅要让责任单位和责任人有所触动，更重要的是讲清楚企业面临的形势和任务，进一步明确工作的方向、思路、目标和经营策略，让广大干部员工知道该干什么、该怎么去干，这样才能有利于实现企业年度计划目标。

写作范例 33:

在××公司2月份生产经营分析会议上的讲话

×××

（××年××月××日）

同志们：

今年年初，公司和各企业认真落实集团公司工作会议精神，各项工作起步平稳、开局良好。主要表现在国内外服务保障责任得到落实，完成工作量大幅增长，主要经营指标明显改善，净利润同比增加××亿元，营业收入利润率提高××个百分点，百元收入变动成本改善××，"两金"余额减少××。

（正文开头：简要总结年初工作成果，肯定公司和各企业的努力）

一、年初以来公司主要完成了三件大事

一是迅速传达贯彻集团公司工作会议精神和集团公司党组领导批示要求，组织召开公司工作会议，明确了"十四五"的发展思路、任务目标、战略部署和今年的重点工作任务。×××同志出席会议并讲话，高度肯定了公司和各企业取得的成果，并对今年工作提出具体要求。

二是××公司、××公司和××公司始终胸怀"国之大者"、积极践行"一体两面"职责，签订了年度战略合作框架协议，为开创集团公司上游业务高质量协同发展奠定了良好基础，必将有力促进集团公司××战略部署的落实。

三是认真落实集团公司组织机构改革部署要求，平稳顺利完成公司本部"三定"工作，总部部门由××个压减至××个。在方案实施过程中，公司本部干部员工顾大局、有格局、讲团结，自觉服从组织安排，认真履行岗位职责，充分展现了大家凝心聚力推动公司高质量发展的坚定信念，得到集团公司的高度肯定。

（正文主体内容第一部分：简要总结年初以来在公司和各企业共同努力下完成的重点工作及取得的阶段性成果）

二、要全面落实"安全、合规、效率、效益"方针

按照×××董事长、×××总经理的批示要求，结合集团公司四大战略举措，我们提出了"安全、合规、效率、效益"方针。在安全方面，井控

风险是集团公司八大风险之首，是最大的安全风险。要将井控风险防控作为重中之重，必须坚持大抓基层的鲜明导向，狠抓"司钻是现场关井第一责任人"的落实，持续推进队伍井控能力建设，实现溢流及时发现率、及时正确关井率"两个100%"，努力减少溢流、遏制高套压、杜绝井喷，力争企业应急零启动。在合规方面，今年是央企"合规管理强化年"，要认真落实集团公司深化依法合规治企专项部署，健全重大涉法事项法律论证管理制度，研究高风险国家项目依法合规经营对策，开展××合同检查，加强招投标、物资采购、资金管理等问题专项整治，争创法治建设示范企业。在效率方面，要更加清醒地认识到，当前效率是制约国内扭亏的关键问题，也是影响公司和各企业高质量发展的重要因素，要大力推进"四提"工程，严格执行××技术模板，开展提速竞赛，确保单队单机作业效率提升××。在效益方面，要坚持效益优先，持续深化精益管理，开展提质增效价值创造行动，努力解决创效能力不强、合同资产总量大、自由现金流紧张等问题，实现"两利五率"指标"两增一控三提高"。

（正文主体内容第二部分：简要阐述企业生产经营工作方针，这是企业决策者管理思想的集中体现）

三、要辩证看待高油价与××价格的关系

近期，国际原油价格突破××美元/桶，达到近七年来的高点，很多同志认为，我们的日子会更好过。从集团公司层面来看，高油价下油气田企业盈利增长，但进口油气成本上涨导致炼化企业亏损加剧，加之……将造成整体减利。对××业务影响更大，集团公司业绩考核政策没有变，桶油完全成本目标仍是××美元/桶，倒逼××企业将进一步压控××投资和生产成本，经营压力将持续向××企业传导。此外，成品油、原材料等价格随着油价持续攀高，××成本大幅上涨，必将对各企业造成更大压力，生产经营形势更加严峻。因此，高油价与××服务价格上涨没有必然关系，今年的××服务价格总体呈下降趋势，但不会有太大的波动……我们不能寄希望于高油价来解决问题，要将低成本作为长期战略选择。

（正文主体内容第三部分：深入分析、研判形势，阐明高油价与服务价格的关系，进一步明确本企业的战略选择）

四、要奋力推动国内工程技术业务扭亏解困

长期以来，大家形成了一个思维定式，就是公司的效益主要来源于××业务和××业务，国内××业务亏损已经是无法扭转的客观现实。从长远来看，××业务经营风险越来越大，资产负担越来越重，国内××

业务继续亏损特别是长期亏损的单位，肯定是不能接受的。我们要充分认清三大业务各自发挥的作用，努力推动国内 ×× 业务扭亏，为公司高质量发展提供有力支撑。

一方面，要坚持刀刃向内，持续深化精益管理。要将对标管理作为今年精益管理的重要抓手，从与国际油服、石化油服和中海油服、钻探企业之间和钻探企业内部、同一区域内部队伍与外部队伍四个层面进行对标。要高度重视……所以，各钻探企业要认真落实……要求，认真组织分析，制定对标方案，补短板、强弱项，努力创造更好的效率效益。要坚决摒弃 ×× 错误观念，多从自身生产经营、市场统筹、提质提速上查摆问题，**深挖产业链、供应链、作业链各环节的降本增效潜力，千方百计把成本费用降下来，**实现国内业务尤其是 ×× 业务扭亏。今年我们除了在四个层面对标外，还要组织开展 ××、×× 的经营效益对标分析，开展 ×× 业务效益评比，每月进行排名。评比结果同钻探企业班子业绩考核和员工增量工资挂钩。

另一方面，要处理好服务保障和经营效益的关系。既要坚持事前算赢，也要考虑国内上游不同区域勘探开发多年形成的计价标准和结算原则，努力坚持在刀刃向内、提质增效的基础上实现盈利或获得贡献毛益。因为在目前情况下，我们还做不到任何项目都实现盈利，各企业都是在各个项目盈亏平衡中艰难地完成了业绩考核指标。所以，各企业在实际工作中，即便事前算不赢或者过程中干不赢的项目，也不能主动放弃。我们要深刻认识到，**各企业最大的价值就是服务集团公司利益最大化，就是要坚决履行好服务保障责任，实现地质学家和开发专家的梦想，从而体现自身的价值。**各企业要认真落实……各企业还是要聚焦 ×× 问题，通过持续提升单队单机作业效率，带动国内服务保障率和工作量提升，在实现国内业务成本硬下降和减亏扭亏的同时，支持好油气田企业增储上产降本。

（正文主体内容第四部分：重点强调推动国内工程技术业务扭亏问题，尤其是其中一项重要业务的扭亏解困，这是油田技术服务企业目前经营状况面临的最大难题）

五、要持续提升工程技术服务保障能力

集团公司勘探开发的重点就是我们服务保障的重点。我们要聚焦 ××、××、×× 等重点增储上产区域，既要发挥好公司的一体化统筹作用，集中装备、队伍等优势资源，为油气田企业提供更加优质的服务保障；也要发挥好各企业的协同作用，严格落实公司出台的市场管理办法，重点解决好生产组织、高效协同、一体化统筹等问题，坚决减少区域项目部管理层级，下决心压减机构和人员，进一步降低生产运行成本，集中力量助推油气田可动用资源的有效动用。加大××、××和××三大气区的勘探开发服务保障力度，积极推广××等高效建产模式，加快推动××气技术革命。聚焦老油气田稳产专项行动，积极同××进行交流，制定增产方案措施，发挥好一体化保障作用，助力油气田开发取得更大突破。

（正文主体内容第五部分：重点强调要持续提升服务保障能力，从三个方面采取有效措施助力油气田勘探开发取得更大突破）

六、要认真抓好近期的重点工作落实

今年集团公司下达的净利润考核指标是××亿元，我们制定的奋斗目标是××亿元。我们要想实现更好发展，就要客观分析公司发展的优势和自身存在的不足，始终坚持"大家的事情，大家一起商量办；商定的事情，大家一起办好"，群策群力、攻克难关，奋力开创集团公司××业务高质量协同发展的新局面。

一要坚决落实集团公司党组部署要求。统一全员思想行动，认真贯彻落实好集团公司工作会议等近期重要会议精神和集团公司党组领导批示要求，抓好集团公司和工程技术业务工作会议重点任务分解落实，坚决完成全年各项任务目标。

二要强化安全井控和疫情防控工作。始终坚持以人民为中心的发展思想，严格抓好特殊敏感时段升级管理，认真落实地方政府和集团公司疫情防控要求，组织编制上半年 QHSE 管理体系差异化审核方案，分盆地、分油田开展井控大检查，确保各区域安全平稳高效复工。××月份复产率要达到 100%。

三要大力开拓国内外市场。国内，要加快抢占××市场和××市场，近期组织各企业与油公司开展工作交流，协调推动三个重点区域的市场问题。国外，要协调落实好近日与××公司对接交流达成的一致意见，共同将协议落实落地。要深入研判形势，共同迎接挑战，有效规避风险，提高内部服务保障率，积极配合××公司开拓新领域、新区块、新项目，通过强化国内外上游业务一体协同，实现合作共赢。

四要持续推进绿色低碳发展。按照集团公司党组领导的批示要求，专题研究绿色低碳发展、推广电驱压裂和双压裂作业模式，积极发展新能源服务业务，加快打造绿色竞争优势。

五要高度关注业绩考核工作。公司本部部门和成员企业都要积极主动与集团公司相关部门进行对接，高度关注党建和自由现金流等专项考核，做好汇报与沟通，努力争取最好的考核成绩，使更多成员企业进入 A 级序列，鼓

275

舞员工士气。

（正文主体内容第六部分：重点强调全年要落实的五项重点任务，依次是抓好重点任务分解、强化安全井控和疫情防控、开拓国内外市场、推进绿色低碳发展、关注上年度业绩考核，这应当是年初本系统企业最为重要、最为关注的工作）

【写作点评】

这篇讲话是本系统专业公司层面的经营分析会议讲话，主体内容共有六个部分，第一部分是总结工作成果，第二、三部分是阐明经营思想和战略选择（相当于形势研判），第四、五、六部分是重点工作部署（不同维度的重点工作）。由此来看，这篇讲话其实是三段论结构的变体，只不过是把国内业务扭亏解困和提升服务保障能力两个部分单独拿出来讲，主要是凸显二者的重要性。尤其是国内业务扭亏解困，这是集团公司党组高度关注并由分管领导督办的重点任务，因此放在了工作部署的第一部分。提升服务保障能力是本系统企业的使命与责任，同样非常重要，因此放在了工作部署的第二部分。近期重点工作都比较具体，放在工作部署的第三部分。这样的结构布局较为合理，既传达了上级精神、讲清了面临的形势、突出了工作重点，也兼顾了集团公司、专业公司和成员企业比较关注的具体任务。

写作范例 34：

在 ×× 公司三季度经营分析会议上的讲话

×××

（×× 年 ×× 月 ×× 日）

同志们：

这次会议是临近全年收官之际，公司召开的一次重要会议。刚才，我们共同学习了 ××× 董事长讲话和油气田效益建产座谈会精神；市场与生产协调处、财务资产处分别通报了前三季度生产运行和财务状况；××× 同志认真分析了公司1—9月业绩指标完成情况，大多数单位较好完成了指标，个别单位和专项业务仍有较大差距。希望各级各路高度重视，勠力同心，确保公司年度目标圆满实现。×××、×××两位同志部署了第四季度国内外市场重点工作。我们要认真领会×××董事长讲话精神，抢抓机遇，锐意进取，在成就油田高质量发展中实现自身高质量发展。下面，结合当前工作，我讲三点意见。

（正文开头：简要回顾会议过程，提出落实要求）

一、公司前三季度工作成效显著

进入第三季度以来，公司认真落实集团公司领导干部会和工程技术业务年中会精神，完善高质量发展的思路目标和重点部署，加快提升服务保障能力、竞争能力、盈利能力和可持续发展能力，在优质服务各油气田增储上产中，促进了各项工作不断取得新成效。

从通报的数据来看，1—9月，公司完成进尺××万米、压裂××层，同比分别增长××和××，创历史同期新高；营业收入大幅增长，达到××亿元、同比增长××；××市场占有率大幅提升，同比提高××个百分点，为圆满完成集团公司考核指标打下坚实基础。

前三季度的工作成效，得益于广大干部员工顶风冒雪、鏖战酷暑的辛勤付出，更得益于公司突出保障核心，在助力各油气田增储上产中实现了自身的快速发展。主要体现在以下五个方面。

一是深化保障理念，优质服务勘探开发。公司"成就甲方才能成就自己"的理念，得到了×××董事长、×××同志、×××同志等集团公司党组领导的高度评价，各油气田企业的充分认同，升级成为全系统的核心理念。在这一理念的指引下，公司围绕××、××、××等重点区域，积极主动对接，高效调配资源，实现了精准保障。大力推进集约高效组织模式，投入××万元开展"三比"劳动竞赛，开展机关个性化考核，有效调动了各级积极性，加快了生产运行节奏，月进尺连续五个月突破××万米、最高达到××万米。

二是完善保障机制，改革红利充分释放。公司年初以来实施的各项改革，均见到了良好成效。机关、各区域市场管理与协调的职能更加顺畅，贴近油气、快速反应、精准应对，为主体市场占有率达到××、其他市场平稳运行发挥了重要作用；××钻井公司进尺达到××万米，有力保障了××和××沿线市场；××市场钻井业绩大幅提升，压裂、试油、录井主力地位更加稳固，提升了市场形象，全年有望实现盈亏平衡；海外集中管理优势全面彰显，市场开发、服务推介等重点工作成效显著，工作量、收入同比分别增长××和××；××业务专业化成效初步显现，××研制迈出重大步伐，已在××运用，即将进入××；顺利完成"大科室"改革，压减总部机关科室××个、降幅××，实现了精干高效；各级返岗干部积极投身现场监督、技术诊断、作风巡查等专项工作，有力服务了基层，深刻诠释了奉献与担当。

三是增强保障能力，工程提速卓有成效。开展钻井队分级管理，大力实施工厂化作业，编制各区域提速模板，确保了重点区域钻井提速、压裂提效。××钻井进尺同比增长××，平均钻井周期缩短××，最快井××天；日均压裂××段、同比提速××。成功钻探××井，圆满实现目标，得到集团公司党组肯定，获得上级单位××次致信表扬。

四是降低保障成本，精益管理扎实推进。将精益理念贯穿于全年工作，特别是在××业务年中会上，充分展示了公司"四化"建设、物资共享、集中公寓等工作成效，得到了××、××等与会代表的一致好评。持续强化资金管控，累计回收工程款××亿元，利息净支出同比下降近××万元，财务状况得到改观。

五是筑牢保障基础，发展大局安全平稳。以井控为核心，突出抓好××、××区域"三高两浅"井管控，严格承包商管理，确保了万无一失。加大巡查夜查与审核问题整改，确保了黄金季节施工高效有序，实现了安全管理目标。持续强化班子建设和作风建设，开展推动高质量发展专题研讨，深化内部巡察，强化执行力监督，为发展提供了强有力的思想和作风保障。

（正文主体内容第一部分：简要总结前三季度的工作成果，既有企业层面，又有所属单位层面，亮点选择、排布比较合理）

通过前三季度卓有成效的工作，公司已经牢牢掌控了完成年度指标的主动权。在充满信心的同时，我们更要保持头脑冷静，进一步认清制约年度效益提升的风险，反思工作中存在的问题。一是工程提速问题。"只见树木，不见森林"现象依然存在，××平均钻井周期仍然较长，××施工业绩排名末尾，个别跨年井仍未完工，影响了整体服务保障效果，制约了规模提升。二是事故复杂问题。今年施工的××、××等重点井均发生过事故，表明现场管理和技术存在薄弱环节，影响了品牌和效益。三是合作队伍管理问题。现场管理、技术水平整体偏低，施工井周期较长，安全隐患较多，风险较大，需进一步加强监管。四是海外市场亏损问题。部分海外项目经营状况未能有效改观，整体仍处于亏损状态，距离全年盈利目标存在较大差距，必须在第四季度坚决扭转。五是应收账款的问题。虽然前三季度作了大量工作，但应收款仍有××亿元，自由现金流十分紧张。以上问题必须高度重视，采取有效措施，着力解决，努力维护良好的经营局面。

（正文主体内容第一部分后、第二部分前的这段文字，其实是一个过渡段，因为第一部分标题中并未包含此内容。如果放在第一部分，则第一部分的标题可以修改为"公司前三季度取得的成效和存在的不足"）

二、突出抓好第四季度三项重点工作

第四季度工作成效事关全年经营结果，要突出井控安全、指标完成、工作谋划三项重点，确保××目标圆满实现。

一要严守底线，全面抓实安全井控工作。安全井控始终是钻探企业的最大风险，今年越冬队伍多、合作队伍多，必须升级管理，严抓严管，坚决实现"六杜绝、一控制"。**严格落实各级责任。**各单位要成立以主要领导为组长的冬季安全生产工作领导小组，切实践行有感领导，尤其是党政正职，要对照岗位责任制要求，多到基层去检查制度措施落实情况，深入查找不足，共同改进提升。生产、技术、安全系统，要将一半以上时间投入现场，确保各项制度和要求在基层有效执行。**突出井控重中之重。**紧盯××、××等重点区域，完善技术方案与应急准备，强化现场监管，**实现"减少溢流、遏制高套压、杜绝井喷"目标。**要加强井控监督巡查人员配备，明确导向，研究政策，制定办法，解决人力资源不足问题，特别要研究对××等重点单位的支持方案，不断提高本质安全水平。**强化冬季安全管理。**从各区域作业环境、施工工艺、操作规程等方面进行分析，依据风险等级，完善××、××等严寒区域保温设备、物资材料等冬防措施，确保冬季生产安全平稳。**加大现场监管力度。**根据气候特点及作业风险，开展巡查、检查和"夜查"，进一步抓好合作队伍安全管理，严格落实集团公司承包商监管要求，强化"黑名单"制度执行，全面削减安全风险。要发挥离退岗干部、专兼职培训师作用，抓好基层员工冬季作业工艺纪律、操作规程等培训，不断夯实安全根基。

二要突出重点，坚决完成全年生产经营目标。重点抓好考核结算、海外扭亏、生产运行等工作，确保实现总收入××亿元以上、力争××亿元，更好维护员工利益。**坚决做大规模。**近期，集团公司下发了企业分级分类管理意见，主要评判标准是规模类和效益类指标，其中，资产总额、收入分别占××，利润占××，这彰显了盈利是企业的基本属性、规模决定地位的导向，也是公司所一致倡导的。所以，我们今年不遗余力地争取投资、做大规模，远离亏损陷阱。公司相关部门要认真研究上级文件精神，做好分类分级工作。**精准绩效考核。**要强化激励约束，按照收入、利润、市场占有率、应收账款四项考核要素和机关个性化指标，结合集团公司下达的效益类、营运类、服务类、约束类业绩指标得分情况，实施严考核、硬兑现。要针对……确保公司考核指标科学合理。**有序推进结算。**各单位要突出××、×× 两个重点，主动沟通对接，开展友好协商，力争国内××、海外增收 ×× 亿元以上。针对应收款问题……**推进海外扭亏。**海外业务必须盈利，这既是集团公司要求，也是公司发展需要。一直以来，国际市场都是利润增长点，若长期亏损……×× 公司要……**优化生产组织。**围绕×× 万米奋斗目标，结合大规模越冬生产实际，积极与各油田沟通，共同优化井位部署，推进均衡生产，尽可能集中作业，充分共享资源，降低施工成本与作业风险。要抓好项目生产运行，统筹实施×× 等重点工作，提高Ⅰ＋Ⅱ类井比例、产建到位率和当年贡献率，超额完成商品量和利润指标。**强化工程管控。**大力实施钻井队分级管理，推行双队作业，共享优质资源，统一管理模式，以先进带后进，实现同区同速。优化承包商管理，积极探索"管理＋技术＋监督"模式……严防复杂事故。加大 ×× 等重点井技术、管理保障力度，开展长周期井专项治理，提高服务水平，确保复杂事故时率可控受控；认真分析×× 等井事故原因，按照"四不放过"原则，完善考核办法，逐级追责，从制度层面减少复杂事故。

　　三要明确方向，精心谋划明年工作。要围绕高质量发展方向，瞄准×× 亿元的收入目标，精心谋划明年工作。**抓好市场营销。**要按照保××、扩××、做实××，统筹协调其他市场的总体思路，进一步完善服务保障"6+1"市场布局。市场与生产、工程技术等部门要牵头相关单位，结合各油田效益建产方案，进一步落实明年的×× 资源，不断加快部署进度；要完善提速策划，勇于解放思想，通过总包分包、持续提速等方式，最大限度提高施工能力；要强化沟通对接，以平台井等方式，共同优化井位部署，实现打快打省。**完善考核政策。**企管、人事等部门要在总结近年考核经验与问题的基础上，突出科学合理，强化上下结合，依据各市场服务情况、工作难点及艰苦程度，研究制定各单位个性化考核办法和分配机制，切实体现干多与干少不一样、盈利与亏损不一样，推动亏损单位大幅减亏、盈利单位更多创效，使每个单位、广大员工在公司高质量发展中受益。**健全保障机制。**目前，机关、各区域市场管理与协调的职能已经理顺，各钻井公司、专业化单位等执行层面，如何贴近油气，更好服务保障，市场与生产等相关部门要牵头各二级单位共同研究谋划。要按照集团公司印发的"1+6"意见方案，健全人力资源配套措施；加快钻前、搬安等非主营业务外包，形成物资、集中营地等共享模板，扩大覆盖面，促进集约高效。谋划开局起步。要主动沟通对接，在协商××的同时，以提高服务保障水平为重点，向各油田汇报公司今年的施工情况，了解油田明年勘探开发部署和服务需求，共同研究生产组织、工程提速、资源保障等事项，为明年高效开局起步打基础。

（正文主体内容第二部分：集中部署安全井控、生产经营和工作谋划三项重点工作，各段内容相对独立，按照轻重缓急编排，思路清晰，逻辑严谨，是这篇讲话文稿的重中之重）

三、切实抓好几项具体工作

一是抓好重点市场工作。××市场，要……××市场，要……××市场，要……××市场，要……

二是完成物资采购中心实体经营。××系统要按照公司要求，加快××等工作，消化冗余人员，切实体现改革效果。本月必须完成。

三是持续强化作风建设。第四季度既是收官之季、冲刺之季，也是谋划之季、布局之季，头绪多、任务重，各级干部要大力发扬以"苦干实干""三老四严"为核心的石油精神，抓推进、抓落实，确保"颗粒归仓"。相关单位要按照公司党委巡察组的反馈意见，抓好问题整改，建立长效机制，努力营造积极健康向上的发展环境。

谢谢大家！散会。

（正文主体内容第三部分：强调近期重点须抓好三方面工作）

【写作点评】

这篇讲话构思严谨、简明扼要、表述得体，尤其是全文逻辑关系比较合理。点评前三季度工作成果，鼓舞员工士气；直面当前存在的问题，突出目标导向，指明努力方向；结合存在的问题，从安全保障效益、经营管理效益、超前谋划发展等三个方面提出应对举措，每个方面都是按照突出目标导向、问题导向安排工作，具有很强的针对性和可操作性；最后强调三个方面的具体工作，明确了奋斗方向和工作目标，体现出担当尽责、求真务实的态度和责任。这是推荐这篇讲话文稿作为写作范例的基本理由。大家可以阅读品鉴、学习评判。

第十一节 改革专题会议讲话

企业改革是更好适应外部环境、增加市场竞争力、服务经济社会发展的一种策略。企业改革的方式有很多种，包括战略变革、组织变革、管理变革、技术变革、文化变革等，后面几种变革都是基于战略统筹下的具体安排。这类会议一般由企业主要领导主持或负责改革工作的分管领导主持，由负责改革发展的分管领导或规划制定部门负责人通报改革方案。召开这类会议的主要目的就是传达贯彻上级决策、通报企业改革方案，并就执行落实改革方案作出相应部署、提出相应工作要求，进而统一思想、统一意志、统一行动，确保改革方案按照预期目标落实落地。

一、改革专题会议讲话的显著特点

这类会议属于目标导向型会议，都是讨论企业战略变革或基于企业发展战略方面的一些调整、优化、再造等，重在提升企业核心竞争力、增强核心功能。这类会议讲话主要有三大显著特点。

1.**明确的战略导向**。企业改革属于重大战略部署，必须遵从上级战略决策，严格按照上级部署要求谋划和推动好改革任务。企业改革是一项比较复杂的系统工程，可谓牵一发而动全身。所以，无论是制定改革方案，还是起草会议讲话文稿，都不能关起门来自说自话，围绕本部门了解的一点信息和一点想法闭门造车。这样的方案也好、讲话也好，都是纸上谈兵。改革方案必须实现上下贯通，既要学习领会国家大政方针、准确把握上级战略决策，也要结合本级企业发展实际、准确理解企业领导的思想理念。起草这类讲话文稿也要把握这一点。否则，起草出来的讲话文稿就是无根之木、无源之水，无法达到统一思想、意志和行动的目的。

2.**清晰的改革思路**。改革任务需要企业上下共同推动落实，清晰的变革思路才能照亮广大干部员工前进的道路。所以，业务部门制定企业改革方案必须要有清晰的思路。首先，要厘清为什么要改革，弄清提出改革的源头在哪里；其次，要弄清楚有没有实施改革的基础，要从多个层次、多个方面考虑和衡量；再次，要明确改革什么、需实现什么目标，综合评估一下能不能实现改革目标；从次，要知道怎么实施改革、明确各层面的职责和定位；最后，要提出明确的工作要求，保障改革平稳顺利推进，最终实现改革预期目标。有了科学严谨的改革方案，才能起草出高质量的会议讲话文稿。如果业务部门制定的改革方案本身一塌糊涂，那么注定业务部门起草的改革专题会议讲话文稿也是一坨浆糊，不可能起到有效引领和推动改革的重要作用。

3. 严格的职责定位。这类讲话一般要对改革任务落实提出具体工作要求，所以，业务部门在制定改革方案的同时，不仅要明确改革的方向、目标、任务、举措，还必须对各层级、各业务部门和单位，甚至是具体执行岗位（要看改革的层次和任务的大小）明确严格的职责和定位。所有的职责和定位不能不分主次轻重，不能有交叉，否则，大家听了搞不清各自的职责和定位，没有办法去推动落实。务必确保所有的责任都要有部门（单位）和岗位认领，这样才能使得改革任务执行不落空。

二、改革专题会议讲话的探讨范畴

做强做优做大国有资本和国有企业，增强国有经济的竞争力、创新力、控制力、影响力和抗风险能力，是中央赋予国有企业的重大责任。奋进高质量发展、加快建设世界一流企业，才能真正成为国民经济稳增长的"压舱石"、高水平科技自立自强的"国家队"、保障安全发展的"稳定器"，成为党和国家最可信赖的骨干力量。理解和掌握了国有企业的使命和责任，就更容易理解和掌握国务院国资委实施的新一轮国企改革深化提升行动。今后一个时期，企业改革探讨范畴基本集中在以下四个方面。

1. 科技创新能力提升。科技创新能力是决定我们未来在全球经济中能否掌握话语权的关键。目前我国的科技力量有了很大进步，在一些领域从跟跑实现了并跑甚至是领跑，但与有些发达国家还有很大差距。从笔者所在的石油石化行业来看，海洋和陆地物探技术、深井超深井复杂钻井技术、复杂地层固井技术等方面取得很大进步，但仍有很多技术存在瓶颈问题。所以，提升科技创新能力就是我们争夺话语权的重要手段。要推动科技创新能力大幅提升，关键要强化国有企业的创新主体地位，加快原创性、引领性科技攻关，加大对基础性、颠覆性、原创性科技领域的支持力度，包括政策激励、投资支持等；大力推进产学研深度融合，构建高效协同的创新联合体，优化科技创新工作机制，让科研走进生产现场，打造一批科技创新的"试验田"；加快培育科技创新的人才力量，依托现有的科研院所、高等院校和新成立的卓越工程师学院，选拔培育一批担当有为的青年技术人才，配套出台有利于促进科技创新的激励政策和分配机制。

2. 国家重点产业控制。企业强则产业强、国家强，企业兴则产业兴、国家兴。国有企业作为我国经济活动中的重要力量，在国家总体产业布局和产业政策落地过程中发挥着无法替代的作用，必须肩负起引领和推动重点产业发展的历史重任。近年来，尤其是近两年，从中央企业到地方国有企业，都在积极谋划和推动新一代信息技术、人工智能、新能源、新材料、生物技术、绿色环保等产业发展，深入推进战略性重组和专业化整合，积极参与全球产业链布局。实施战略性重组，主要目的是完善产业结构、培育核心竞争力、提升企业价值创造能力，以优质资产带动现有资产产生协同效应，一体推进企业经营效率、管理效率、创新效率、产业效率提升。在这方面，国务院国资委将进一步强化顶层设计，优化考核、投融资、选用人、模式创新等政策措施，打好组合拳，指导推动中央企业大力发展战略性新兴产业，加快布局价值创造的新领域、新赛道，打造创新引领的现代产业集群。实施专业化整合，主要目的是推动资源共享和协同发展，形成更有价值、更有效率的有机整体，通过专业化整合有效解决国企同质化竞争、重复投资建设等问题，更加聚焦主责主业。大家可以多关注、多学习这方面的政策和知识。

3. 强化安全保障支撑。安全保障支撑主要是指国有企业要肩负起保障国家战略安全的职责使命。大家从网络媒体可以了解到，国家正在大力推动涉及国家安全领域的改革，着力提升安全发展能力。提高安全支撑力，重点关注能源安全、粮食安全、金融安全、基础设施安全等。以能源安全为例，习近平总书记多次作出重要指示批示，2018 年 7 月，习近平总书记作出"大力提升国内油气勘探开发力度，努力保障国家能源安全"的重要指示。2021 年 10 月，习近平总书记考察胜利油田，走进实验室，登上钻井平台，看望慰问石油工人，作出"能源的饭碗必须端在自己手里"的重要指示。2023 年 1 月，习近平总书记通过视频连线看望慰问中国石油塔里木油田基层干部员工，强调中央企业是能源保供的"顶梁柱"，要进一步提高政治站位，增强责任感和使命感，多措并举全力增产保供，确保经济社会发展用能需求。前面学习领会了习近平总书记的重要指示批示精神，下面来看我国能源企业面临的严峻形势。当前全球地缘政治和经济格局深刻调整，国际能源市场剧烈震荡，能源贸易格局历史性重塑，能源除商品属性外，政治属性和金融属性凸显。我国原油、天然气对外依存度分别超过70%和40%，能源安全问题更加突出。我国能源企业只有加快推进高质量发展，提升在全球能源市场的话语权和影响力，提高国内油气资源获取能力和国际资源优化配置能力，才能切实担起能源保供"顶梁柱"作用，把能源的饭碗牢牢端在自己手里，为中华民族伟大复兴提供不竭动力。

4. 提升企业治理效能。 在现代企业治理体系的基础上，加强党的领导是中国特色国有企业现代治理的重要特征。就本系统而言，实施人才强企战略，主要是提升优秀人才的引领力。推动落实国有企业领导人员的"二十字标准"，启动实施"百名企业家培养工程"，以工程思维推进人才队伍建设，加快培养一批具有爱国情怀、全球战略眼光、市场开拓精神、管理创新能力、社会责任感的企业家。大力弘扬企业家精神、石油精神和大庆精神、铁人精神，树立正向激励导向，健全完善"生才有道、聚才有力、理才有方、用才有效"机制。完善公司治理体系，提升现代企业治理能力。贯彻"两个一以贯之"，实现党的领导与公司治理有机统一，持续完善公司治理的结构、组织、运行、制度、监督、党建"六大体系"，久久为功推进公司治理体系和治理能力现代化，加快提升企业治理效能。持续深化改革攻坚，构建完善与现代化经济体系相适应、具有石油特点的体制机制和制度体系。强化依法合规治企和从严管理，有效防范化解各类风险。发挥国有资本在市场中的资源配置作用，促进产业资本与金融资本结合，发展特色产业金融，积极参与国际油气贸易规则和交易体系构建，增强行业话语权和影响力。继续扩大高水平开放合作，进一步提升全球竞争力和影响力。大力推进全产业链、全方位对外开放，切实发挥"一带一路"建设主力军作用，着力打造能源合作旗舰工程，提升国际化经营能力。全面推动质量变革，打造品牌卓越的能源与化工产品、工程和服务，加强品牌资产管理和品牌传播，塑造全球优秀企业形象，提升品牌全球影响力。

三、改革专题会议讲话文稿的写作要点

这类会议讲话思路和结构相对简单，关键是要准确把握会议主题、讲话结构逻辑，讲清改革任务和工作要求。

1. 准确把握会议主题。企业改革涉及方面很多，每次改革或者说每个阶段的改革任务都会有所不同，起草会议讲话文稿首先要确定改革方向和任务目标，这样才能准确把握讲话的主题和内容。由此看来，这类讲话主要是考验改革负责部门的统筹谋划能力和决策参谋水平，同时也考验企业决策者驾驭复杂局面、引领改革发展的综合素质能力。起草这类讲话文稿，必须要坚持业务主导，这就要求改革负责部门应当更了解国家大政方针，更清楚上级战略决策，更了解企业领导意图，全面掌握管理业务所面临的复杂形势、发展趋势和发展诉求。这是起草出高质量改革会议讲话文稿的前提和基础。所以，业务部门必须拥有大的格局、大的胸怀和大的视野，能够积极主动站在更高层面思考问题，要知其然，更要知其所以然，切实担负起所管理业务的顶层设计、一体统筹和协调推动作用。

2. 全面掌握改革任务。企业改革往往涉及企业全局或某一领域，通常是自上而下的体制、机制、考核政策等多方面的变革。这就要求，制定改革方案必须在贯彻落实上级战略决策的基础上，结合企业实际作出战略谋划和统筹安排，要充分反映上级组织和本级组织的决策意志。两者是上下贯通、辩证统一的关系。作为称职和优秀的业务部门负责人，必须真正领悟企业发展战略和领导思想理念，具备较强的系统思维能力和逻辑思维能力，能够统筹谋划所管业务发展，组织制定高质量的业务发展顶层设计，这是业务部门负责人应当具备的引领推动所管业务高质量发展的基本素质和能力。之所以这样说，是因为有的业务部门负责人在接到制定改革方案的任务后，总是一头雾水，感觉无从下手，这是典型的本领恐慌的表现。平时仅仅是忙事务性工作，从未系统、全面、深入地思考所管业务，不贯彻上级战略决策，不理会企业领导思想，长此以往，谈何制定改革方案，又怎么能担负起设计师的职能。

3. 清晰定位职责要求。无论是企业改革启动会，还是改革推进会，都需要对落实改革任务明确各层级的职责和定位。这是确保企业改革任务落

实落地、实现改革预期目标的基本保证。这就要求，负责改革的业务部门负责人必须担负起改革总设计师的角色，统筹分配好各层级、各岗位的改革落实责任，为企业决策者提供科学的决策参考。同时，要充分考虑到改革的重点、难点和热点，精准预测推进过程中可能遇到的困难和矛盾，以及需要防范和化解的风险和挑战，提出有针对性的务实举措和工作要求。只有明确了各层级的职责定位和工作要求，干部员工才能明白应当如何落实各项改革工作任务。否则，即使大家听了会议讲话也会感到一头雾水，找不到自己的角色，不明白需要落实什么任务、履行什么责任。

4. 灵活搭建讲话结构。企业改革会议讲话结构不是一成不变的，无论是什么样的改革任务，都必须抓住主要矛盾和矛盾的主要方面，通过摆事实、讲道理，引导和推动改革任务的完成。如果是起草改革启动会议讲话文稿，在确定了改革方向和任务目标后，一般可以按照"改革什么、为什么要改革、改革的意义在哪里、如何实现改革目标、各层级的职责定位是什么"这样的思维逻辑去推理。当然，并不是所有的讲话结构都按照这样的逻辑层次去安排，但要向干部员工传达这些基本信息（如写作范例35）。如果是起草改革推进会议讲话文稿，在听取改革进展情况汇报后，一般要对取得的阶段性成果给予肯定，然后结合实际提出下一步工作要求（如写作范例36）。由此可见，起草这类讲话文稿，不仅要清楚改革方向和任务目标，还要弄清楚是改革工作哪个阶段的会议讲话。只有确定了这些信息，才可以确定这类会议讲话的逻辑层次和结构安排。

写作范例35：

在××公司国际业务改革工作视频会议上的讲话

×××

（××年××月××日）

同志们：

　　今天的会议，主要是传达贯彻集团公司党组领导要求，并与联合项目部主要负责人进行集体谈话，统一思想认识，提高政治站位，明确任务目标，

加快推动 ×× 国际业务各项改革任务。刚才，××× 同志宣读了关于成立 ×× 国际业务协调组和联合项目部的通知，×× 家企业及 ×× 个联合项目部负责同志分别作了表态发言。大家讲得都很好，体现了同志们的大局意识和责任担当。

（正文开头，即我们常说的帽段，讲清楚召开会议的目的和任务，并简要回顾会议过程）

下面，就进一步推动公司国际业务改革，我主要谈四点意见。

一、充分肯定国际业务广大干部员工打下的良好基础

上周五，集团公司党组成员、副总经理 ××× 在听取公司工作汇报后强调，×× 业务不单单为国内油气增储上产作出了突出贡献，同时在国际上也创出了优秀品牌。集团公司走向国际化，就得益于充分发挥了一体化优势。从 ×× 年以来，×× 业务和 ×× 业务是一起走出去的。之所以我们在境外能够成功，很重要的一点就是我们的技术服务水平高，集团公司在国际上非常突出的优势就是作业能力特别强，强就强在我们自己的队伍力量强。经过多年的发展，各企业都打造出了一支优秀的国际化人才队伍。今天宣布的联合项目部主要管理人员都是伴随着国际业务发展而成长起来的，在国外工作时间最长的已经 ×× 年，大多数"海龄"都在 10 年以上。以你们为代表的广大国际化干部员工，为公司国际业务发展作出了重要贡献。特别是疫情发生以来，我们有 ×× 名员工一直在国外工作，截至目前，超过一年未能回国休息的还有 ×× 名，你们远离家乡和亲人，勇挑重担、默默奉献、不负使命。在此，我代表 ×× 党委向你们，并通过你们向所有奋战在国外的干部员工表示衷心的感谢！大家辛苦了！

今年，我们……大家在做好疫情防控工作的同时，千方百计开拓市场，持续优化经营管理，各项工作取得了积极成果。**一是疫情防控措施有效落实。**各单位坚决贯彻落实集团公司和公司疫情防控部署要求，严格遵守当地政府政策规定，保持了境外中方人员"零感染"。**二是市场开发稳步推进。**大家积极探索、创新商务模式，新市场新业务取得新突破。×× 公司……×× 公司……×× 公司……×× 公司……**三是服务保障积极主动。**提前沟通对接，统筹协调资源，优先保障了 ××、×× 等内部项目复工复产，为 ××、×× 等集团投资项目增储上产再作新贡献，客户满意度持续提高。**四是创出一批新指标。**×× 公司……×× 公司……×× 公司……×× 公司……**五是提质增效成效显著。**×× 公司……×× 公司……

（正文主体内容第一部分：简要回顾国际业务发展历程，充分肯定国际

业务员工队伍所作的贡献和取得的成果）

二、要深刻认清当前国际业务发展面临的严峻形势

近年来，特别是疫情发生以来，国际油公司勘探开发活动明显减少，市场服务资源明显过剩，市场竞争更加激烈，公司国际业务发展面临诸多挑战。

一是国际市场空间被严重挤压。近期疫情在局部地区持续升温，部分国家局势动荡，社会安全形势更加复杂，中方人员人身安全和项目运行形势非常严峻；国际市场服务资源严重供过于求，竞争越来越激烈，市场开发难度进一步加大；国际业务面临的贸易管制、制裁、市场受限等政治因素制约也愈加凸显，市场和利润空间进一步被压缩。由此导致××等传统规模市场新签项目同比大幅减少，××、××等市场甲方减少投资，工作量严重不足，设备大量等停。1—5月份，累计新签合同额××亿美元、同比下降××，实现营业收入××亿元、同比下降××，给公司整体生产经营造成较大影响。

二是各企业国际业务力量分散。各单位国际业务发展有先有后，各自的国际业务规模、力量、技术、实力参差不齐……队伍资源显性过剩。市场经济最基本的属性就是过剩经济，这是竞争的结果，也是必然的结果。以数据说话，截至目前，各企业重复设立机构的国家有××个，多家企业在××个国家拥有独立资源，国外摊子铺得比较多、资源分散，去年全级次子企业亏损面××，亏损额××亿元。这是无效、无序竞争的结果。对此，我们应该认真反思……公司在开放的市场实行一体统筹、实现资源全面共享的思路和做法完全符合集团公司党组要求。建立一体统筹下的资源共享，目的就是为了缩短学习曲线，实现工程提速、降本增效，从根本上实现集团公司整体利益和上游业务效益最大化。对此大家一定要有深刻的认识。国内如此，国外更应该这样。在同一个国家重复设立机构……造成税费成本增加、管理费用上升、时间成本增加，以及装备、技术、人力等很多方面的资源浪费，大家一定要清楚长此以往的严重危害。

三是国际业务管理体制不能适应发展要求。国际业务具有显著的市场化、专业化、标准化和国际化特征，公司现行管理体制机制已经不能完全适应当前的国际市场变化，也不能很好适应低成本发展要求。最根本、最主要的就是缺乏统一的管理机制。首先……其次……再次……最后……这就告诉我们，不要对未来国际形势变化抱有太乐观的幻想。同时也要求我们，要紧紧抓住这轮油价上涨所带来的宝贵机遇，切实发挥好我们的一体化优势……努力扩大生存发展空间。

（正文主体内容第二部分：简要剖析本系统业务面临的国际市场形势和

三、要深刻理解国际业务改革的重要意义

近年来，公司一直筹划对国际业务进行改革，这是发展需要，也是形势所迫。今年我们下定决心改革，就是要解决现有管理体制与国际业务发展不相适应的问题，就是要有效应对外部环境变化、全面提升国际业务市场竞争力。我们只有加快推进国际业务改革，切实发挥好公司的统筹作用和一体化优势，才能握指成拳、聚沙成塔，增强国际市场上的话语权，提高市场收入、降低运行成本、树立良好形象，推进公司国际业务高质量发展。

按照年初工作会上集团公司党组成员、副总经理×××同志关于"推进国家或区域工程服务建立以业务主导、企业为主，资源共享、统一服务的管控模式，加快'六统一'管理，提高整体运行效率"的要求，公司经过充分调研和深入讨论，研究制定了国际业务改革方案。（此处有删减）今天我们正式成立国际业务协调组和联合项目部，标志着公司国外联合项目管理的全面启动。接下来，各联合项目部要在国际业务协调组的组织下，开展统一品牌下的联合项目运作方案编制工作，包括市场投标、机构整合、后勤保障、财务管理、资源共享等。方案编制完成后，由国际事业部组织各××企业签订联合管理协议，联合项目部要在第四季度进入实质性运作，年底见到实实在在的成效。在联合项目部的运作过程中，重点把握三点要求。

一要深刻理解统一品牌管理的重要意义……

二要明确联合项目运行中的职责定位……

三要大力推动共享共建、共同发展……

（正文主体内容第三部分：深刻阐述实施国际业务改革的重要意义，统一思想和行动，明确改革的方向和目标）

四、要勇于担负起推动国际业务高质量发展的责任使命

这次国际业务改革，是落实集团公司"四个坚持"兴企方略和"四化"治企准则的实际行动，是贯彻×××董事长"一体两面"定位和×××同志、×××同志等集团公司党组领导有关要求的具体实践，是助力集团公司××业务和××业务发展利益的必然要求。

一要始终胸怀"国之大者"、心系"企之要情"。进一步提高思想认识、增强大局意识，主动站在集团公司××业务战略发展的高度去思考问题、推动工作……

二要坚定推动国际业务改革发展的信心、决心。×××董事长强调，公司要找准发展定位，加强谋划、锚定一流，对标斯伦贝谢、哈里伯顿，率

先打造世界一流示范企业……

三要团结一心推动国际业务改革实现新发展。这次国际业务改革方式对大家来说都是新生事物，新生事物往往具有强大的生命力。推行新生事物不可能一帆风顺，过程中将会面对很多困难，需要协调解决的问题也很多……

四要准确把握联合项目管理的职责定位。组建联合项目部是经过多轮研讨确定下来的，能够被各方认可，适合国际业务现状的管理模式，对项目主要管理人员的管理能力、领导艺术要求比较高……

五要坚决扛起联合项目管理的责任使命。"十四五"期间，公司实施××国际市场战略，统筹各区域市场竞争与保障，集中优势做大规模市场……

（正文主体内容第四部分：就如何推动落实好改革各项任务提出明确要求，非常清晰地指出联合项目部的职责定位和工作要求）

下一步，还要重点强调几项具体工作：一是坚持抓好常态化疫情防控，坚持"标准不降、措施不减"，坚决守住疫情防控"零感染"底线；二是下半年海外项目启动比较多，要密切关注、提前沟通，了解甲方需求，提高设备动用率；三是做好品牌推介，加强内部协同，创新营销模式，千方百计开拓外部市场；四是树牢"一切事故都是可以避免的""防范胜于救灾"理念，坚持抓好安全、井控、法律等风险防控，确保安全生产，提高经营效益；五是强化"两金"压控，确保存货和应收款余额持续下降。近期我们要组织召开分国别分项目"两金"压控研讨会，努力实现应收尽收。

（即将结尾时，着重强调一下近期需要重点关注和落实的具体工作任务。这部分内容可以结合实际决定是否留存）

同志们，担当成就梦想，实干创造未来。公司国际业务改革时间紧、任务重。让我们在集团公司党组的坚强领导下，始终保持不畏艰难的闯劲、持之以恒的韧劲、决战决胜的拼劲，团结一心、开拓创新，加快落实改革各项任务，推动公司国际业务高质量发展，为集团公司建设世界一流综合性国际能源公司作出新的更大贡献。

谢谢大家！

（号召式结尾法：在前面作出了规划和部署，结尾时再发出号召，就是在动员大家投入到提质增效攻坚战中来。标志性词语是"让我们……，为……"）

【写作点评】

这是某企业海外业务改革启动会议上的讲话，采用的是传统三段论结构的变体。主体内容第一部分是肯定过去海外业务取得的成绩；第二部分是分析海外业务面临的严峻形势；第三部分是推动海外业务改革的主要内容，统一品牌、成立联合项目部、推进共享共建；第四部分是从思想、组织和责任落实上为海外业务改革提供强力支撑。总体来看，是按照时序逻辑编排的，即"肯定成绩（第一部分）＋形势研判（第二部分）＋部署要求（第三部分）"。这类会议讲话，最为关键的是要结合上级精神和企业战略，讲清楚讲通透为什么要改革、怎么改革（改革什么）、如何确保改革达到预期目标。这是广大干部员工最关心的事情。其实，制定改革方案也是同样的道理，要讲清楚改革的来龙去脉，能够让大家看得懂、理得清、立得住、想得开，真心实意支持改革，积极拥护参与改革。

写作范例36：

在××公司数字化转型和深化改革工作调研汇报会上的讲话

×××

（××年××月××日）

同志们：

这是我第二次到××公司来调研学习，每次来都有新感受、新收获。上次来主要是……了解公司基本情况以及科技和信息工作。这次主要是受×××董事长的委托，重点调查研究××新领域的发展潜力，同时了解公司疫情防控、生产经营、提质增效工作，和大家共同谋划油气勘探开发，建设百年企业的宏伟蓝图。

（正文开头：简要说明调研的主要目的，点明讲话的主题）

这两天我们观看了……现场调研了……组织召开了××研讨会，与院士专家一起研究分析了××未来发展前景。今天下午又听了×××同志和

×××同志的××汇报。总体感到，大家工作都非常努力，贯彻落实集团公司党组决策部署坚决有力，取得的成绩令人振奋、值得肯定，让我们看到了××公司未来发展的光明前景，看到了我国××发展的光明前景，对实现集团公司××业务高质量发展充满了信心。特别是在与××一线同志交流过程中，我深深感受到了××与生俱来的责任担当、坚定自信、奋斗激情、十足干劲，这是我们新时代夺取××新胜利、建设××的最根本保障。

今年以来，面对疫情和低油价的双重冲击，××公司在×××、×××同志为班长的领导班子带领下，全体干部职工……你们主动应变、变中求进，统筹推进疫情防控、生产经营、改革发展各项工作，大力实施提质增效专项行动，全面开展××主题教育活动，守住了疫情"零感染"的底线，油气产量实现了"双超产"。今年1—9月份……生产经营业绩好于预期。可以讲，成绩来之不易，为集团公司生产经营各项任务的完成作出了突出贡献。在此，我代表集团公司党组，代表××董事长和×××总经理，向×××公司全体干部员工及家属，表示亲切的慰问和衷心的感谢。

（正文第二、三自然段：简要回顾调研过程和会议过程，肯定被调研企业贯彻落实集团公司党组决策部署取得的工作成果）

在7月底召开的集团公司领导干部会议上，集团公司党组对推进公司治理体系和治理能力现代化作出了系统部署，对做好下半年生产经营提质增效工作作出了具体安排。××公司要认真贯彻落实好领导干部会议精神，切实把思想和行动统一到集团公司党组决策部署上来，××公司领导班子和领导干部要带头学深学细，深刻理解推进公司治理体系和治理能力现代化的内涵和意义，特别是准确领会"四个坚持"兴企方略、"四化"治企准则和"十二字"总体工作布局，带头执行落实推进公司治理体系和治理能力现代化的××、××等一系列目标任务，团结带领干部员工不断开创各项工作的新局面，以治理能力的新提升和高质量发展的新成效，来检验会议精神的贯彻落实效果。

今天下午，通过听取××公司数字化转型工作汇报，直观了解到××公司在战略谋划、系统推进这项工作上，领导班子高度重视，推动力度更大，建立了××示范区，制定了数字××、智能××、智慧××建设三步走战略，提出了2025年和2030年建设目标。我认为，这个目标符合集团公司战略要求，也契合××公司发展实际。所以，数字化转型和发展一定会加快推动××公司一流企业创建，为提质增效注入强大动力，也为深化改革提供重要支撑。对于你公司提出的数字化转型发展的部署和建议，我都同意。

关于深化改革工作，×××同志作了系统全面的汇报。××公司经营规模大、业务链长、员工总量大，各种问题比较多，推动改革的难度确实很大，但是××公司党政班子，团结一致、不畏艰难，坚决贯彻落实国务院国资委和集团公司改革部署，工作做得细，部署比较周密，各项风险考虑周全，工作推进平稳有序，特别是在××方面得到了国务院国资委的高度肯定，成果来之不易。同时，你们对下一步深化改革的预期勾画了一个宏伟蓝图，非常振奋人心。下一步，通过深化改革进一步精干主业，真正实现提质增效、高质量发展，人员压减到××万人，油气当量提升到××万吨，利润要到××亿元。这样就能为打造世界一流企业奠定良好基础。所以说，深化改革还要按照集团公司党组战略决策和部署推进，特别是对公司治理体系和治理能力现代化的一系列部署，一定要扎实做好做实，取得较好成效。

　　（正文第四至六自然段：相当于形势分析部分，主要是传达集团公司最新部署要求，进一步明确改革的方向和目标）

　　对于下一步工作，我主要谈六点意见，供大家参考。

　　一、要提高政治站位，坚决贯彻落实习近平总书记重要指示批示精神，做对党忠诚、为党分忧的标杆

　　（内容略）

　　二、要勇立行业潮头，高标准、高起点、高水平谋划世界一流企业建设，做转型发展、高质量发展的标杆

　　（内容略）

　　三、要勇于担当作为，全力组织好世界一流企业建设重大部署，做主业突出、提质增效的标杆

　　（内容略）

　　四、要强化科技创新，以科技创新驱动世界一流企业建设，做引领行业、技术发展的标杆

　　（内容略）

　　五、要大胆探索实践，展现鲜明时代特点，做集团公司深化改革、管理创新的标杆

　　（内容略）

　　六、要加强党的建设，打造新时代石油铁军，做践行"两个维护"、弘扬石油精神的标杆

　　（内容略）

　　（正文主体内容六个部分：就数字化转型和深化改革下一步工作提出六

个方面的总体要求，六个部分是并列结构）

新时代新阶段的××公司注定将更加精彩。希望××公司领导班子和广大干部员工，以保障国家能源安全为己任，全面贯彻落实集团公司党组决策部署，保持创业激情，当好标杆旗帜，奋力书写新时代高质量发展的新篇章，为推动集团公司建设世界一流综合性国际能源公司，为实现"两个一百年"奋斗目标作出新的更大贡献。

谢谢大家！

【写作点评】

这篇改革推进会议讲话文稿具有一定的代表性，是典型的三段论结构的变体，正文第二、三自然段是肯定成绩部分，第四至六自然段相当于形势分析部分，正文主体六个部分是下一步工作要求。整篇结构是"串联＋并联"组合式，主体内容依然是按照提出问题、分析问题、解决问题的逻辑进行安排，只不过在框架结构、文字表达、阐述角度等方面进行了创新，总体是以肯定、鼓励为主，指出问题鞭辟入里，同时也指出了解决问题的关键，提出了相应工作要求。这篇讲话站位较高、立意较深，提出的六个方面的工作要求相对较高，既对被调研企业寄予厚望，也对被调研企业进行鞭策。

第十二节 大会致辞

所谓"致辞"，就是在某种仪式上发表勉励、感谢、祝贺等话语，用简洁的文字和得体的语言表达个人的思想感情。

一、大会致辞的不同种类

大会致辞有开幕词、闭幕词、贺词等多种类型。贺词又分为上级领导贺词、外部嘉宾贺词等。

1. 开幕词。一般是承办单位主要负责人（或指定领导）所作的讲话，主要是揭开会议的帷幕，宣布正式启动会议。这类讲话的主要作用是宣告（宣告会议开幕）、介绍（介绍与会嘉宾、议程安排）、明确（会议主题、主要任务）、动员（调动参会热情）等。这类讲话一般包括标题、称呼、正文三部分，起草人员必须非常熟悉会议安排，包括会议主题、参会范围、嘉宾级别（行业）、主要议题，以及会议召开的时间、地点、季节、气候特点、人文环境等。考虑问题要周全、逻辑要严谨、衔接要自然、语言要简练，才能充分调动会场气氛。

2. 闭幕词。一般是承办单位的有关领导或德高望重者向会议所作的讲话。具有总结性、评估性和号召性。这类讲话的主要内容一般是概述会议过程、评价会议成果、总结会议经验，对深化合作交流发出邀请、表达美好祝愿（或对贯彻会议精神提出要求和希望）。这类讲话一般由标题、称呼和正文三部分组成，标题、称呼的写法与开幕词基本相同。最关键的是要写得与开幕词前后呼应、首尾衔接，篇幅要短小精悍，语言要坚定有力、简洁明快，具有较强的号召性和发动性。

3. 贺词。一般是承办单位的上级领导或外部嘉宾所作的讲话。表达对承办单位的祝贺、肯定、感谢之意。这类讲话一般由标题、称呼、正文三部分组成，主要内容一般包括祝贺之语、肯定内容、表达祝愿（或提出希望）等。最关键的是要求感情真挚、契合身份、用语精准，赞扬承办单位取得的成绩、作出的重要贡献与精神品质，给予承办单位希望和鼓舞。

二、大会致辞的一般写法

会议致辞是会议讲话的一种形式，由于篇幅较短，通常采用整块式结构，虽然不设小标题，但必须使用标志性的语言来划分层次，这样才会使得层次十分清晰。一般来说，致辞也分为标题、称呼、正文、结尾四个部分。

1. 标题，位于首行居中位置，简明扼要写清楚致辞的使用范围即可，如"在××公司成立二十周年发展成就报告会上的致辞"。标题正下方注明致辞领导的姓名、职务和日期，如果是在企业内部致辞，职务也可不写。

2. 称呼，靠左顶格写，要讲究礼仪。致辞的对象往往是一个群体，要按照由高到低的顺序、由左向右排列（如写作范例37、38），或者由高到低的顺序、由上到下排列（如写作范例39）。

3. 正文，分为开头、过渡、阐述、计划和希望等部分。开头部分要开门见山，对客人或者致辞对象表示热烈欢迎、诚挚问候、致意或者感谢；

过渡部分要简明扼要介绍基本情况，如活动主题、背景、意义或对取得成绩的褒奖等；阐述部分一般是核心部分，主要介绍与会议、活动主题相关的具体项目情况、特色、亮点；计划和希望部分要简述下一步要怎么做，希望达到什么目标、实现什么愿景。

4. **结尾，**一般是表达对会议活动以及嘉宾的美好祝愿。

▌ 三、大会致辞的写作要点

起草大会致辞，把握住三个关键要点，即致辞领导的身份定位、大会安排的信息变化、致辞内容的合理布局。

1. **准确把握致辞领导的身份定位。**致辞领导的身份不同，致辞内容自然也就不同。比如，主办方的领导致辞可以讲大会召开的重要意义和对所有来宾的欢迎、感谢、问候，参会一方的领导致辞讲这些内容就不合适。所以，准确把握致辞领导的身份定位至关重要，这是确定致辞定位和致辞内容的关键。只有站在领导的角度撰写致辞，才能写到点子上。

2. **准确掌握大会安排的信息变化。**在为领导准备致辞的过程中，经常会遇到大会议程或者参会领导变化的情况，所以务必及时做好沟通对接，与会议承办方会务组织主要负责人建立联系，全面精准掌握会议主题、会议议程、参会人员范围、参会领导的层级等重要信息。特别是在会议正式开始之前，要和会务组织主要负责人再次确认以上重要信息，确保领导致辞内容准确无误。

3. **准确把握致辞内容的合理布局。**由于大会致辞内容一般较为简短，所以要特别注意致辞各部分的内容安排，尤其要结合大会主题和领导身份，准确把握好致辞的篇幅，既要表达好应当表达的内容，使得致辞内容丰富且饱含感情，又不能出现越位或错位的措辞，讲出不合时宜的话语。使用好标志性语言，能够使得各层次之间逻辑清晰、感情诚挚，更具有感染力。

▌ 四、大会致辞的写作范例

本节所选的前 3 篇范例分别是同一会议的开幕词、上级领导致辞、闭幕词，按照时间顺序排列；后 3 篇范例是上级领导致辞和内部领导致辞，其中最后 2 篇是同一类型的致辞。鉴于这 6 篇范例都具有一定的代表性，下面请大家一起品鉴。

写作范例 37：

矢志创新 合作共赢
携手推进 ×× 技术加快发展

——在 ×× 公司第 ×× 届国际技术暨市场研讨会上的开幕词

×××

（×× 年 ×× 月 ×× 日）

尊敬的各位嘉宾，女士们、先生们、朋友们：

大家上午好！

很高兴同各位新老朋友相聚美丽的西子湖畔，共同参加 ×× 公司第 ×× 届国际技术暨市场研讨会。首先，我谨代表 ×× 公司向来自世界各地的嘉宾表示热烈的欢迎和衷心的感谢！

（帽段一般对参加会议的嘉宾表示欢迎）

中国人常常把杭州比喻成天堂。杭州是中国最具诗意的城市。这里刚刚成功举办了杭州第 19 届亚运会，"Heart to Heart, @Future"的主题与我们的相聚十分契合。

（第二自然段对为什么选择杭州作为会议地点进行简要介绍）

今天的会议经过了三年的精心筹划，在大家共同努力下，今天在杭州如期举行。××的母公司、××的高层高度重视这次会议，主管××的最高领导、×××副总经理××专程出席会议并进行现场指导，在此对×××的到来表示热烈的欢迎和衷心的感谢！

此次会议也得到了行业协会、油公司及客户的大力支持，共有来自××个国家的××名代表参加。下面，我介绍参会的来宾，介绍完后，请大家一并鼓掌。

首先，介绍各位来宾……

让我们再次以热烈的掌声欢迎各位嘉宾莅临会议交流指导！

（比较隆重的会议，一般至少考虑安排两次鼓掌。介绍出席会议的最高级别领导时安排一次鼓掌，介绍完所有嘉宾后安排一次鼓掌）

本次会议将发布技术报告××篇，相信通过彼此分享最新技术进展，必将为大家带来重要的收获，也将对推动××技术应用和发展发挥更大作用。

（简要介绍本次会议的主要安排）

女士们，先生们，朋友们！

××国际技术研讨会已经走过了××年。这××年，也是××快速发展的××年。××与大家一道有效应对了×轮油价暴跌，共同经历页岩革命、能源转型以及对油气行业带来深远影响的次贷危机、疫情等。

回顾这××年，我想首先向大家分享××的一些收获与成长。

这××年，××为应对行业变革，在××公司和××公司支持下，先后实施了×次专业化重组、×次战略升级，走出了一条由小变大、由弱变强的发展道路。

××年来，××大力提升综合一体化勘探能力以服务全球客户，具备了陆上、TZ及海上等各种地表条件下的一体化作业能力，以及针对陆相和海相沉积条件下的盆地冲断带、碳酸盐岩、古潜山、岩性地层、页岩油气等地质目标的综合勘探服务能力。在国内，为××各油公司提供所有地震一体化技术服务。在海外，累计在××个国家运作了××个陆上项目、××个海上项目（包含多用户项目），服务客户遍布全球××个国家××多家油公司。在业界打造了××、××等一系列有影响力的标杆项目，在××（国家名称）××年的连续作业过程中创造了××万人工时无LTI的行业安全生产记录。

××年来，我们始终把创新摆在优先位置，在××、××等"四国七地"建立了软件或装备研发中心，在××个国家建立了××个靠前研究中心，先后与××家国际知名院校和科研机构，××等××家大油公司开展了××项技术合作，打造了从××到××等全产业链自主核心技术，逐步实现了从技术跟跑到整体并跑、部分领跑的跨越。在下面安排的技术报告中将对重要技术的最新进展进行专门介绍。

××年来，××的发展得到了行业协会的支持，也为行业协会的发展作出了重要贡献。我们是国际××承包商协会××核心会员，××主要会员，成为××联合国全球契约组织的成员。我们积极参与各行业协会交流活动，支持协会发展，每年资助国际技术交流项目××个，发表高水平论文××篇，投入专项资金支持××在线学习项目，为全球××从业人员拓展了技术和知识传播的渠道。

××年来，××积极履行社会责任，大力推进人员本土化、国际化，累计为××个国家、超过××万人提供了就业岗位，海外项目用工本土化率××。我们在项目所在国建立了×个培训中心，每年选送优秀雇员到中国或其他第三国培训。我们积极为当地社区提供力所能及的帮助，获得××总理亲颁证书和××突出贡献奖。

这××年，××虽然有很多"变"，但也始终有着对"不变"的坚守。那就是我们对××品牌一如既往地高度重视，对质量始终如一地严格要求，以及对HSE的严格管控和对服务理念的执着。××始终致力于以高新技术为客户降低勘探风险，全力以赴帮助客户成功。这种"坚守"，让××成为许多客户的战略伙伴和忠诚朋友，推动××销售收入连续××年保持全球××行业首位。

（向与会嘉宾简要介绍会议公司近年来取得的主要成就）

女士们、先生们、朋友们！

当前，油气行业发展面临更多不确定性。大力发展新能源、实现低碳发展已成为能源行业的共识。但我认为，传统油气能源在未来很长一段时间内仍是重要的能源品类。开展传统油气勘探开发仍然具有广阔前景。

××技术对于推动油气增储上产和解决油气勘探开发实际问题具有不可替代的重要作用。推动××技术的进步是油公司和服务公司的共同责任。我们有理由相信：只要油公司和服务公司持续开展创新与合作，就一定能够为××行业甚至整个能源行业带来更加值得期待的未来。

展望未来，××要成为一个什么样的××？××有什么样的发展愿景和目标？我想和大家分享一下我的一些思考和想法。

第一，"精诚伙伴、找油先锋"是我们不变的宗旨，××要始终做油公司等客户的精诚合作伙伴。要打造一流××技术，始终致力于以高新技术降低勘探风险，全力以赴帮助客户成功。要形成油气勘探开发的综合服务能力，为客户提供面向油藏开发的一体化、智能化综合解决方案；要增强清洁资源勘探和CCS等技术服务能力，打造一流的综合能源××技术服务商。

第二，××要成为一个具有高度社会责任感、受人尊重的国际化公司。践行"以客户为中心、以员工为根本"的经营理念，打造更多品牌工程和品牌项目，更加注重提升人员本土化率，提供更多就业、培训机会，为所在国经济社会发展作出更大贡献。

第三，××要建立一个更加开放、共享的行业生态。我们愿同××行业的同事们一道，建立跨界、多元、多样的协同交流机制，继续办好××

国际技术研讨会，凝聚行业的集体智慧，在互利共赢的前提下推进××行业健康可持续发展。

（向与会嘉宾分享公司形势研判和愿景、目标）

女士们、先生们、朋友们！

回顾××公司（企业名称）××年的成长之路，我们始终得到了油公司的信任和支持，得到了政府部门、行业机构、合作伙伴等朋友的大力帮助，对此我们深表感激，永远铭记。这也是我们进一步发展的最大底气。希望我们以此次技术研讨会为新的起点，矢志技术创新、深化互利合作，携手推进××技术加快发展，为能源行业发展带来广阔空间和无限可能。

最后，预祝××公司第××届国际技术研讨会取得圆满成功！

祝大家在杭州参会期间，度过难忘的时光，留下美好的记忆！

谢谢大家！

（最后一部分，表达美好祝愿）

【写作点评】

这篇讲话文稿是主办企业主要领导所致的开幕词，主题非常明确，即"矢志创新 合作共赢 携手推进××技术加快发展"。从全文内容来看，是按照时序逻辑编排的，即"欢迎＋成绩＋形势（意义）＋规划＋祝愿"。作为主办企业主要领导，讲话内容可以详细一些，首先简要介绍了来宾，接着介绍了举办会议的背景、目的、意义和内容安排，然后讲述了××公司过去××年取得的成果，分析了面临的形势，提出了××公司的服务宗旨、战略目标、发展期望，最后表达了美好祝愿。这种写法与写作范例38有很大不同，原因就在于讲话领导的层级定位和发言定位不同。

写作范例 38：

深化互信合作 共赢美好未来

——在××第××届国际技术暨市场研讨会上的致辞

×××

（××年××月××日）

尊敬的各位来宾，女士们、先生们，上午好！

金秋十月，丹桂飘香。来自全球主要油公司和机构的××名专家代表齐聚在这里，共同交流××技术，探讨互利双赢合作，这对于促进技术进步和业务合作都具有重要意义。请允许我代表××公司，并以我个人的名义，对各位代表和专家的光临表示热烈的欢迎和衷心的感谢！

××公司自××年实施"走出去"战略开展国际化经营以来，坚持"互利共赢，合作发展"理念，积极参与国际油气合作与开发，深度参与世界能源治理，贡献中国方案与智慧。深化互利共赢能源合作，同东道国、合作伙伴、当地社区共筑发展之路，从多维度为保障世界能源稳定供应贡献力量。经过多年努力，××公司海外业务规模和实力不断增强，成为全球主要的油气生产商和供应商之一。

××公司作为××公司的全资子公司，是最早参与国际合作的公司，也是××公司海外业务的"一面旗帜"。多年来，××公司在海外业务发展中，矢志不移推动技术进步、深化全领域国际合作，陆上勘探技术实力居领先地位，海洋××市场份额连续×年保持全球第一，收入连续×年位于全球××行业首位。这些成绩的取得，离不开油公司和同行的支持，我们也感到由衷自豪。

创新驱动发展，合作创造未来。当前，能源行业全方位深刻变革、绿色低碳转型和油气勘探开发对象日趋复杂等，为我们带来新的挑战。中国政府将创新与发展作为构建人类命运共同体的重要议题，这为能源行业的合作发展带来新的机遇。面对世界百年未有之大变局，唯有携手共进，方能行稳致远。

××公司将全面建成基业长青的世界一流综合性国际能源公司作为中心任务，把创新和国际化作为重要战略。我们将聚焦价值创造，深刻把握科技革命和产业变革大势，进一步深化与全球伙伴能源合作，积极构建开放合作的创新生态，继续践行好"互利共赢，合作发展"的工作理念。

　　同时，也将通过××公司全力打造全球××技术创新高地，积极搭建全球××技术交流平台，更好地为全球客户提供优质安全高效服务。希望通过此次国际技术研讨会的召开，进一步增进互信，创造出更多合作机遇，以合作和创新更好推动能源行业发展。

　　"江南忆，最忆是杭州。"祝愿各位来宾在杭州期间，都能收获一份美好的记忆！

　　最后，预祝会议取得圆满成功。谢谢大家！

【写作点评】

　　这篇讲话主题鲜明，是整块式讲话的写作范例之一。大标题即为主题"深化互信合作 共赢美好未来"。即便是这么简短的讲话，其实也是有着严谨的表述逻辑的，从全文内容来看，是按照时序逻辑编排的，即"欢迎＋成绩＋形势（意义）＋期望＋祝愿"。这类讲话最关键的就是要确定领导的层次（定位）、讲话的主旨（意图）、讲话的逻辑。需要提示的是，务必确定参会范围，尤其是特邀嘉宾的层级定位（确定开头的称呼和称呼的放置顺序），还需特别关注会议召开的地点、时间、议题、环境等因素。不同层级的领导发言内容差别很大。从开头的称呼和讲话的内容来看，这应该是上级领导出席会议时的致辞，既有对××公司"走出去"的成果总结，也有对××公司"走出去"取得成绩的肯定，也有对加强对外合作交流，打造全球××技术创新高地，更好地服务全球客户的殷切希望，充分体现了讲话领导的站位和格局。

写作范例39：

××公司第××届国际技术暨市场研讨会上的闭幕词

×××

（××年××月××日）

尊敬的各位来宾，女士们、先生们、朋友们：

大家下午好！

通过各位嘉宾和工作人员的共同努力，××公司第××届国际技术暨市场研讨会圆满完成各项议程。在此，我谨代表××公司向各位嘉宾致以诚挚的谢意！并向各位工作人员致以深深的敬意！

本届研讨会共有来自××个国家××名外籍嘉宾参会，总参会人数近××名，发布交流材料××篇，是一场高级别、高水准的盛会，集中展示了××公司全产业链技术优势和综合一体化服务实力，深入了解了各位嘉宾所代表的资源国项目技术需求，达到了促进交流、增进友谊、加强合作、共谋发展的目的。

这届国际研讨会的成功举办，让我们对办好后续的国际研讨会充满信心、充满期待。在此，我们向各位嘉宾及所有海内外客户发出真诚邀请：希望我们很快再相约中国、相聚昆明！

最后，祝愿各位来宾，身体健康、工作顺利、万事如意！我宣布，××公司第××届国际技术暨市场研讨会闭幕！

谢谢大家！

【写作点评】

这篇闭幕词是模拟稿，××公司第××届国际技术暨市场研讨会上的闭幕词并未公开。之所以这么安排，主要是为了呈现给读者国际研讨会开幕词、致辞、闭幕词比较完整的讲话体系。从这篇闭幕词来看，其与开幕词在嘉宾称呼、内容安排上都有一定区别。嘉宾称呼不需要再一一列举，正文主要是表示感谢、总结成果、客观评价、发出邀请，最后表达祝愿，宣布会议闭幕。建议与开幕词对比阅读，区分异同。

写作范例40：

在××公司成立20周年发展成就报告会上的致辞

×××

（××年××月××日）

各位领导、各位嘉宾，××公司全体干部员工：

大家好！在全国上下深入学习宣传贯彻党的二十大精神，全体石油人满怀豪情向着党的二十大擘画宏伟目标团结奋斗的重要时刻，××公司隆重举行成立20周年发展成就报告会。首先，我谨代表××公司党委和公司向××公司表示热烈祝贺，向××公司全体干部员工、家属和离退休老同志表示亲切问候，向长期以来关心支持××公司和××公司发展的××市委、市政府致以崇高敬意和诚挚感谢！

××公司是××公司找油找气的先锋队，是全球××业务高质量发展的领军者，也是我国油气勘探产业链上的一颗璀璨明珠。

二十载团结奋斗，××公司不忘初心、牢记使命，始终保持听党话、跟党走的鲜明政治底色，坚决贯彻落实集团公司党组决策部署和××公司工作安排，在一个个生命禁区创造了勘探奇迹，让地质学家的一个个梦想逐一化为现实，集团公司重大油气发现参与率达到100%，唱响了"我为祖国献石油"的××壮歌，为保障集团公司油气高峰增长作出了重要贡献，树立了石油铁军队伍保障国家能源安全的一面旗帜。

二十载接续奋斗，××公司锲而不舍、砥砺奋进，坚持创新发展不动摇，实现了由弱变强、由追赶到领跑的重大跨越，科技创新能力跻身中国能源企业前列，关键核心技术实现全面自主可控，技术实力享誉全球，铸就了勘探开发××利剑，打造了××公司技术立企、科技强企的典范。

二十载艰苦奋斗，××公司拓荒海外、征战全球，锚定做强做优做大和世界一流企业的发展目标砥砺前行，××公司××业务历史性实现整合为一，连续20年保持陆上××世界第一，全球××市场占有率过半，总体市场规模占全球××市场的××，销售收入连续×年保持全球××行业首位，在高端市场、高端业务打响了××高端品牌，力压群芳稳居全球行业龙头地位，综合竞争力和行业影响力达到前所未有的新高度，以卓越业绩成为××公司××业务国际化发展和加快建设世界一流企业的表率。

　　二十载不懈奋斗，××公司心系地方、风雨同舟，主动履行"三大责任"，助力脱贫攻坚、接续乡村振兴，带动产业链发展，提供高质量就业岗位，累计上交税费××亿元，企业增加值稳居××省"科学研究与技术服务业GDP"贡献首位，为地方经济腾飞和维护改革发展稳定大局作出了积极贡献。

　　栉风沐雨二十载，守正创新向未来。站在新的历史起点，希望××公司深入学习贯彻党的二十大精神，认真落实××公司党组和××公司党委决策部署，始终牢记保障国家能源安全的责任使命，加快推进世界一流企业建设，全力打造××技术创新高地，持续推进公司治理体系和治理能力现代化，不断开创党建引领发展的新局面，为推进××公司世界一流企业建设树立新标杆，为保障××公司油气增储上产作出新贡献，为深化企地融合创新发展谱写新篇章。

　　最后，预祝大会取得圆满成功！祝各位领导、嘉宾，全体××员工工作愉快，身体健康！

　　谢谢大家！

【写作点评】

　　这篇讲话是上级领导出席××公司成立20周年发展成就报告会时的致辞，是整块式讲话的写作范例之一。从全文内容来看，是按照时序逻辑编排的，即"表达祝贺＋肯定成绩＋提出期望＋表达祝愿"。本篇致辞全文主题明确、结构清晰、逻辑严谨、语言规范，是值得大家学习借鉴的写作范例。这类致辞起草较为简单，在此不作评说，大家熟悉两篇过后再作详细点评。

写作范例41：

在××公司成立20周年庆祝大会上的致辞

×××

（××年××月××日）

各位领导，各位嘉宾，××公司全体干部员工：

　　大家好！在全党全国上下深入学习宣传贯彻党的二十大精神之际，我们齐聚一堂庆祝××公司成立20周年。在此，我谨代表××公司党委和公司，向××公司表示热烈祝贺！向各位领导、各位嘉宾的到来表示热烈欢迎！向××公司全体干部员工，以及为××公司××事业发展作出贡献的离退休老同志和职工家属，致以崇高的敬意和诚挚的问候！

××业务是××公司××全产业链上至关重要的一环，也是我国石油工业的一颗闪耀明珠。20年来，××公司传承红色基因，赓续精神血脉，勇当党和国家信赖的找油找气先锋，唱响了"我为祖国献石油"的主旋律，扛起了"兴油报国"的使命担当。

二十年砥砺奋进，"利剑"作用充分发挥。××公司打造了国内最为齐备的××产业集群，培育了服务卓越的"××方阵"，以海量优质××数据当好地质学家、开发专家和钻探工程师的"眼睛"，高效保障了钻探提速提效，有力支撑了油气增储上产降本，为集团公司打造"三个1亿吨"新格局贡献了××力量。

二十年砥砺奋进，技术立企镌刻于心。××公司坚持"世界眼光、国际标准、××特色、高点定位"，建成了国家级高水平××研发平台，培养了一支技术过硬的××专业化人才队伍，创新打造了××科技成果转化新高地，自主研发的以××为代表的一大批技术利器成功打破国外垄断，××技术引领世界级穿深，为油气田高效勘探和效益开发提供了××技术支撑。

二十年砥砺奋进，改革创新步履坚实。××公司致力于率先建成世界一流示范企业，顺利完成专业化重组，公司治理体系更加完善，市场竞争力和价值创造能力显著增强，为集团公司建设基业长青的世界一流企业和支持地方经济高质量发展作出了积极贡献。

二十年砥砺奋进，党建引领彰显力量。××公司大力弘扬石油精神和大庆精神、铁人精神，培育了富有特色的××文化，锻造了勇于担当奉献、敢于拼搏进取的"四铁"队伍，凝聚了建功新时代的磅礴力量。

各位领导、各位嘉宾，保障国家能源安全任重而道远，需要我们持之以恒付出辛勤劳动和艰苦努力。××公司要胸怀"国之大者"、担当历史使命，立足高水平科技自立自强，锚定世界一流目标不动摇，加快形成一批世界领先的高精尖装备技术，进一步提升服务保障能力，为××公司履行"一体两面"责任发挥更大的作用，为集团公司油气勘探开发提供更加优质的服务。我们坚信，有集团公司党组的坚强领导，有××公司一体化统筹和××公司干部员工的团结奋斗，××公司必将率先建成世界一流示范企业，也必将为保障国家能源安全贡献更大力量。

最后，衷心祝愿××公司成立20周年庆祝大会取得圆满成功！祝愿各位领导、各位嘉宾身体健康、工作顺利、万事如意！

谢谢大家！

【写作点评】

这篇讲话是上级领导出席××公司成立20周年庆祝大会上的致辞，也是整块式讲话的写作范例之一。从全文内容来看，是按照时序逻辑编排的，即"表达祝贺＋肯定成绩＋提出期望＋表达祝愿"。结构布局和表达逻辑与写作范例40完全一致，大家可以学习借鉴。

写作范例42：

在××公司××技术成果交流会上的致辞

×××

（××年××月××日）

尊敬的×××院士、×××院士、×××院士，

尊敬的×××助理，×××书记，

尊敬的各位专家、各位来宾、各位代表：

大家上午好！

在我们认真贯彻落实习近平总书记关于"大力提升勘探开发力度，保障国家能源安全"重要指示精神、持续深入推进"不忘初心、牢记使命"主题教育的重要时刻，大家齐聚在古城××，共同参加××公司××年××技术成果交流会，围绕贯彻落实股份公司××××年勘探年会精神，共商创新大计，共谋技术愿景，共叙××情谊，意义重大、影响深远，必将进一步凝聚共识、坚定信心，共同推动中国石油××事业高质量发展。

本次会议场面盛大、规模空前。共有来自中石油、中石化、中海油所属各大油气田企业，中国地质调查局、中联煤等企事业单位，北京大学、西安交大等各大院校及科研院所××名专家和领导出席。特别是×××院士、×××院士、×××院士，×××助理、×××书记，以及各油气田主管

勘探的专家、领导专程出席会议，亲临现场指导，让我们倍感振奋、备受鼓舞。在此，我代表××公司对各位院士，各位领导、专家和科技工作者的到来表示热烈欢迎，向长期以来支持××公司发展的各位领导、专家和同仁们表示衷心感谢！

××是地质家的"眼睛"。历史上每一次油气勘探的突破都是首先基于××技术上取得突破，每一次储量和产量的增长都离不开××技术进步的推动作用。长期以来，我国石油××行业坚持科技引领发展，广大××科技工作者以找油找气为己任，发扬忠诚与担当精神，殚精竭虑，创新思维，潜心研究，矢志攻关，取得了一大批××技术成果，有力推动了××技术发展和进步。特别是近年来，在国际油价下跌对勘探带来严重冲击大背景下，我们××人坚持走技术创新之路，打造形成了一大批具有国际影响力的核心软件、核心装备和关键技术利器，推动××公司××企业走近了世界××舞台中央。在参与国际竞争和国际交流中，我们深刻地感受到：中国的××技术在世界上是有影响力的，是有地位的，是受人尊重的。

不谋未来就没有未来。××公司的发展实践证明：没有自己的核心技术必将受制于人，没有核心技术我们就难以履行为国找油找气的艰巨责任和历史使命，就难以在越来越激烈的国际竞争中快人一步、抢占先机。当前，全球油气勘探开发面临的条件日趋复杂，勘探领域逐步向深水、深层、非常规等方向拓展，油公司更加注重勘探效益和投资回报，我们××人将瞄准××科技前沿，围绕勘探技术需求，强化自主创新和科技自立自强，加强关键核心技术研发，坚决要突破瓶颈技术，以高质量的技术供给引领企业高质量发展。

创新成就未来。进入新时代，踏上新征程，××公司坚决贯彻落实习近平总书记重要指示批示精神，始终坚持以客户为中心，以更加开放的姿态加快技术创新，为高质量服务油气勘探开发事业，全力保障国家能源安全，共创更加美好的未来作出新的更大贡献。

最后，预祝本次××技术成果交流会圆满成功，衷心祝愿各位院士、专家、来宾身体健康、工作顺利！

谢谢大家！

【写作点评】

这篇讲话主题鲜明，是整块式讲话的写作范例之一，是承办单位主要领导所作致辞。讲话的主题为"认真贯彻落实习近平总书记重要指示批示精神和上级决策部署，进一步凝聚共识、坚定信心，共同推动中国石油××事业高质量发展"。从全文内容来看，是按照时序逻辑编排的，即"背景意义＋嘉宾介绍＋分析形势（意义）＋未来期盼＋美好祝愿"。抓住这类讲话的核心（意图）是关键，就是要把握领导定位、讲话主旨，剩下的就是素材搜集提炼和语言表达的事。这类会议由于邀请的嘉宾比较多，且层次不同，特别要注意把称呼写规范、把顺序摆正确。

第四章 党建会议讲话

2016 年 10 月 10 日—11 日，全国国有企业党的建设工作会议在北京召开。中共中央总书记习近平出席会议并发表重要讲话。他强调，要通过加强和完善党对国有企业的领导、加强和改进国有企业党的建设，使国有企业成为党和国家最可信赖的依靠力量，成为坚决贯彻执行党中央决策部署的重要力量，成为贯彻新发展理念、全面深化改革的重要力量，成为实施"走出去"战略、"一带一路"建设等的重要力量，成为壮大综合国力、促进经济社会发展、保障和改善民生的重要力量，成为我们党赢得具有许多新的历史特点的伟大斗争胜利的重要力量。要坚持有利于国有资产保值增值、有利于提高国有经济竞争力、有利于放大国有资本功能的方针，推动国有企业深化改革、提高经营管理水平，加强国有资产监管，坚定不移把国有企业做强做优做大。

在这次会议上，习近平总书记提出了新形势下国有企业坚持党的领导、加强党的建设的总要求，强调了两个"一以贯之"，明确指出了国有企业党组织应当发挥的领导核心和政治核心作用，就是把方向、管大局、保落实（功能定位）。这是党对国有企业领导方式的具体化。把方向，就是党委（党组）引领本单位企业文化、战略规划、经营管理与国家政治经济形势、行业发展态势、企业改革趋势相衔接、相协调。管大局，就是党委（党组）通过对重大事项的把控、重点问题的解决，确保企业运转高效、安全发展，确保依法治企、队伍稳定。保落实，就是党委（党组）通过抓关键少数、抓重点突破、抓队伍建设、抓党内监督，确保中央精神落实、上级部署落实、中心工作落实。

所以，党建会议讲话重在宣传党的路线、方针、政策，引导广大党员、干部不断增强宗旨意识，践行初心使命。党的建设工作不同于一般政务性和事务性工作，起草这类讲话文稿，必须准确把握其鲜明特点，厘清其中的"路数"。

第一节　党建会议讲话的显著特点

这类讲话重在写心，就是要强调宗旨意识、践行初心使命，用实际行动抒写政治忠诚。天下至德，莫大于忠。坚定对党的政治忠诚，是习近平总书记对党员领导干部最首要、最核心、最基本的要求，是新时代条件下每一位党员领导干部应该具备的最重要的政治道德。国有企业党组织应当发挥的领导核心和政治核心作用，就是把方向、管大局、保落实。所以，起草这类讲话文稿，要把体现国有企业党组织作用放在核心位置。

那么，如何体现国有企业党组织作用呢？这就要求所有党务工作者都必须清楚国有企业党委（党组）把方向、管大局、保落实的基本路径和保障措施。

基本路径就是要学懂、弄通、做实国有企业党委（党组）"把方向、管大局、保落实"的基本内涵。首先，要清楚把什么方向？就是要把好政治方向（坚持党的领导，严守政治纪律，践行党的宗旨）、经营方向（四个坚持）和改革方向（三个有利于）。其次，要管哪些大局？就是要管重大决策（"三重一大"决策）、重大责任（政治责任、经济责任、社会责任）和重大协调（主要是协调好党委会与董事会、监事会、经理层的关系，班子成员之间、上下级之间、干群之间的关系）。最后，怎么去保落实？就是要从思想上（统一思想认识）、组织上（班子和干部人才建设）、监督上（关键岗位、重点环节）去保落实。

保障措施就是要学懂、弄通、做实国有企业党委（党组）如何发挥好"把方向、管大局、保落实"作用。首先，要从认识上统一。清楚国有企业党组织定位的历史沿革（从监督保障到政治核心，再到政治核心和领导核心并存的转变，现已明确为领导作用）和国企属性（以中心工作为根本导向，发挥其领导核心作用）。其次，要从机制上理顺。"坚持加强党的领导和完善公司治理相统一，把党的领导融入公司治理各环节。"当前公司章程已经明确了党组织的职责权限、机构设置、运行机制、基础保障等重要事项，以及党组织在公司治理结构中的法定地位。最后，要从本领上增强。习近平总书记指出，在前进道路上我们面临的风险考验只会越来越复杂，甚至会遇到难以想象的惊涛骇浪。我们要有力应对重大挑战、防范重大风险、克服重大阻力、解决重大矛盾，实现伟大梦想，必须进行具有许多新的历史特点的伟大斗争。所以，在纷繁复杂的形势变化面前，必须做到耳聪、目明，能够看清发展趋势，敏锐洞察出蕴藏其中的机遇和挑战，找到贯彻新发展理念的好思路、好方法，战胜所有未来的重大挑战。

学习了解上述信息，有助于大家把握党建会议讲话的显著特点，也有利于大家把握这类讲话文稿的写作重点。

■ 一、突出政治性

政治属性是党的根本属性，政治功能是党的基本功能。党的政治建设决定党的建设的方向和效果，是党的建设的"灵魂"和"根基"。这说明，政治建设是管总的、管根本的，对党的其他方面建设具有统领作用。起草这类讲话文稿，要把党的政治建设摆在首位，把讲政治作为第一位要求，确保在思想上、政治上、行动上同以习近平同志为核心的党中央保持高度一致。中国石油党组多次强调，"中国石油是党的中国石油、国家的中国石油、人民的中国石油，一切工作、一切奋斗都要为党、为国、为人民"，从本质上阐明了中国石油的初心和使命。要准确把握党中央提倡什么、反对什么，坚定不移听党话、跟党走，这既是原则，也是底线。"坚持以习近平新时代中国特色社会主义思想为指导""认真贯彻落实党中央精神和集团公司党组决策部署""坚持和加强党的全面领导"等，这些表述都是我们在领导讲话特别是党建会议讲话中最经常听到、看到的，对习近平总书记的重要讲话精神和重要指示批示精神、对党中央精神及集团公司党组决策部署的领悟程度，也决定了讲话的高度和深度。比如 ×× 公司领导在2023 年党的建设会议上的讲话中讲道："党的二十大明确提出以党的政治建设统领党的建设各项工作。任何情况下，我们都必须把讲政治作为'生命线'，始终做到坚定政治态度，不断提升政治能力，保证各项工作沿着正确方向前进。"讲话通篇紧扣政治性，在工作要求中强调，"要在深入学习宣传贯彻党的二十大精神上下功夫，要在加强党的政治建设上下功夫，要在践行'两个维护'上下功夫"。这些都是讲政治的具体要求。所以，党建会议讲话的首要特性就是要做到提高政治站位、把准政治方向、树牢政治信念，这也是起草党建会议讲话文稿的核心要求。

二、突出思想性

好诗有诗眼，好文有文魂。正如古人所言："文章犹舟也，舟之贵贱，不在大小华质，而视其所载者。"就党建会议讲话材料而言，文魂就是材料的思想性。好的讲话，中心思想会贯穿始终，能够引发人的思考，激活人的思想，启迪人的思维和思路。起草党建会议讲话文稿，只谈具体工作，不谈思想观点，不符合一般逻辑，也难以给人留下深刻印象。要结合客观实际，通过深入思考、深入挖掘，充分体现对事物的透彻分析，对问题的独到见解，对道理的深刻阐述，对观点的精准提炼。比如，习近平总书记在纪念五四运动 100 周年大会上的讲话中，先后引用"立志而圣则圣矣，立志而贤则贤矣""自信人生二百年，会当水击三千里""青春虚度无所成，白首衔悲亦何及"等思想性极强的名句，使讲话更加贴切传神，说服力和感染力大大增强，让人听后入心入脑、获益匪浅。再如，毛泽东同志在《党委会的工作方法》中写道："弹钢琴要十个指头都动作，不能有的动，有的不动。但是，十个指头同时都按下去，那也不成调子。要产生好的音乐，十个指头的动作要有节奏，要互相配合。党委要抓紧中心工作，又要围绕中心工作而同时开展其他方面的工作……钢琴有人弹得好，有人弹得不好，这两种人弹出来的调子差别很大。党委的同志必须学好'弹钢琴'。"这些简单易懂的语言，却蕴含着深刻的道理，能够给人留下深刻的印象。所以，只有提高讲话的思想性，才能更接地气、更聚人气、更有生气。

三、突出系统性

党的建设是一项复杂的系统工作，是一个不可分割的有机整体，党的建设系统性与整体性要求我们要牢固树立整体观念和全局观念，高度重视从整体上、全局上贯穿全生命周期去思考和谋划党建工作，进而把握好讲话文稿的核心内容。比如，全面推进党的政治建设、思想建设、组织建设、作风建设、纪律建设，把制度建设贯穿其中，深入推进反腐败斗争，是我们不断提高党的建设质量必须要抓好的几大系统工程，是加强党的执政能力建设、先进性和纯洁性建设的基本要求和具体途径，这是我们需要重点理解和把握的。党的建设这几大系统工程是一个有机的统一体，与我们的中心工作是相互联系、相互贯通、相互促进的。在起草讲话文稿的过程中，中心工作是主线，政治建设对党建工作和中心工作起统领作用，组织建设是党建与业务的融合桥梁，思想建设通过意识形态、企业文化、精神文明建设、主题教育、思想政治研究等发挥基础性保障作用，作风建设是命脉，纪律建设是支撑，制度建设和反腐败斗争是贯穿始终、长期坚持的工作。如此理解，党建工作与中心工作的融合路径有很多条，也更容易在起草讲话文稿的过程中打开思路。分开来思考，政治建设的起点是坚持党的全面领导、坚持政治统领，这过程中则包含维护政治纪律、遵守政治规矩、建设政治文化、规范政治生活、优化政治生态等内容，最终的目标是输出"把关定向"和"两个维护"；思想建设以"理论武装"和"意识形态"为基础，可以从要求做好"第一议题""中心组学习""主题教育""形势任务教育"等方面提出具体工作要求；组织建设涵盖基本组织、基本队伍、基本制度、工作机制、党建信息化、和谐稳定等方面，可以从标准化支部建设、党员队伍建设等方面进行系统思考；作风建设可以从领导干部、群众路线、从严治党、理想信念、实干精神等方面深化推动；纪律建设要找到工作重点，党风廉政建设是纪律建设的重要内容，监督执纪问责是加强纪律建设的重要抓手。由此来看，起草党建会议讲话文稿，要抓住核心和关键，系统思考工作的整体性、关联性、结构性，才能达到提纲挈领、纲举目张的效果。

此外，通过讲话部署和推动党建工作，不能只考虑与生产经营管理工作融合，还要进行系统性部署、系统性推动，要坚决杜绝"零敲碎打""东一榔头西一棒子"等现象，对某方面工作仅有只言片语，形不成系统，部署工作不完整，让人看了摸不着头脑，这样就形成不了合力，产生不了价值。所以，在起草讲话文稿的过程中，要加强前瞻性思考，要聚焦加快建设世界一流、引领企业高质量发展的奋斗目标，科学运用马克思主义的立场观点方法，从战略高度进行系统性的深入思考，要将眼界放得更长远些，形成超前的工作思路。要加强全局性谋划，坚持从大局看问题，在大局下谋划，把企业自身发展放到协同发展的大局中去，把党中央的重大战略部署、集团公司党组重要安排同本单位的实际结合起来，创造性组织和推动工作。要加强战略性布局，树立"大党建"的工作理念，走出"就党建抓党建"的误区，善于透析工作中的问题，善于解决企业自身矛盾，把广大干部员工关注的焦点作为切入点，找到推动工作的具体抓手。只要把握住这些原则，起草讲话文稿的时候，就会更符合实际，更有系统性。

四、突出实践性

宋代思想家朱熹指出："知之愈明，则行之愈笃；行之愈笃，则知之益明。"意思是：认识得越清楚，实践就越扎实；实践越扎实，认识得就会更加清楚。

党建兴则企业兴，党建强则企业强。生产经营成果是检验党建工作成效的"试金石"。所以，国有企业要立足发展实际，用党建工作解决企业经营管理中遇到的各类实践问题，同时要用实践性强的方法和手段创新开展党建工作，以党建工作新成效推动企业实现"稳增长"目标任务，这样就能更好地发挥党建工作促进提质增效的作用。党建会议讲话文稿最关键的就是要让讲话有作用，明确方向和目标，指出痛点和痒点，提出方法和措施，绝对不能满篇都是政治语言，但无实际内容，不能让大家认为每句话都有道理，但是每句话对解决实际问题都没用。这是基层单位和广大员工都不愿听，当然也不认同的讲话。对解决实际问题没有用处的讲话，是谁都不待见的讲话。

推动党建工作要坚持问题导向、目标导向和结果导向，从质量和效益出发，既要符合上级精神和部署要求，还要紧密结合本单位实际，比如讲党管人才，那就要给大家讲清楚，上级组织对党管人才有什么部署、有什么要求，指出本单位人才强企有什么问题需要解决，深刻剖析原因，提出具有较强针对性、可操作性且行之有效的落实上级组织部署要求的具体举措。绝对不能无病呻吟或者只喊口号，新时代不能再出现这样低级的错误。所以，要想起草好党建会议讲话文稿，首先要明确讲话主题，就是要明确要解决什么问题；其次要明确上级组织的态度和举措，理清本单位所存在问题的症结所在，同时还要把应当尽快解决所存在问题的迫切性讲清楚，让广大干部员工理解和支持党组织的决策部署；最后要提出解决问题的具体举措，以及几个方面的保障措施。涉及企业发展和员工利益的，要把如何发挥好党组织作用，如何解决和推动好下一步工作，如何发挥好政策激励、典范激励作用，如何确保员工队伍和谐稳定等情况都详细思考清楚、做好统筹安排。这就说明，起草党建会议讲话文稿，必须从源于实践、融入实践、指导实践的角度来思考和谋划。从源于实践的角度来讲，就是要针对实践中遇到的具体问题，思考创新性的党建举措。比如，在做好组织建设方面，必须结合组织建设实践中遇到的基层组织堡垒作用不强、党员先锋模范作用发挥不够等问题，提出实践特征明显、可用性强的思路和要求。从融入实践的角度来讲，党建工作不能脱离企业的经营管理，否则就会出现"两张皮"的现象，这方面可以从开展思想教育、梳理工作流程、明确岗位责任、加强作风与廉政建设等方面进行思考，并与党建工作相互对应，增强党建与中心工作的关联性。从指导实践的角度来讲，国有企业在经营管理中会遇到各种问题，这些问题的解决需要从组织创新、模式创新、管理创新、技术创新等层面寻求答案，同时国有企业也可以探索来自党建工作层面的智慧和灵感支持，从而发挥出党建工作对发展实践的引领和推动作用。比如，知史而明志，资古以鉴今，百年党史是丰富的宝藏，蕴藏着党的智慧、经验和力量，企业经营管理实践中遇到的问题，百年党史能够给予我们决策指引。综上所述，从企业自身经营管理实际出发，从党建实践理念和方法创新出发，以企业党建提质增效为目的，做好统筹思考和顶层设计，这样的讲话文稿才更接地气、才更有价值。

五、突出独特性

党建会议讲话、报告具有很强的独特性：一是"党味"很浓厚，不同于工作报告、生产经营报告、技术交流会议讲话，其主要围绕"党"字立意，突出的是党的基本理论，基本路线、方针、政策、部署等；二是特点很突出，每个企业的党建工作方式、载体等都有差别，映射到党建会议讲话、报告中，也有各企业的独特性。比如，××公司的职责使命是找油找气，同时又是技术密集型企业，特点就是"高科技+高强度+高质量+高效率"，经过多年发展，沉淀形成了独特文化。所以，公司领导讲话更多体现的是为国找油找气、高水平科技自立自强、发挥先锋作用等。只要准确把握住企业特点、行业特色和党建工作的结合点、切入点，就能够写出富有特色的讲话文稿，就能够更好地发挥企业党建工作的特色优势。

第二节 党建会议讲话文稿的写作难点

宋代丘葵在《和所盘自宽韵》中写道："未信此身长坎坷，细看造物实玄微。"这句诗的意思是：不要认为自己的人生之路总是荆棘密布、充满曲折，仔细观察世间万物会发现很多玄妙之处。这告诉我们，要战胜人生中一切艰难坎坷，把握一切玄妙之处。

起草党建会议讲话文稿，要求高屋建瓴的政治站位、主题鲜明的内容主旨、切合实际的工作举措，这是难度最高的文稿类型之一，我们要通过学习和锻炼，重点攻克三个关口。

一、把握上情关

常言道："纵横不出方圆，万变不离其宗。"写好党建会议讲话文稿的关键就在于"党"字，在于全面理解和把握党的思想理念信念、路线方针政策，准确领会上级精神。这就是"上情"。但是在具体落实中，比较容易发生望文生义、以偏概全的情况，导致出现上下一般粗、落实不到位、执行有偏差等问题。

"上情"一般分为指导原则和具体要求两种情况。对具体要求，由于针对性和可操作性比较强，比较易于把握和贯彻。而指导原则是基于某个方面工作的方向性、原则性、政策性等，如果引用和表达不准确、不清晰就无法达到预期效果。比如新发展理念，是我们党经过反复实践、总结、再实践、提炼、论证总结出来的，具有普遍性、科学性和指导性的思想理念，在引用和运用时，绝对不能断章取义，随意解释，以偏概全。所以，只有准确把握"上情"，深刻领会"上情"，才能在起草党建会议讲话文稿时把准正确方向，做到心中有数、落笔不慌，才能确保讲话言之有物、言之有理。比如起草 ×× 公司领导在党建工作会上的讲话文稿，就要系统理解党的二十大对推动高质量发展、能源保供、党的建设等方面的部署要求，尤其是习近平总书记的重要指示批示精神，以及集团公司党组对 ×× 业务乃至 ×× 工作的具体要求，结合 ×× 公司自身实际和战略目标，来谋划以高质量党建引领高质量发展的具体举措，将工作融入保障国家能源安全的宏观背景，融入集团公司加快建设基业长青世界一流综合性国际能源公司的发展大局，这样起草的讲话文稿自然能够展现出"居高声自远"的底蕴。

起草讲话文稿吃透"上情"是前提，同时还要充分掌握"下情"，因"地"制宜，解放思想、与时俱进，用新发展理念指导解决新形势下遇到的新问题、新情况，以便更好地落实上级部署要求。

二、实事求是关

班固在《汉书》中用"修学好古、实事求是"来称赞刘德脚踏实地的治学态度。实事求是是我国古代思想的精髓，也是马克思主义的精髓，是中国共产党人的重要思想方法，是我们做好一切工作的基本前提。要想起草好党建会议讲话文稿，必须坚持实事求是的基本原则。回顾党的百年奋斗历程，中国共产党所取得的一切辉煌和所经历的一切曲折，从根本上都取决于是否以实事求是的态度和方法对待理论与实践。只要坚持实事求是，党就能够形成符合客观实际、体现发展规律、顺应人民意愿的正确路线方针政策，党和人民事业就能不断取得胜利；反之，离开了实事求是，党和人民事业就会受到损失甚至严重挫折。实事求是，是中国共产党人认识世界和改造世界的根本要求，是我们党的基本思想方法、工作方法和领导方法，是党带领人民推动中国革命、建设、改革事业不断取得胜利的重要法宝。所以，起草党建会议讲话文稿、推动党建工作，要从实际出发，围绕党建工作的重点、难点、堵点和企业经营管理实际情况，谋划推动工作的思路和举措。目前党建工作存在最多的问题就是"四个化"问题，即淡化、弱化、虚化和边缘化，虚的东西多，实的东西少，偏离了党建的本质，没有真正发挥出党建的作用，没有运用党建很好地解决发展中的问题，这种现象的根本原因就是背离了"实事求是"，这也是起草讲话文稿的难点所在。如果讲话偏离实际，就容易出现从形式到形式的情况，讲在嘴上，落在纸上，体现在展示上，虽然品牌、模式一大堆，但实实在在起的作用不大，成为一纸空谈。

撰写党建会议讲话文稿如何做到实事求是呢？就是结合工作实际，讲真话、讲实话，讲明上级部署要求、讲清下一步思路举措，引导听众知责明责、担责尽责，促进各项工作落实落地、向善向好。比如，中央电视台曾播出两个地方的党建经验，我们可以举一反三。一个是山西省临汾市尧都区提出的党旗在基层一线高高飘扬。他们积极为人民群众办实事、解难题的工作做实做好做到位，老百姓就拥护，就听党话、感党恩、跟党走，党的威望大幅度提升，党建的成果实实在在；另一个是中国电科集团，为了解决技术难关，党支部带领一线党员冲锋在前，吃苦拼搏在前，经过三年多坚持不懈的奋斗，攻克了国际性技术难关，两个作用转化为生产力，转化为国际一流的科研成果。我们经常说的理论联系实际、批评与自我批评、具体问题具体分析、一般与个别相结合、领导与群众相结合、抓点带面等，都是遵循实事求是，正确认识把握客观规律，按客观规律办事的具体运用。所以，只有注重运用实事求是的方法推动党建工作，才能真正解决好各种问题，才能真正焕发出生命力，才能真正作出成效。

■ 三、深度融合关

《中国共产党章程》第三十三条明确："国有企业和集体企业中党的基层组织，围绕企业生产经营开展工作。"坚持和加强党对经济工作的集中统一领导，是中国特色社会主义制度的一大优势，也是做好经济工作的根本保证。中央经济工作会议指出，适应新发展阶段、贯彻新发展理念、构建新发展格局，必须加强党的全面领导。由此来看，国有企业生产经营工作是企业的立身之本，抓党建的根本目的就是引领和推动企业高质量发展。

促进党建与生产经营深度融合，将党建活力转化为企业发展的生命力，是国有企业不断探索的时代课题。从这方面来讲，起草党建会议讲话文稿时，存在三类常见问题或者说是困惑：一是党组织建设与企业组织架构并非完全融合，如一个支部同时包含财务、纪委等部门数名党员，彼此工作独立、业务分明，党建与生产经营深度融合仍然缺乏组织基础；二是部分党组织虽然实现了组织融合，但在促进融合的工作上方法不多、成效不够显著，党建与生产经营深度融合仍然缺乏有效的方式和载体；三是基层党组织虽然做到了党建工作与生产经营同部署、同考核，但"同考核"仅做到了考核时间同步，未实现考核内容对接，"各自为政"的情况不同程度存在，党建与生产经营深度融合仍然缺乏有效考核。所以，起草党建会议讲话文稿，一旦与生产经营工作脱节，便犹如无源之水、无本之木，失去了其应有的指导意义。

如何更好地体现党建工作与生产经营深度融合呢？

是不是党组织建设与企业组织架构完全融合才叫深度融合呢？

是不是必须将党建工作嵌入生产经营才叫深度融合呢？

是不是所有业务部门的考核必须相互牵连才叫深度融合呢？

笔者认为不是这样。如果纠结这些问题，也许你根本不理解什么叫党建工作与生产经营深度融合。

企业如何实现党建工作与生产经营深度融合呢？笔者认为，可以从顶层设计、决策部署和执行落实三个层面实现。实现的方式和载体是什么呢？是不是非要通过什么活动、什么比赛实现呢？肯定不是。真正需要的是思想理念、方针政策和战略引导，党委（党组）班子和党员干部示范，广大党员发挥好以点带面作用推动，业绩考核、绩效考核、干部管理的考核激励影响等。活动、比赛只是某个阶段的具体措施。对于长远发展而言，显然不可能仅仅依靠活动、比赛这些阶段性的激励措施。至于讲缺乏组织基础、缺乏有效的方式和载体、缺乏有效考核等这样的情况，都不是阻碍两者深度融合的问题。因为每名党员领导干部都肩负"一岗双责"的责任。认真履行好这份责任就能够很好地推动两者深度融合，因为在企业里面，党建工作与生产经营本身就是相辅相成、无法割裂的，而不是"两张皮"。如果说存在"两张皮"现象，那就是党员领导干部对党的思想理念、方针政策理解领会不够深刻，运用党的思想理念、方针政策引领和推动工作力度不够，或者履行"一岗双责"的成效还有待提高。

怎么落实和推动党建工作与生产经营深度融合呢？首先要做到"四同时"，即同时部署、同时实施、同时检查、同时验收。比如集团公司《党组工作要点》，就是将党建重点工作与生产经营一同部署、一同实施、一同检查、一同验收的，并且集团公司督办管理系统已经上线运行，进一步加强了对这两方面工作的检查验收。有人说，《党组工作要点》不全都是党的建设方面的工作吗？不是的。其主要包括加强党的政治建设、提升产业链发展质量、推动高水平科技自立自强、实施新一轮改革深化提升行动、依法治企和强化管理、统筹发展与安全、坚持党的领导党的建设、加强宣传思想文化建设、纵深推进全面从严治党等九个方面。这就是顶层设计，充分体现了"四同时"原则。

对于党建工作，集团公司党组研究制定了《党的建设工作要点》，作出了加强党的政治建设、组织建设、队伍建设、思想建设、纪律建设等各方面的党建工作安排。这就是对党的建设工作的决策部署，其中一些工作也充分体现了"四同时"原则。

由此可见，推动党建工作与生产经营深度融合，从顶层设计和决策部署层面就已经体现得非常好。这是因为，我们坚持服务生产经营不偏离，把党建工作放在促进企业生产经营和管理水平提升这样的大格局中来认识和谋划，从根本上发挥党组织把关定向和战斗堡垒作用，更好地发挥基层党建的政治优势和基层管理的独特优势。这在本质上就是找准了有效结合点，将党建工作很好地嵌入了企业生产经营活动，应该说是党建工作站在了更高层面，发挥了党组织统筹谋划和引领推动作用。所以，我们不要为如何实现和推动两者深度融合而发愁，企业方方面面的工作都可以找到契合点、着力点和融合点。

第三节　党建会议讲话的主题和主线

物有其本，事有其源。国有企业一步步发展壮大，最根本的一条，就是坚持党的领导、加强党的建设。我们在起草讲话文稿的过程中，必须坚持"国企姓党"这一重大政治原则，不折不扣地贯彻党中央精神和上级决策部署，立足新时代赋予国有企业党组织的责任使命，加强顶层设计和系统谋划，牢牢把握"以高质量党建引领保障企业高质量发展"的主题和主线。

一、要从党的建设与党的事业的关系中来认识和把握

早在延安时期，毛泽东就强调，"党的建设必须密切联系党的政治路线"，要求以党的建设"伟大的工程"保证党领导的革命事业。这也昭示了党的建设与党的事业的互动关系。习近平总书记指出，"党是总揽全局、协调各方的，经济工作是中心工作，党的领导当然要在中心工作中得到充分体现""能不能保持经济社会持续健康发展，从根本上讲取决于党在经济社会发展中的领导核心作用发挥得好不好"。习近平总书记的重要论述，充分表明党是我们国家各项事业的领导核心，党的建设也是党和国家事业领导力量的建设。党的十九届五中全会通过的《中共中央关于制定国民经济和社会发展第十四个五年规划和二〇三五年远景目标的建议》明确提出，"十四五"时期经济社会发展要"以推动高质量发展为主题"，强调要"提

高党的建设质量"。这更加为我们明确了目标任务和努力方向。

二、要从新时代党的建设重大任务中来认识和把握

党的二十大报告强调，"深入推进新时代党的建设新的伟大工程，以党的自我革命引领社会革命"。这与党的十九大以来党中央强调的"不断提高党的建设质量""把党建设得更加坚强有力"是一脉相承的。踏上建设社会主义现代化国家新征程，谱写高质量发展新篇章，必须一如既往地推动全面从严治党向纵深发展，不断提高党的建设质量，以高质量党建支撑和保证高质量发展，这是进入新发展阶段、贯彻新发展理念、构建新发展格局，推动党和国家事业健康发展的应有之义。高质量发展是一项决定未来的深刻变革，高质量党建是一项关乎全局的系统工程；高质量发展是高质量党建的依托和归宿，高质量党建是高质量发展的前提和条件，是新时代党的建设的重大任务。

三、要立足国企身份、结合企业实际来认识和把握

如何"提高党的建设质量"，如何"推动高质量发展"，起草讲话文稿怎样把握党建工作的主题和主线，我们在习近平总书记的讲话里都能找到答案。特别是 2016 年 10 月党中央召开全国国有企业党的建设工作会议，习近平总书记出席会议并发表重要讲话，站在时代和全局高度，深刻回答了国有企业要不要加强党的建设、怎样加强党的建设等一系列重大理论和实践问题，深刻阐明了为什么要做强做优做大国有企业、怎样做强做优做大国有企业这个重大时代命题，为坚定不移做强做优做大国有企业提供了总依据，为扎实做好国资央企改革发展和党的建设各项工作提供了基本遵循。习近平总书记这篇光辉著作是习近平新时代中国特色社会主义思想的"国企篇章"，具有强大的真理力量和实践伟力。

我们日常涉及较多的党建会议讲话主要包括：党员代表大会讲话、党建工作会议讲话、党风廉政和反腐败会议讲话、总结表彰会议讲话、主题教育讲话、群团会议讲话等。在起草党建会议讲话文稿的过程中，要把握国有企业党的建设总要求，坚守政治原则、政治方向；要针对不同会议，进一步突出主题，立足企业实际，推动工作、促进发展。总之，党建会议

的讲话文稿既有其鲜明的特点，又有其独有的难点和瓶颈；既要注重理论和思想的深度，也要注重呈现形式。中华民族历来重视为文立言，认为文章乃经国之大业、不朽之盛事，强调文以载道，"昭昭若日月之明，离离如星辰之行"，言之无文，则行之不远，追求"篇有百尺之锦，句有千钧之弩，字有百炼之金"的境界。我们在起草党建会议讲话文稿的过程中，一定要把握住主题和主线，锤炼思想观点、丰富表达方式、润色语言文字、提升传播能力、发挥引导和激励作用，使党的理论创新成果更加鲜活生动，更可理解和把握，更容易落实落地。

第四节 党员代表大会讲话

国有企业党员代表大会（党代会）讲话是会议议程中的一项重要安排，与党委工作报告同等重要。按照规定程序，一般由企业党委书记在大会闭幕式上发言。

一、党员代表大会讲话内容分类

新一届党委班子产生后，党委书记要代表党委班子讲话。这类讲话可长可短，讲话内容安排相对灵活，不同企业、同一企业不同时期安排都有可能不同。本节主要介绍三种分类。

1. **聚焦施政方略，阐释核心要义**。党委工作报告部署安排部分，一般都要提出未来五年的工作思路。新选举出来的党委书记可代表新一届党委班子作施政方略发言，比如详细阐释新一届党委班子提出的"十六字"方针，每一组独立成段，共分为四部分，再加上开头、结尾，就能够形成一篇高质量讲话。当然，也可以阐释未来五年的工作思路、总体规划和奋斗目标，只要符合规定程序、符合时代要求、符合企业实际，就可以自成一体。在此提示一下，如果党委书记作这类讲话，一般会议还安排了其他领导，比如总经理担任会议主持人，就由总经理在会议结束时就贯彻落实好会议精神提出相应要求；如果没有安排其他领导担任主持人，党委书记最后可就贯彻落实好会议精神提出具体要求。

2. **聚焦贯彻落实，提出工作要求**。有的企业党代会以党委工作报告为主，并没有主题讲话。如此，在会议闭幕式上，党委书记讲话内容可聚焦贯彻落实会议精神作出几个方面的工作安排。这是非常传统的起草方式。这类讲话只要紧密结合企业工作实际，按照轻重缓急逻辑编排，就很容易起草出高质量的讲话文稿。这类讲话可参考写作范例 43。

3. **聚焦党委责任，作出表态发言。**这类讲话属于规定程序性发言，内容比较简短，一般由新选举出来的党委书记代表新一届党委班子作表态发言。发言内容包括规定程序、感谢语段和表态内容三个部分，重点在于起草好表态内容。这部分可以从政治、理论、担当、廉洁等方面进行表态，亦可以选择从其他角度进行表态，关键是要有说服力、感染力。这类讲话可参考写作范例 18。

二、党员代表大会讲话文稿的写作要点

起草这类讲话文稿相对灵活，但各类内容都有比较难啃的"骨头"，下面依照上述三个类别给出一些有益的提示。

1. **阐释核心要义重在创新。**这类讲话虽然比较有难度，但并不是没有规律可循。关键是要提高站位、打开视野，把本企业新一届党委班子的施政方略，置于更高层面去审视，比如放在全党全国共同努力的目标和方向，或者放在集团公司党组战略决策高度，新一届党委班子应当以什么样的姿态奋进新征程。这类讲话文稿可以写得很实，关键是要同党中央精神贯通起来，扎扎实实落实到保障国家能源安全、加快建设世界一流企业的实际行动中；这类讲话文稿可以写得很好，重点是要坚持问题导向，深化规律性认识，立足引领和推动产业发展，科学谋划、一体推进坚持和加强党的领导，同新时代国有企业治理统一起来，在"融入"上下功夫，在"内嵌"上作文章，共同作用于企业高质量发展。

2. **贯彻落实要求重在务实。**这类讲话虽然看似比较简单，但必须紧密结合企业发展实际，可以结合企业战略定位、战略思想、战略决策，上级工作要求，重点工程项目，以及当前最为紧要的各项重点工作铺展开来。至于贯彻落实的形式、深度等可以简略带过，不要拘泥于眼前的贯彻落实形式，不能陷入为贯彻落实而贯彻落实的怪圈。要善于站在更高层面、思考更深层次的问题，把贯彻落实会议精神同贯彻落实党中央精神统一起来，

同贯彻落实集团公司党组决策部署统一起来，同推动实施企业战略规划目标统一起来，学会抓大放小，抓住主要矛盾，就会事半功倍。

3. **表态发言内容重在担当**。这类讲话虽然比较简短，但要写得精彩并不简单。表态发言内容既是新一届党委班子的施政承诺，更是新当选党委书记的施政思想，既要确保政治正确、态度谦逊，又要高屋建瓴、精辟深邃。比如写作范例18，虽然表态发言的五个小标题感觉平淡无奇，但是每个标题后面的内容却体现出新当选党委书记的格局和站位，以及对企业发展高度负责的态度，给人留下"有格局、有胸怀，大气、大度，注重团结、关注细节但又不拘小节"的良好印象。

■ 三、党员代表大会讲话的一般结构

这类讲话的结构相对简单，本节介绍的三种类型，一般多采用并列结构，按照思维逻辑编排即可。在此提示一点，第一种类型可以采取混合式结构，比如讲话全文可以围绕新一届党委班子施政方略进行阐述，也可以将讲话全文分为三大部分（具体可以结合企业实际需要分为三部分或者更多部分）：第一大部分可以详细阐释新一届党委班子施政方略的核心要义；第二大部分可以就贯彻落实会议精神作出工作安排；第三大部分可以就强化干部执行力、确保会议安排落实落地提出具体要求。无论采用哪种结构，都要谨记一点，只要能够与党委工作报告前后呼应，充分体现出新一届党委班子的集体意志即可。

写作范例 43：

在中国共产党 ×× 公司第一次代表大会
闭幕时的讲话

×××

（×× 年 ×× 月 ×× 日）

各位代表，同志们：

中国共产党 ×× 公司第一次代表大会，在全体代表和同志们的共同努

力下，圆满完成了各项议程，就要胜利闭幕了。这次大会以习近平新时代中国特色社会主义思想为指导，深入贯彻党的二十大精神，积极落实集团公司党组决策部署，全面回顾五年来公司党委主要工作，认真总结经验，深入研判形势，明确了下一步目标思路，部署了重点工作。大会审议通过了×××书记代表党委所作的工作报告和纪委的书面工作报告，选举产生了中国共产党××公司第一届委员会和中国共产党××公司纪律检查委员会。集团公司党组发来贺信，给予这次会议高度重视，寄予了殷切期望。

（正文第一自然段，一般是简要回顾会议过程）

大会期间，全体代表肩负着公司全体党员重托和广大干部员工期望，以对党的事业和公司发展高度负责的精神，以饱满的工作热情和崇高的责任感、使命感，忠实履行职责，建言献策、共商发展，描绘美好愿景。全体工作人员团结协作、分工负责、精心组织，为大会的成功付出了辛勤劳动。在此，我代表大会主席团向各位代表和全体工作人员表示衷心感谢！同时，也代表新当选的党委委员、纪委委员，对各位代表和公司广大党员的信任与支持表示诚挚的谢意！

（正文第二自然段，可以对与会代表的忠实履责和辛勤付出以及大家的信任与支持表示感谢。这是基本礼仪）

下面，就贯彻落实好这次党代会精神，推动公司各项工作全面发展，我强调四个方面的意见。

第一，要认真学习领会会议精神，确保各项工作部署落到实处。各单位、各部门要把学习贯彻党代会精神作为当前和今后一个时期的重点工作，引导广大党员干部充分认识会议的重大意义，切实把思想统一到大会精神上来，把智慧和力量凝聚到实现大会提出的各项目标任务上来，形成贯彻落实、推动工作的强大氛围。

一要充分认识会议重要意义。这次会议是公司业务重组后召开的第一次党员代表大会，站在新的历史起点，对落实集团公司党组战略决策进行再部署，对推动公司战略发展进行再动员，是为了更好地把各项发展目标落到实处，**把美好愿景变成现实，把统一意志变成统一行动，**具有巨大的推动作用和积极而深远的影响。这次大会是一次民主团结、求真务实的大会，是一次继往开来、凝心聚力的大会，是一次描绘蓝图、催人奋进的大会，必将进一步激励公司广大党员和干部员工向着宏伟目标奋勇前进。

二要认真学习领会会议精神。这次会议的主题非常明确，就是……在党委和纪委报告的形成过程中，我们认真分析面临的形势，广泛征求意见建议，充分发挥集体智慧，反复斟酌，几易其稿，力求经得起时间和实践的检验。报告成果经验客观实际，形势研判准确透彻，工作部署思路清晰，符合集团公司党组工作要求，集中体现了公司广大员工的意志和愿望，是公司党委、纪委今后工作的行动指南和统领性文件。各单位、各部门在学习传达会议精神的过程中，一定要把握好会议主题，加快把会议精神转化为实际行动。

三要全面落实各项工作部署。各级党组织要根据这次党代会的目标任务，认真研究确定本单位、本部门党的建设工作思路和重点安排，制订实施计划，严格落实责任，扎实推进每一项工作，切实发挥好党组织的作用。贯彻落实党代会精神，要做到"四个结合"，即……坚定信心，真抓实干，确保公司发展目标的实现。

第二，要围绕公司战略定位，努力实现全面协调可持续发展。按照集团公司给予公司的战略定位，公司领导班子结合实际，反复研究，确立了××发展思路，已经在公司上下形成共识。这次会议围绕公司战略定位和总体发展思路，体现出了强烈的发展意识。我们必须坚持把发展作为新时代的硬任务，锚定一流目标砥砺奋进。

一要奋力实现"十四五"目标，巩固公司发展基础。公司作为技术服务型企业，履行好服务保障责任、实现高质量发展是我们肩负的两大责任，是公司自身生存发展的前提和基础。集团公司党组书记在公司调研时明确要求……我们必须进一步认清支撑保障油气稳产的极端重要性，切实把助力油气增储上产降本作为检验工作成效的"试金石"。要牢牢抓住××目标不放松，加大关键技术攻关力度，持续深化业务重组整合，稳步提升市场竞争力和价值创造能力。要抓住有利时机，积极拓展海外业务，全面进军高端业务领域，开辟公司新的发展空间，为集团公司海外业务提供有力技术支撑。

二要协调规模发展新质产业，全面提升竞争能力……

三要积极推进健康企业建设，发展成果惠及员工……

第三，要全力做好当前各项工作，为油田下一步发展打牢基础。实现党代会确定的目标任务，既要长期规划、落实责任、科学组织，更要立足当前、脚踏实地。全心全力做好当前各项工作是落实党代会精神最直接、最有力的体现。

一要确保完成全年任务目标……

二要巩固拓展主题教育成果……

　　三要切实维护安全发展形势……

　　四要积极做好明年工作衔接……

**　　第四，要大力加强领导班子和党员干部队伍建设，发挥示范带头作用。**

政治路线确定之后，干部就是决定因素。实现公司新的发展，建设世界一流企业，责任重大、使命崇高。各级领导班子、机关干部和广大党员必须加强自身建设，自觉承担压力，积极应对挑战，进一步提高综合素质能力，讲党性、重品行、作表率。

　　一要加强各级领导班子建设……

　　二要打造"五型"模范机关……

　　三要加强党员干部队伍建设……

　　（工作部署分别从四个角度提出具体工作要求，与党委工作报告前后呼应，充分体现出该企业新一届党委班子求真务实的态度）

　　各位代表、同志们，美好愿景已经绘就，砥砺奋进还看今朝。让我们在习近平新时代中国特色社会主义思想的指引下，在集团公司党组的坚强领导下，全面落实这次会议部署，以更加饱满的工作热情、更加扎实的工作作风、更加有力的工作措施，抢抓机遇，稳中求进，奋力开创各项工作新局面，率先建成世界一流企业，为集团公司建设基业长青的综合性国际能源公司作出新的更大贡献！

　　（号召式结尾法：党委工作报告已经作出规划部署，会议讲话中就重点工作安排提出要求，结尾时发出号召，动员广大党员和干部员工积极投身到企业高质量发展中）

【写作点评】

　　这篇讲话紧扣会议主题，从"学习贯彻会议精神、围绕公司战略定位、做好当前各项工作、加强领导班子和党员干部队伍建设"四个方面提出了具体要求，与党委工作报告前后呼应。讲话内容逻辑严谨，突出问题导向，坚持实事求是，客观指出了公司新一届党委班子必须面对的形势与任务，讲话系统深入、脉络清晰，针对性和可操作性都比较强。总体来看，讲话主体内容是并列式结构，内容按照思维逻辑编排，过渡语段承上启下，比较自然，并且能够统领本部分内容。

第五节 党建工作会议讲话

党建工作会议是企业党委的重要工作，这类讲话文稿一般可在客观总结评价党建工作成绩的基础上，着眼企业发展全局，对党的建设新形势、新任务、新要求进行再宣贯、再强调，对企业年度或阶段党的建设重点内容、关键环节再要求、再推动，对压实工作责任、改进工作作风、抓好工作落实再部署、再动员。

起草这类会议讲话文稿，建议重点关注以下三个方面。

一、准确把握新时代党的建设总要求

新时代党的建设总要求是，坚持和加强党的全面领导，坚持党要管党、全面从严治党，以加强党的长期执政能力建设、先进性和纯洁性建设为主线，以党的政治建设为统领，以坚定理想信念宗旨为根基，以调动全党积极性、主动性、创造性为着力点，全面推进党的政治建设、思想建设、组织建设、作风建设、纪律建设，把制度建设贯穿其中，深入推进反腐败斗争，不断提高党的建设质量，把党建设成为始终走在时代前列、人民衷心拥护、勇于自我革命、经得起各种风浪考验、朝气蓬勃的马克思主义执政党。

这是党的十九大立足我国发展新的历史方位和我们党新的历史使命，立足学习贯彻习近平新时代中国特色社会主义思想，立足加强党的建设面临的新情况、新问题提出来的。贯彻落实这一总要求，意义重大而深远。这是学习贯彻习近平新时代中国特色社会主义思想的内在要求。这是立足我国发展新的历史方位、完成新时代党的历史使命和奋斗目标的必然要求。这是提高党的长期执政能力和领导水平、确保党始终成为中国特色社会主义事业坚强领导核心的战略要求。这是推动全面从严治党向纵深发展、确保党永葆旺盛生命力和强大战斗力的现实要求。

只有准确把握新时代党的建设总要求，才能更加深刻理解国有企业坚持党的领导、加强党的建设的重大意义，才能深度结合本企业实际，有的放矢地总结工作经验、作出工作部署。切勿坚持一贯的传统思想，抓住党的建设各方面工作，将党建工作报告写成流水账，写成纯粹的党务工作总结，这是十分不可取的。

二、准确把握国有企业党的建设面临的形势

当前，世界百年未有之大变局加速演进，世界之变、时代之变、历史之变正以前所未有的方式展开。国有企业发展面临着前所未有的压力和挑战，一些企业产业结构不合理、自身产业链条短、核心竞争力不足、市场主体地位薄弱、管理模式传统粗犷等，价值创造能力较为低下。新时代国有企业党的建设面临的形势与任务就是凝聚思想共识、推动党的领导和公司治理有机融合、完善选人用人机制、加强自身建设、形成监督合力等，为推动国有企业发展提供根本保证。在新的征程上，要进一步做好国有企业党的建设工作，充分发挥好企业党组织的领导核心和政治核心作用，保证党和国家方针政策、重大部署在国有企业贯彻执行，更好地经营管理国有资产，实现国有资产保值增值。所以，加强国有企业党的建设，要把提高企业效益、增强企业竞争实力、实现国有资产保值增值作为国有企业党组织工作的出发点和落脚点。

充分认识到国有企业党的建设面临的形势与任务，才能结合实际做好本企业党的建设方面的深度剖析，高质量起草党建工作报告，为本企业党的建设提供决策支持，充分发挥好党组织的政治优势、思想优势、组织优势，推动党建工作与生产经营深度融合，将党的领导的独特优势转化为企业的发展优势。

三、准确把握本级组织的使命与责任

2016年全国国有企业党的建设工作会议指出，国有企业党组织工作的出发点是坚持服务生产经营不偏离，国有企业党组织工作的落脚点是提高企业效益、增强企业竞争实力、实现国有资产保值增值。进入新时代，世情、国情、党情发生深刻变化，国有企业党的建设面临的环境、问题也在发生变化（新时代国有企业党的建设面临的形势与任务，在第一章第六节中有论述，此处不再赘述）。国有企业党的建设要深入研判面临的形势与任务，瞄准建设世界一流企业目标，落实好学习贯彻习近平新时代中国特色社会主义思想、加强党的政治建设、建设中国特色现代国有企业治理结构、建设高素质专业化干部队伍、加强基层党建"三基"建设、加强新时代思想政治工作、建设"三不腐"长效机制、加强基层党组织建设、落实党建工

作责任制等重点任务，加快构建新时代国有企业党的建设工作格局。

从以上肩负的使命与责任来看，党建和业务绝不是"两张皮"，完全可以统一起来，把政治优势转化为经济效能。这是被实践检验过的正确论断。但从实际情况来看，很多党建工作报告依然呈现出党建和业务"两张皮"现象，究其原因，主要是没有认识到党建和业务相辅相成、不可分割的关系，没有体现出党的领导和公司治理的有机融合。对于这一现象，一些企业党组织应引起高度重视，进行深入思考并加以改进。

写作范例 44：

在 ×× 公司党的建设工作会议上的讲话

×××

（×× 年 ×× 月 ×× 日）

同志们：

在公司上下深入学习宣传贯彻党的二十大精神，全面落实集团公司党组重点工作部署的重要时刻，我们召开公司党的建设会议，对今年党的建设工作进行安排部署。刚才，××、×× 等单位的代表作了交流，……××× 同志代表公司党委作了党的建设工作报告，报告客观总结了 ×× 年取得的成绩，系统分析了当前形势和存在的问题，全面部署了 ×× 年重点工作任务。这个报告是经过公司党委集体研究讨论通过的，各部门各单位要认真抓好落实。

×× 年，公司党委坚持以习近平新时代中国特色社会主义思想为指导，深入学习宣传贯彻党的二十大精神，认真贯彻落实集团公司党组和 ×× 省国资委党委决策部署，坚持和加强党的全面领导，公司党的建设工作实现了新提升，在集团公司党建工作责任制考核中保持名列前茅。主要体现在"三实效、一融合"上。

一是贯彻落实中央和上级决策部署取得实效，找油找气主力军作用充分发挥，支撑集团公司油气勘探实现重大突破……

二是高质量党建引领高质量发展取得实效，主流宣传高频次走上国家级媒体，高质量完成集团公司软科学重点课题研究任务……

三是"人才强企"工程推进落实取得实效，高度重视"生聚理用"机制建设，人才队伍建设工作经验在集团公司推广……

四是"三基本"建设与"三基"工作有机融合，经验做法在国务院国资委专报刊发，职工创新工作取得丰硕成果……

以上这些成绩来之不易，在此，我再次向各级党组织和广大党员干部员工一年来的艰苦付出表示衷心的感谢。

下面，围绕提升公司党的建设工作质量，推动各项工作再上新台阶，我再强调三个方面的意见。

一、旗帜鲜明讲政治，推动中央和上级决策部署落实落地

党的二十大明确提出以党的政治建设统领党的建设各项工作。任何情况下，我们都必须把讲政治作为"生命线"，始终做到坚定政治，不断提升政治能力，保证各项工作沿着正确方向前进。

一要在深入学习宣传贯彻党的二十大精神上下功夫……

二要在加强党的政治建设上下功夫……

三要在践行"两个维护"上下功夫……

二、突出主题强责任，推动公司党的建设工作质量持续提升

党的二十大报告对深入推进新时代党的建设新的伟大工程作出一系列部署。对于我们来说，就是要突出高质量发展主题，以系统思维推进各项工作，确保公司党的建设始终走在"两个前列"。

一要在完善工作体系上下功夫。党的建设工作是一项系统工程、全面工程。在巡察和党建责任制考核中发现，公司党建工作发展还不平衡，党建工作质量整体稳步提升与个别单位党建工作落实不到位现象并存，党建工作保障措施不得力、党建工作合力发挥不足等问题依然存在。下一步，要围绕健全责任体系，在责任细分和责任考核上下功夫，加大党建考核与绩效分配、干部任用挂钩应用力度，切实发挥好党建考核的"指挥棒"作用。要围绕健全制度体系，认真落实党委规范性文件要求，各部门各单位出台或修订制度时，要充分考虑制度的适用性，宣贯工作要及时跟进，保证制度宣贯、落实到位。要围绕健全保障体系，配强党的工作力量，加强党务干部理论培训，切实让党务干部明责、履责、尽责，促进公司党建工作水平整体提升。

二要在坚持全面从严上下功夫。全面从严治党永远在路上，党的自我革命永远在路上。对照党的二十大部署和新形势、新任务、新要求，我们在推进全面从严治党向基层延伸上还有差距，个别党员干部履行"一岗双责"不到位。下一步，必须深入领会全面从严和"两个永远在路上"的政治要求，层层完善管党治党责任清单，健全责任分解机制，明确责任界限内容，不断向基层传递责任、传递压力。两级党委要带头落实全面从严治党主体责任，党委书记做到重点任务亲自部署、关键环节亲自把关、落实情况亲自督查；

专职副书记要专心专责、聚精会神抓党建；班子成员要坚持"管业务必须管党建"，认真贯彻"九个一"要求，切实履行好"一岗双责"。

三要在推进有机融合上下功夫。坚持党建工作与生产经营深度融合，以企业改革发展成果检验党组织工作成效，已经成为国企改革发展中无法忽视的重大实践问题。当前，增强党组织的政治功能和组织功能、提升基层治理能力、推进"三基本"与"三基"深度融合依然是我们面临的主要问题。下一步，要持续优化组织设置，坚持"应专必专、宜兼则兼"和"双向进入、交叉任职"的原则，优化领导班子结构设置，坚持党组织覆盖生产单元，在基层把党小组建立在生产班组上，确保党的组织和党的工作两个全覆盖。要持续创新活动载体，将先进适用的管理方法应用到党建工作上，聚焦科研生产经营，打造具有石油特色的融合典范。要持续深化党支部达标晋级，使党建工作在企业价值链中的作用更加凸显。

三、发挥优势担使命，凝聚率先打造世界一流的强大力量

党的二十大指出，团结就是力量，团结才能胜利。当前，面对率先打造世界一流的艰巨任务，各级党组织必须牢记责任使命，发挥工作优势，动员全体干部员工为实现宏伟目标作出更大贡献。

一要充分发挥党的组织优势。党员干部是推动事业发展的关键力量。党员干部作风硬、能力强，敢担当、善作为，企业发展才有保障。在公司前进道路上，面对各种风险挑战，有的干部还缺乏打破现有体制机制、勇于改革创新、破解发展难题的勇气和信心，坐井观天者有之，事不关己者有之，求稳怕乱者有之。这就需要我们始终坚持事业为上、依事择人、人岗相适原则，更加重视政治能力评判，注重在重大考验中发现和选拔干部，按照新时期好干部标准，打造一支忠诚干净担当、富有创新活力的高素质专业化干部队伍。要加大年轻干部和青年技术人才培养，突出政治训练和实践锻炼，有计划选派到重要领域、市场前沿、困难企业和重大项目历练成长，条件成熟的要大胆使用。要深化任期制和契约化管理，完善精准考核、奖惩分明的激励约束机制，确保党员干部树立守土有方、拓土尽责的责任意识，带领广大干部员工不断开创改革发展的新局面。

二要充分发挥思想文化优势。文化是一个国家和民族进步的本源，也是一个企业发展的重要力量。在率先打造世界一流的过程中，我们更加需要充分发挥文化的支撑作用。各级党组织和党员领导干部要在引导职工群众上下更大功夫，主动承担起形势任务宣讲责任，组织开展好"转观念、勇担当、新征程、创一流"主题教育活动，确保在思想上、政治上、行动上同以习近

平同志为核心的党中央保持高度一致。要落实好公司两级机关干部大会精神，制定管理提升的工作方案和具体举措，把对会议精神的落实体现在讲政治、守纪律、敢担当、求实效的具体行动中。要宣贯好新版文化体系手册，通过多种形式层层宣贯到基层，引导广大干部员工坚定文化自信，激励广大干部员工争做石油工业优良传统的弘扬者、践行者。要在提升新闻宣传影响力上下功夫，进一步加大与国家主流媒体沟通交流力度，在策划重大项目、重点技术、重要成果等专题报道的同时，更加注重典型人物的选树宣传，在更高层面彰显石油人的良好形象。

三要充分发挥群众工作优势。群众路线是我们党的生命线和根本工作路线。对公司来说，只有最大限度凝聚起职工群众共同奋斗的力量，我们的事业才能不断从成功走向成功。各级党组织要切实发挥好作用，把党员组织起来、把人才凝聚起来、把群众动员起来，共同推动公司高质量发展。要牢固树立以人民为中心的发展思想，持续开展好"我为员工群众办实事"活动，加强健康企业建设，关心关注职工群众切身利益，让企业发展成果更多惠及广大职工群众。要切实加强对群团组织的领导，发挥好党建带工建、党建带团建作用，定期听取工作汇报，为群团组织开展工作提供政策支持等必要条件。各级工会、青团组织要履行好工作职责，切实保持和增强群团工作的政治性、先进性、群众性，不断丰富活动载体，组织动员广大职工群众更加紧密地团结在党组织周围，同心同向推动公司高质量发展。

同志们，征程万里风正劲，重任千钧再出发。让我们更加紧密地团结在以习近平同志为核心的党中央周围，以只争朝夕的紧迫感、责任感和使命感，努力开创公司党的建设工作新局面，推动公司高质量发展，以优异的工作业绩为率先打造世界一流作出新贡献！

【写作点评】

这篇讲话文稿以"深入学习宣传贯彻党的二十大精神，全面落实集团公司党组重点工作部署"开篇，以"提升公司党的建设工作质量，推动各项工作再上新台阶"为主题，从"讲政治、强责任、担使命"三个方面提出了具体要求，文风朴实、立意明确、聚焦实际、紧接地气。讲话突出问题导向，坚持实事求是、刀刃向内，客观地指出了公司党建工作实际情况、具体问题，有针对性地提出了工作要求和具体举措，讲话系统深入、脉络清晰，重点明了、实践性强，让受众听得懂、记得住，易领会、好执行。

特别是先后 18 次提到"政治"、24 次提到"落实"、16 次提到"发展"，28 次提到"责"，105 次提到"党"，使讲话的主旨和目的一目了然。选作范例时进行了删减和调整。总体来看，讲话主体内容可以看作三段论结构，也可以看作按照思维逻辑编排，即"提高认识（明确方向目标）＋重点部署（三项具体任务）＋组织落实（三项优势保障）"。这篇讲话采用的是号召式结尾法，标志性词语是"让我们……，以……"。

第六节　党风廉政建设和反腐败工作会议讲话

党风廉政建设和反腐败工作会议是国有企业每年召开的重要会议之一，这类讲话更加突出严明政治纪律和政治规矩，加强党员、干部尤其是党员领导干部教育管理监督，以贯彻落实好党的自我革命战略思想和全面从严治党战略方针为核心，对深入贯彻落实中央纪委历次全会精神、中央八项规定精神及其实施细则、纠"四风"树新风、一体推进"三不腐"，以及集团公司党组、纪检监察组有关会议和文件精神，本企业党委和纪委有关会议和文件部署等提出一些相关工作要求。

起草这类会议讲话文稿，关键要与党风廉政建设和反腐败工作会议报告区分开来，建议重点把握好以下三个方面。

一、开篇明题有区别

这类会议一般安排企业纪委书记作工作报告，党委书记作会议讲话。工作报告开篇明题是指在第一自然段首先说明会议主题，然后开始转入报告主体内容；会议讲话开篇明题是指在第一自然段首先说明召开这次会议的重要意义，然后简要回顾会议过程。准确把握好这一区别，就掌握了这类讲话开篇的方法。

二、总结成果有区别

这类会议工作报告和会议讲话一般都会安排回顾总结过去一年的工作亮点，但两者总结的出发点和角度完全不同，根本不需要注意所谓的"内容回避"。工作报告简要回顾的是各类监督工作亮点，以及体制机制改革、纪检监察队伍建设等方面所作出的努力，指出的大多都是监督发现的问题和自身不足；会议讲话简要回顾的是全面从严治党（当然包括党风廉政建设和反腐败工作）工作亮点，以及腐败治理成效等方面内容，指出的都是积极正面的工作成绩。仔细品味，两者之间的区别非常大。

▎三、工作部署有区别

这类会议工作报告和会议讲话的安排部署的相同点是，两者都是结合当前面临的形势做好工作部署；不同点是，工作报告结合的主要是当前党风廉政建设和反腐败工作面临的严峻复杂形势，会议讲话结合的主要是全面从严治党应当把握的新形势、新要求。在部署内容上区别也很大，工作报告关注的是各类监督（包括政治监督、专责监督、日常监督）、监督体系、监督防线，以及体制机制、队伍建设等方面，大都是针对过去一年监督发现的问题和不足而作出的相应安排；会议讲话关注的是全面从严治党（包括党风廉政建设和反腐败工作）应当重视和加强的方面，包括中央纪委国家监委和上级党组织、纪检监察组织的新部署、新要求，本级党组织对强化政治监督、纠治"四风"问题、深化腐败治理、加强巡视巡察等工作的一些新举措、新方法。另外，工作部署的阐述方式也有区别。工作报告部署部分一般先明确总的工作要求（总的工作思路），然后分几个方面直接安排具体工作；会议讲话部署部分一般结合当前的新形势、新要求作出较为宏观的工作安排。阐述方式上，可以结合面临的形势和实际要求进行安排。

写作范例 45：

坚持全面从严　深化自我革命
为公司建设世界一流企业提供有力保障

——在 ×× 公司党风廉政建设和反腐败工作会议上的讲话

×××

（×× 年 ×× 月 ×× 日）

同志们：

今天，我们在这里召开公司 ×× 年党风廉政建设和反腐败工作会议，主要目的就是深入学习贯彻党的二十大精神，全面落实集团公司工作会议、党风廉政建设和反腐败工作会议精神，坚持全面从严，深化自我革命，为公司建设世界一流企业提供有力保障。

刚才，×××同志传达了二十届中央纪委二次全会精神，集团公司党风廉政建设和反腐败工作会议精神，×××党组书记、董事长的讲话，为我们做好下一步工作指明了方向，理清了思路。×××同志作了题为《永葆自我革命精神 深化全面从严治党 为公司率先打造世界一流提供坚强纪律保障》的工作报告，报告是经公司党委会集体研究通过的，各级党组织和广大党员干部要结合实际，认真抓好贯彻落实。

过去的一年，是极不平凡、极具挑战的一年。面对全球……公司党委坚持以习近平新时代中国特色社会主义思想为指导，深入学习贯彻党的十九届历次全会精神和二十大精神（这种说法是没有问题的，《人民日报》等权威媒体有文可学习借鉴，如"坚决把学习贯彻习近平新时代中国特色社会主义思想同学习贯彻党的十九大和十九届历次全会精神，同贯彻落实习近平总书记关于民政工作的重要论述、重要指示批示精神结合起来……真正学出信仰、学出担当、学出情怀"），团结带领公司广大干部员工知重负重、攻坚克难，统筹推进疫情防控、生产经营、改革发展各项工作，以顽强毅力跨越艰难时刻，以实干担当应对重重挑战，不断取得新业绩、新突破。一年来，在公司党委的坚强领导下，各级党组织和纪检机构，紧紧围绕中心服务大局，坚持严的主基调不动摇，突出抓好政治监督，推动全面从严治党"两个责任"落实，持之以恒正风肃纪，一体推进"三不腐"，不断深化全面从严治党，各项工作取得了新进展、新成效，为公司高质量发展营造了风清气正的良好环境。这些成绩的取得，是各级党组织、广大党员干部和纪检干部强化担当、履职尽责的结果。在此，我代表公司党委，向大家表示衷心的感谢！

下面，围绕进一步深化全面从严治党，做好党风廉政建设和反腐败工作，我再讲三个方面的意见。

一、提高政治站位、增强政治定力，准确把握全面从严治党新形势

一要深刻把握"两个永远在路上"的重大判断。习近平总书记在党的二十大报告中深刻指出，全面从严治党永远在路上，党的自我革命永远在路上。这一重大判断充分彰显了我们党一以贯之坚持自我革命，确保党永远不变质、不变色、不变味的政治决心，标志着我们党对建设长期执政的马克思主义政党的规律性认识达到了新的高度。经过新时代十年全面从严治党，我们解决了党内许多突出问题，但习近平总书记强调，党面临的"四大考验""四种危险"

将长期存在，并明确提出"六个如何始终"（如何始终不忘初心、牢记使命，如何始终统一思想、统一意志、统一行动，如何始终具备强大的执政能力和领导水平，如何始终保持干事创业精神状态，如何始终能够及时发现和解决自身存在的问题，如何始终保持风清气正的政治生态）来系统阐释大党独有难题。我们必须提高政治站位，认真领会"两个永远在路上"的深刻内涵，把思想和行动统一到党中央对形势的科学判断上，保持永远在路上的战略定力，把严的基调长期坚持下去，矢志不移地推动全面从严治党向纵深发展。

二要深刻把握集团公司党组关于全面从严治党的新要求。在刚刚召开的集团公司党风廉政建设和反腐败工作会上，×××党组书记、董事长强调要准确把握全面从严治党面临的新形势，以强有力的政治监督做到"两个维护"，坚决打好反腐败攻坚战、持久战，充分发挥巡视利剑作用，一刻不停推进全面从严治党，为建设基业长青的世界一流综合性国际能源公司提供坚强保障。我们必须准确把握会议精神和集团公司党组决策部署，切实增强管党治党意识、落实管党治党责任，以坚定的政治定力，推动各项重点工作落到实处。

三要深刻把握加强党风廉政建设和反腐败工作的新态势。这是公司建设世界一流的迫切需要。在大家的共同努力下，公司党风廉政建设和反腐败工作不断取得新成效，政治监督更加有力，执纪问责更加精准，治理效能更加彰显，信访举报数量呈现下降态势，作风建设成果持续巩固，风清气正、干事创业的良好氛围更加浓厚。在肯定成绩的同时，我们更要清醒认识到，公司全面从严治党、依法合规管理、党风廉政建设和反腐败工作与上级要求还有一定差距，与公司率先打造世界一流更高标准还不相符。特别是刚才报告中提到的六个方面问题，这些问题很有代表性，很多都是屡查屡犯、边查边犯，究其原因，主要是有的党员干部……有的党员干部……有的党员干部……对于这些问题，必须采取铁腕措施切实加以解决。

二、突出责任落实、强化政治监督，勇担全面从严治党新使命

一要切实增强"两个维护"的自觉性和坚定性。习近平总书记指出，"两个维护"要体现在坚决贯彻党中央决策部署的行动上，体现在履职尽责、做好本职工作的实效上。各级党组织、广大党员干部要始终把旗帜鲜明讲政治作为第一标准，深刻领悟"两个确立"的决定性意义，进一步增强"四个意识"、坚定"四个自信"、做到"两个维护"。要完整准确全面理解把握党的二十大精神，切实增强学习贯彻的自觉性、坚定性，严格落实"第一议题"等制度，及时学习领悟习近平总书记提出的重要思想、重要观点、重要部署、重大举措，将其转化为推进全面从严治党的理念思路和具体实践。要不断提

高政治站位，严守党的纪律规矩，做到党中央号召的坚决响应，党中央决定的坚决执行，党中央禁止的坚决不做。

二要坚决扛起全面从严治党政治责任。习近平总书记强调，全面从严治党是各级党组织的职责所在。各级党组织要自觉担负起主体责任，带头落实落细主体责任清单，抓实抓好全面从严治党、党风廉政建设和反腐败工作总体部署，定期专题研究、研判形势、解决重点难点问题，推动各项工作有效落实。各级党组织书记要认真履行"第一责任人"责任，统筹谋划本单位党风廉政建设和反腐败工作，必须做到重要工作亲自部署、重大问题亲自过问、重点环节亲自协调、重要案件亲自督办。班子成员要主动履行"一岗双责"，加强对分管范围内党员干部的日常管理和监督检查，对于巡视巡察、专项检查、审计发现的本系统业务存在的问题，带头落实负面问题清单和签字承诺，认真履行牵头整改和把关验收责任。各职能部门要认真抓好职责范围内的各项工作，坚持抓业务与抓监管同频共振，定好权力单、控好风险点、管好关键事，真正做到各司其职、各负其责。各级纪检机构要聚焦主责主业，坚守职责定位，做实监督执纪问责，协助党委履行好主体责任，推动党组织和党员干部知责于心、担责于身、履责于行，确保全面从严治党政治责任落到实处。

三要着力推动政治监督确保重要决策部署落地见效。推进政治监督具体化、精准化、常态化是党的二十大作出的重大部署，也是确保上级决策部署在公司落地见效的重要保证。要把学习贯彻落实党的二十大精神、习近平总书记重要指示批示精神作为监督工作的重中之重，确保各级党组织在思想上、政治上、行动上始终同以习近平同志为核心的党中央保持高度一致。要紧跟集团公司党组和公司党委决策部署，围绕"十四五"规划落实、加快建设世界一流重点任务、年初工作会上的工作安排，一项一项跟进监督、靶向监督、全程监督，切实做到重大决策部署到哪里、政治监督就跟进到哪里。要提升用政治眼光看问题的能力，着力查找在贯彻落实上存在的政治偏差，及时准确发现有令不行、有禁不止，做选择、搞变通、打折扣，照搬照抄、上下一般粗等突出问题，坚决清除工作落实中的"梗阻障碍"。要突出各级"一把手"和领导班子这个重点，增强监督实效，紧盯权力运行全过程，紧盯制度执行情况，督促"关键少数"严于律己、严负其责、严管所辖。各级一把手要学会在监督下工作，不要排斥监督，任何权力失去监督必将导致腐败。

三、突出标本兼治、一体推进"三不腐"，开创全面从严治党新局面

一要始终保持惩治腐败高压态势，持续释放不敢腐的强大震慑。各级党组织和纪检部门要精准研判正风肃纪反腐主攻方向，始终保持"严"的氛围、

"惩"的力度，坚持无禁区、全覆盖、零容忍。聚焦"投资决策、资金管理、工农补偿、科研经费"等关键领域和重点环节，坚决查处政治问题和经济问题交织的腐败，坚决惩治侵占企业利益的腐败问题。要深化整治基层"微腐败"，推动高压惩治腐败态势向基层延伸，发现一起、严肃查处一起，持续优化制度流程，规范权力运行。要扎实做好查办案件的"后半篇文章"，全面梳理近年来查处的各类违纪违规案件，补齐制度短板、堵塞监管漏洞，做深做实以案促改、以案促治。要深化"四种形态"机制运用，严格落实"三个区分开来"，为担当者担当、为负责者负责、为干事者撑腰，通过监督执纪的正确导向，凝聚起干事创业的强大合力。

二要持续强化监督制约机制，坚决把牢不能腐的刚性约束。各级党组织和纪检部门要坚持问题导向，深刻剖析党风廉政建设和反腐败工作存在问题的深层次原因，动真碰硬，对症下药，实现正风肃纪反腐与深化改革、完善制度、促进治理的有机贯通。要充分发挥大监督合力，持续健全完善工作机制和成果转化机制，突出抓好党委班子成员和机关部门负责人"两个关键群体"，落实负面问题清单和签字承诺"两项关键制度"，建立定期通报和专项治理"两项工作机制"，强化整改评估、责任追究"两项重点工作"。要做深做实政治巡察，系统谋划推进新一轮五年巡察工作，深化巡视巡察整改和成果运用。整改的重要一点就是强化管理，要把强监督和强管理有机统一起来，通过强化管理提升工作水平，使监督发现的问题数量逐步下降。监督不能代替管理，我们要深化研究，切实推进强监督和强管理相互促进、相辅相成。要一体推进国内境外监督，探索境外项目监督新模式，加快境外业务监督中心建设，建立覆盖全面、全程管控、高效协同、防范有力的境外业务监督及廉洁风险防控体系。

三要全面深化党的纪律和作风建设，不断增强不想腐的思想自觉。在一体推进"三不腐"中，不想腐是根本，解决的是世界观、人生观、价值观这个"总开关"问题。要坚持党性党风党纪一起抓，把纪律教育作为基础性、经常性工作贯穿始终，深化警示教育，常态化、高质量开展好"书记讲党纪""以案说纪""巡回讲纪"系列教育活动，让党员干部牢固树立党章党规党纪意识。要一以贯之加强作风建设，把中央八项规定精神及其实施细则作为长期有效的铁规矩、硬杠杠，在党的二十大精神指引下，坚持不懈纠"四风"树新风，抓住普遍发生、反复出现的问题深化整治，继续在严和实、深和细上下功夫。要把纠治形式主义、官僚主义摆在更加突出位置，不断激发广大干部员工干事创业的积极性、创造性。要持续强化廉洁文化建设，督促各级党员领导干部养成良好作风，从思想上固本培元，提高党性觉悟，严格家风家教，带头树立新风正气。在这里，我特别强调一点，就是要加强机关作风建设。一直以来，公司机关各部门在对上沟通协调、服务公司决策方面发挥了很好的作用。但从巡察审计中发现的一些问题来看，一方面是基层在制度执行上存在漏洞，另一方面也反映出，机关在服务指导基层、加强制度解读和工作指导上还有待加强。公司各部门要深刻认识存在的不足，下大力气加以改进，健全完善下沉一线、解决问题、排忧解难、服务工作的有效机制，全面提高机关服务水平。

打铁必须自身硬。扎实推进全面从严治党各项任务，关键是要有一支政治素质高、忠诚干净担当、专业化能力强、敢于善于斗争的纪检干部队伍。要认真落实集团公司《纪检监察队伍建设规划》，切实强化纪检干部队伍建设，优化纪检岗位设置，确保纪检队伍建设"四个目标"实现。各级纪检干部要旗帜鲜明讲政治，带头提高自身能力素质，自觉接受最严格的约束和监督，严格执行监督执纪工作规则，在履职尽责中担当作为。

同志们，号角催人奋进，责任重于泰山。让我们更加紧密地团结在以习近平同志为核心的党中央周围，大力弘扬伟大建党精神，不断深化自我革命、踔厉奋发、勇毅前行，推进全面从严治党，为率先打造世界一流企业提供坚强保障。

【写作点评】

这篇讲话文稿聚焦"深化全面从严治党，做好党风廉政建设和反腐败工作"，从"提高政治站位、增强政治定力""突出责任落实、强化政治监督""突出标本兼治、一体推进'三不腐'"三个层次，系统阐述了深化全面从严治党为什么、抓什么、做什么的问题，在三个部分的讲话中，又从不同维度、不同侧面讲道理、提要求、摆重点，既有明确的方向，又有具体的工作，将"严"和"实"的主基调贯穿始终，最后特别对纪检干部队伍建设和纪检干部提出要求，更加体现了领导对公司党风廉政建设的高度重视。讲话以"推进全面从严治党，为率先打造世界一流企业提供坚强保障"结尾，再次凸显了会议主题。本文采用的是号召式结尾法，标志性词语是"让我们……以……"等。

第七节　主题教育讲话

主题教育是国有企业思想政治方面的一项重要工作。这类讲话文稿主要是紧密结合主题教育方案和部署要求，推动做好各阶段、各环节任务，全面夯实党委主体责任，落实党组织书记第一责任人责任，注重抓班子带干部、干部带党员、党员带全员，层层传递责任、逐级抓好落实，进一步增强广大党员干部的主动性、自觉性，确保主题教育的覆盖面和实效性。

下面，主要就主题教育讲话文稿写作要点和难点提示如下。

一、锚定主题思想

一般而言，无论是中央组织开展的主题教育，还是企业自行开展的主题教育，都会有一个明确的主题思想，这是开展主题教育的"指南针"和"定盘星"。开展主题教育，主要目的就是统一思想、坚定意志、协调行动，进一步增强广大干部员工的执行力和战斗力。通过开展主题教育，引导广大干部员工尤其是党员干部凝心铸魂筑牢根本、锤炼品格强化忠诚、实干担当促进发展、践行宗旨服务人民、廉洁奉公树立新风，用实际行动践行"四个诠释"（用担当诠释忠诚，用实干诠释尽责，用有为诠释履职，用友善诠释正气），在新时代、新征程上贡献更大力量。

二、把握目标任务

思想决定行动，目标引领方向。坚持目标导向，明确目标任务，是我们党开展主题教育的一个重要方法。聚焦根本任务，锚定具体目标，必须从新时代、新征程党和国家事业发展全局的战略高度去把握。历史方位不同，面对的形势任务不同，所要解决的问题不同，开展主题教育的目标任务就不同。起草这类讲话文稿，务必提高政治站位，立足战略引领，聚焦目标任务来谋划、围绕目标任务来推进，始终坚持向实处使劲、往细处用力、从严处较真，引领广大干部员工以新担当、新作为在新征程上创造新的历史伟业。

三、聚焦根本要求

开展主题教育，从来都是奔着问题去的。所以，起草这类讲话文稿，必须聚焦根本要求，坚持从问题入手，抓住主要矛盾，就能使目标任务更具体，就能使主题教育方案和主题教育讲话更具针对性、可操作性和实效性，达到事半功倍的效果。开展主题教育，就是要坚持目标导向和问题导向相统一，着力解决理论学习、政治素质、能力本领、担当作为、工作作风等方面的突出问题。在开展主题教育的过程中，各单位、各部门、各级组织都要奔着问题去，主动把自己摆进去、把职责摆进去、把工作摆进去，才能真正做到学深悟透、学以致用，贯通运用新理念、新思路、新方法，解决好企业发展面对的一个又一个问题，用实际行动推动企业高质量发展。

写作范例46：

在××公司党委党史学习教育工作推进会上的讲话

×××

（××年××月××日）

同志们：

今天我们专门召开会议，贯彻落实集团公司党组党史学习教育推进会精神，总结公司党史学习教育成果经验，对下一阶段深化党史学习教育进行再动员、再部署、再推进。刚才，××名同志代表各单位从不同角度、不同层面，作了很好的发言，紧扣主题、特色鲜明、内容丰富、亮点突出。总的来讲，公司各级党组织和广大党员、干部，按照集团公司党组和公司党委部署要求，深入学习贯彻习近平总书记关于党史学习教育重要讲话精神、"七一"重要讲话精神和系列重要指示批示精神，牢牢把握"学史明理、学史增信、学史崇德、学史力行"的目标要求，旗帜鲜明讲政治，真抓实干谋新篇，推动党史学习教育不断走深走实，推动公司打造世界一流企业迈上新台阶。

党史学习教育开展以来，在集团公司第一指导组的指导帮助下，公司各级党组织认真落实各项部署要求，扎实做好各阶段、各环节任务，总结推广好经验、好做法，广大党员、干部学党史、悟思想、办实事、开新局，各项工作有序推进，取得了较好效果。

一是强化政治引领，系统深入学习习近平总书记系列重要讲话精神。 习近平总书记在党史学习教育动员大会和庆祝中国共产党成立100周年大会上的重要讲话，是指导党史学习教育的重要文献，是新时代中国共产党人的政治宣言和行动指南。集团公司党组党史学习教育动员大会后，公司党委高标准启动、高质量推进,立即召开专题会议,研究制定党史学习教育实施方案,细化落实各项工作。××月××日召开启动会,传达学习习近平总书记重要讲话精神,进行全面动员部署,各级党组织迅速行动,精心组织,扎实推进。国内×万名干部员工以多种方式集中收听收看"七一勋章"颁授仪式和庆祝中国共产党成立100周年大会直播,海外××名项目员工克服时差同步学习习近平总书记"七一"重要讲话精神。当天下午,公司两级党委理论学习中心组开展了专题研讨,各级党组织迅速掀起学习热潮。扎实推进"第一议题"制度化、常态化,第一时间传达贯彻习近平总书记最新重要讲话、重要指示批示精神,不折不扣抓好贯彻落实。全面夯实党委主体责任,落实党组织书记第一责任人责任,抓班子带基层、抓党员带全员,层层传递责任、逐级抓好落实,广大党员学党史、悟思想的主动性、自觉性进一步增强。

二是创新载体方法,扎实推动党史学习教育落地落实。牢牢把握中国共产党历史发展的主题主线和主流本质,采取特色鲜明、形式多样的方式抓好专题学习、专题研讨、专题宣讲、专题培训和专题研究。在专题学习研讨上,分专题举办读书班,领导班子带头,原原本本研读指定学习材料,率先组织打造世界一流发展战略研讨,形成系统完备实施方案,做到了专题学习有计划、读书研讨有重点、成果转化有实效。坚持把党史学习教育品牌活动搬到网上,打造生动丰富的"云端"课堂,推动学习研讨走进一线队站。在专题宣讲上,各级党组织书记带头,深入党建联系点和分管业务板块宣讲党史。公司党委组建巡回宣讲报告团,走进重点探区,宣讲"四史"、石油工业史和物探史,提高了党史学习教育的实效性。在专题培训上,组织中层及以上领导干部,全部进党校脱产学习党史,各级党组织开展专题培训,充分利用红色资源,组织红色研学,传承红色基因,汲取精神力量。公司红色教育的创新做法,被《人民日报》评选为基层党组织庆祝建党百年生动实例。在专题研究上,立项开展《党史中的石油物探史》《党史学习教育做法与成效》等集团公司重点课题研究,通过开展调查、实验和案例分析,探索特点规律,提供智慧方案,推进党史学习教育走深走实,形成以研促学、研学相长的生动局面,公司探索形成的"六同六力"优秀成果走上中央党校课堂。

三是坚持从严从实,全面规范专题党课和组织生活会。把讲好专题党课作为提升党性修养的重要途径,坚持锚定主题一贯到底,围绕党的奋斗历程、初心使命、辉煌成就等内容,结合企业改革发展实践,各级党组织书记、党员干部带头讲授专题党课,把党课讲成"誓师课""动员课""鼓劲课"。把开好专题组织生活会作为锤炼政治品格、提高党性修养的重要抓手,坚持一把尺子量到底。各级党员领导干部以普通党员身份参加所在党支部组织生活会，盘点检视问题，开展自我批评与批评，锤炼党性、升华思想，实现专题组织生活会和领导干部过双重组织生活全覆盖。把开展督促指导作为党史学习教育的重要保证，坚持"一次下沉、指导两级"，公司党委专门抽调精干力量，成立四个指导组，深入各探区各单位进行现场指导，深挖典型和经验，查找问题与不足，确保党史学习教育不漏项、不走样，有特色、有亮点，做到指导推动全覆盖。

四是厚植为民情怀，抓好"我为员工群众办实事"实践活动。坚持学史力行，集中力量解决企业发展的关键事、重点事，员工群众的紧要事、切身事。紧紧扭住高质量发展办实事，立足"五油三气"六大盆地，助力油气田在多个领域获得重大突破。加大海外市场开拓力度，中标多个超亿美元项目，建成全球最大××自动总装生产线，中法联合研发的××实现规模化生产。紧紧扭住深化改革办实事，扎实推进《改革三年行动实施方案》和《率先打造世界一流实施方案》，持续深化三项制度改革，大力实施人才强企工程，全面完成矿区改革，公司市场化经营机制不断完善。紧紧扭住关心关爱员工群众办实事，领导干部带头深入一线，机关科室与基层队站结对联系，先后解决野外作业条件、困难员工帮扶、改善院区环境等诸多问题。积极推进健康企业建设，落实"健康企业十项措施"，改善一线生产生活条件；承办集团公司职工技能大赛，搭建员工成长平台，员工获得感、幸福感、安全感显著提升。紧紧扭住履行社会责任办实事，把巩固拓展脱贫攻坚成果同乡村振兴有效衔接，加大对口乡村帮扶力度，深化消费帮扶、产业帮扶、就业帮扶和智力帮扶，投入专项资金集中采购帮扶地区农产品，加大帮扶地区农民工招聘力度，为乡村振兴贡献了东方力量。

五是营造浓厚氛围，坚定为国找油找气的执着追求。坚持用党的奋斗历程和伟大成就激发斗志、汇聚力量。组织开展"两优一先"表彰大会、先进事迹报告会、岗位讲述等品牌活动，看望慰问老党员、颁发"光荣在党50年"纪念章，营造了共庆百年、同心筑梦的火热氛围。把传承弘扬石油精神和大庆精神、铁人精神作为重要任务，抓载体、建平台、树典型，引导广大干部员工做伟大精神传承者、弘扬者和践行者。深入总结提炼各单位党史学习教育典型经验，编发公司简报，并在集团公司简报刊发经验做法，在集团公司党组党史学习教育工作推进会上作典型经验交流。充分发挥"报台网微端"媒体融合优势，开设专题专栏，推出系列报道和理论文章，在人民日报、新华网等国家主流媒体刊发专题报道，《石油工人心向党·红色印记》等短视

讲话文稿里的丰厚道美

第四章 党建会议讲话

频作品登上央视视频。

开展党史学习教育以来，我们对"学史明理、学史增信、学史崇德、学史力行"有了更为深刻的理解和认识。通过学习党史，进一步增强了公司广大干部员工学习贯彻习近平新时代中国特色社会主义思想的理论自觉、行动自觉。持续不断地进行理论创新与突破是我们党前进的航向指针，马克思主义基本原理和党的创新理论是实现中华民族伟大复兴的根本指导思想和理论前提。通过学习党史，进一步坚定了广大干部员工听党话、跟党走的有力步伐。坚持不懈地自我革命与自我净化是我们党前进的动能之源，加强党的全面领导、推进党的建设伟大工程是实现中华民族伟大复兴的根本政治保证和组织保证。通过学习党史，进一步激励了广大干部员工矢志为国找油找气的昂扬斗志。坚持为中国人民谋幸福、为中华民族谋复兴是我们党前进的信念根基，不忘初心、牢记使命是实现中华民族伟大复兴的思想基础和不竭动力。通过学习党史，进一步凝聚了广大干部员工加快建成世界一流的磅礴力量。党史中蕴含的红色力量和发展智慧是我们党前进的基因密码，弘扬伟大建党精神、赓续红色血脉是实现中华民族伟大复兴的信念之基和精神之源。

通过学党史、悟思想，公司全体干部员工进一步增强"四个意识"、坚定"四个自信"、做到"两个维护"，完整准确全面贯彻新发展理念，积极融入构建新发展格局，有力推动了"转观念、勇担当、高质量、创一流"。年初以来，我们统筹推进生产经营、改革发展、科技创新、提质增效、党的建设等各项工作，始终把为国找油找气作为最大价值体现，先后配合各油气田取得××项重要发现和××项重大突破，公司直接参与××、××、××等大发现，切实履行了保障国家能源安全的政治责任。上半年，公司落实市场、新签合同同比分别增长××和××，项目整体提速提效××，相继被国务院国资委、集团公司确定为国有重点企业管理标杆和"十四五"基本达到世界一流的标杆企业。××月××日，公司召开"率先打造世界一流"发展战略研讨，明确提出到××年基本建成、××年全面建成世界一流企业的宏伟目标，开启了新时代的新征程。

在肯定成绩的同时，我们也要看到，个别单位在党史学习教育工作中还存在压力传导不到位、工作推进不均衡、学习质量不高等问题。对此，我们要高度重视、举一反三，认真加以解决。下一步，我们要在集团公司第一指导组的指导帮助下，认真贯彻落实党中央和集团公司党组新部署、新要求，抓实抓细各方面工作，确保公司党史学习教育不断取得新成效。下面，我再强调四点意见。

第一，坚持学深悟透习近平总书记"七一"重要讲话精神，持续巩固深化党史学习教育成果。坚持把这项内容作为当前和今后一个时期的重大政治任务，作为党史学习教育的核心内容，作为推动工作的根本遵循。要严格落实"第一议题"制度，着眼提高党委理论学习中心组学习、"三会一课"学习质量，努力做到"四个结合"，即把学习习近平总书记"七一"重要讲话精神同学习贯彻习近平总书记最新重要讲话精神结合起来，同学习贯彻习近平总书记关于国有企业党的建设重要讲话结合起来，同学习贯彻习近平总书记对中国石油及中国石油相关工作重要指示批示精神结合起来，同学习贯彻习近平总书记对石油精神的重要论述结合起来。要拿出"围着篝火学两论"的劲头和决心，下功夫深学苦学，不断加深对重要讲话精神的理解、领会和把握，丰富党史学习教育的内容和内涵，推进质效双升，推动党史学习教育横向延伸，纵向贯通、全面覆盖。要按照中央和集团公司党组新部署、新要求，第一时间抓好党的十九届六中全会精神的学习贯彻。

第二，坚持高标准、高质量、严要求，深入推进党史学习教育各项重点工作。党史学习教育是一项经常性、长期性工作，要杜绝"歇歇脚、喘口气"的想法，避免"前紧后松"的现象，必须坚持多措并举，做到常态化开展、制度化推进。要按照学习研讨贯穿始终的总体要求，以党中央最近发布的"四史"重要参考资料和《中国共产党的历史使命与行动价值》等重要文献为重点，加强学习研讨，统筹运用好内外部教育资源，用好"云端"学习平台，依托红色教育基地，强化网上教学、现场教学、案例教学、情景教学。要扎实推进"我为员工群众办实事"实践活动，把党的初心使命、人民情怀转化为具体行动和工作要求，落实落细办实事的项目清单，坚持问题导向、目标导向和结果导向，实施过程管理、销项管理，把各项民生工程、民心工程抓实抓好，让员工群众看到新变化，感受新气象。今年年底，要按照中央和集团公司党组要求，围绕党史学习教育召开专题民主生活会，认真进行党性分析，开展批评和自我批评，实现自我革新和自我提升。

第三，坚持精心组织严格督导，有力推进党史学习教育走深走实、落地见效。抓好党史学习教育是今年各级党组织的重要政治任务。要进一步压实主体责任，各单位党委要认真研究推进，强化跟踪落实。各级党组织书记要提高政治站位，强化思想认识，切实担负起学习教育第一责任人责任。各级领导干部要以上率下，充分发挥示范带动作用。要进一步强化督促指导，各指导组要坚持"一次下沉、深入两级"的工作思路，多到基层一线和施工现场，多见具体人具体事，多听党员和群众讲，了解掌握实情，以严的精神、细的态度、实的作风开展督促指导。要进一步强化宣传引导，充分运用公司内外部媒体资源，及时反映党史学习教育最新进展和取得的成效，交流各单位好经验、好做法。要扎实做好先进典型宣传，营造学党史、感党恩、听党话、跟党走的良好舆论氛围。要进一步创新方式方法，坚持举措服从效果、形式服务内容，力戒形式主义、官僚主义，既要为基层减负，又要防止为完成任务应付了事，切实把每项工作做扎实、做到位。

第四，坚持围绕中心服务大局，不断把党史学习教育成效转化为发展实效。当前，公司全面完成年度目标任务时间紧迫、责任重大。各级党组织和党员干部，要始终胸怀"国之大者"，敢于担当作为，把党史学习教育成效转化为率先打造世界一流企业、推进高质量发展的硬招、实招，切实做到党史学习教育与生产经营两手抓、两促进。要完整准确全面贯彻新发展理念，遵循集团公司"四个坚持"兴企方略和"四化"治企准则，锚定世界一流目标，大力实施"两先两化"战略，在建设世界一流企业中走在前列。要把党史学习教育与公司主题教育结合起来，对党史学习教育以来开新局情况做一次认真盘点，深入查找"十四五"开好局、起好步、展现新作为还存在哪些短板和弱项，抓整改、促提升，着力打造提质增效升级版，扎实推进公司治理体系和治理能力现代化。要全面加强安全生产和风险防控，时刻保持严之又严、细之又细的工作态度，有效防范各类风险，确保全面完成年度各项目标任务，用高质量的发展成果检验党史学习教育成效。

同志们，开展党史学习教育，意义重大，影响深远。希望大家继续以认真的态度、务实的作风、有力的措施，真正把党史学习教育各项工作抓好抓实、抓出成效，把党史学习教育不断推向新高度，为加快建成世界一流企业汇聚强大精神力量。

【写作点评】

这篇讲话是典型的两段论结构，主体内容按照时序逻辑编排，即"成效经验＋形势部署"。选作范例时内容有删减，省去了很多统计数据和相关信息，但不影响学习借鉴。讲话主要是贯彻落实集团公司党组党史学习教育推进会精神，总结公司党史学习教育成果经验，对下一阶段深化党史学习教育进行再动员、再部署和再推进。讲话围绕会议主题，整体分为两大部分：第一部分系统全面梳理了公司党委开展党史学习教育以来的阶段成果，客观总结了广大干部员工得到的进步和提升，同时阐明了对"学史明理、学史增信、学史崇德、学史力行"的认识和理解，介绍了通过党史学习教育推动公司经营发展取得的阶段成效，从做法到认识，再到成效，循序渐进，逻辑清晰、简洁明了；第二部分针对当前实际和主题教育部署安排，从"巩固学习成果、推进重点工作、提升学习成效、推动企业发展"四个方面提出了工作要求。最后结尾紧扣主题，发出号召。

写作范例47：

在××公司"不忘初心、牢记使命"主题教育总结大会上的讲话

×××

（××年××月××日）

同志们：

在全党开展"不忘初心、牢记使命"主题教育，是党的十九大作出的重大决策。党中央对此高度重视，作了精心准备、周密组织。从去年××月底开始，主题教育自上而下分两批进行，目前已基本结束。主题教育开展以来，公司各级党组织有力推动，广大党员、干部积极投入，员工群众热情支持，整个主题教育特点鲜明、扎实紧凑，达到了预期目的，取得了重要成果。

一是各级党组织和广大党员、干部深入学习实践习近平新时代中国特色社会主义思想，提高了知信行合一能力。广大党员、干部带着责任、带着问题读原著学原文，通过中心组学习、举办读书班、集中交流研讨等形式，深学细悟、研机析理，加深理解和领会，推动学习往深里走、往实里走，强化理想信念和使命担当，较好地解决了学习不深入、落实不到底的问题。大家认识到，科学理论是我们推动工作、解决问题的"金钥匙"，越学越觉得有信心，越学越觉得有力量。

二是各级党组织和广大党员、干部思想政治受到洗礼和锤炼，增强了守初心、担使命的思想自觉和行动自觉。这次主题教育，既抓思想引导又抓行为规范，广大党员、干部对照党中央决策部署，对照党章党规，对照员工群众新期待，对照先进典型、身边榜样，找差距、摆问题，坚定了对马克思主义的信仰、对中国特色社会主义的信念。通过认真学习党史、新中国史，深

入开展革命传统教育，重温入党誓词、重忆入党经历、重问入党初心，召开专题民主生活会、组织生活会，开展批评和自我批评，受到一次严肃的党内政治生活锻炼。通过这次主题教育，广大党员、干部信仰之基更加牢固、精神之钙更加充足。

三是各级党组织和广大党员、干部干事创业、担当作为的精气神得到提振，推动了改革发展稳定各项工作。广大党员、干部以刀刃向内的精神开展批评和自我批评，叩问初心变没变、使命担没担，增强了为党分忧、为国奉献、为民造福的责任感，强化了坐不住的紧迫感，激发了只争朝夕、奋发有为的干劲和越是艰险越向前的斗争精神。坚持把主题教育同贯彻落实党中央决策部署结合起来，同破解改革发展稳定突出问题和党的建设紧迫问题结合起来，同庆祝新中国成立70周年结合起来，推进供给侧结构性改革，推进脱贫攻坚，有力推动了经济社会高质量发展。

四是各级党组织和广大党员、干部积极解决群众最急最忧最盼的问题，强化了宗旨意识和为民情怀。广大党员、干部深入基层、深入一线，积极回应群众关切，切实解决群众最关心最直接最现实的利益问题，特别是解决群众看病难、上学难、就业难、住房难等操心事、揪心事，以看得见的变化回应群众期盼，员工群众获得感、幸福感、安全感明显提升。

五是各级党组织和广大党员、干部深入进行清正廉洁教育，涵养了风清气正的政治生态。通过教育引导广大党员、干部回看走过的路、远眺前行的路，扣心自问"我是谁、为了谁、依靠谁"，增强了忠诚干净担当的主动性。发挥先进典型示范激励作用，深入开展反面典型警示教育，以案示警、以案明纪，促进党员、干部知敬畏、守底线，纪律意识和规矩意识进一步提升，公正用权、依法用权、廉洁用权的自觉性明显增强，党群干群关系更加密切，党内政治生态持续好转。

六是各级党组织和广大党员、干部重点抓突出问题专项整治，消除了一些可能动摇党的根基、阻碍党的事业的因素。这次主题教育把开展专项整治作为增强实效的重要抓手，对突出问题进行大排查、大扫除，坚决整治落实党中央决策部署阳奉阴违、不担当不作为、违反中央八项规定精神、层层加重基层负担、领导干部配偶和子女及其配偶违规经商办企业等问题；坚决整治侵害群众利益、基层党组织软弱涣散等问题；坚决整治利用名贵特产和特殊资源谋取私利问题，真刀真枪解决了党内存在的一些突出问题，攻克了一些司空见惯的顽瘴痼疾，有效增强了党的先进性和纯洁性。

这次主题教育是新时代深化党的自我革命、推动全面从严治党向纵深发展的生动实践，促进了全党思想上的统一、政治上的团结、行动上的一致，为我们党统揽"四个伟大"、实现"两个一百年"奋斗目标作了思想上、政治上、组织上、作风上的全面动员，具有重大现实意义和深远历史影响。

同志们！

这次主题教育，总结历次党内集中教育经验，对新时代开展党内集中教育进行了新探索、积累了新经验。

一是聚焦主题、紧扣主线。针对新时代党的建设任务和党内存在的突出问题，确立"不忘初心、牢记使命"的主题，把学习贯彻习近平新时代中国特色社会主义思想作为主线，提出"守初心、担使命，找差距、抓落实"的总要求，学习教育围绕主题、主线、总要求深学细悟，调查研究围绕主题、主线、总要求寻策问道，检视问题围绕主题、主线、总要求对标找差距，整改落实围绕主题、主线、总要求真改实改，克服学做脱节问题，确保了党内集中教育不走神。

二是以上率下、示范带动。中央政治局以"牢记初心使命、推进自我革命"为题进行集体学习，开展专题民主生活会，为全党作了示范引导。各级党委（党组）履行主体责任，各级领导班子成员特别是主要负责同志带头学研查改，以"关键少数"示范带动"绝大多数"，精心组织谋划、推动落实责任，做到了一贯到底、落实落地。

三是有机融合、一体推进。这次主题教育有一个鲜明特点，就是不划阶段、不分环节，把学习教育、调查研究、检视问题、整改落实四项重点举措贯穿全过程，有机融合、一体推进。把学和做结合起来、查和改贯通起来，边学边研边查边改，以学促研、以研促查、以查促改。不硬性规定时间节点、不简单强调前后顺序，既注重同步推进、协调实施，又各有侧重、穿插进行，提高了主题教育质量，提升了党内集中教育的整体成效。

四是紧盯问题、精准整改。突出问题导向，从一开始就改起来，奔着问题去、盯着问题改，对标整改、源头整改、系统整改、联动整改、开门整改，着力抓好整改落实特别是8个方面突出问题专项整治。对问题整改实行台账式管理、项目化推进，明确责任主体、进度时限和工作措施，列出清单、挂牌销号，逐条逐项推进落实，做到问题不解决不松劲、解决不彻底不放手、群众不认可不罢休，一锤接着一锤敲，确保取得成果经得起实践、人民、历史检验。

五是严督实导、内外用力。中央主题教育领导小组及其办公室加强政策研究指导，分级分类推进，压紧压实责任。各级指导组、巡回督导组、巡回指导组沉下去，敢于坚持原则、动真碰硬，把党中央精神传导到位，把压力动力传递到位。各地区、各部门、各单位坚持敞开大门，请群众参与、监督、评判，对群众不满意的及时"返工""补课"。坚持正面宣传和舆论监督，营造良好氛围。

六是力戒虚功、务求实效。把反对形式主义、官僚主义作为突出要求，不以专家讲座、理论辅导代替自学和研讨，就近开展红色教育，不对写读书笔记、心得体会等提出硬性要求，不搞"作秀式""盆景式"调研，严格控制简报数量，不将有没有领导批示、开会发文发简报、台账记录、工作笔记等作为主题教育各项工作是否落实的标准。把主题教育同落实"基层减负年"结合起来，总结推广一批整治形式主义、官僚主义，为基层减负的好经验、好做法，通报曝光一批形式主义、官僚主义的典型案例，把基层干部干事创业的手脚从形式主义的束缚中解脱出来，防止重"形"不重"效"，把工作做扎实、做到位。

在充分肯定成绩的同时，我们也要清醒看到存在的问题，主要是：有的领导干部理论学习不深、不透、不系统，学用脱节，运用党的创新理论推动工作能力不足；有些问题的整改不到位，一些深层次矛盾和问题没有得到根本解决；有的基层党组织建设比较薄弱，联系服务党员、服务群众的机制不健全、不顺畅；有的地方仍然存在形式主义、官僚主义，急于求成、急功近利，增加了基层负担。群众最担心的是教育一阵风、雨过地皮湿，最盼望的是保持常态化、形成长效机制。我们要善始善终、善作善成，把全面从严治党要求真正落到实处。

同志们！

我们党是一个有着9000多万名党员、500多万个基层党组织的大党，是一个在14亿多人口的大国长期执政的党，是中国特色社会主义事业的坚强领导核心，党的自身建设历来关系重大、决定全局。

当今世界正经历百年未有之大变局，我国正处于实现中华民族伟大复兴关键时期，我们党正带领人民进行具有许多新的历史特点的伟大斗争，形势环境变化之快、改革发展稳定任务之重、矛盾风险挑战之多、对我们党治国理政考验之大前所未有。我们党作为百年大党，要始终得到人民拥护和支持，书写中华民族千秋伟业，必须始终牢记初心和使命，坚决清除一切弱化党的先进性、损害党的纯洁性的因素，坚决割除一切滋生在党的肌体上的毒瘤，坚决防范一切违背初心使命、动摇党的根基的危险。

凡是过往，皆为序章。公司各级党组织、全体党员要把这次主题教育作为新的起点，始终牢记初心使命，不断深化自我革命，推动公司高质量发展再上新台阶。

下面，我主要强调六点意见，与大家共勉。

第一，不忘初心、牢记使命，必须作为加强党的建设的永恒课题和全体党员、干部的终身课题常抓不懈。一个人也好，一个政党也好，最难得的就是历经沧桑而初心不改、饱经风霜而本色依旧。（出自 2020 年 1 月 9 日《人民日报海外版》01 版的《望海楼：不是一阵子，而是一辈子》）党的初心和使命是党的性质宗旨、理想信念、奋斗目标的集中体现，激励着我们党永远坚守，砥砺着我们党坚毅前行。从石库门到天安门，从兴业路到复兴路，我们党近百年来所付出的一切努力、进行的一切斗争、作出的一切牺牲，都是为了人民幸福和民族复兴。正是由于始终坚守这个初心和使命，我们党才能在极端困境中发展壮大，才能在濒临绝境中突出重围，才能在困顿逆境中毅然奋起。忘记初心和使命，我们党就会改变性质、改变颜色，就会失去人民、失去未来。

一个忘记来路的民族必定是没有出路的民族，一个忘记初心的政党必定是没有未来的政党。（出自习近平总书记《在"不忘初心、牢记使命"主题教育总结大会上的讲话》）应该看到，在党长期执政条件下，各种弱化党的先进性、损害党的纯洁性的因素无时不有，各种违背初心和使命、动摇党的根基的危险无处不在，党内存在的思想不纯、政治不纯、组织不纯、作风不纯等突出问题尚未得到根本解决。

马克思主义政党的先进性和纯洁性不是随着时间推移而自然保持下去的，共产党员的党性不是随着党龄增长和职务提升而自然提高的。初心不会自然保质保鲜，稍不注意就可能蒙尘褪色，久不滋养就会干涸枯萎，很容易走着走着就忘记了为什么要出发、要到哪里去，很容易走散了、走丢了。我们党查处的那些腐败分子，之所以跌入违纪违法的陷阱，从根本上讲就是把初心和使命抛到九霄云外去了。不忘初心、牢记使命不是一阵子的事，而是一辈子的事，每个党员都要在思想政治上不断进行检视、剖析、反思，不断去杂质、除病毒、防污染。（出自习近平总书记《在"不忘初心、牢记使命"主题教育总结大会上的讲话》）

我经常讲，党员、干部要经常重温党章，重温自己的入党誓词，重温革命烈士的家书。党章要放在床头，经常对照检查，看看自己做到了没有？看看自己有没有违背初心的行为？房间要经常打扫，镜子要经常擦拭。要教育引导各级党组织和广大党员、干部经常进行思想政治体检，同党中央要求"对标"，拿党章党规"扫描"，用人民群众新期待"透视"，同先辈先烈、先进典型"对照"，不断叩问初心、守护初心，不断坚守使命、担当使命，始终做到初心如磐、使命在肩。要以党的创新理论滋养初心、引领使命，从党的非凡历史中找寻初心、激励使命，在严肃党内政治生活中锤炼初心、体悟使命，把初心和使命变成锐意进取、开拓创新的精气神和埋头苦干、真抓实干的原动力。

第二，不忘初心、牢记使命，必须用马克思主义中国化最新成果统一思想、统一意志、统一行动。马克思主义政党的先进性，首先体现为思想理论上的先进性。注重思想建党、理论强党，是我们党的鲜明特色和光荣传统。毛泽东同志曾说过："掌握思想教育，是团结全党进行伟大政治斗争的中心环节。"共产党人的初心，不仅来自对人民的朴素感情、对真理的执着追求，更建立在马克思主义的科学理论之上。只有坚持思想建党、理论强党，不忘初心才能更加自觉，担当使命才能更加坚定。

学习的最大敌人是自我满足，要学有所成，就必须永不自满。现在，有的党员、干部对理论学习不重视，把自学变不学；有的想起来就学一学，三天打鱼、两天晒网；有的拿学习来装门面，浅尝辄止、不求甚解；有的学习碎片化、随意化，感兴趣的就学，不感兴趣的就不学；不少年轻干部理论功底还不扎实、理想信念还不够坚定。要做到真学、真懂、真信、真用，还需要下更大气力。

习近平总书记指出："中国共产党人依靠学习走到今天，也必然要依靠学习走向未来。"公司广大党员、干部要跟上时代步伐，不能身子进了新时代，思想还停留在过去，看问题、作决策、推工作还是老观念、老套路、老办法。这样的话，不仅会跟不上时代、做不好工作，而且会贻误时机、耽误工作。这个问题必须引起大家特别是各级领导干部的高度重视。与时俱进不要当口号喊，要真正落实到思想和行动上，不能做"不知有汉，无论魏晋"的桃花源中人！

理论创新每前进一步，理论武装就要跟进一步。党的历次集中教育活动，都以思想教育打头，着力解决学习不深入、思想不统一、行动跟不上的问题，既绵绵用力又集中发力，推动全党思想上统一、政治上团结、行动上一致。我们要把学习贯彻党的创新理论作为思想武装的重中之重，同学习马克思主义基本原理贯通起来，同学习党史、新中国史、改革开放史、社会主义发展史结合起来，同新时代我们党进行伟大斗争、建设伟大工程、推进伟大事业、实现伟大梦想的丰富实践联系起来，在学懂、弄通、做实上下苦功夫，在解放思想中统一思想，在深化认识中提高认识，切实增强贯彻落实的思想自觉和行动自觉。

第三，不忘初心、牢记使命，必须以正视问题的勇气和刀刃向内的自觉不断推进党的自我革命。"君子之过也，如日月之食焉：过也，人皆见之；更也，人皆仰之。"敢于直面问题、勇于修正错误，是我们党的显著特点和优势。列宁说过："公开承认错误，揭露犯错误的原因，分析产生错误的环境，仔细讨论改正错误的方法——这才是一个郑重的党的标志。"强大的政党是在自我革命中锻造出来的。回顾党的历史，我们党总是在推动社会革命的同时，勇于推动自我革命，始终坚持真理、修正错误，敢于正视问题、克服缺点，勇于刮骨疗毒、去腐生肌。正因为我们党始终坚持这样做，才能够在危难之际绝处逢生、失误之后拨乱反正，成为永远打不倒、压不垮的马克思主义政党。

当前，少数党员、干部自我革命精神淡化，安于现状、得过且过；有的检视问题能力退化，患得患失、讳疾忌医；有的批评能力弱化，明哲保身、装聋作哑；有的骄奢腐化，目中无纪甚至顶风违纪，违反党的纪律和中央八项规定精神问题屡禁不止。古人说："天下之难持者莫如心，天下之易染者莫如欲。"一旦有了"心中贼"，自我革命意志就会衰退，就会违背初心、忘记使命，就会突破纪律底线甚至违法犯罪。

初心易得，始终难守。公司广大党员、干部必须始终保持崇高的革命理想和旺盛的革命斗志，用好批评和自我批评这个锐利武器，驰而不息抓好正风肃纪反腐，不断增强自我净化、自我完善、自我革新、自我提高的能力，坚决同一切可能动摇党的根基、阻碍党的事业的现象作斗争，荡涤一切附着在党肌体上的肮脏东西，共同努力把我们党建设得更加坚强有力。

第四，不忘初心、牢记使命，必须发扬斗争精神，勇于担当作为。我们党诞生于国家内忧外患、民族危难之时，一出生就铭刻着斗争的烙印，一路走来就是在斗争中求得生存、获得发展、赢得胜利。越是接近民族复兴越不会一帆风顺，越充满风险挑战乃至惊涛骇浪。不忘初心、牢记使命，必须安不忘危、存不忘亡、乐不忘忧，时刻保持警醒，不断振奋精神，勇于进行具有许多新的历史特点的伟大斗争。（出自习近平总书记《在"不忘初心、牢记使命"主题教育总结大会上的讲话》）

我们讲的斗争，不是为了斗争而斗争，也不是为了一己私利而斗争，而是为了实现人民对美好生活的向往、实现中华民族伟大复兴知重负重、苦干实干、攻坚克难。衡量党员、干部有没有斗争精神、是不是敢于担当，就要看面对大是大非敢不敢亮剑、面对矛盾敢不敢迎难而上、面对危机敢不敢挺身而出、面对失误敢不敢承担责任、面对歪风邪气敢不敢坚决斗争。（出自

习近平总书记《在"不忘初心、牢记使命"主题教育总结大会上的讲话》）

现在，在一些党员、干部中，不愿担当、不敢担当、不会担当的问题不同程度存在。有的做"老好人""太平官""墙头草"，顾虑"洗碗越多，摔碗越多"，信奉"多栽花少种刺，遇到困难不伸手""为了不出事，宁可不干事""只想争功不想揽过，只想出彩不想出力"；有的是"庙里的泥菩萨，经不起风雨"，遇到矛盾惊慌失措，遇见斗争直打摆子。这哪还有共产党人的样子？！不担当不作为，不仅成不了事，而且注定坏事、贻误大事。

温室里长不出参天大树，懈怠者干不成宏图伟业。公司广大党员、干部都要主动在经风雨、见世面中长才干、壮筋骨，练就担当作为的硬脊梁、铁肩膀、真本事，敢字为先、干字当头，勇于担当、善于作为，在有效应对重大挑战、抵御重大风险、克服重大阻力、解决重大矛盾中冲锋在前、建功立业。（出自习近平总书记《在"不忘初心、牢记使命"主题教育总结大会上的讲话》）

第五，不忘初心、牢记使命，必须完善和发展党内制度，形成长效机制。制度优势是一个政党、一个国家的最大优势。邓小平同志说："制度好可以使坏人无法任意横行，制度不好可以使好人无法充分做好事，甚至会走向反面。"我们党是吃过制度不健全的亏的。党的十八大以来，党中央坚持制度治党、依规治党，努力构建系统完备、科学规范、运行有效的制度体系，把全面从严治党提升到一个新的水平。

党的十九届四中全会提出建立不忘初心、牢记使命的制度。建章立制，就是要坚持系统思维、辩证思维、底线思维，体现指导性、针对性、可操作性。既坚持解决问题又坚持简便易行，采取务实管用的措施切中问题要害；既坚持目标导向又坚持立足实际，力求把落实中央要求、满足实践需要、符合基层期盼统一起来；既坚持创新发展又坚持有机衔接，同党内法规制度融会贯通，该坚持的坚持、该完善的完善、该建立的建立、该落实的落实。建立制度，不能大而全也不能小而碎，不能"牛栏关猫"也不能过于烦琐。

制度是用来遵守和执行的。公司广大党员、干部必须强化制度意识，自觉尊崇制度，严格执行制度，坚决维护制度，健全权威高效的制度执行机制，加强对制度执行的监督，推动不忘初心、牢记使命的制度落实落地，坚决杜绝做选择、搞变通、打折扣的现象，防止硬约束变成"橡皮筋"、"长效"变成"无效"。

第六，不忘初心、牢记使命，必须坚持领导机关和领导干部带头。领导机关是国家治理体系中的重要机关，领导干部是党和国家事业发展的"关键少数",对全党全社会都具有风向标作用。"君子之德风,小人之德草,草上之风必偃。"在上面要求人、在后面推动人,都不如在前面带动人管用。不忘初心、牢记使命,公司两级机关和各级党员干部必须作表率、打头阵。

"人不率则不从,身不先则不信。"领导机关和领导干部带头冲在前、干在先,是我们党走向成功的关键。革命战争年代,喊一声"跟我上"和吼一声"给我上",一字之差、天壤之别。新中国成立以后,也是因为我们党有一大批像焦裕禄、谷文昌、杨善洲、张富清这样的英雄模范率先垂范,才团结带领人民群众不断开创各项事业发展新局面。所以,两级机关和党员干部要深刻认识自身的责任,时刻保持警醒,经常对照检查、检视剖析、反躬自省。

今年是决胜全面建成小康社会、打赢脱贫攻坚战、"十三五"规划收官之年,外部环境不利因素增多,国内经济下行压力加大,改革发展稳定任务繁重。越是形势严峻复杂越需要两级机关和党员干部保持定力、一往无前,越是任务艰巨繁重越需要两级机关和党员干部奋勇当先、实干担当。两级机关和各级党员干部要带头增强"四个意识"、坚定"四个自信"、做到"两个维护",团结带领各族员工勇于战胜前进道路上的各种艰难险阻,以"赶考"的心态向集团公司党组和广大员工群众交出一份满意的答卷。

【写作点评】

这是本系统一家地区企业主题教育总结大会上的讲话,主题和主线均为"教育引导各级党组织、全体党员把这次主题教育作为新的起点,始终牢记初心使命,不断深化自我革命,推动公司高质量发展再上新台阶"。讲话主体内容分为两大部分,按照时序逻辑编排,即"成果经验(6项成果、6条经验)+部署要求(6方面要求)"。鉴于这篇讲话主题明确、结构清晰、逻辑严谨,语言比较规范,表达方式相对灵活,采用了很多恰当的修辞手法,引用了大量的伟人思想和名言名句(关键是准确引用、恰当使用),比较富有冲击力和引领力,全文内容基本未作删减,只有少部分内容略作调整,供大家学习借鉴。最后一段采用的是"强调式+要求式"结尾法,标志性词语是"越是……越需要……,越是……越需要……"和"要……,以……"。

写作范例48:

在学习贯彻习近平新时代中国特色社会主义思想主题教育安排部署暨弘扬企业家精神专题学习研讨会上的讲话

×××

（××年××月××日）

同志们：

刚才……下面，我就深入开展主题教育讲五点意见。

一、提高站位、统一思想，深刻认识开展主题教育的重大意义。在全党深入开展学习贯彻习近平新时代中国特色社会主义思想主题教育，是党中央为全面贯彻党的二十大精神所作的重大部署。扎实开展好主题教育，对于我们坚定听党话、跟党走的政治信念，全力奋进高质量发展、加快建设世界一流企业意义重大。

一要深刻认识开展主题教育是坚持用习近平新时代中国特色社会主义思想凝心铸魂的必然要求。习近平新时代中国特色社会主义思想是当代中国马克思主义、二十一世纪马克思主义，是中华文化和中国精神的时代精华，是党和人民实践经验和集体智慧的结晶，是中国特色社会主义理论体系的重要组成部分，是实现中华民族伟大复兴的行动指南，必须长期坚持并不断发展。新时代10年伟大变革，是全党全国各族人民一道拼出来、干出来、奋斗出来的，最根本在于有习近平总书记掌舵领航，有习近平新时代中国特色社会主义思想科学指引。

二要深刻认识开展主题教育是统一全党思想意志行动、始终保持党的强大凝聚力、战斗力的必然要求。"两个确立"是我们党在新时代取得的重大政治成果，是推动党和国家事业取得历史性成就、发生历史性变革的决定性因素，是战胜一切艰难险阻、应对一切不确定性的最大确定性、最大底气、最大保证。坚持不懈用习近平新时代中国特色社会主义思想凝心铸魂，教育引导广大党员、干部从思想上正本清源、固本培元，不断提高政治判断力、政治领悟力、政治执行力，对于推动全党更加深刻领悟"两个确立"的决定性意义，更加自觉增强"四个意识"、坚定"四个自信"、做到"两个维护"，始终在思想上、政治上、行动上同以习近平同志为核心的党中央保持高度一致，具有十分重大的意义。

三要深刻认识开展主题教育是锚定高质量发展目标、加快建设世界一流企业的必然要求。高质量发展是全面建设社会主义现代化国家的首要任务，所以要加快国有经济布局优化和结构调整，推动国有资本和国有企业做强做优做大；不断完善中国特色现代企业制度，大力弘扬企业家精神，加快建设世界一流企业。公司"两会"擘画了建设世界一流企业的宏伟蓝图。这次主题教育，就是要教育引导广大党员、干部学思想、见行动，树立正确的权力观、事业观、政绩观，进一步增强责任感和使命感，不断提振锐意进取、担当有为的精气神，不断提高推动高质量发展本领、服务群众本领、防范化解风险本领，加强斗争精神和斗争本领养成，激励广大党员、干部以满腔热忱奋进新征程、开创新局面、建功新时代。

四要深刻认识开展主题教育是推进全面从严治党、永葆党的生机和活力的必然要求。从严管党治党、勇于自我革命，是我们党最鲜明的品格，也是最大的优势。全面从严治党永远在路上，党的自我革命永远在路上。这次主题教育，就是要推进党的自我革命、时刻保持解决大党独有难题的清醒和坚定，始终保持党的先进性和纯洁性，教育引导广大党员、干部突出问题导向、目标导向、结果导向，查不足、找差距、明方向，接受政治体检，打扫政治灰尘，纠正行为偏差，解决突出问题，把严的基调、严的措施、严的氛围长期坚持下去，推动全面从严治党向纵深发展、向基层延伸。

二、学深悟透、领会精髓，准确把握开展主题教育的目标要求。按照党中央和集团公司党组部署要求，公司党委制定了主题教育运行计划安排，明确了主题教育的总要求、目标任务。

一要牢牢把握主题教育总要求。这次主题教育的总要求是"学思想、强党性、重实践、建新功"。学思想……强党性……重实践……建新功……

二要紧紧锚定主题教育目标任务。这次主题教育的根本任务是坚持学思用贯通、知信行统一，把习近平新时代中国特色社会主义思想转化为坚定理想、锤炼党性和指导实践、推动工作的强大力量。要凝心铸魂筑牢根本……要锤炼品格强化忠诚……要实干担当促进发展……要践行宗旨为民造福……要廉洁奉公树立新风……

三要着力解决企业发展突出问题。这次主题教育要坚持目标导向和问题导向相统一，着力解决6个方面的问题。理论学习方面……政治素质方面……能力本领方面……担当作为方面……工作作风方面……廉洁自律方面……

三、有机融合、一体推进，全面落实开展主题教育的重点措施。 中央要求，这次主题教育不划阶段、不分环节，要把理论学习、调查研究、推动发展、检视整改贯通起来，有机结合、一体推进。

一要强化理论学习，在深学细照笃行中提高理论素养、坚定理想信念、深化党悟境界、增强能力本领，夯实坚定拥护"两个确立"、坚决做到"两个维护"的思想根基……

二要深化调查研究，在调查研究中加深对习近平新时代中国特色社会主义思想的理解，使调查研究的过程成为理论学习向实践运用转化的过程，成为转变作风、增进同群众感情的过程，成为提高履职本领、增强责任担当的过程……

三要大力推动发展，在以强化理论学习指导发展实践、以深化调查研究推动解决发展难题中，坚定推动高质量发展的信心，完善建设世界一流工程技术服务企业的思路举措……

四要抓好检视整改，在把问题整改贯穿始终，边学习、边对照、边检视、边整改中，让人民群众切实感受到解决问题的实际成效……

四、深化认识、担当作为，推动企业家精神赋能高质量发展。 习近平总书记强调，企业家要在爱国、创新、诚信、社会责任和国际视野等方面不断提升自己。公司党委倡导弘扬企业家精神，既是贯彻落实习近平总书记重要指示批示精神的必然要求，也是带领企业战胜困难挑战、建设世界一流企业的思路举措。

一要增强爱国情怀，自觉为国担当。中国石油是党的中国石油、国家的中国石油、人民的中国石油。作为"一体两面"的××公司，是保障国家能源安全不可或缺的一部分。爱国情怀是植入××公司人血液的基因。要始终唱响"我为祖国献石油"的主旋律，增强听党话、跟党走的政治自觉，把企业发展同民族复兴、国家富强紧密结合在一起，带领企业奋力拼搏、力争一流，实现质量更好、效益更高、竞争力更强、影响力更大的发展，主动为党分忧、为国尽责、为民奉献，当好能源保供"顶梁柱"。

二要树牢创新思维，赋能世界一流。创新是引领发展的第一动力。要坚持创新在建设世界一流企业中的核心地位，推动人才强企工程和创新驱动发展战略有效联动，发挥好"两院四中心"创新策源地作用，打造一流创新高地、一流数智业态、一流聚才洼地、一流育才熔炉。要坚持科技创新、人才培养一体推进，形成良性循环；坚持原始创新、集体创新一体设计，实现有效贯通；坚持创新链、产业链一体部署，推动深度融合。要注重培育创新文化，营造创新氛围，努力把企业打造成为强大的创新主体。

三要坚持诚信守法，建设法治企业。建设世界一流法治企业，是建设世界一流企业的重要手段。要突出制度建设，健全制度体系，提高制度质量，强化制度执行，不断提升制度的系统性、科学性和权威性。要突出法律保障，强化重大事项法律参与深度、合同全过程管理、案件全链条管理和依法主动维权，确保不逾底线、不碰红线。要突出合规管理，优化合规管理体系，加强合规风险防控，强化海外业务合规管理，提升企业合规管理水平。各级领导干部要作诚信守法的表率，加快打造治理现代、经营合规、管理规范、诚信守法的法治企业。

四要拓展国际视野，防范化解风险。开放是当代中国鲜明的标识。建设世界一流海外子公司是建设世界一流企业的迫切需要。要拓展国际视野，立足中国，放眼世界，把握国际市场动向和需求特点，统筹国际国内"两个市场"、用好国际国内"两种资源"，聚焦做优做精，巩固核心市场，培育效益市场。要始终保持对世界百年未有之大变局加速演进、全球进入新的重大变革期的清醒认识，坚持底线思维，增强忧患意识，把握国际规则，防范化解重大风险，确保海外业务高质量发展。

五要承担社会责任，打造幸福企业。国有企业员工是企业的主人翁，更是企业的宝贵财富，员工幸福是我们办企业、干事业的根本宗旨。要牢固树立以人民为中心的发展思想，坚持"发展为了员工，发展依靠员工，发展成果惠及员工"的理念，以工程思维打造"幸福西钻"。要做实关心关爱，解决好急难愁盼问题，改善好生产生活条件，使员工成长与企业发展相融相促。要大力弘扬石油精神和大庆精神、铁人精神，注重从物质与精神两个层面，不断增强员工的获得感、幸福感、安全感、自豪感。

五、加强领导、落实责任，扎实推动主题教育走深走实。这次主题教育是当前一项重大的政治任务。要增强责任感和紧迫感，精心组织、周密安排、扎实推进，确保各项工作落到实处。

一要加强组织领导，层层压实责任。公司党委成立主题教育领导小组，由我担任组长，×××同志、×××同志担任副组长，其他班子成员和有关部门负责同志为成员，负责主题教育的领导和指导工作。领导小组下设办公室，办公室设在党委组织部，负责主题教育的日常工作；党委办公室、党群工作处、纪委办公室参与领导小组办公室的相关工作；相关部门要各司其职，积极履责，强化协同，形成齐抓共管的合力。党员、干部不管处在哪个層次和岗位，都要全身心投入，静下心来，认真学习、深入思考；机关部门和领导干部要先学一步、学深一点，为基层党员、干部作出示范。

二要抓好统筹推进，力求取得实效。当前，正值生产经营黄金季节，要坚持统筹谋划、合理安排，实现主题教育和各项工作"两不误、两促进"。要统筹推进主题教育与深入贯彻落实习近平总书记对中国石油及中国石油相关工作系列重要指示批示精神，统筹推进主题教育和"三战役一工程"，用主题教育的新成效促进各项重点工作取得新进展。公司主题教育领导小组办公室将全过程跟进督导，督促解决存在的问题，确保各项工作扎实有序开展。

三要注重宣传引导，营造浓厚氛围。要深入学习宣传贯彻习近平总书记重要讲话精神、党中央有关部署、开展主题教育的重大意义、目标要求、重点内容和工作安排。及时总结推广经验做法，选树宣传先进典型，为主题教育营造浓厚舆论氛围。要严肃纪律、改进作风，不得对写读书笔记、心得体会等提出硬性要求，不得随意要求填报材料，坚决杜绝形式化、套路化、表面化；对开展主题教育消极对待、敷衍应付、搞形式主义的要严肃批评；对走形变样、问题严重的，将按照有关规定严肃追究责任。

同志们，开展主题教育意义重大，影响深远。我们要深入学习贯彻习近平总书记重要讲话精神，认真落实党中央和集团公司党组决策部署，以高度政治责任感和扎实工作作风，用党的新发展理念（指挥棒）和创新理论统一思想、统一意志、统一行动，为公司奋进高质量发展、加快建设世界一流企业提供坚强保证。

谢谢大家！

【写作点评】

这篇讲话属于政治类讲话，起草这类讲话文稿首先要明确主题和主线，构思体现主题的逻辑关系。从全文来看，如果严格对照会议题目（会议主题），可以分为四部分，即"提高认识＋思路举措＋部署要求＋组织落实"。但如果将第四部分融入全面落实开展主题教育，讲话主体内容就可以看作采用的是三段论结构的变体，按照思维逻辑编排，即"提高认识＋思路目标（重点举措）＋组织落实"。笔者更倾向于后者的定位和分析。从主体内容来看，第一部分强调的是提高认识，第二部分强调的是思路目标，第三部分强调的是重点举措（第二、三部分可以合成一部分），第四部分强调的是弘扬企业家精神（实际上强调的是思想保证，第四、五部分可以合成一部分），

第五部分强调的是组织落实。

第八节　工团工作会议讲话

工团工作会议是引领和推动工团工作的专题会议，这类讲话文稿要深入贯彻上级精神，准确把握主要任务，按照工团组织的"政治性、先进性、群众性"要求，把思想政治工作贯穿其中，聚焦"组织群众、宣传群众、教育群众、引导群众"，统一思想、凝聚人心、化解矛盾、增进感情、激发动力，不断提高党建带工团工作的科学化、精准化水平。

这类讲话要在写心（体现"牢记党的宗旨、践行初心使命"）的基础上，体现出写志（体现"众志成城、志存高远、志创一流"）的初衷和精神。具体要把握好以下三点。

一、保持正确的政治方向

党的二十大吹响了奋进新征程的时代号角，党的中心任务就是中国工人运动、中国青年运动和工团工作的主题和方向。要始终坚持党的全面领导，坚持用习近平新时代中国特色社会主义思想凝心铸魂，团结动员广大职工紧密团结在以习近平同志为核心的党中央周围，坚定不移听党话、跟党走，保持工团工作的正确政治方向。所以，工团工作，必须始终保持正确政治方向，才能够充分体现党的宗旨意识。进入新时代、新征程，起草这类讲话文稿，务必把学习贯彻习近平新时代中国特色社会主义思想和党的二十大精神放在首要位置，务必把贯彻落实全国总工会、共青团中央的决策部署放在重要位置。关于如何更好地践行党的宗旨和初心使命，大家可以认真学习领会近两年的重要会议精神和有关贺信、致辞精神。比如：2022年5月10日，习近平总书记在庆祝中国共产主义青年团成立100周年大会上的讲话；2023年6月26日，习近平总书记在同团中央新一届领导班子成员集体谈话时的讲话；全国宣传思想文化工作会议（2023年10月7—8日）精神；2023年10月9日，在中国工会第十八次全国代表大会上，蔡奇代表党中央发表的题为《奋力书写我国工人阶级投身强国建设民族复兴的壮丽篇章》的致词。

二、围绕中心服务大局

工团工作要坚持服从服务于党和国家工作大局，充分发挥工人阶级主力军作用和中国青年先锋队、突击队作用，全心全意依靠工人阶级，强化广大青年的政治引领，团结组织职工群众建功立业、创新创造，大力弘扬劳模精神、劳动精神、工匠精神，在强国建设、民族复兴伟业中汇聚万众一心、众志成城的磅礴力量。所以，起草这类讲话文稿，坚决不能出现"空对空""放空弹"等情况，要牢牢把握新时代群众工作和青年工作的主题，紧紧围绕党的二十大确定新时代、新征程党的中心任务来开展工作，把住方向，奋发有为。那么，党的二十大确定新时代、新征程党的中心任务具体是什么呢？党的二十大报告明确提出，从现在起，中国共产党的中心任务就是团结带领全国各族人民全面建成社会主义现代化强国、实现第二个百年奋斗目标，以中国式现代化全面推进中华民族伟大复兴。我们要锚定强国建设、民族复兴目标，牢牢把握新时代、新征程党的中心任务。

对于企业而言，就是锚定世界一流，奋力推进中国式现代化企业建设。建设世界一流企业是党中央赋予企业特别是国有企业的重大责任和使命。习近平总书记指出，"加快建设一批产品卓越、品牌卓著、创新领先、治理现代的世界一流企业"。这说明，建设世界一流企业是推进中华民族伟大复兴的重要一环。建设世界一流企业是推进中国式现代化的应有之义。只有建设世界一流企业，加快提升发展的质量和效益，才能更好地发挥科技创新、产业控制、安全支撑作用，才能真正成为落实国家重大战略的"排头兵"、国民经济增长的"稳定器"，成为党和国家最可信赖的骨干力量、依靠力量。由此来看，进入新时代、新征程，工团组织最根本的任务就是，坚持以习近平新时代中国特色社会主义思想为指导，完整、准确、全面贯彻新发展理念，最广泛地把职工群众和广大青年团结起来、组织起来、动员起来，强化职工思想政治引领，动员广大职工积极建功新时代，激发强国有我的青春激情，众志成城、一刻不停致力于持续强化国有企业的战略管理、运营管理、科技管理，不断提高国有企业的核心竞争力、增强核心功能，奋力谱写中国式现代化建设的新篇章，在强国建设、民族复兴伟业中发挥好主力军和先锋队作用。

三、充分体现企业特色

2013年4月28日，习近平总书记在同全国劳动模范代表座谈时指出，工人阶级是我国的领导阶级，是我国先进生产力和生产关系的代表，是我们党最坚实最可靠的阶级基础。

2022年5月10日，习近平总书记在庆祝中国共青团成立100周年大会上强调，青春孕育无限希望，青年创造美好明天。一个民族只有寄望青春、永葆青春，才能兴旺发达。

2023年6月26日，习近平总书记在同团中央新一届领导班子成员集体谈话时强调，切实肩负起新时代新征程党赋予的使命任务，充分激发广大青年在中国式现代化建设中挺膺担当。

…………

对于企业而言，如何贯彻落实好习近平总书记的重要指示批示精神，如何展现好企业特色？笔者认为，可以从以下三个方面努力。

第一，要完整准确全面贯彻新发展理念，突出时效性、针对性、系统性，及时传达贯彻习近平总书记重要指示批示精神和上级工团组织决策部署，充分发挥好工团组织的引领和推动作用。

第二，要始终坚持深化改革和建设，突出政治性、先进性、群众性，创新工作体系、工作内容和工作方式，出台激励支持政策，搭建好职工（包括广大青年）展示才华的平台和舞台。

第三，加强基础工作和基层组织建设，加快数字化建设步伐，全面强化党的领导，大力提高工团干部的素质能力，有效发挥工团作为党联系职工群众和广大青年的桥梁纽带作用。

企业基础和优势不同，以上工作形式、特色也有差别。最重要的是，要把好事办好、把特色讲特，充分展示当代国有企业的生机活力，更好地激发广大职工和青年的干事创业热情，团结一心、众志成城奋进中国式现代化建设。

写作范例49：

在××公司工团工作汇报会上的讲话

×××

（××年××月××日）

同志们：

今天，我们专门抽出时间，听取了公司工会、公司团委"十三五"期间的主要工作情况。从大家的汇报可以看出，公司各级工会、共青团组织在公司发展过程中实干担当、主动作为，发挥了重要作用，作出了突出贡献，我认为主要体现在以下几个方面。

一是作用价值充分彰显。 在坚持思想引领方面，各级工团组织旗帜鲜明讲政治，广泛开展"中国梦·劳动美""青春心向党·建功新时代"主题教育活动，进一步夯实了职工和团员青年听党话、跟党走的思想根基。在推动建功立业方面，广泛开展主题劳动竞赛活动，为公司生产科研项目提速提效、提质增效发挥了重要作用。在促进和谐稳定方面，实施困难职工家庭救助，开展青年志愿服务活动，切实发挥了服务保障作用，为公司和谐稳定发展奠定了坚实基础。

二是成果成效琳琅满目。 在开展群众性经济技术创新方面，连续五年举办职工创新成果推广应用交流会，探索形成职工创新工作体系，推广应用创新成果，助力公司重点项目平均日效大幅提高。公司团委积极搭建青年创新平台，创新成果可圈可点。在助力打造高素质员工队伍方面，组织开展导师带徒卓有成效，一批职工通过技能竞赛实现技能提前晋级，选树了一批优秀队经理、优秀班组长和高素质技能人才。在先进典型选树方面，公司工会推荐的一批劳动模范、先进集体和先进个人荣获省部级以上荣誉，典型引领作用充分发挥。

三是活动载体丰富多彩。 在创新创效方面，建立职工创新工作室，多个职工创新工作室获"××省工人先锋号"，创新工作室在引领基层创新中发挥了重要作用，"脉动青春"创新工作室QC成果荣获第××届国际质量管理小组大会铂金奖。在学习教育方面，建设公司职工书屋，开发培训课件，举办各类业务培训和知识讲座，为职工和团员青年长本领、强技能创造了条件、搭建了平台。在阵地建设方面，积极搭建线上工作平台，开通"××

公司工会云""青春东方"微信公众号，打造了公司工团工作的新阵地。

四是文化氛围更加浓厚。打造了主题鲜明、形式多样、广受欢迎的职工文化活动精品，探索形成××职工文化建设模式。连续××年举办职工品牌文化活动，累计创编文艺节目××个，举办群众性体育赛事××次，参与职工××万人次。积极开展送文化下基层活动，为一线单位配备移动数码放映机和激光电视、健身活动器材。通过丰富多彩的职工文化活动，切实激发了广大职工团结奋进、干事创业的工作热情，公司文化软实力进一步增强。

总之，我感到公司工会、团委以及各级工团组织五年来作了大量卓有成效的工作，取得了丰硕成果，在服务公司、服务群众、服务青年方面发挥了重要作用，取得了明显成效。在此，我代表公司党委、公司，向大家五年来取得的成绩表示感谢和祝贺。

今年是公司"十四五"规划的开局之年，也是公司推进高质量发展，率先打造世界一流的关键一年。希望大家再接再厉，为公司发展多作贡献。围绕下一步工作，我讲三个方面的意见。

一、要更加突出群团组织的政治性，积极引导广大职工和团员青年坚定不移听党话、跟党走

习近平总书记强调："政治性是群团组织的灵魂，是第一位的。"公司各级工团组织要全面把握习近平总书记提出的"六个必须坚持"基本要求和"三统一"基本特征，切实把提高政治站位、加强政治建设、履行政治责任作为第一要求。

一要强化理想信念教育。各级工团组织要坚决贯彻落实习近平新时代中国特色社会主义思想，自觉接受党的领导，切实承担起引领职工群众和团员青年听党话、跟党走的政治任务。要加强各级工团干部党性锻炼，提高政治站位，把对党忠诚、为党分忧、为党尽职作为根本政治担当。紧紧围绕建党100周年、建团100周年等重要历史节点，强化顶层设计，持续深化主题教育、主题实践活动，进一步教育引导广大职工和团员青年增强"四个意识"，坚定"四个自信"，做到"两个维护"，确保群团工作始终沿着正确的方向前进。

二要丰富完善教育形式。拥有扎实的理论，才能保持清醒的头脑。各级工团组织要进一步完善政治理论学习制度，拓展内容、丰富载体、强化考核，让政治理论学习成为职工群众和团员青年的思想自觉和行动自觉。要以工会干部政治理论学习、青年大学习行动为载体，通过职工诵读、青年论坛等形式，及时跟进学习习近平总书记最新重要讲话和重要指示批示精神，引导职工群众和团员青年读原著、学原文、悟原理，推动党的创新理论进机关、进科室、进一线、进班组，切实增强职工群众和团员青年对党的基本理论、基本路线、基本方略的政治认同、思想认同、情感认同。

三要深化提升学习效果。强化理论武装是为了更好地指导实践、推动工作。各级工团组织要立足本职，深入学习党的十九大和十九届二中、三中、四中、五中全会精神，系统学习习近平总书记关于群团组织和群团工作的重要论述，指导我们的工作实践。要提升抓落实的能力，将学习内容同落实公司党委、公司各项决策部署结合起来，进一步明确方向、理清思路，推动各项工作部署落地见效。要提升解决问题的能力，教育引导广大职工群众和团员青年解放思想、改革创新，努力破解公司发展中的重点、难点问题，推动公司高质量发展。

二、要更加突出群团组织的先进性，组织动员广大职工和团员青年立足岗位建新功、创一流

习近平总书记指出，群团组织是党直接领导的群众组织，承担着组织动员广大人民群众为完成党的中心任务而共同奋斗的重大责任。公司各级工团组织要坚持在大局下思考、在大局下行动，与公司"十四五"发展的重点任务对标对表、同向发力，在公司率先打造世界一流的过程中贡献力量。

一要在助力发展、建功立业中展现新作为。各级工团组织要围绕"率先打造世界一流"目标要求，在推动公司高质量发展中担当主力军、勇做突击队。充分把握公司"十四五"发展的重要战略机遇，紧紧围绕生产经营、科技攻关、项目运作、改革发展等重点任务，深入开展主题劳动竞赛，全力推动公司提质增效迈上新台阶。不断深化群众性经济技术创新工作，加强基层职工创新工作室建设，加速创新成果转化应用，以小创新创造大效益。充分发挥团员青年生力军突击队作用，团结带领团员青年积极投身公司发展，贡献智慧和力量。

二要在维护权益、保障稳定中作出新业绩。各级工团组织要发挥群众工作优势，积极协调化解公司改革发展中出现的矛盾问题。公司工会要认真贯彻党的依靠方针，切实维护好广大职工的合法权益，用好职代会、HSE联席会、人力资源联席会等工作机制，确保职工的知情权、参与权、表达权、监督权以及安全健康等基本权益落到实处。各级团组织要充分发挥好党联系青年的桥梁纽带作用，突出维护团员青年合法权益这一重要职能，在为青年搭建成长平台、稳定青年员工队伍方面出实招、办实事、见实效。

三要在素质提升、岗位成才上发挥新作用。各级工会组织要充分发挥好"大学校"作用，深入实施"提升素质强技能"工程，以岗位练兵、技术比武、优秀队经理和班组长选树、导师带徒等为载体，积极开展职业技能竞赛和学习培训，推动职工技能素质和技术创新能力"双提升"。各级团组织要以"青年技能大赛""青年大讲堂"等为载体，鼓励支持优秀青年人才多岗位交流、多岗位学习、多岗位锻炼，着力培养一批跨学科、跨界别、跨领域的复合型人才。

四要在工作水平、履职能力上展现新形象。站在"十四五"发展的新起点，群团组织必须主动适应形势变化，以改革创新精神不断加强自身建设。要创新加强阵地建设，打造以公司网站、微信公众号、工会云、各单位自媒体为主的宣传阵地，把工团组织的成绩亮出来、事迹讲出来、声音传出来，不断提升工团工作的美誉度和影响力。要准确把握公司发展面临的新形势、新任务，找准工作切入点，把广大干部员工的智慧和力量凝聚到公司发展的实践中来。

三、要更加突出群团组织的群众性，努力成为广大职工和团员青年值得信赖的知心人、贴心人

群众性是群团组织的根本特性。公司各级工团组织要充分发挥桥梁纽带作用，深入群众知民心、关心关怀暖人心、文化助力聚人心，实现好、维护好、发展好群众的根本利益。

一要当好关心群众的知心人。把密切联系群众作为公司各级群团组织工作的主旋律，完善调研机制、强化成果应用。各级工团干部要深入基层、深入群众，通过职工代表巡视、青年思想动态监测等平台载体，经常同群众、青年进行面对面、手拉手、心贴心的零距离接触，摸清摸透他们的实际困难和思想困惑，努力为他们排忧解难，成为信得过、靠得住、离不开的知心人。

二要当好服务群众的暖心人。公司工会要根据集团公司扶贫帮困送温暖工作最新政策，认真贯彻落实公司困难职工帮扶救助管理办法，切实做好重大节日、重点时段的帮扶救助送温暖活动，让职工群众真切感受到组织的关怀和企业的关心。公司团委要深入推进"青年志愿服务"工作常态化，找准服务定位，提升服务水平，不断增强公司青年志愿服务品牌影响力。

三要当好凝聚群众的贴心人。各级工团组织要始终坚持文化育人，满足职工精神文化需求，更好地促进职工群众体面劳动、舒心工作，凝聚奋进高质量发展合力。公司工会要主动创新职工文化建设体制机制、内容形式、传播手段，结合庆祝建党100周年，持续深化服务品牌活动，努力打造健康文明、昂扬向上、全员参与的职工文化。公司团委要关心关爱团员青年的身心健康，紧密结合团员青年特点，有针对性地组织喜闻乐见的文体活动，创作符合青年需求、引领时代风尚的文化作品，不断凝聚公司昂扬向上的青春力量。

同志们，新时代赋予新使命，新征程呼唤新作为。希望大家始终以昂扬的斗志、饱满的热情，团结带领广大职工群众和团员青年，不断开创公司工团工作新局面，为公司率先打造世界一流努力奋斗，以更加优异的工作业绩向建党100周年献礼。

【写作点评】

这篇讲话文稿采用的是典型的两段论结构，全文按照时序逻辑编排，即"肯定成绩＋形势分析和工作部署"。讲话开篇肯定了公司工会、公司团委、各级工团组织"十三五"期间的主要工作成绩，然后直入主题，以更加突出群团组织的政治性、先进性、群众性为切入点，推动公司各级工团组织不断提高政治站位、积极建功立业、当好桥梁纽带、凝聚发展合力，讲话生动质朴、紧贴实际，而且主题明确、脉络清晰，让受众听得清楚、看得明白、"拎"得起来，既有方向、可遵循，又有抓手、好落实，能够激励人心、鼓舞斗志。

第九节　总结表彰会议讲话

在梳理成绩、表彰先进的基础上，更重要的是形成经验、树立导向、把握形势、鼓舞士气，通过讲话激发广大党员干部员工"志存高远成大事"的信心决心，增强"思路一变天地宽"的思想观念，树立"功夫不负有心人"的认识导向，营造"众人拾柴火焰高"的环境氛围。

写作范例50：

在××公司庆祝中国共产党成立100周年大会 "两优一先"表彰暨先进事迹 报告会上的讲话

×××

（××年××月××日）

同志们：

再过两天，我们就要迎来中国共产党百年华诞这一光荣而神圣的时刻。近日，习近平总书记在参观"不忘初心、牢记使命"中国共产党历史展览时强调，我们党的一百年，是矢志践行初心使命的一百年，是筚路蓝缕奠基立业的一百年，是创造辉煌开辟未来的一百年。"七一"纪念日，党中央将隆重举行庆祝大会，习近平总书记将发表重要讲话。公司各级党组织和广大党员、干部要认真学习，深刻领会精神，全面贯彻落实。

××月××日，集团公司召开庆祝中国共产党成立100周年表彰大会，×××党组书记讲授专题党课，立足两个100年历史交汇点，带领大家体悟我们党百年峥嵘的奋斗路，使大家深刻体会到这一波澜壮阔的光辉历程是用鲜血、汗水、泪水写就的，充满着苦难与辉煌、曲折与胜利、付出与收获，是震古烁今、永载史册的壮烈篇章，是最生动、最有说服力的教科书；带领大家回望××公司在党领导下兴油报国的奋起路，让大家深刻认识到一代代石油人传承"听党话跟党走"红色基因，唱响"我为祖国献石油"主旋律，坚决扛起党和国家赋予的历史重任，走出了一条石油特色国有企业发展之路；带领大家眺望为民族复兴和人民幸福赋能的奋进路，聚焦实现第二个百年奋斗目标，紧扣集团公司发展规划，要求我们锚定建设世界一流综合性国际能源公司战略目标，完整准确全面贯彻新发展理念，推进高质量发展，为保障国家能源安全和全面建设社会主义现代化国家奉献石油力量。党课主题鲜明、立意高远、内涵丰富、催人奋进，具有很强的思想性、指导性和针对性。我们要认真学习、深刻领会、抓好落实。

今天，我们召开庆祝中国共产党成立100周年大会、"两优一先"表彰暨先进事迹报告会，庆祝党的百年华诞，追忆党的峥嵘岁月，表彰先进典型，从百年党史中汲取智慧和力量。首先，我代表公司党委，向受到表彰的优秀个人和先进集体表示热烈祝贺！向公司各级党组织和奋战在各条战线上的广大共产党员致以节日的问候！

刚才，×××同志通报了公司一批先进集体和个人受到上级表彰的情况，×××同志宣读了公司"两优一先"表彰决定……回顾公司发展的每一个足迹，都镌刻着一代又一代共产党员的辛勤汗水、拼搏奉献。在公司发展的各个阶段，公司各级党组织始终团结带领广大党员勇担时代重任、矢志拼搏奋斗，战酷暑、斗严寒、进沙漠、闯海外，知难而进、迎难而上，在建设世界一流企业征程中，唱响了为祖国加油、为民族争气的奋斗之歌。今天受到表彰的"两优一先"，集中体现了公司基层党组织、广大党员昂扬向上的精神风貌。充分彰显了广大党员干部员工忠诚于党、忠于事业的坚定信念，爱岗敬业、无私奉献的优良作风，勇于创新、争当一流的优秀品质，攻坚克难、建功立业的责任担当。各级党组织要大力宣传先进典型，积极营造学习先进、崇尚先进、争当先进的浓厚氛围，激励广大党员干部员工更加自觉地肩负起新时代历史使命。

习近平总书记指出，历史是最好的教科书，也是最好的清醒剂。按照党史学习教育整体部署，今天我以"庆祝中国共产党百年华诞，从百年党史中汲取智慧和力量，全力奋进率先打造世界一流新征程"为主题，讲一堂专题党课，和大家一起重温我们党走过的百年辉煌历程，进一步坚定理想信念，从我们党百年奋斗形成的伟大经验、伟大精神、伟大初心使命中汲取智慧和力量，动员公司各级党组织、广大共产党员、全体干部员工，以更加斗志昂扬的精神状态和一往无前的奋斗姿态，积极投身全面建设社会主义现代化国家伟大事业，全力以赴推进率先打造世界一流宏伟目标。

1921年，在中华民族内忧外患、社会危机空前深重的背景下，在马克思列宁主义同中国工人运动相结合的进程中，中国共产党诞生了。这一开天辟地的大事件，深刻地改变了近代中国以及中华民族发展的方向和进程，深刻地改变了中国人民和中华民族的前途和命运，深刻地改变了世界发展的趋势和格局。100年来，我们党团结带领全国各族人民进行了革命、建设、改革的伟大斗争，带领中国人民翻身解放当家作主，使积贫积弱的中华民族从落后于时代、赶上时代到引领时代，迎来了从站起来、富起来到强起来的伟大飞跃。在百年接续奋斗中，党团结带领人民开辟了伟大道路，建立了伟大功业，铸就了伟大精神，积累了宝贵经验，创造了中华民族发展史、人类社会进步史上令人刮目相看的奇迹。在革命战争年代，我们党以民族救亡、人民解放为己任，历经千辛万苦、付出巨大牺牲，带领人民推翻"三座大山"，取得了新民主主义革命的胜利。**在社会主义建设时期，**我们党以建设新政权、创造新生活为目标，确立社会主义基本制度，完成社会主义革命，实现了中国历史上最广泛、最深刻的社会变革。**在改革开放新时期，**我们党以中国特色社会主义旗帜为指引，及时把党和国家工作中心转移到经济建设上来，使中华民族大踏步赶上时代潮流。**进入新时代，**以习近平同志为核心的党中央不忘初心、砥砺奋进，党和国家事业取得了全方位、开创性成就，发生了深层次、根本性变革。党的十九大把习近平新时代中国特色社会主义思想写在党的旗帜上，确立为引领中华民族坚定前行的思想火炬，使中华民族伟大复兴展现出前所未有的光明前景。历史雄辩地证明，中国共产党不愧是伟大、光荣、正确的马克思主义政党，不愧是领导中国人民不断开创事业发展新局面的核心力量，不愧是中华民族走向复兴的中流砥柱，必将引领中国从胜利不断走向新的胜利！

在中国共产党波澜壮阔的发展历程中，党领导我国石油工业发展写下了浓墨重彩的一笔，中国××事业在党的领导下不断发展壮大。特别是进入新时代，公司各级党组织坚定不移听党话、跟党走，坚持以习近平新时代中国特色社会主义思想为指导，带领广大党员干部员工攻坚克难、砥砺奋斗，成功战胜各种艰难险阻，取得了卓越不凡的发展成绩。**一是公司党的建设迈上新台阶，**党的领导与公司治理有效融合，基层组织的组织力、凝聚力、战斗力不断增强，中国特色现代企业制度持续完善，和谐企业建设扎实推进，在集团党建考核中始终名列前茅，公司党委被评为中央企业先进基层党组织。**二是服务保障能力迈上新台阶，**始终把为国找油找气作为最大价值体现，集团公司国内外重大油气发现参与率100%，配合油气田取得了一系列新发现、大突破，服务保障国家能源安全地位作用更加凸显。**三是发展质量效益迈上新台阶，**全球××市场占有率超过××，陆上勘探实力稳居全球第一，销售收入连续××年位居全球××行业××，公司连续××年被评为集团公司A级企业、综合考核排名跃居全集团第×位。**四是科技创新实力迈上新台阶，**公司科技进步贡献率超过××，在××××年中国能源企业创新能力百强榜单中位列第×，被科技部授予"国家引才引智示范基地"荣誉称号，在全国科技工作会议上作典型经验交流。**五是企业治理水平迈上新台阶，**全面完成集团公司××专业化重组，依法治企、合规管理有效推进，HSE业绩国际领先，海外安保水平不断提升，多次荣获集团公司和××省"安全生产先进单位"称号，被评为中央企业信访工作先进集体。**六是品牌形象迈上新**

台阶，公司发展受到人民日报、新华网等中央主流媒体广泛关注，市场主导地位和行业影响力显著增强，国际竞争力、品牌影响力达到历史新高度，公司已经成为全球××行业标杆。公司党委以高质量党建引领高质量发展取得了显著成效，广大职工群众获得感、幸福感、安全感大幅提升。在党的领导下，我们走过了一段极不寻常、极不平凡的发展历程，开创了新时代高质量发展的新局面。

当前，站在"两个一百年"奋斗目标的历史交汇点上，在全面建设社会主义现代化国家的历史洪流中，公司党委确立了到××年基本建成、××年全面建成世界一流企业的宏伟目标。面对新目标、新任务，面对新形势、新变化，更加需要我们用党的奋斗历程和伟大成就鼓舞斗志、明确方向，更加需要我们用党的光荣传统和优良作风坚定信念、凝聚力量，更加需要我们用党的实践创造和历史经验启迪智慧、砥砺品格，更加需要我们重温党的历史，从党的百年奋斗历程中汲取发展的智慧和奋进的力量。

同志们：

——庆祝党的百年华诞，就是要重温党的历史，从我们党百年奋斗创造的伟大理论中感悟信仰的力量，把思想和意志凝聚到信仰的旗帜下，转化为石油××人坚定不移听党话、跟党走的坚定信念。习近平总书记强调，我们党的历史，就是一部不断推进马克思主义中国化的历史，就是一部不断推进理论创新、进行理论创造的历史。一百年来，马克思主义理论信仰引领一代又一代共产党人英勇奋斗，不断战胜前进道路上的各种困难和挑战。走好新时代的长征路，需要我们进一步增强"四个意识"、坚定"四个自信"、做到"两个维护"。

一要始终坚定信仰信念。习近平总书记指出，对马克思主义的坚定信仰，对社会主义和共产主义的坚定信念，是共产党人的政治灵魂，是共产党人经受住任何考验的精神支柱。我们党的百年奋斗史，就是不断推进马克思主义中国化，最终形成中国特色社会主义道路、理论、制度和文化的历史。其中，有党艰辛探索的历史，也有党在探索中走向成熟、走向辉煌的历史。深入学习党的历史，要深刻认识中国共产党为什么"能"、马克思主义为什么"行"、中国特色社会主义为什么"好"，深刻领悟坚持中国共产党领导的历史必然性，更加坚定道路自信、理论自信、制度自信和文化自信，在党的领导下坚定不移干好我们的事业。

二要始终做到"两个维护"。习近平总书记强调，坚持党的领导，首先是坚持党中央权威和集中统一领导。"两个维护"是我们党最根本的政治纪律和政治规矩，关乎党的事业成败和前途命运。我们党百年辉煌成就的取得，根本在于全党服从中央、维护中央，在于全党拥戴核心、维护核心。学习党的历史，要善于从历史事件和矛盾关系中把握政治逻辑，始终坚定政治立场，提升政治判断力、政治领悟力、政治执行力，不断强化"两个维护"的思想自觉、政治自觉、行动自觉。要全面贯彻习近平新时代中国特色社会主义思想，落实好习近平总书记重要指示批示精神落实机制和"第一议题"制度，经常对标对表，始终同党中央保持高度一致，始终坚定不移听党话、跟党走。

三要始终胸怀"国之大者"。习近平总书记多次强调"对国之大者要心中有数"。学习党的历史，要深刻感悟我们党始终不渝为人民的初心宗旨，深刻认识我们党从哪里来、根扎在哪里、要走向哪里，切实找准历史坐标、把握历史方位、明确"国之大者"。对于中国共产党而言，让人民生活幸福就是"国之大者"，对于石油××人来讲，践行为国找油找气的责任使命也是"国之大者"。要进一步增强忧党之心、为党之责和报国之志，始终坚守石油××人的精神追求，把为国找油找气作为最大价值体现，持续提升找油找气服务保障能力，全面服务集团公司资源战略，在服务保障国家能源安全中实现价值、彰显作为，永远做党和国家最可信赖的找油找气先锋。

——庆祝党的百年华诞，就是要重温党的历史，从我们党百年奋斗积累的伟大经验中汲取发展的智慧，把理论和方法应用到发展的实践上，转化为推进公司治理体系和治理能力现代化的有力举措。辩证唯物主义和历史唯物主义是马克思主义世界观和方法论，是指导共产党人不断前进的强大思想武器。进入新发展阶段，公司迎来高质量发展的重要机遇期，也到了改革攻坚期、转型阵痛期。面对中华民族伟大复兴的战略全局和世界百年未有之大变局，需要我们充分把握历史规律，总结历史经验，运用马克思主义的世界观和方法论，来应对和解决未来发展道路上的新情况、新问题。

一要始终坚持党的思想路线。习近平总书记指出，实事求是，是马克思主义的根本观点，是中国共产党人认识世界、改造世界的根本要求。纵观党的历史，正是因为坚持一切从实际出发，中国共产党人才能够历经考验，浴火重生，从一个胜利走向另一个胜利。学习党的历史，要深入学习贯彻习近平新时代中国特色社会主义思想，自觉运用马克思主义基本立场、基本观点、基本方法分析问题、解决问题。要注重调查研究，坚持从群众中来、到群众中去，善于集中广大职工群众的智慧。要强化党性修养，时刻保持对党负责、对企业负责的精神，做到关键时刻坚持原则、敢于斗争、勇于担当，以实事求是的态度直面问题，敢于战胜一切困难，敢于战胜一切挑战。

二要始终坚持系统观念。 党的十九届五中全会将"坚持系统观念"作为"十四五"时期我国经济社会发展必须遵循的重要原则。党的十八大以来，习近平总书记胸怀两个大局，统揽伟大斗争、伟大工程、伟大事业、伟大梦想，统筹推进"五位一体"总体布局，协调推进"四个全面"战略布局，以胸怀大局、把握大势、着眼大事的宏大战略思维，系统谋划党和国家各项事业，为"中国号"巨轮指明了正确前进方向。学习党的历史，要进一步强化战略思维，善于从总体上看清形势、看清问题，掌握战略制高点，把握发展主动权。面对"率先打造世界一流"的宏伟目标，我们要坚持系统思维，加强战略研讨，从"六个一流"的维度，进一步细化目标、规划路径、创新举措，全力推进"两先两化"战略落地，力争"2025年基本建成世界一流企业"。

　　三要始终坚持辩证思维。 社会主义革命和建设时期，大庆油田靠毛泽东同志的《实践论》《矛盾论》"两论"起家，坚持抓主要矛盾和矛盾的主要方面，用辩证唯物主义观点分析、研究、解决了工作中的一系列问题，取得了油田开发建设的一个又一个胜利。学习党的历史，要传承好老一辈石油人学理论、用理论，在理论中找方法、找答案的优良传统，保持好理论联系实际、理论指导实践的优良作风。要坚持客观规律性和主观能动性的辩证统一，坚持矛盾普遍性和特殊性的辩证统一，坚持认识和实践的辩证统一，坚持全局和局部的辩证统一，用马克思主义的立场、观点、方法，不断破解企业改革发展的重大理论和实践问题，全面提升公司治理能力和治理水平。

　　——庆祝党的百年华诞，就是要重温党的历史，从我们党百年奋斗形成的伟大精神中获取不竭的动力，把担当和作为落实到坚决的行动上，转化为石油××人越是艰险越向前的顽强意志。 人无精神则不立，国无精神则不强。中国共产党的伟大革命精神跨越时空、永不过时，是砥砺我们不忘初心、牢记使命的不竭精神动力。历史已经证明并将继续证明，我们党之所以历经百年而风华正茂，饱经磨难而生生不息，就是因为有着宝贵精神财富的丰厚滋养。在新征程上，我们要把党的伟大精神传承下去，结合新的时代条件发扬光大。

　　一要大力弘扬创新精神。 习近平总书记指出，创新是一个民族进步的灵魂，是一个国家兴旺发达的不竭源泉，也是中华民族最鲜明的民族禀赋。党的全部历史，就是在创新中奋斗、在创新中发展的历史。在引领中国革命、建设、改革各个时期，我们党不断进行理论创新、制度创新、科技创新、文化创新，取得了举世瞩目的辉煌成就。作为一家技术服务型企业，我们必须坚持事业发展科技先行，时刻牢记"关键核心技术是要不来、买不来、讨不来的"。要认真践行新发展理念，优化完善科技创新体制机制，加强关键核心技术攻关，大力提升自主创新能力，切实把提质增效和战略发展的基点，牢固建立在科技进步和创新驱动上，把创新主动权、发展主动权牢牢掌握在自己手中，为率先打造世界一流注入创新动力。

二要大力弘扬奋斗精神。自力更生、艰苦奋斗是我们共产党人的品质，是我们立党立国的根基，也是党员、干部立身立业的根基。为了实现远大理想，中国共产党人付出了前人无法比拟的艰苦努力，形成了以奋斗为主要内涵的井冈山精神、长征精神、延安精神、西柏坡精神和铁人精神。我们缅怀党的历史，就是要继承和发扬老一辈革命家艰苦奋斗的优良传统和优良作风。艰苦奋斗不是喊口号，打造世界一流，也不是轻轻松松、敲锣打鼓就能实现的，新征程中必然会有诸多风险和挑战，需要我们在做好每一件小事、完成每一项任务、履行每一项职责中，时刻不忘自力更生、艰苦奋斗。要坚决打赢提质增效攻坚战，生产上精耕细作、经营上精打细算、科研上精益求精、管理上精雕细刻，全力以赴加强市场开拓，推进项目提速提效，压降成本费用支出，抓实亏损企业治理，加强安全环保管理，防范化解各类风险，确保完成全年各项任务目标。

三要大力弘扬石油精神。习近平总书记指出，大庆精神、铁人精神是中华民族伟大精神的重要组成部分。在石油工业发展历程中形成的石油精神和大庆精神、铁人精神，是激励百万石油人攻坚克难、勇往直前的磅礴精神力量。我们回顾历史，就是要传承好石油精神和大庆精神、铁人精神，大力弘扬"苦干实干""三老四严""三个面向、五到现场"等优良传统，做到知史爱党、知史爱企、知责前行。要以习近平总书记关于大力弘扬石油精神重要批示5周年为契机，深挖蕴含其中的时代内涵，持续开展再学习、再教育。要大力开展"转观念、勇担当、高质量、创一流"主题教育活动，把对石油精神的传承体现到为国找油找气的工作实践中，熔铸到企业改革发展全过程。要大力倡导"马上就办、担当尽责"的工作作风，定了的事要雷厉风行、不折不扣抓好落实，把对石油精神的传承体现在讲政治、守纪律、负责任、有效率的具体行动中。要大力弘扬劳模精神，选树典型、宣传典型、学习典型，引领广大干部员工争做新时代"铁人"，在各自岗位上奋发有为，在率先打造世界一流新征程中建功立业。

——庆祝党的百年华诞，就是要重温党的历史，从我们党百年奋斗践行的伟大初心使命中破解发展的密码，把理想和奋斗绘就到时代的底色中，转化为率先打造世界一流的磅礴伟力。习近平总书记指出，我们党之所以能够由小变大、由弱变强，根本原因是始终坚持和践行为中国人民谋幸福、为中华民族谋复兴的初心和使命。一个人也好，一个政党也好，最难得的就是历经沧桑而初心不改、饱经风霜而本色依旧。任何时候，我们都要不忘初心、牢记使命，不断强化理想信念，凝聚起应对挑战、克服困难、夺取胜利的强大力量。

一要始终坚持全面从严治党。勇于自我革命，是我们党最鲜明的品格。全面从严治党是保证我们各项事业沿着正确方向前进的根本保证。率先打造世界一流，必须全面从严治党。要认真落实新时代党的建设总要求，聚焦"提高党的建设质量"，认真落实全面从严治党"两个责任"。要坚决贯彻"两个一以贯之"，推动党的领导有效融入公司治理，充分发挥各级党组织把方向、管大局、保落实的领导作用。要扎实推进党建"三基本"建设与"三基"工作深度融合，严格落实组织生活制度，创新海外党建方式方法，深化党建信息化平台应用，推进全面从严治党向基层延伸。要不断强化政治监督，大力正风肃纪，一体推进不敢腐、不能腐、不想腐，持续构建大监督格局，将全面从严治党引向深入，全力保障公司改革发展行稳致远。

二要始终坚持党的组织路线。坚持正确组织路线，党的组织就蓬勃发展，党的事业就顺利推进。正是因为我们党在任何时候都高度重视党的组织体系建设、党员队伍与干部队伍建设，才发展壮大成为世界第一大政党。进入新发展阶段，我们必须认真践行新时代党的组织路线，以组织体系建设为重点，着力培养忠诚干净担当的高素质干部，着力集聚爱国奉献的各方面优秀人才，坚持德才兼备、以德为先、任人唯贤，选拔使用好各个年龄段干部。要认真落实集团公司人才强企各项工作部署，不断完善人才培养"生聚理用"工作机制，不断激发人才活力动力，为公司率先打造世界一流提供坚强人才保证。

三要始终坚持党的群众路线。习近平总书记强调，江山就是人民，人民就是江山。党与人民风雨同舟、生死与共，始终保持血肉联系，是党战胜一切困难和风险的根本保证。历史经验告诉我们，只有充分调动广大职工群众的积极性，才能切实凝聚起众志成城的磅礴力量。学习党的历史，就是要牢记"为了谁、依靠谁、我是谁"，始终坚持以人民为中心，把群众观点、群众路线根植于思想深处，落实到具体行动。要积极主动为职工群众办实事，把发展成果更多惠及广大员工，切实增强员工的获得感、幸福感、安全感。要充分发挥员工群众的主体作用，凝聚众智、汇聚众力，谋改革、促发展，汇聚起率先打造世界一流的强大力量。

同志们，在全党开展党史学习教育，是党中央立足党的百年历史新起点，统筹中华民族伟大复兴战略全局和世界百年未有之大变局，为动员全党全国满怀信心，投身全面建设社会主义现代化国家，而作出的重大决策。我们要深入学习领会习近平总书记关于党史学习教育的系列重要论述，全面落实集团公司党组和公司党委各项安排部署，真正做到学史明理、学史增信、学史崇德、学史力行，真正做到学党史、悟思想、办实事、开新局。

同志们，百年征程波澜壮阔，百年初心历久弥坚。在这个伟大光荣的时代，在这个奋斗担当的时代，让我们更加紧密地团结在以习近平同志为核心的党中央周围，不忘初心、牢记使命，乘风破浪、开拓进取，奋力开创公司高质量发展新局面，以优异成绩庆祝中国共产党成立100周年！

【写作点评】

这篇讲话采用的是典型的两段论结构，主体内容按照时序逻辑编排，即"肯定成绩＋分析形势和部署工作"。讲话既围绕"两优一先"表彰作了总结和肯定，又结合庆祝中国共产党成立100周年作了党课宣讲。讲话开篇突出了临近中国共产党百年华诞的重要时间节点，直接带入主题，传达学习了×××党组书记专题党课主体内容，充分肯定了受到表彰的"两优一先"，号召各级党组织和广大党员干部学习先进、崇尚先进、争当先进。在分阶段阐述党的百年接续奋斗辉煌历程和重大成就后，系统总结了中国××事业在党的领导下取得的发展业绩，重点结合建设世界一流企业新目标、新任务，带领广大党员干部用党的奋斗历程和伟大成就鼓舞斗志、明确方向，用党的光荣传统和优良作风坚定信念、凝聚力量，用党的实践创造和历史经验启迪智慧、砥砺品格，从党的百年奋斗历程中汲取发展的智慧和奋进的力量，推动广大党员干部学史明理、学史增信、学史崇德、学史力行，真正做到学党史、悟思想、办实事、开新局。

写作范例51：

在××公司"五四"表彰大会
暨纪念铁人诞辰100周年
大会上的讲话

×××

（××年××月××日）

青年朋友们：

"五四"是充满激情和热血的日子，是放飞希望和梦想的时光，是属于全体青年朋友的节日。在这个青春逐梦的日子里，我谨代表××院党委，向与会的团员青年代表及全院青年干部员工致以节日的问候！向受到表彰的先进集体和先进个人表示热烈的祝贺！

刚才，受到表彰的先进集体和先进个人，是××院优秀青年的代表，是广大青年学习的榜样。特别是×名发言的同志，他们虽然来自不同的单位，从事不同的专业，但都有一个共同的特点，那就是勤恳实干、创新奉献。在他们身上集中展现了新时代××院青年的远大志向、精神风貌和意志品格，这股朝气蓬勃的韧劲、拼劲和闯劲，是××院推动科技创新和改革发展的活力所在、希望所在，正因为有你们，建设世界一流研究院未来可期。

今年是铁人诞辰100周年，对于我们石油人来说意义重大。铁人精神是中华民族伟大精神的重要组成部分，是一代又一代石油青年永续传承的精神血脉，是推动××改革发展最深沉、最持久的精神力量。我们学习铁人精神，就是要学他"为国分忧、为民族争气"的爱国主义精神；就是要学他"宁肯少活20年，拼命也要拿下大油田"的忘我拼搏精神；就是要学他"有条件要上，没有条件创造条件也要上"的创新奋斗精神；就是要学他"干工作要经得起子孙万代检查""为革命练一身硬功夫、真本事"的科学求实精神；就是要学他"甘愿为党和人民当一辈子老黄牛"的无私奉献精神。正是铁人精神的激励，"我为祖国献石油"的主旋律才更加响亮、正能量才更加强劲。

回顾××院××年发展历程，铁人的精神和意志激励着一代代××院青年，在油气勘探开发理论技术创新和生产服务创效上勇担重任、砥砺自强，攻关形成了一系列自主创新成果，为油气科技事业发展作出了重要贡献。

这些历史和成绩诠释着××院青年的责任担当，寄语着手握接力棒的新时代××院青年，**坚定信仰、接续奋斗**，在矢志自立自强、勇攀科技高峰的青春赛道上跑出"**加速度**"、**赛出好成绩**。

今天是我第二次和××院青年面对面交流。上次是参加近两年新入职青年座谈会，这次是和我们院全体优秀青年代表畅谈未来。××院发展壮大离不开你们，同时你们也承载着支撑××高质量发展的历史重任。借此机会，我想给青年朋友们提四点倡议。

第一，要做新时代信念坚定、志存高远的新青年

儒学经典《大学》中有两句话很有意义。一句是开篇的"**大学之道，在明明德，在亲民，在止于至善**"。这里谈到的"大学"不是我们现在常说的高等学府，而是大人之学、君子之学，是通向人生大道的学问。这句话的大意是：大学的宗旨在于弘扬光明正大的品德，学习和应用于生活，使人达到最完善的境界。另一句是"**物格而后知至，知至而后意诚，意诚而后心正，心正而后身修，身修而后家齐，家齐而后国治，国治而后天下平**"。意思是：通过对万事万物的认识和研究后，才能获得知识；获得知识后，意念才能真诚；意念真诚后，心思才能端正；心思端正后，品性才能修养；品性修养后，家庭和家族才能管理好；家庭和家族管理好后，国家才能治理好；国家治理好后，天下才能太平。这就是习近平总书记多次强调的中国知识分子要有"**修身、齐家、治国、平天下**"的家国情怀。所以，青年朋友们：

一要牢固树立坚定理想信念。给大家讲一个小故事，两人比赛走直线，一人一直盯着脚下，边观察、边前行，结果却"**谬以千里**"；另一人盯着前方的一座山悠闲前行，结果是"**差之毫厘**"。这个故事启示我们，人生旅途要有信仰、有方向，即使短期内遭遇挫折，但距离目标总是越来越近。中国共产党历经百年而愈加坚韧，其中最根本的一条，就源于她的初心和百年来对初心的不渝坚守。坚持以人民为中心，是我们党历经考验磨难而无往不胜的关键所在。人民性是马克思主义最鲜明的品格。人民立场是中国共产党的根本政治立场，是马克思主义政党区别于其他政党的显著标志。这个根本政治立场决定了党在部署经济工作、制定经济政策、推动经济发展的过程中，都始终坚持以人民为中心。在座的青年干部要树牢理想信念，并教育引导广大青年，听党话、跟党走，树立远大理想和坚定信仰。党的二十大胜利召开，习近平新时代中国特色社会主义思想引领我国开启了全面建设社会主义现代化国家、向第二个百年奋斗目标进军的新征程。这是新时代我们党加强自身建设的新起点，决定着第二个一百年的**发展道路、发展内涵、发展格局和发**

展方向，更是青年朋友们需要认真学习的思想理论，是我们启航新征程的灯塔，永远照亮我们前进的方向。

二要在党领导下树立远大志向。自幼立志，其人必奇。铁人王进喜的志向就是"早日把中国石油落后的帽子甩到太平洋里去"。明代大儒王阳明精通儒、释、道三教，能够统军征战，是罕见的全能大儒，在当时被称为"圣人"。王阳明自幼就立志读书学做圣贤，他引用北宋著名理学家张载振聋发聩的"横渠四句"表达自己的理想：为天地立心，为生民立命，为往圣继绝学，为万世开太平。梁启超也曾借用立德立功立言"三不朽"标准评价王阳明。习近平总书记在党的二十大报告中特别强调，深入推进能源革命，加大油气资源勘探开发和增储上产力度，加快规划建设新型能源体系，加强能源产供储销体系建设，确保能源安全。集团公司党组也多次强调，××院要加快世界一流研究院建设、勇担实现高水平科技自立自强的先锋主力。党中央有号召，集团公司党组有要求，我们必须快行动。作为××院青年，要在中国特色社会主义建设的征程中找准定位，早日把自己的理想融入百年奋斗的事业中来，做社会主义核心价值观的坚定信仰者、积极传播者、模范践行者；要坚决扛起引领石油科技事业未来发展的历史重任，以超越权威、超越前人、超越自我的勇气，在守正创新中不断实现新突破、展现新作为，推动我国能源革命实现重大突破。

三要积极树立正确的世界观和方法论。中国很多谚语故事都富有哲学道理。世界观是人们关于世界的总看法和根本观点。当人们以一定的世界观观察问题、处理问题时，世界观也就有了方法论的意义。世界观侧重说明世界"是什么"，方法论侧重说明"怎么办"；世界观决定怎么去"想"，方法论决定怎么去"做"，二者统一在实践上面。因此，世界观正确与否至关重要。辩证唯物主义和历史唯物主义是马克思主义的世界观和方法论，也是我们党一以贯之的世界观和方法论。党的二十大报告中指出："继续推进实践基础上的理论创新，首先要把握好新时代中国特色社会主义思想的世界观和方法论，坚持好、运用好贯穿其中的立场观点方法。"报告强调，必须坚持人民至上、必须坚持自信自立、必须坚持守正创新、必须坚持问题导向、必须坚持系统观念、必须坚持胸怀天下。"六个必须坚持"中，人民至上是根本的价值立场，自信自立是内在的精神特质，守正创新是鲜明的理论品格，问题导向是源头活水，系统观念是基本工作方法，胸怀天下是特有的大视野、大境界。希望大家用我们党最先进的科学理论武装头脑，确立正确的世界观和方法论，在生命长度确定的条件下，尽可能去扩展生命的宽度，从而成就自己的人生。

第二，要做新征程基础扎实、方法科学的后备军

中华民族推崇的人生理想，是追求有所作为；看重的立身之本，是真才实学；认定的成才之路，是发愤学习。中国人重视读书、勤奋好学，已成为世代相传的优良传统。中国民间有许多关于学习的格言：“少壮不努力，老大徒伤悲”“书山有路勤为径，学海无涯苦作舟”，等等。这些都是强调必须重视提升自身素养的生动写照。年初，院里针对青年作了一次系统的思想动态调研报告，可以看出××院青年是一个极其优秀的群体，普遍具有高学历、高素质、高水平的特点，不少人毕业于国内外顶级名校，留学生比例接近六分之一。虽然很多青年的工作热情较高，但仍存在自身发展规划不清晰的现象，这既需要××院营造良好的青年成长成才氛围，更需要青年自身做好中长期职业规划，夯实职业生涯的基础。

一要用好当下时光。“盛年不重来，一日难再晨，及时当勉励，岁月不待人。”这几句出自陶渊明的《杂诗》，说的是青春一旦过去便不可能重来，一天之中永远不会看到第二次日出；应该趁着年轻时多勉励自己，时刻警诫自己光阴流逝，并不会停下来等人，不要蹉跎了岁月。当今社会是知识爆发的时代，技术更新迭代的速度惊人，世界都不等待我们，我们还要等待什么？所以，青年朋友们一定要抓住当下的时光，努力学习充实自己，充分发挥自己的主观能动性，夯实自己一生的基础。只有这样，才能在机会来临的时候用好机会。反之，贪图安逸、只顾享乐，即便机会来临，也只能追悔莫及。

二要坚持问题导向。问题导向是马克思 1842 年在《莱茵报》第 137 号刊论《集权问题》中提出来的。马克思指出，历史本身除了通过提出新问题来解答和处理老问题之外，没有别的方法。青年时期的毛泽东经常对人说：“‘学问’二字连成一个名词是很有意义的，我们不但要好学，而且要好问。”因此，他在 1917 年和 1925 年，两次去湖南安化游学进行社会调查。在和好友萧子升出发的时候，他们没有带钱，只穿一身普通衣服，带一把油纸伞、一个包袱、一套换洗衣物、洗漱用具、一支毛笔和一个墨盒。走到哪儿都是老百姓给点吃的，借个地方睡觉，偶尔帮人写写对子、抄抄帖子赚点路费。通过深入当时的中国农村，与老百姓同吃同住，他发现了一些真实问题，这最终成了毛泽东社会改革的思想源泉和革命实践的萌芽探索。当前，集团公司党组对油气勘探开发提出了更高要求，要积极推进能源革命的高质量实现，围绕"深低海非"加速成为勘探开发的主体、新增油气储量需要高质量建设、油气开发完全成本要实现××美元的目标、原油高效益增产、天然气快速上产等关键技术亟须攻克等问题挑战，迫切需要油气勘探开发理论技术的提档升级，迫切需要××院人特别是××院青年，利用最新的专业知识提出系统、完整、高端的解决方案。目前，我院普遍存在看问题不精准，分析问题、解决问题能力不够强等短板不足，能够助力油气高效勘探开发的高水平技术利器不足，能够获得现场广泛应用和持续提升的科技成果不多，成果的梯次系列不完善等，这就需要我们努力提高认识问题、分析问题、解决问题的能力，推动形成高层次技术发展战略。青年朋友们要突出问题导向、目标导向和结果导向，研究集团公司和地区公司需要解决的难题，认真查找影响油气勘探开发效率和效益提高的不足；认真查找学科建设中的短板和与现有形势不相适应的方向；建立高水平对标机制和标准，全面破解制约油气勘探开发高质量发展的真问题。

三要善于创新自我。 于敏院士是我国著名的核物理学家和氢弹研究的关键性人物。1960年底，国家开始组织一批青年科学工作者悄悄探索氢弹技术。那一年于院士34岁，他几乎是在研发核武器权威物理学家中唯一一个没有留过学的人。于院士从一张白纸开始，依靠自己的勤奋，举一反三进行理论探索，摸清了氢弹的基本现象和规律，并创造性地完成了氢弹最关键的基本构型设计，后来称为"于敏构型"，被认为是与美国提出的"泰勒·乌拉姆"构型各自独立发展的氢弹构型。正是这种氢弹构型使我国仅用不到三年时间就完成了由原子弹到氢弹的研制。当前，××院解决瓶颈难题的基础研究有些滞后，各专业领域研发方向和学科建设还不适应新形势要求，对新油气田如何更加高效开发、老油田如何有效开发调整的理论技术支撑不足，基础实验对技术成熟的支撑还有差距。青年朋友们要努力创新思维，强化课题立项顶层设计的先进性，多与专家学者沟通交流，把握理论研究和技术发展的动向，推进学科建设和项目研究的有机融合；要不断创新学习方法、科研方法、实践方法，全面提升科研效率和科研质量，加强各专业交流与合作，持续拓展专业领域的长度和宽度，切实增强研发创新的针对性和有效性；要加大基础研究力度，加快落实重大基础研究十年行动计划和原创技术策源地建设实施方案，加快推进原创关键核心技术攻关。

四要健全工作方法。 科学的工作方法是破解难题的"金钥匙"。要紧密贴近生产、服务生产、支撑生产，以更加新颖的知识、更加精准的定位、更加科学的方案，提升科研项目质量，努力成为油田离不开的技术输出方。实验是高端理论的发源地，是推动理论发展的重要抓手。要积极走进实验室，带着问题做实验，通过实验完善技术系列，通过技术成熟推动高质量建设的实现，努力做扎根实验室潜心研究的带头人。忧患意识是实现超前研究的动力。要树立忧患意识，精准研判油气田勘探开发未来技术的发展动向，积极确立研究目标，加快付诸行动，只有这样我们才能赢得主动，才能推动公司世界一流企业目标的高质量实现。要高端定位自己的人生方向。目前部分科研人员在思想上安于现状、开拓创新意识不强，青年朋友们要建立适合自己特点且有效的工作方法，充分利用学习钻研的最新理论知识，抓住油田一线和实验室两个重点，以敢为天下先的闯劲谋划定位××院各专业领域的研究方向，以咬定青山不放松的韧劲潜心研究超前基础，努力构建新一代油气勘探开发理论技术体系。

第三，要做新阶段技术精湛、本领高强的科学家

《易经·系辞上》中有一句话："夫《易》，圣人之所以极深而研几也。唯深也，故能通天下之志；唯几也，故能成天下之务。"大体意思是：《易经》参透了深奥的道理，研究了细微的变化，所以能开通天下人的思想，成就天下人的事物。刚刚我们提到的于敏院士就是其中的优秀代表，隐姓埋名28年，是名副其实的"氢弹之父"。面对迟到且纷至沓来的荣誉，他只是淡然地说道："一切都是为了国家需要。"高端前沿、心系国家、技术精湛，于敏院士的这种精神值得我们所有青年科研工作者学习。所以，青年朋友们：

一要具有前瞻性的战略思维。在数码相机发明以前，柯达一直是胶卷相机中的翘楚。在传统影像行业里，柯达曾占有全球60%的市场，是无可置疑的行业霸主。即使众多强劲对手采用各种竞争手段，柯达依然独占鳌头。然而，正是由于陶醉传统影像业的辉煌，当市场由"胶卷时代"进入"数码时代"时，柯达没有看透未来的发展趋势，结果错失了先机。柯达的倒闭追根溯源是公司未对行业发展作出精准的前瞻性预判。诺基亚手机、小灵通等同样如此。当跟不上时代，时代抛弃你的时候，连声招呼都不会打。如何才能构建前瞻性的战略思维？深入细致的调查研究是前提，只有掌握大量的第一手真实资料，才能为科学决策提供依据。在确定科研方向时，首先要建立在数据分析的基础上，"拍脑袋"作决策缺乏充分依据，往往会导致严重失误，浪费科研资源和时间。还要敢于打破常规、转变观念，用丰富的想象力去解放束缚自身的固化思维。我们要把握技术迭代发展的方向，精准定位实现方向目标的路径，并加快推动落实和实现。

二要具有甘愿奉献的爱国情怀。今年×月，集团公司刚刚组织了"侯祥麟星"命名仪式暨学术报告会，纪念侯祥麟院士杰出贡献和崇高精神。侯祥麟院士是我国石油化工技术的开拓者之一，80年前便留美攻读博士学位，毕业后毅然回国。他说过："一个真正科学家的快乐，是创新和奉献。创新，是科学发展的本质和灵魂；而奉献，是我们科学研究的目的。"当年有一部电影叫《五朵金花》，演的是5个白族姑娘的故事。而石油界的"五朵金花"则是5种和炼油有关的工艺技术，分别是流化催化裂化、催化重整、延迟焦化、尿素脱蜡，以及有关的催化剂和添加剂，这些都是侯祥麟院士率队攻克的，并将正要攻关的这5项新技术称为"五朵金花"。到1965年底，"五朵金花"全部绽放，并成功实现了工业化生产，使我国的炼油工业技术一下子从落后跃到世界先进水平。可以说，当时××油田实现了中国原油自给，而"五朵金花"则实现了中国成品油自给。爱国是科学家精神的第一要义，也是对新时代人才的第一要求。青年朋友们要传承弘扬老一辈石油科学家爱国奉献、心系人民的优良传统，始终胸怀赤诚报国的坚定信念，时刻牢记一切工作、一切奋斗都要紧紧围绕为党为国为人民，自觉把个人追求融入国家发展和民族复兴，坚决扛起为国找油找气、端牢能源饭碗的光荣使命和重大责任。青年朋友们，那些爱国奉献的仁人志士永远都有浓墨重彩的一页。

三要具有解决复杂问题的素质能力。地震数据处理中的多次波压制曾经是个难题。因为多次波与一次反射波有相似的反射特征而难以区分，从而在地震剖面上产生许多干扰。地球物理学家们通过数学理论研究，将时间－空间域的地震数据通过二维傅里叶变换转换到频率－波数域中，从而将多次波轻松去除。航空航天领域的嫦娥探月、空间站建设、北斗卫星等都是极其复杂的系统性工程，但负责这些项目的都是平均年龄不到35周岁的青年团队，他们都具有极强解决复杂问题的素质能力。在日常工作中，我们往往也面临诸多复杂问题，如何像压制地震数据中多次波一样找到解题思路、简化模型、变换尺度、找出关键十分重要。首先，要学会透过现象看本质，认识问题的层次越高，对应的基础学科分析就越深入，越具有普遍性和实用性，可以跨学科、跨领域解决表面看来不相干、但作用原理一致的诸多问题。其次，要学会变换思维方式，通过改变思考方式，变换时间空间的尺度，从不同的角度去分析，进而得出截然不同的规律和特征。最后，要善于找出关键矛盾，用"两论"方法分清主次，找到关键问题，把准系统的关键性"要害"，才能从浩瀚的问题"海洋"中解放出来。

第四，要做新使命高端建设、快速实现的先锋队

一流研究院建设是新时代××院人的责任担当，更是××院青年的重大使命。广大青年朋友要积极响应院党委号召，积极参与到奋进高质量发展的新征程之中。

一要打造攻坚克难的团队。俗话说，"一根缆绳容易断，十根缆绳拉大船"，强调的是团结协作的力量和重要性，充分发挥团队力量才能做成大事、成就大业。油气勘探开发是一项多学科、多专业共同合作的团队事业。我们每个人的知识、能力和水平都是有限的，学科间相互渗透和融合是事业发展取得最大成功的必由之路。上个月，×××院士为大家作了铁人精神专题讲座，里面很多故事都真实反映了王进喜为国为民的光辉形象。他的"五讲"——讲进步不要忘了党，讲本领不要忘了群众，讲成绩不要忘了大多数，讲缺点不要忘了自己，讲现在不要割断历史，充分体现出铁人深厚的集体主义观念，也让我们深切感受到铁人带领的是一支直面困难、勇往直前的团队。电视剧《亮剑》中的"亮剑精神"之所以能打胜仗，就是团队里的每一个人思想一致、目标一致、行动一致，做到了心往一处想、劲往一处使。只要大家都锚定一流目标，强化执行落实，大胆探索创新，我们就一定能够实现××院的战略目标和发展愿景。

二要打造朝气蓬勃的团队。前段时间我给大家推荐了清华大学吴维库教授的两本书，分别是《阳光心态》和《情商与影响力》。院里已经给近几年新员工统一发放，建议大家抽时间读一读，相信对营造良好团队氛围、增进团队凝聚力会有很大帮助。优秀的青年人才，要懂得生活和工作在一个融合的社会里，每个人都需要别人的配合和帮助，只有注重团结协作、依靠集体智慧群策群力，才能实现共赢目标。要有大局意识、协作精神和服务精神，始终秉持"我是团队中的一分子"的理念，既能够各司其职，又能够相互支持、密切配合；既能担当优秀组织者，也能干好助手和配角。在责任和担当面前挺膺前行，面对荣誉和掌声后退一步，用一时一事的谦让换取日后在战友簇拥和支持中的成功。要提高个人修养，在高智商基础上培养高情商，提升抗压能力、保持乐观态度，不断增强团队协作精神和沟通交流能力。要鼓励谦让、倡导合作，让亲和力成为提升团队精神的黏合剂。唯有如此，我们才能获得心与心的真诚交流和肩并肩的团队协作，实现"1+1＞2"的良好成效，打造活力迸发、阳光和谐的创新团队。

三要打造勇挑重担的团队。20世纪八九十年代，在翟光明、胡见义两位院士的亲自主持下，国家实施了科学探索井工程。当时，仅31岁的赵文智院士、26岁的邹才能院士跑野外、查资料、蹲现场，成为台参1井和陕参1井成功钻探的重要贡献者。以邱中建、范成龙、童晓光、贾承造、梁狄刚、陈永武、贾文瑞、贾爱林等为代表的一批专家学者，包括当时刚刚30岁的马永生院士，参加××等油田会战，为发现××、××等油气田作出突出贡献。作为××院青年，面对半个多世纪的勘探开发历史，易发现的油气田多数已经被找到，易开发的油气田也早已投入开发，现在留给我们更多的是非常规、隐蔽性、深层等难动用油气资源。面对这些新领域、新区带，我院青年要勇敢地挑起重任，向创新要发展，向技术要质量。为此，大家要有求知若渴、不耻下问的态度，向书本学习完善知识结构，向实践学习做到融会贯通，向优秀之人学习选好身边榜样，不断提升自己的素质和能力，不断提高自己的业务水平，让人生之路因青春的作为而闪光。

青年朋友们，"非淡泊无以明志，非宁静无以致远"。青年是事业薪火相传的中坚力量，面对建设世界一流的机遇和挑战，新时代××院青年施展才干的舞台无比广阔，实现梦想的前景无比光明。我们坚信，我院全体青年一定能够赓续大庆精神、铁人精神和石油科学家精神，用理想之火照亮青春奋进的脚步、用担当之力搭起青春奋进的阶梯、用创新之实撑起青春奋进的脊梁、用奋斗之魂镌刻青春奋进的荣光，××院美好的明天一定会刻录下你们无比精彩的青春奋进华章。

谢谢大家！

【写作点评】

这篇讲话采用的是两段论结构的变体，全文按照时序逻辑编排，即"肯定成绩＋形势分析和工作部署"。主体内容之前的几段可以看作第一大部分，是肯定××院青年作出的历史贡献；主体内容四大段可以看作第二大部分，是××院主要领导提出的四个方面的工作要求，号召广大青年要做新时代的新青年、后备军、科学家和先锋队。总体来看，这篇讲话主题鲜明、结构清晰、逻辑严谨、语言灵活，引用了大量的历史事实、历史人物、鲜活事件，以及伟人话语、名言警句，讲述了广大青年应当牢记责任使命、弘扬铁人精神、提升素质能力、矢志世界一流，为推动××院高质量发展、保障国家能源安全书写青春奋进华章。最后一段采用的是展望式结尾法，就是指向远处看、向将来看，估量事物发展的前途，标志性词语是"……一定能够……"。

在 ×× 公司"五四"表彰大会暨主题活动 闭幕式上的讲话

×××

（×× 年 ×× 月 ×× 日）

同志们、青年朋友们：

在大家的共同努力下，公司"五四"表彰大会暨"五四"主题系列活动圆满完成各项议程。刚才，会议宣读了公司"五四"表彰通报，宣布了青年创新论坛和青年演讲比赛评选表彰结果，××× 等 × 名青年先进代表作了交流发言，青年创新论坛一等奖获得者 ××× 和青年演讲比赛一等奖获得者 ××× 进行了现场展示，充分展现了公司青年朝气蓬勃的青春风采。在此，我代表公司党委、公司向受到表彰的青年先进集体和个人以及在活动中取得优异成绩的选手表示祝贺。

此次活动组织有力、亮点纷呈、务实高效，主要有三个方面特点：一是策划安排有深度，充分体现了公司团委的精心思考，既立足团青工作职责定位，又聚焦大事、服务大局，有效推动了公司党委工作部署的落实落地；二是活动组织有新意，充分结合青年人思维活跃、有创造力、有冲劲的特点，创新活动载体，搭建展示平台，以赛促学、以赛促练，有效激发了青年干事创业的热情；三是青年员工有激情，各位选手和代表精神饱满、活动气氛热烈，在座每一位青年，心中都有一团火，充分体现出对推进公司高质量发展的炙热情怀。

党的十八大以来，以习近平同志为核心的党中央站在党和国家事业发展薪火相传、后继有人的战略高度，关心青年成长成才、谋划青年工作发展进步，激励广大青年在实现中华民族伟大复兴的时代洪流中踔厉奋发、勇毅前进。习近平总书记在党的二十大报告中强调"青年强，则国家强"，指出"当代中国青年生逢其时，施展才干的舞台无比广阔，实现梦想的前景无比光明"，对广大青年提出了"立志做有理想、敢担当、能吃苦、肯奋斗的新时代好青年"的重要要求。这些重要论述为青年成长成才指明了方向，提供了根本遵循。刚才观看了视频短片，大家都应深入思考。我希望各位青年朋友，在今后的工作中，始终牢记习近平总书记的重要指示精神，坚定理想信念，砥砺初心使命，为推动公司发展贡献青春力量。

下面，我重点围绕"经历、阅历、资历"三个关键词，同大家一起分享一些体会和思考。

第一个关键词，关于经历

经历就是"经人历事"，每一个生存于社会中的人都会有经历，所有的经历都会留下人生旅途的印迹。经历可以淬炼心智、丰富人生，唯有经历，才能让人在过程中成长，在磨砺中领悟。从"文王拘而演《周易》；仲尼厄而作《春秋》；屈原放逐，乃赋《离骚》……"到"卧薪尝胆""破釜沉舟"等典故，都告诉我们一个道理：经历是最宝贵的财富。成功的经历可以提振信心，失败的经历可作前车之鉴，漫长的经历可以磨炼意志，短暂的经历可以锻炼心智。不论是经历成功还是失败、经历漫长还是短暂，所有的经历都是人生有益的积淀。

当前，我们正处于一个伟大的时代，也处于一个快速变化和复杂性、严峻性、不确定性上升的时代。百年未有之大变局加速演进，大国博弈日趋激烈，经济全球化遭遇逆流，世界进入新的动荡变革期。能源行业电动革命、市场革命、数字革命、绿色革命方兴未艾，化石能源清洁化、清洁能源规模化、多能互补综合化、终端能源再电气化加速演进。面对宏观环境的深刻变化，集团公司党组以前所未有的政治担当，坚决落实习近平总书记重要指示批示精神和党中央决策部署，全面推进治理体系和治理能力现代化、对标世界一流管理提升、依法合规治企和强化管理等工作，专题推进人才强企、科技与信息化创新等重点任务，各专业公司、地区公司改革步伐进一步加快，推动财务、人事、信息管理、客户服务转型，促进改革发展的需求更加迫切，为公司服务改革发展、赋能价值提升提供了广阔舞台。

对于青年而言，投身公司建设的生动实践，既恰逢其时，也重任在肩，世界一流目标将在你们的努力下由蓝图变为现实，大家既是追梦者，也是圆梦人。无论你身处哪个岗位，这些都将是你一生宝贵的经历。这个经历既是学习和工作的历程，也是奠定成长之基的过程，是不断得到同事、社会认可的过程，也是走向成熟定型的过程。青年人有什么样的经历固然重要，但更重要的是不断丰富经历的内涵。

一是在坚定理想中经历成长。敢于有理想追求，才能拥有梦想成真的喜悦。"中国人民是具有伟大梦想精神的人民。"从盘古开天、女娲补天、伏羲画卦、神农尝草、夸父追日、精卫填海、愚公移山等神话传说，到小康生活理念、天下为公情怀、大同社会理想……中国人民放飞梦想、追求美好、向往崇高的宝贵传统，千百年来生生不息。理想的力量，深深渗入中华民族的血脉，牵引着中华民族奋进的脚步，构成了中华民族精神的内核。

人生因为有了光辉理想，而能成其大、飞其高、达其远。青年最敢于有梦、最富于理想，也最应该有正确、远大的理想。但我们也要看到，有一股与时代气息和青春脉搏相违背的"逆流"，正在对部分青年产生消极影响。比如，有的青年认为现在物质条件改善了，不需要再强调奋斗；有的青年坦然"啃老"；有的青年抱怨社会不公，认为奋斗无益，由此导致"丧""内卷""佛系""躺平""摆烂""摸鱼""划水"等种种网上思潮一度盛行。

需要给受负面观念影响的青年以善意提醒：个人利益的满足，物质条件的改善，社会的多彩，生活的丰富，个性的彰显……是好事，是时代进步的体现，是经济社会发展的目的，但永远不能忘记"人是需要精神的""青春之舟需要理想之舵"。如果没有了"大我""大爱""大抱负"，没有了"诗和远方"，如果一味地沉溺于个人追求、眼前利益、物质享受，这样的青春是狭隘的、庸俗的、枉度的。拥有这样的青春，是时代的浪费，也是人生的悲哀。

人类历史的发展告诉我们，"时代的性格就是青年的性格，时代的精神就是青年的精神"。时代怎样，青年就怎样；青年怎样，时代发展和未来就怎样。公司员工大部分都是青年，可以说青年人的理想就是公司的理想，青年人的风貌展现了公司的风貌。如何在物欲横流的时代中抵得住诱惑、守得住初心，是青年人必须经历的过程，只有正确认识和处理"私与公""利与义""欲与理""短与长"等重大关系，勇于跳出狭隘小圈圈，把事业需要、组织期待和个人理想有机结合起来，把做人做事统一起来，才是青年成长进步的唯一正确途径。

二是在读书学习中经历成长。石油人一直有爱读书、爱学习的好传统。大庆会战时期篝火底下学"两论"，即《实践论》《矛盾论》。通过学习"两论"，铁人王进喜说："这困难那困难，国家缺油是最大的困难；这矛盾那矛盾，国家建设等用油是最主要矛盾。"通过学习"两论"，会战将士们获得了一个目标、一种梦想、一份力量，更看到了实现理想的指路明灯。××建设对××公司来讲，是变革管理的产物，也是一种管理创新，是一个不断实践探索的过程。公司党委坚持"双向赋能"思路，着力打造学习型组织，加大软硬件资源保障力度，团委梳理下发多份推荐书单，为基层团组织提供订单式图书征订服务，打造青年书屋，目的就是为大家打造良好的学习环境，营造浓厚的读书氛围，让大家养成爱读书、读好书的习惯，从理论知识、专业素养等多维度学习提升，满足公司不断发展的需要。

读书的过程就是帮助我们突破个体的局限，走进更宽阔的世界；读书也是与先贤、智者跨越时空对话，与"高手"过招。当前是一个信息爆炸的时代，一个瞬息万变的时代……越是在迷茫的时候，越应该静下心来，读一读经典的作品，从经史典籍中汲取先贤智慧，不断丰富自己的精神世界、完善自身的知识结构。

三是在艰苦奋斗中经历成长。经历是要干事的，而不是简单轻松地度过。人在事上练，刀在石上磨。什么样的经历让人刻骨铭心、没齿难忘，让人成长成熟、砥砺成才？那些撸起袖子、甩开膀子一起战天斗地的经历，那些爬坡过坎、风雨兼程一起度过的时光，那些惊心动魄、急得像"热锅上的蚂蚁"一起熬过的日子，都会让我们的经历有质感，丰富充实而生动。毛泽东同志说，经过了长征，红军人数虽然减少，力量却比以前更强，因为"留下来的同志是革命的精华，都是经过严峻考验的。不仅要以一当十，而且要以一当百、当千、当万"。谚语"吃得苦中苦，方为人上人"，说的就是吃苦能够成为人的财富，这也是习近平总书记提倡"年轻人要自讨苦吃"的道理。

只有"艰难困苦"，才能"玉汝于成"。随着××服务建设的深入推进，大集中ERP建设、四路××深度协同、"数据中心"建设、三项业务全承接、人力资源业务优化、客服平台建设等等，每一桩、每一件都是难啃的硬骨头，迫切需要青年迎难而上、挺身而出，敢到"吃劲"的岗位上去摸爬滚打，敢接"烫手山芋"、钻"矛盾窝"，主动与××建设的瓶颈问题作斗争、与客户痛点难点问题作斗争、与"缓缓劲、歇歇脚"的不良风气作斗争，通过不断化解难题开创××建设新局面，千方百计把不可能变成可能、把可能变成现实，用实际行动和优良业绩体现青春担当和青春活力。

第二个关键词，关于阅历

阅历，比较平实的解释，是指一个人对社会、对事件、对生活中所发生的事的经历及理解方式，就是通过对发生事件、存在事物的自主思考后产生的由浅入深、由表及里的认识，是一种主观思维，中学语文教科书将其通俗解释为"社会经验"。如果说经历是方法论，那么阅历就是认识论；如果说经历是一种量的积累，那么阅历就是一种质的飞跃。阅历能帮助人们妥善解决生活及工作中出现的矛盾和困难，帮助人们少犯错误或不犯错误；能够前瞻性地预测事物的发展，洞察世事的纷纭，帮助人们正确抉择。在增长经历的同时，不断丰富自己的阅历，也是青年必须具备的基本功。

一是阅历在经历中融合。人既然不能任意拉长生命的长度，那么增加自己的阅历，就是在拓展生命的宽度。经历上升到阅历，需要在表象的基础上对经历进行思考、领悟、概括、提炼，进而达到感性与理性的有机统一。经历、体验再多，但不注意思考和感悟，不懂得总结和反思，就不能从中提炼出智慧和哲理、升华成为阅历。在现实生活中，大家可能都有这样一种体会，同一本书，在不同的人生阶段阅读，往往会有不同的理解和感受，经历多了，感悟和共鸣也就多了；经历少了，感悟和共鸣也就少了。曹雪芹在《红楼梦》中有副对联，"世事洞明皆学问，人情练达即文章"，深刻阐明了经历与感悟人事的关系。在座的青年都有一定的经历，将来还会有更多的经历。但经历不能只满足于经过了、看过了、听过了、学过了，而应该把经历融合到阅历中去，学会透过现象看本质，在过程中多思考、多领悟、多概括、多提炼，这样我们才会慢慢地变得更加成熟、更有智慧。

二是阅历在辨别中增长。经历能不能升华为阅历，关键在于辨别。辨别不是简单地说对与错、是与非，必须要有依据，要过过脑子、动动心思，要学会洞察、学会反思、学会比较。我们的青年来自集团不同板块不同企业，有着各自丰富的经历，今年"三八"妇女节座谈会上，来自海外财务××中心的许多多讲述的经历让我印象深刻，她亲历过非洲巨型沙尘暴，也听到过反政府武装的枪声，海外工作的经历磨炼了她的意志，练就了特别能吃苦、特别能战斗、特别能奉献的工作作风，也让她更加珍惜国内和平美好的环境，这是她人生中宝贵的财富。那么原有的工作经历如何在公司实现升华呢？在我看来，既要善于正向思维，也要善于逆向思维。正向思维就是要充分利用原有的工作经历，更好地推动××服务建设，让××服务更加贴近企业实际、更加契合客户需求。逆向思维就是要从××的视角去审视之前的工作，找到原有工作流程中存在的问题和短板，提出改进和优化的意见建议。两种思维都是为了提高工作质量和效率，如果只靠原有的工作经验推动工作，容易造成思维的僵化，无法创造性开展工作；如果只从现有的角度去思考，就容易脱离企业的实际，不利于提升客户体验感。增强辨别力，关键是要学会思考、善于分析、正确抉择。凡事多想几个为什么，多琢磨琢磨工作背后的原理逻辑，用心发现工作中的问题，寻找破解问题的方法途径，在分析问题、解决问题的过程中，不断提高自己的能力和水平。

三是阅历在总结中升华。"学而不思则罔"，意思是说只学习而不进行思考，就容易迷惑而无所收获。明代思想家王阳明，因反对宦官，被朝廷贬谪到贵州龙场。在龙场这既安静又困难的环境里，王阳明结合历年来的经历遭遇，日夜反省，忽然有了顿悟，由此创立"心学"一派，这就是著名的"龙场悟道"。同样的经历，为什么有的人可以终身受益受用，而有的人却最终两手空空？为什么有的人在人生道路上可以少走弯路不走错路，不断完善和提升自我，而有的人却屡屡在"同一条河流"上犯同样的错误？根本在于善不善于总结、善不善于感悟。1965年，毛泽东主席在接见李宗仁夫妇时曾说："我是靠总结经验吃饭的。"他在回忆往事时提到关于游击战"十六字诀"的来历，说自己从来没有想到会去搞军事、去打仗，后来上井冈山，打了几个胜仗，经过总结经验，产生了"敌进我退，敌驻我扰，敌疲我打，敌退我追"的"十六字诀"。总结经验是最好的学习。它是在实践和再实践基础上进行认识和再认识，让感性认识上升到理性认识，这个过程就把阅历升华了。青年应该重视总结、善于总结，养成"处处留心观察、随时随事总结"的良好习惯，不得要领的时候需要时间去沉淀，静下来慢慢反思。要学会运用正确的总结方法，对每天的工作进行认真总结，深入检查哪些方面做得比较好、哪些方面还有欠缺，查一查原因是什么、症结在哪里，应该如何去改进、去提高，进而做到"经一事，长一智；吃一堑，长一智"；既要总结自己的成败得失，也要总结他人的经验教训；既要总结自己的理性思考，也要总结他人的观点看法，从而在总结中提高自己、增长才干。

四是阅历在实践中检验。"知者行之始，行者知之成。"改造和探索现实世界，要通过实践来实现，唯有通过不断的实践才能提升能力、获得才干，也就是"知行合一"。实践是认识的基础，实践的方向是否正确，必须要经过检验。毛泽东同志在《实践论》中提出，"马克思主义者认为，只有人们的社会实践，才是人们对于外界认识的真理性的标准"，并指出"判定认识或理论之是否真理，不是依主观上觉得如何而定，而是依客观上社会实践的结果如何而定。真理的标准只能是社会的实践"。××建设是一项系统工程，需要在实践中不断优化完善。在此过程中，公司大力倡导发扬基层首创精神，鼓励各单位根据自身特色进行差异化、多元化尝试，这也是推进××发展的一条重要经验。青年是最富活力、最具创造性的群体，要在实践中大胆探索，围绕技术创新、数智转型等重点工作，特别是在前沿实践、未知领域上敢为人先，寻求有效解决新矛盾、新问题的思路和办法，努力创造可复制、可推广的新鲜经验。大事难题要创新实践、小事小情也要主动探索。近期，淄博烧烤爆火出圈，那么淄博烧烤为何能在一众"烧烤门派"中突出重围？我想不仅在于味道好，更在于服务好。面对各类投诉迅速给出回应，"五一"酒店"坐地降价"，公厕配肠炎宁片和卫生用品，淄博真正将服务做到了极致。"出圈"靠机遇，"长红"靠服务。这也是我们做好××服务需要学习借鉴的。

要坚持服务创造价值理念，善于从事关客户体验的细小问题上入手，设身处地地了解客户的所思所想、所忧所盼，涉及用户和企业切身利益的事情，一点都不能差、差一点都不行，打通服务客户"最后一公里"，以优质服务提升客户体验感、满意度。

第三个关键词，关于资历

资历是指因工作时间长短不同，而获得的一种社会地位，也可以理解成因经历丰富而积累起来的一种资本，这是历史性的东西，是过往成就的综合，反映的是一个人过去的情况。长期以来，在干部选拔培养中，对资历问题争论很大，主张论资排辈者有之，否定资历作用者也不乏其人，可谓众说纷纭。

今天通过这个机会，结合青年人的培养和使用，我想从以下三个关系入手，理清我们对资历的认识和把握。

一是资历与能力的关系。在现实生活中，我们会经常听到一些关于资历和能力的话题。特别是具体到人时，往往会出现两难选择，要么看重资历，看轮到谁了；要么一味强调能力，只看现在，不顾过去。资历，意味着一定的阅历和经验。经验好比"桥"，在一定条件下，的确是一条"捷径"。但是，经验总是有局限性的，时代发展日新月异，资历能够说明和证明的东西越来越少，有时反而会成为前进的羁绊、创新的枷锁。毛泽东同志强调："我们的同志不要靠老资格吃饭，要靠解决问题正确吃饭。"一般来说，资历深、资格老的人阅历相对丰富。因此，那种选人用人一味强调资历，只看"资历章"不看"军功章"的做法失之偏颇。须知，资历只是"面子"，能力才是"里子"。资历是过去，能力看现在。用什么人，用在什么岗位上，一定要从工作需要出发，既不能片面看资历、看能力，也不能简单地把职位作为奖励干部的手段。我们既会选准用好口碑好、能力强的"老资格"，也会充分信任那些资历浅、有冲劲的年轻人，敢于将其放到关键位置历练、吃劲岗位摔打，让其经风雨、见世面、壮筋骨，挑重担、扛大梁、唱主角，尽快成长成才。

二是资历与资格的关系。资历是一个人的工作阅历，资格是胜任这种工作的能力。资历代表过去，资格强调当下。一般情况下，资历和资格是同步的，不同步的情况往往发生在组织的选择和个人的感觉上。组织的选择力求全面客观公道地把握干部的资历和资格，个人的感觉上往往会把资历等同于资格，把个人要求等同于组织需要，认为自己年龄大了、资历够了，就应该在干部提拔中被优先考虑。个别同志甚至因为没有提拔而闹情绪，觉得组织亏待了自己；有的同志认为自己是老资格了，沾沾自喜、骄傲自满、躺在功劳簿上等待提拔；也有的干部心理失衡，以"元老"自居，总认为除了自己行，其他人都不行。以上种种都是没有处理好资历与资格关系的表现。那么怎样处理才算好？在我看来两条很重要：一条是重新认识自己、肯定包容别人，从组织的选择中看到别人的长处、找准自身的差距，针对性地进行补强，尽自己所能做好事情，在丰富拓展自身资历中提升任职资格；一条是不能同组织讨价还价，组织选拔既看一贯表现，更注重在重大问题、关键节点考验干部，在动态中识别和使用干部，考核评价是一套完整的体系，不能把自以为的资历、资格和一时的功劳作为跟组织讨价还价的资本，从而忽视了自身存在的问题和不足。

三是资历与"为、位"的关系。"为"，即有所作为，具体来说就是在自己的工作岗位上作出成绩、有所建树，用实实在在的成果来实现自身的价值。"位"，即岗位职位，具体来说就是有与自身能力素质、价值体现相对应的位置。骏马能历险，力田不如牛。坚车能载重，渡河不如舟。重在求同存异，重在用其所长。"量才的原则是用其长，不是用其短，发挥长处是克服短处的最好方法。"早在1940年，陈云就对用干部的标准进行了阐释。也就是说，把好干部合理使用起来，就要以事择人，用其所长。用其所长就要给合适的人合适的位子。位子不"合身"，小则屈才，大则误事。择能而使之，才能将好干部用到刀刃上，才能实现人尽其才、各展其志。"世界是你们的，也是我们的，但是归根结底是你们的。"当前，公司党委大力推进人才强企工程，健全完善育人、选人、用人配套体制机制，加快推进管理、业务、咨询师"三支队伍"建设，就是要建立培育、锻炼、发现优秀青年员工的良性循环机制，推动实现人岗相适，真正让想干事的青年有机会、能干事的青年有舞台、干成事的青年有岗位。

同志们、青年朋友们，经历、阅历、资历是相辅相成的。经历是阅历的基础，阅历是经历的升华，资历是经历和阅历的综合。经历意味成长，阅历反映成熟，资历体现厚重。习近平总书记在庆祝中国共产主义青年团成立100周年大会上指出："青年犹如大地上茁壮成长的小树，总有一天会长成参天大树，撑起一片天。"希望大家能够时刻谨记习近平总书记的要求，怀抱梦想又脚踏实地，厚重地生活、厚重地成长，在推进公司高质量发展新征程中，圆好自己的个人梦。

【写作点评】

这是一篇教育引导广大青年员工传承弘扬"五四"精神、学习贯彻落实习近平总书记重要指示批示精神的典型讲话，全文采用三段论结构的变体，按照时序逻辑编排，即"肯定成绩＋形势（意义）分析＋工作部署（提出要求）"。总体来看，至少有三个方面的突出特点：一是讲话主题明确，一贯到底、前后呼应、立意高远、深入浅出，具有很强的思想性；二是讲话内容结构严谨，主体内容三部分分别围绕"经历、阅历、资历"论述，用大量的事实进行逻辑推理，佐证各部分的总论点和分论点，具有很强的说服力；三是讲话语言富有活力，引用了大量的伟人名言和古诗词句，采用了多种修辞手法，比如比喻（敢接"烫手山芋"、钻"矛盾窝"）、排比（特别能吃苦、特别能战斗、特别能奉献）、对比（骏马能历险，力田不如牛。坚车能载重，渡河不如舟）等。这篇讲话最大的特点在于写作风格和论述方式，全文思想性、逻辑性强，语言平实但不平淡，值得大家学习借鉴。

第十节　青年座谈会讲话

　　青年是时代发展的晴雨表，也是引风气之先的社会力量；青年是国家发展的中流砥柱，是继往开来的中坚力量。在党的二十大报告中，习近平总书记指出："青年强，则国家强。当代中国青年生逢其时，施展才干的舞台无比广阔，实现梦想的前景无比光明。"这掷地有声的论断是习近平总书记立足于新时代的客观现实对当代中国青年发展的准确判断，是对当代中国青年的殷殷嘱托，也是广大青年的时代使命。坚决贯彻落实习近平总书记关于青年工作的重要指示批示精神，做好青年工作，正确引导青年，是国有企业党委的一项重要工作。在本系统，企业党委高度关注青年身心健康、高度关注青年成长成才，党委主要领导和青年员工面对面座谈，是走进青年、了解青年、引导青年、帮助青年的一种重要工作形式。为召开好青年员工座谈会，党委主要领导讲话至关重要。要注意把握好以下三点。

一、思想性强

　　好诗要有诗眼，好文要有文魂，文魂就是思想性。文章本身就是一件思想品，思想性不强，文章就缺乏生机和活力。就拿当前爆火的抖音直播，账号关注度高不是因为主播长得漂亮或长得帅，最核心的是直播脚本写得好，再配以主播的音容笑貌，才能达到最佳效果。青年座谈会讲话，最核心的就是要提前做好调研工作，全面了解青年的思想动态、工作现状、利益诉求、未来期望等，充分体现好讲话的思想性（讲话的主题、价值取向、逻辑思维、语言风格），这样才能达到预期效果。

■ 二、艺术性强

青年是国有企业发展最具活力、最具创造力的群体，青年有着一往无前的朝气和勇气，易于接受和乐于探索新鲜事物，是天然的创新创业主力军。不过，青年的理想信念、心理素质、创新能力、干事热情等受很多因素影响，青年在瞬息万变的时代大潮中容易迷失方向、找不到职业生涯正确的突破口，因此，做好青年思想工作就显得至关重要。青年座谈会讲话要富有逻辑、引人入胜，具有较强的艺术性，在领导思想理念、语言表达、表达方式上多下功夫，挖掘出最能体现领导意图、最能体现企业特色、最能体现时代使命的逻辑表达方式，能够让广大青年在尽享中国传统文化、党的奋进历程、名人励志故事、时代脉动脉搏的"丝滑"交流中接受教育和正确引导。

■ 三、创造性强

沧海横流方显英雄本色，当代中国青年生在伟大的变革时代，就注定了要在这样的变革中成长和发展。既然"躺赢"不可能、"躺平"更不可取，就要把当代青年培养得更有狼性、更有血性、富有斗争精神，能够准确识变、科学应变、主动求变，敢于超越权威、超越前人、超越自己，为自己创造更多机遇，为社会提供更多可能。所以，在讲话中，要引导青年正确认识所处环境、大胆融入变革时代，勇于承担社会责任，用青年的朝气、勇气、锐气和智慧、胆识、创造力奋进新时代，在推动中华民族伟大复兴中展现才华和价值。

回望来路，无数前辈的奋斗积淀了中国特色社会主义事业的良好基础；展望未来，以中国式现代化全面推进中华民族伟大复兴的千秋伟业使命在肩。所以，在负责起草这类讲话文稿时，要在贯彻好党中央精神、团中央精神的同时，还要紧密结合集团公司党组决策、团委部署和本企业青年工作实际，把握好"思想性、艺术性、创造性"特点，更好地发挥正向引导、激励和鞭策作用。

写作范例 53：

坚定理想信念　敢于担当创新
为公司建设世界一流示范企业贡献青春力量

——在 ×× 公司"五四"青年座谈会上的讲话

×××

（×× 年 ×× 月 ×× 日）

同志们、青年朋友们：

大家好！今天非常高兴参加团委组织的"青春担使命，建功在 ××"座谈会，与大家共同纪念五四运动 ×× 周年，同公司各条战线的优秀青年代表一起交流，听取大家与公司同奋进、共成长的体会、感悟。借此机会，我代表公司党委、公司，向与会的优秀青年代表，并通过你们向公司广大青年致以节日的问候！向为公司稳健发展贡献智慧和力量的近万名青年员工表达衷心的感谢！

参加今天这个座谈会，感触很深，尤其能强烈感受到大家干事创业的青春朝气和青年风采，大家谈得都非常好。借此机会，我想与大家交流三个方面的体会，希望广大青年朋友们，坚定理想信念，敢于担当创新，为公司建设世界一流示范企业贡献青春力量。

第一，作为新时代青年，一定要把理想与实践统一起来

新时代青年一定要坚定理想信念。"功崇惟志，业广惟勤。"理想指引人生方向，信念决定事业成败。没有理想信念，就会导致精神上"缺钙"。广大青年要坚持用科学理论武装头脑，把理想信念建立在对科学理论的理性认同上，建立在对历史规律的正确认识上，建立在对中国国情的准确把握上，不断增强道路自信、理论自信、制度自信、文化自信。广大青年要把个人理想同推进"两先两化"发展战略和"建设具有国际竞争力技术服务公司"发展目标结合起来，只有投身公司发展的伟大实践，才能坚定正确的人生方向和人生目标，才能汲取保持干事创业的强大动力，才能与公司共同成长。

青年阶段是人生成长成才最好、最快的黄金时期。公司始终坚持"人才成就企业，企业造就人才"的理念，建立了管理、技术、操作不同岗位的晋升通道。公司倡导给予人人出彩的机会，但这个出彩的机会不是平白无故出来的，需要大家在各自的岗位上长年勤奋努力、干出突出成绩、担当青年表率。不管你在哪个专业、从事哪个岗位，只要你有理想、有目标，肯吃苦、能付出，主动把个人成长融于企业发展，就一定能够更好地实现人生价值。

习近平总书记强调，社会主义是干出来的，新时代是奋斗出来的。所以，光有远大的理想是不够的，还要有脚踏实地的奋斗。"宝剑锋从磨砺出，梅花香自苦寒来。"人类的美好理想，都离不开艰苦奋斗。企业作为市场主体，在激烈的市场竞争中更需要艰苦奋斗。去年我到华为参观学习，给我留下最深刻印象的就是华为的核心价值观：以客户为中心，以奋斗者为本，长期保持艰苦奋斗。正确的核心价值观引导了广大青年，广大青年成就了华为的辉煌，纵然遇到再大挫折，华为青年依然初心不改、砥砺前行，创造了一个又一个奇迹，已经成为全球创新领跑者。当前，公司同样面临着前所未有的挑战和重要发展机遇，要应对这些挑战，抓住宝贵机遇，实现发展目标，迫切需要广大青年锲而不舍、驰而不息地拼搏奋斗。广大青年要坚定理想信念，立足本职、埋头苦干，从自身做起，从点滴做起，用勤劳的双手、一流的业绩成就属于自己的精彩人生。要不怕困难、攻坚克难，勇于到条件艰苦的基层、生产任务的一线、项目攻关的前沿，经受锻炼，增长才干，努力在工作实践中闯新路、创新业，不断开辟事业发展的新天地。

第二，作为新时代青年，一定要把激情与担当统一起来

广大青年要时刻葆有激情，真正把工作当作事业干。激情，就是一种冲劲、一种闯劲、一种永不服输的精神。充满激情，面对挑战才能勇于应对，面对机遇才能把握机遇，面对落后才敢奋起直追，面对成绩才会永不满足。我希望大家都要抱着一种干事业的心态，去对待自己的工作，去积累工作经验，去提升自身能力。

回顾历史，在20多年前，一批20多岁的年轻人在苏丹的枪林弹雨中、在厄瓜多尔的炙热丛林中艰苦创业，正是他们一步一步地坚持和努力，才开创了公司国际化发展的今天。10多年前，在号称"死亡之海"的塔克拉玛干沙漠，我也亲眼见证了一批又一批青年科研人员多年如一日扎根一线，为推动"西气东输"作出的卓越贡献。公司发展史就是一部艰苦奋斗、科学求实的创业史。选择了××就选择了艰苦。这种艰苦既需要探求未知宝藏上的思想艰苦，也需要风餐露宿、远离家庭、远离繁华的生活艰苦，还需要跋山涉水、顶风冒雨、爬冰窝雪的工作艰苦。俗话说："艰辛知人生，实践出真知。"磨难是人生的历练，阅历是经历的积累。广大青年要主动到条件艰苦、环境复杂、任务艰巨的地方去锻炼，主动承担责任，真正耐得住性子、经受得住洗礼，在实践中锤炼摔打、砥砺品质、经受考验、增长才干。

应该说，在我们身边，有很多优秀团队和青年精英。比如前两年引起团中央官微点赞、在全国引起轰动的××队、××队，他们用实际行动很好地诠释了当代××人找油找气、砥砺奋斗的青春故事，向社会传递了××青年"能吃苦能流汗，不让青春留遗憾"的正能量。还有最近被评为集团公司十大杰出青年、十年坚守海外一线的优秀代表，创造了多项国际市场纪录，为海外业务发展作出重要贡献。所有这些优秀团体和个人，都是大家身边的楷模和典范。

第三，作为新时代青年，一定要把创新与传承统一起来

创新精神是中华民族最鲜明的禀赋。我们的先人早就提出，"周虽旧邦，其命维新"。党的十八届五中全会把"创新"放在五大发展理念之首，全面阐明了创新发展的内涵、地位和实践路径。面对国际经济政治形势风云变幻带来的严峻挑战，集团公司党组更加重视创新，把创新摆在发展全局的核心位置。

创新是时代最强音，青年是创新主力军。青年是社会上最富活力、最具创造性的群体，理应走在创新创造的前列。青年就要树立在继承前人的基础上超越前人的雄心壮志，"以青春之我，创建青春之国家，青春之民族"。要有逢山开路、遇河架桥的意志，更要有探索真知、求真务实的态度，在创新创造中不断积累经验、取得成果。

企业创新从途径上来讲主要有三种：一是原始创新（属于原始型创新，善于发现新问题，这类创新要勇于踩着巨人的肩膀往前走）；二是引进消化吸收再创新（属于模仿式创新，学会找到新方法，这类创新要勇于与巨人肩并肩往前走）；三是员工立足岗位创新创造（属于学习型创新，大力推进新应用，这类创新要善于牵着巨人的手往前走）。这三种创新对一个企业来说同等重要，但在企业面临严峻挑战的时候，立足岗位的创新创造就显得更为重要，成果最现实、最直接，创效也最明显。作为工程技术企业，离开创新，就失去了发展之源。当前，公司在创新道路上仍有诸多难题亟待破解，希望广大青年朋友要紧紧围绕公司管理中的短板、项目运作中的难题、技术攻关中的瓶颈、生产操作中的问题等方面，充分发挥你们的想象力、创造力，多学习、多思考、多实践，快速成长为推动公司创新发展的主力军、生力军。

去年，习近平总书记作出大力弘扬"苦干实干""三老四严"为核心的石油精神的重要批示。石油精神是包括××人在内的几代石油人创造的宝贵精神财富和物质财富，是推动公司稳健发展的强大动力。广大青年一定要做石油精神的传承者、发扬者和实践者。要把弘扬石油精神与发扬创新精神紧密结合，做到"学用结合、知行合一"。公司倡导好的创新环境，既鼓励创新，更宽容失败，希望大家踊跃参与、大胆探索，让创新成为推动企业发展的不竭动力。

同志们，青年朋友们：在公司新的发展时期，青年成长成才面临的问题尤为突出，解决青年成长成才问题尤为迫切，重视和加强青年成长成才尤为重要。集团公司专门出台了指导意见，公司党委正在围绕集团部署安排研究落实方案，更加注重总体规划，坚持职业生涯设计和递进式培养，下决心打破身份、资历、学历、职称、岗位等方面界限，形成在更大视野、更广领域广纳群贤的选拔机制，把制约青年脱颖而出的关卡与瓶颈打通，为青年提供更多的平台和机遇，让大家有更大的空间施展才华，努力培养造就一批具有国际视野、熟悉经营管理、富有创新精神、善于做党建和群众工作的优秀青年人才队伍。

习近平总书记说过：人的一生只有一次青春。现在，青春是用来奋斗的；将来，青春是用来回忆的。无数人生成功的事实表明，青年时代，选择吃苦也就选择了收获，选择奉献也就选择了高尚。奋斗，是青春最亮丽的底色；行动，是青春最有效的磨砺。"天行健，君子以自强不息；地势坤，君子以厚德载物。"未来属于青年，青年创造未来。我相信，公司每位青年都会用青春热血和聪明才智谱写人生乐章，都会用激情、忠诚和奉献，创造出无悔于这个时代、无愧于公司信任的崭新业绩。

最后，再次祝愿青年朋友们节日快乐，谢谢大家！

【写作点评】

这篇讲话的主题和主线一致，都是"坚定理想信念 敢于担当创新 为公司建设世界一流示范企业贡献青春力量"。主体内容三个部分是并列关系，分别从理想与实践、激情与担当、创新与传承等三个方面进行论述。这类讲话文稿写作与申论（给定材料或者特定话题而引申开来展开议论的一种文体）写作的思路、框架、逻辑都极为相似，是专题会议讲话中比较简单的一种文体。这类讲话文稿的写作思路一般为：确定讲话主题（也叫总论点，一般为标题或前面开头部分高度凝练的简短语句）、搭建讲话框架（确定分论点，分论点是对总论点的支撑和证明）、寻找论据（搜集素材，最能支撑论点的事实和材料）、进行论证（有效、充分、恰当表述，用充足的事实、理论证明论点的正确性的过程）。

会议讲话的结尾方式有很多种，这篇讲话采用的是展望式结尾法，标志性词语是"我相信，……"。这是对未来的一种估量和预测。笔者故意将这篇讲话引用的语句增加了一些，主要是为了引导大家了解如何写好结尾，大家可以尝试修改一下这篇讲话的结尾。

本系统广大文字爱好者，当大家看到这里的时候，相信你已经仔细翻阅了前面四章的内容，阅读了各类讲话文稿的系统思考和大量范例。如果说前四章内容讲的是经验和体会，第五至第八章就是我们写作过程之中的一些思考和感悟；全书八章结合在一起阅读，可能会对大家有更大帮助。朋友们，"山巅的风，彼岸的云，有些风景只属于步履不停的人"。奋斗的道路不会一帆风顺，强者，总是从挫折中不断奋起、永不气馁。有时代提供的机遇，有昂扬向上的斗志，练就过硬本领，锤炼品德修为，我们每个人都能够成就出彩人生。

第五章　公文写作的基本认识与思维方法

所谓"以文辅政"，就是通过撰写文稿、办理公文，体现企业党委领导班子的决策部署和领导意图，为企业战略实施和生产经营中心任务服务，为领导科学决策发挥好"参谋助手"作用和有效支持。我们党历来重视"以文辅政"的作用，毛泽东主席当年以其雄才大略指点江山，激扬文字，令敌人闻风丧胆。习近平总书记的讲话、文章，风格鲜明、思想深邃、内涵深刻，用历史映照现实、远观未来，闪耀着马克思主义的真理光芒。

2023 年 9 月，习近平总书记对新时代办公厅工作作出重要指示，指出党委和政府办公厅在党和国家治理体系中居于特殊重要地位、肩负重要职责使命。党的十九大以来，全国党委和政府办公厅为推动党和国家事业发展作出了重要贡献。踏上新征程，党委和政府办公厅应有新担当新作为新气象。要提高政治站位、强化政治担当、提升政治能力、落实政治责任，为全面推进强国建设、民族复兴伟业作出新的更大贡献。提升政治能力，就是要求我们坚持守正创新，更好地发挥党委和政府参谋助手的重要作用。

习近平同志早在浙江期间就对办公厅工作格外重视，对办公厅的干部非常关心。在一次办公厅总结会上，习近平同志说："办公厅的主要任务就是为省委工作大局提供优质服务，要想省委之所想、急省委之所急。这在本质上与想群众之所想、急群众之所急是完全一致的。因为省委想的、急的就是群众的事，就是为民谋利益的事。"各企业办公室都要提高工作站位、提高思想认识，始终胸怀"国之大者"、心系"企之要情"，把文字写作当作一项事业去干，向我国老一辈革命家学习，勇当新时代的建设者。要集所学知识和技能，为国家富强和人民幸福而努力奋斗。

2014 年 5 月 8 日，习近平总书记视察中共中央办公厅（简称"中办"）并同中办各单位班子成员和干部职工代表座谈，座谈会上，习近平对中办工作提出了"五个坚持"的要求，对做好新形势下的"以文辅政"工作提出了新要求。"五个坚持"，即坚持绝对忠诚的政治品格、坚持高度自觉的大局意识、坚持极端负责的工作作风、坚持无怨无悔的奉献精神、坚持廉洁自律的道德操守。其中，坚持高度自觉的大局意识，就是要紧紧围绕大局、时时聚焦大局、处处服务大局，找准位置，发挥作用，使各项工作和服务紧贴党中央需要、适应党中央要求。一方面，要围绕大局反映情况、报送信息，做"千里眼""顺风耳"，把各方面新情况新问题、贯彻落实党中央方针政策的意见和建议、干部群众关注的热点焦点问题等及时收集上来，归纳综合，分析研判，第一时间报送党中央，为党中央科学决策提供重要依据。另一方面，要围绕大局出谋划策、贡献智慧，"身在兵位，胸为帅谋"，主动对党和国家全局工作、对党中央抓的重点工作进行深入研究，多出大主意、好主意。坚持极端负责的工作作风，就是要脚踏实地、真抓实干，说真话、报真情、做实事、求实效，不能搭花架子、做表面文章，甚至说假话、报假情、瞒上瞒下。要敢于直面问题，矛盾面前不躲闪，挑战面前不畏惧，困难面前不退缩，在关键时刻和危急关头豁得出来、顶得上去、经得住考验。要坚持底线思维，保持如临深渊、如履薄冰的态度，尽可能把各种可能的情况想全想透，把各项措施制定得周详完善，确保安全、顺畅、可靠、稳固。要牢记"天下大事必作于细""慎易以避难，敬细以远大"的道理，无论办文办会办事，都要一丝不苟、严谨细致、精益求精，于细微之处见精神，在细节之间显水平。对党中央作出的决策、部署的工作、定下的事情，要雷厉风行、紧抓快办，案无积卷、事不过夜，要扭住不放、一抓到底。

对于企业而言，公文写作是体现企业党委决策部署和党委领导班子智慧的创造性劳动，是企业开展和推动一切工作的重要抓手，是各类管理工作的基础，并贯穿于管理工作的始终。那么，如何才能提高自身的公文写作水平呢？重点要培养"五种能力"，即战略思维能力、系统思维能力、逻辑思维能力、创新思维能力和辩证思维能力。其中，战略思维能力是指把握战略方向的能力，方向远比速度更重要，只有抓住了正确方向，才能精准把握文章的主题；系统思维能力是指要通过系统梳理各项工作，能够抓住主要矛盾和矛盾的主要方面；逻辑思维能力是指善于剖析产生矛盾的根源及可能产生的影响，使得文章具有较强的准确性、条理性和前后的一贯性；创新思维能力是指善于提炼升华文字表述，使文章能够更好地体现企业党委决策部署；辩证思维能力是指善于客观思考面临的形势和遇到的问题，能够主动发现问题并进行自我修正，使得文章能够尽善尽美。

五种思维既各自独立又相互联系，要在写作中综合运用，发挥更大作用。比如，"世界观蕴含方法论"这句话虽然简短，却深含着战略思维、系统思维、逻辑思维、创新思维、辩证思维这五种思维方式。我们谈世界观，就是站在更高的层次思考问题，是从战略层面出发的；蕴含方法论，便是通过联系历史、联系空间，纵向地、横向地系统思考，进行逻辑分析得出来的结论。世界观蕴含方法论，这句话所折射出来的哲学方法本身就是一种创新思维。我们在思考这句话正确与否的过程中，很自然地就运用到了辩证思维。所以，无论是办公室系统的工作人员，还是业务部门系统的工作人员，都需要培养和提高这五种思维能力。这是我们提高文字写作水平和业务水平的必修课，是提高个人素质能力的有效途径和思想方法。

在工作中，有的业务部门总是抱怨起草公文太难，每起草一份工作总结、每起草一份报告都饱受煎熬，通过几年的磨炼不但没有熟能生巧，反而越写越怕。为什么会这样呢？其实上面的论述已经给出了答案。为了帮助大家提高公文写作水平，下面我们谈一谈快速提高公文写作水平的有效途径。

第一节　正确认识公文写作的难点

大多数人认为，写材料的成长周期较长，没有三五年功夫不可能成长起来。这种观点不正确。写材料最关键的是系统思维和逻辑思维的养成，从事具体业务工作，这两种思维更是至关重要，否则，在业务岗位上干的便是"碎片化"的具体事务，不会将负责的业务当成事业，很难取得卓越成就。反之，任何人注重这两种思维的养成，都会作出优异的业绩，在所从事的业务领域快速成长为出色的专家或领导者，即便临时改行的文字工作者，也有很多人迅速脱颖而出，成为这方面的"行家里手"。

那么，为什么许多学历高、业务好，甚至是能力很强的员工，感觉在业务领域还不错，却偏偏对写材料束手无策、望而生畏呢？细究起来，主要有以下三方面原因。

1. 写作基础不扎实。石油行业的干部员工绝大部分毕业于石油主干专业，接触更多的是应用文、论文等题材，对公文写作等格式规范知之甚少。即使是中文专业，所学的"文"与公文的"文"也有很大不同，最突出的就是写作对象不同。公文更多的是应用，公文写作能力是所有人都应该具备的底层通用能力，需要一定量的工作实践才能培养起来。这里说的一定量的工作实践，并不是非要三年五载，如果你在两个月内能够接触到层级比较高、种类比较多的公文，通过学习和钻研，那么也可以基本掌握公文写作的格式规范和内在逻辑。然而，从小学到大学，学校都没有教过怎么起草公文。中文专业、新闻专业虽然开设了公文写作课程，但学习的都是理论知识，况且大多数学生都将公文写作当作一门课程、一门作业去做，而没有引起足够重视，并不清楚这门课程在进入社会后的巨大作用。没有在各级党政机关或企事业单位的实践经历，对公文尤其对综合文稿的写作认识就不够深刻，容易对着书本讲格式、套模板。这种"模板式"学习会给以后的职业生涯埋下隐患。因为通知、请示、函等相对简单的公文，的确可以模仿格式套路，但领导讲话文稿、汇报材料、经验交流材料、工作总结等综合文稿，必须具备较强的系统思维和逻辑思维能力。对于从事业务工作且两种思维能力较强的干部员工，如果具备较好的公文写作基础，在拥有翔实素材的基础上，很容易学会归类分组、概括提炼，稍加学习和锻炼，便可写出一手好文章。

2. 工作信心不坚定。刚毕业的年轻人来到单位，往往都会被安排起草新闻报道之类的材料，特别是进入机关部门后，起草材料更成为日常工作，如果连新闻通讯、岗位工作总结、部门工作总结这些最基本的材料都写不好，很难建立起足够的工作信心。领导指定谁负责起草部门工作总结和汇报等材料，就说明谁对部门业务了解比较深入、掌握比较全面，且具备较强的总结提炼和语言表达能力，会得到部门领导的关注和器重。在这个越来越看重岗位工作能力的时代，这样的人晋升机会就会明显增多。那么，如何建立起坚定的工作信心呢？就需要你做一个有心人，从进入单位的那一天起，就要迅速全面了解单位的业务和管理，抱着"舍我其谁"的态度干好岗位工作。在业务部门，既懂业务又懂管理才是真正的人才。懂业务，是指熟悉业务流程、掌握业务技能，能够在业务处理上驾轻就熟；懂管理，是指具有清晰的工作思路和引导能力，既能讲清楚部门业务的发展思路和工作思路，又能将思路体现在文字上，写出比较理想的规划方案和工作方案。现在很多业务部门缺乏这样的人才，再加上近年来青年员工更新换代加快，如果你还是一味地追求清闲不思上进，就很容易被淘汰。

3.**知识视野不开阔**。无论从事什么样的工作，都要学会站在巨人的肩膀上看世界，站位高度决定了审视问题的视野和角度。比如起草一份国际油价持续高企的分析报告，你的分析和国家专业机构的分析是不在一个层次的，研究的高度、深度、广度都有着巨大差异。要认真学习和借鉴权威部门和专业机构的研究成果，择其要点为我所用。比如，起草一份会议通知，集团公司综合管理部和你所在的单位办公室考虑的层次、问题、细节也是不一样的。进入单位工作，就要学习最高管理部门起草公文的格式和规范，不要再耗费时间和精力闭门造车。再如，起草工作报告，就要深入研究党中央、国务院及集团公司的工作报告，弄清楚报告的思路、架构、要点，认真学习报告中的规范用语和精彩论述，抽丝剥茧、吸收精华。有人说："我只是在处级单位，不需要学习那么高层次的材料。"这只能说明你一直停滞在公文写作价值链的低端，没有注重个人的系统思维和逻辑思维养成，这样很难在公文写作上实现质的飞跃。从事公文写作，千万不要一直停留在"模板套路""拼凑组装"的层次，而要学会跳出"小环境"，站在更高的层次思考问题，这样才能更快成长成才。

第二节　客观看待公文写作能力提升的影响因素

写出优秀的文章，需要不断提升系统思维和逻辑思维能力，善于勤奋学习、积极锻炼，勇于承担重要任务，在试错中快速成长。担心被领导批评，总是牢骚满腹或者畏惧不前，在哪个行业都不会实现快速成长。要正视自身不足，敢于克服以下短板。

1.**系统思维能力不足**。许多人认为写材料难，主要是系统思维能力不足，要么脑袋空空不知从何处下笔，要么对着一大堆素材束手无策。如果你就是这样的情况，说明你平时不注重、不善于思考问题，没有把所从事的业务工作弄清楚，不明白所从事业务的历史经纬和左右联系，仅仅是为完成岗位任务而工作。学着弄清楚所从事业务的历史经纬和左右联系，就是在潜移默化的工作过程中培养系统思维能力。如果你没有这样做，那么在岗位上的表现就不会太突出，这是一个人事业发展的致命伤。

2. **逻辑思维能力不足**。一般而言，岗位员工在思想、阅历和能力上与单位（部门）领导人员存在较大差距，在诸多因素不对称的情况下，想写出领导满意的文章，的确非常不易。领导的认识高度是其理论水平、综合素质的集中体现，是其长期学习、锻炼、感悟形成的系统思维能力等诸多能力的集中体现，绝非简单换位思考就能具备。如果不能真正领会领导的意图，写出来的材料就无法满足领导的要求。除了系统思维能力，逻辑思维能力也非常重要。逻辑思维是在系统思维养成的基础上，通过大量的总结分析所掌握的信息而逐步养成的。任何部门负责人都应将自己掌握的重要工作信息及时传递给本部门人员，以方便各岗位及时、准确掌握上级精神和要求，积极投入本职岗位工作。信息对称无论对于一个单位还是一个部门，都至关重要，这是岗位员工能否取得快速进步的重要动力源泉。

3. **工作心态存在偏差**。初学者辛苦熬夜写出来的材料，往往特别渴望一次性过关，看到材料被改得一塌糊涂，会感觉没面子、很难受，甚至有心如刀割般的不甘和委屈。在任何岗位上都不要因为自己投入了大量精力，从而高估自身工作的质量和价值。付出就一定有回报吗？不是。有价值的付出才会得到回报。没有价值的付出很难有回报。所以，方向比效率更重要。任何人从事写作都要经历这个初级阶段，保持积极健康的心态，懂得别人提出意见建议的价值所在，你就开始在加速进步了。

4. **责任意识比较薄弱**。责任心决定执行力。执行力"就是按时按质按量地完成工作任务"的能力。个人执行力的强弱取决于个人能力和工作态度，其中能力是基础，态度是关键。古人讲："天地生人，有一人应有一人之业；人生在世，生一日当尽一日之勤。"责任是一个人分内应该做的事情，应当完成的使命，应当做好的工作，也就是在其位谋其政、司其职尽其责。邓小平同志说："我出来工作，可以有两种态度，一个是做官，一个是做点工作。我想，谁叫你当共产党人呢。既然当了，就不能够做官，不能够有私心杂念，不能够有别的选择。"敢于担当责任是一种境界，是一种襟怀，有着一股催人奋进的力量。必须强化责任担当，将重点工作目标化、目标任务责任化、责任落实具体化，让责任追着任务跑、追着目标跑、追着问题跑。"铁人"王进喜只是一名普通的石油工人，没有高官厚禄，但却有着为国家、为民族敢于承担责任的忘我奋斗精神和铮铮铁骨。"干，才是马列主义；不干，半点马列主义也没有。""宁可少活二十年，拼命也要拿下大油田"，这是"铁人"王进喜的豪言壮语，喊出了建设新中国的"铁人精神"。

有"廉政时评"毫不避讳地指出，现实工作中，有个别党员干部责任意识淡薄，不能很好地履行自己的职责。一是遗忘责任。在其位不谋其政，在其职不知其责，干表面活，没有实际效果，求无事、图体面，不求无功，但求无过。二是躲避责任。工作中不愿担当，不讲责任，遇到矛盾绕道走，碰到难题不敢抓，面对风险不敢闯，敷衍推脱，躲事怕事，拿事不当事。三是背叛责任。在工作中不讲是非、推诿扯皮，甚至以权谋私、腐化堕落。这些虽然是个别现象，但贻害无穷，耽误了发展，败坏了形象，必须坚决克服。"苟利国家生死以，岂因祸福避趋之"，这是古代士大夫的担当。作为党员干部，作为有志之士，必须要明白"头雁效应"的道理，干工作就要有"钉钉子"的精神，心中有责任，肩上才能有担当，才能"干成事"。

北大教授季羡林曾经说过："人来到世上，并不是来享受的，而是来履行责任的。""在其位，要谋其政。"要做好自己的本职工作。无论职务高低，都要尽职尽责干好分内的事。

第三节　精准找到公文写作的突破口

时光不会辜负任何一个努力生活的人。人生最坏的结局，不过是大器晚成。所以，只要付出有价值的努力，就一定会有收获。

对于上述三个方面的问题，只需找准改进提升方向，就能够从认识、心理、能力上全面突围。

1. 从认识上寻求突破，做到心无旁骛。提高认识需要专注研究。专注就是内心笃定而着眼于细节的耐心、执着、坚持的精神，这是一切"大国工匠"所必须具备的精神特质。写材料也是一样。无论是综合部门还是业务部门的工作人员，每个人都应充分认识到自身能力与上级领导在诸多因素方面的不对称现实，以及理论水平、综合素质等方面与上级领导存在的差距，不能奢望自己负责起草的材料一次性过关。既然存在诸多因素的不对称，就先不要考虑领导是否满意。要重视培养自己凝心聚力、精益求精、追求卓越的职业品质。接到材料起草任务，就要集中精力厘清历史经纬、确定材料的主题和主线，围绕主题谋篇布局，心无旁骛分析所在企业或某项业务面临的问题和挑战，根据发现问题、分析问题、解决问题的思路，分门别类把材料处理好，写出一篇好文章。其实，写材料就是这么简单。当你逐渐能够做到专注，浮躁就会减少，每当写出有思想、有生命、有温度的文字时，心中就会涌起一股欣慰感和愉悦感。

2.从心理上寻求突破，学会自我调整。工匠精神应成为人生的价值标高，成为人才"质检"的衡量标尺。有了这个价值目标和衡量标尺，人生才会有方向、有定位、有远方，才能瞄准标高，凝心聚力，逐梦前行。负责文字工作的岗位员工，都应该学习工匠精神，经常进行自我"质检"，不断提高价值追求目标。当然，要将自己打造成真正的"工匠"，是要付出很多努力的。就写材料而言，肯定免不了加班熬夜，经常加班再加上其他方面的不如意，很容易让人产生焦虑、沮丧等负面情绪。有时在不愿意又不得不加班写材料的心态下，就容易陷入"越加班、越抗拒、越无力"的心理旋涡。这就需要学会自我调整，更好地适应生存发展环境。调整心态至关重要，首先要坚定信心，只有完美的过程才有完美的结果。要相信经过自己的不懈努力，一定能够把材料写好，让领导满意。其次，不能盲目乐观，打铁还需自身硬，每次写材料都是一次锻炼过程，不能过于低估这项工作的难度。写作能力是在不知不觉中提升的，这个过程中要乐于接受一次次锤炼、一次次打击、一层层蜕变，这是岗位员工成长成功的思想提高和升华过程。

3.从能力上寻求突破，注重厚积薄发。涵养工匠精神，就需要怀匠心、铸匠魂、守匠情、践匠行。文字工作者被誉为"领导大脑的延伸"，需要涵养工匠精神，不仅要及时、准确掌握上级精神和要求，善于学习各领域的知识，更要努力提高归纳概括（系统思维）的能力，在全面了解工作的基础上，准确概括工作的特点和规律（逻辑思维）。特别是企业的文字秘书岗位员工，要善于阅读《人民日报》《求是》等党报党刊，定期收集整理上级领导讲话，做好摘抄、记忆、理解等日常积累，把自己对工作的认知和思考融入材料，为领导提供决策参考。同时，还要多阅读《旗帜》《秘书工作》《学习时报》等报纸杂志，这样写出来的材料，不仅能够清晰表达领导所认同的思路，还有可能激发领导心中的灵感，让其心中已经存在但尚不清晰的思路更加明确化、系统化。

第四节　培养锻炼公文写作的思维方法

思维是行动的先导。在公文写作中，需要处理和把握好显性或者隐性的逻辑关系，在实践中不断提升对这些问题的认识。培养提高思维能力，用辩证与发展的观点、立场和方法撰写文稿材料，是练好"看家本领"的重要途径。讲解这方面的文章很多，多读一读有裨益。下面，结合笔者的感悟，重点谈一谈逻辑思维、创新思维、换位思考、转化提升等四种思维方法。在介绍这四种思维方法时，必然会涉及战略思维和系统思维，此处不再赘述。

1.培养逻辑思维。 逻辑思维是指将思维内容联结、组织在一起的方式或形式。逻辑思维能力是指正确、合理思考问题的能力，即对事物进行观察、比较、分析、综合、抽象、概括、判断、推理的能力，采用科学的逻辑方法，准确而有条理地表达自己思维过程的能力。这些逻辑关系可以概括为以下几种。

（1）以文辅政的逻辑表现在哪里？"以文辅政"的落脚点就在"政"上，这里的"政"核心是指政治和政策。"文"有轻重，"政"有大小。文章逻辑应该服务于政治逻辑，文章逻辑是实现政治逻辑的"定盘星"，政治逻辑是文章逻辑的"指南针"。公文应具有鲜明的政治性和政策性。公文的内容不由个人意志决定，而是必须代表各级党政机关集体的施政意志，否则公文将失去其所应有的作用。不仅是公文，企业领导讲话及请示、报告等文章都是这样。所以，起草公文必须准确把握公文的政治属性，学会从政治高度看问题，与党和国家的大政方针结合起来思考；学会从问题中看发展，准确把握问题与政治观点、政治原则的关联。切记，引用政治性的表述一定要准确，必须明确出处；引用领导人员的讲话，要以最新论断为主，既往论断为辅。这样写出的文章才严谨、严肃，具有权威性和说服力，才能有助于贯彻中央精神和上级的政治要求和政策规定。

（2）文章内容的逻辑表现在哪里？逻辑思考的本质是正确地解决问题。那么，要解决什么问题？为什么要解决这些问题呢？当我们不断追问的时候，就会发现，思考的核心就是一篇文章的逻辑框架、结构框架。在落笔之前，必须要明确解决什么问题，就是明确文章的主题。在明确主题的大前提下，理清纵向的思路体系，找准工作中的主要矛盾，这是构思文章主干提纲（谓之纲）的基础工作；找准工作中的主要矛盾后，接下来构思横向的观点体系，即抓住工作中矛盾的主要方面，这是构思每一部分横向标题（谓之目）的基础工作。写文章要做到纲举目张，说的就是要做好上面这些工作。

如何拟定每一部分的横向标题呢？要抓住每一部分的结构思路，这部分下面的每个环节都要有明确的隶属关系和鲜明观点，把这些观点分类进行归纳，就会理出推动工作的思路体系。把这些思路体系用文字表现出来，提纲也就水到渠成了。但提纲只是文稿基本逻辑的呈现结果，并不能完全呈现思考的过程。思路和观点，内在思考与文字提纲，其实就是思考逻辑和文本逻辑，前者需要系统思维，后者需要结构思维，两者缺一不可。缺了系统思维，便不能很好地把握文章立意，找不准有力的论据，文章的主题立不起来，形不成连贯思路；缺了结构思维，每部分就无法形成独立的体系，很多准备好的素材不知如何处置，进而导致整篇文章的系统思维落空。无论是系统思维思路，还是结构思维提纲，都必须从实践、实际、实事中来。系统思维与结构思维相结合，自然就会纲举目张，达到撰写文章的目的。

（3）公文致用的逻辑表现在哪里？公文体现着党的理论、路线、方针和政策，坚持正确政治方向和科学理论指导是写好公文的根本保证。公文质量高低、分量轻重、价值大小，在很大程度上取决于思想观点是否正确、鲜明、深刻，是否具有理论深度。要实现这一目标，就要练好四项基本功。一是摸透上情，做到全局在胸。出思想、定路子，贯彻党的路线方针政策和上级要求，着眼行业发展面临的新形势、大背景，按照本单位领导的决策意图开展工作。二是体谅下情，探寻本质。要善于在领导的引导和指导下，透过现象抓住本质和要害。弄清行文的目的或讲话的受众，研究透彻工作中存在问题的原委曲直，提出符合实际的对策和措施，找到令人信服的解决问题的有效办法，不能把认识停留在一堆素材或现象上。三是善于学习借鉴，做到取长补短。善于采纳和借鉴外部的思想观点和创新方法。当部门内部的思想观点不统一时，就要主动站在全局的高度分析自己和别人的意见，排除片面认识，多角度看问题，避免钻进死胡同；不要轻易否定一些不成熟的观点，一些比较有新意的思想往往蕴含其中，但也不能随波逐流，要有坚持自己意见的勇气。四是学会理论联系实际，公文写作不是搞科学研究，不能建立在纯粹的理论之上，必须做到理论联系实际，才能提出可操作性强、有实际价值的观点和建议。

2.培养创新思维。清代诗人、散文家袁枚在《随园诗话》中说："人闲居时，不可一刻无古人；落笔时，不可一刻有古人。平居有古人，而学力方深；落笔无古人，而精神始出。"讲的就是要处理好继承与创新的关系，学会推陈出新。公文写作可以说是一种制式写作，入门并不难，难就难在有所突破和创新。推陈出新，需要突破思维定式。公文的思维定式主要表现为：简单思维、惯性思维和经验思维。受这些思维拘囿，就难以写出有新意的公文，也难以写出符合当前形势、领导要求的公文。突破思维定式，不仅要在规范的基础上进行创新，更重要的是把创新当作一种写作习惯。正所谓"兵无常势，水无常形""文不按古，匠心独妙"。公文写作还要运用创新思维，坚持问题导向，聚焦现实矛盾，把创新的落脚点放在解决问题上，才能达到文以致用的目的。

（1）在谋篇布局上创新。写文章重在谋篇布局。刘勰在《文心雕龙》中称之为"附会"说："何谓附会？谓总文理，统首尾，定与夺，合涯际，弥纶一篇，使杂而不越者也。若筑室之须基构，裁衣之待缝缉矣。"意思就是：附会是统领文章的主题和主线，统领文章的首尾和段落，决定材料的取与舍，有机衔接文章的章与节，统揽全篇，使文章内容丰富而不散漫，这好比盖房子必须要打好地基，裁制衣服要细针密线、走线均匀。在公文写作中，主要有以下三种布局方式。一是纵向布局。按照时间顺序或事物的发展规律布局，比如重要文件和领导讲话，先谈事情的重要性、重要意义、重要认识，再谈面临的形势，遇到的新情况、新挑战，再讲有什么艰巨任务，应该采取什么办法。二是横向布局。文章的各部分都是为了证明一个论点或说明一个问题，相互之间是并列关系。三是混合布局。既有纵向布局又有横向布局，哪个部分需要纵向布局、哪个部分需要横向布局，依据文章要解决的问题而确定。像工作报告、领导讲话和一些重要公文，都采用的是混合布局。例如工作报告，从整篇来讲是纵向布局，一般先写去年的工作成绩，再分析当前面临的形势，最后明确工作目标、部署重点任务。但在每部分采用的又是横向布局，总结成绩要从几个方面分别总结，分析形势要从几个方面客观分析，部署工作要按照业务分别明确。工作报告等重要公文在框架结构上已经有了规定，通常都是三段论或四段论，很难突破，可以在局部进行框架调整，尽可能采用创新的形式和结构，使文章富有活力。比如有的讲话文稿，开头要先肯定各单位取得成绩，接着再指出当前存在的问题和上级要求，最后从几个方面部署工作、提出要求。其实，所有的领导讲话都是按照肯定成绩、指出问题、提出要求或发现问题、剖析原因、部署工作这样的三段论结构，但是依据实际情况可以做适当调整，使得文章更具有活力。

（2）在思想观点上创新。习近平总书记指出，办公厅工作不能缺乏干工作的新鲜感、敏感性，要始终保持对新情况新问题的兴奋感、好奇心，切忌麻痹大意、墨守成规、习以为常。我们知道，公文格式只是外在形式，公文结构体现的才是文章思路。思想论断服务于企业战略实施和生产经营管理，这种思想论断来源于企业党组织和领导者，是引领企业发展的重要思想根源。文字工作者首先要准确把握和领会领导者对于企业发展的科学辩证思想，并在此基础上，通过深入思考，创新发展一些新的思路和观点，能够助力领导者丰富完善对于企业发展的科学辩证思想。创新就是具有价值的创新，能够有效发挥以文辅政的作用。所以，要解放思想、转变观念、锐意创新。文贵创新，这种创新表现在观点、方法、结构、语句、风格等各个方面，但重点是观点创新。清代文学家李渔认为：意新为上，语新次之，字句之新又次之。如习近平总书记的系列重要讲话，之所以让人印象深刻，就在于这些讲话思想深邃、观点新颖，阐述问题鞭辟入里、入木三分，引领发展科学精准、抓铁有痕。

（3）在内容表述上创新。刘勰修辞美学最为璀璨的部分，在篇章修辞。刘勰认为：文章有风格，更有风骨，才煽情动人，辞采焕然。要使文章含风树骨，则须"练于骨者，析辞必精，深乎风者，述情必显"。我们要认识到，谋篇布局、文章写实固然重要，但不注重语言运用也不行。平铺直叙的文章与跌宕起伏的文章哪个更具有吸引力呢？有人认为，文学作品可以写成"阳春白雪"式的美文，但公文不可以写成"冰糖葫芦"式的官文。也有人认为，公文就是官文，就是"讲官话"，是官样文章，枯燥无味、味同嚼蜡。这些看法是片面的、不客观的。公文固然有格式规定，但并不能都写成官样文章。领导经常讲，写文章要接地气。怎么才能接地气呢？就是要在尊重客观事实、解决实际问题的基础上，学会使用鲜活的语言，把文章写出生气、写出活力，上级领导和员工群众自然就爱看了。如果仅仅看重制式和规矩，而脱离了实际和群众，读起来生涩枯燥，容易让人产生逆反心理，推动工作就有可能产生阻力。我们还要认识到，公文要有其内在精神，不能为了创新而创新。刘勰认为：感人的才情和生动的语言固然重要，但一定要为情而造文，而不要为文而造情。要写真情实话，不要假意虚言。我们要努力使公文有点睛之笔，有鲜明观点和突出亮点，有深度、有思想，既让听的人容易记住中心思想，又在某一领域内叫响一些新提法。

（4）在阐述角度上创新。清代李渔说："人惟求旧，物惟求新。新也者，天下事物之美称也。而文章一道，较之他物，尤加倍焉。"天下万物都在求新，起草文章更应如此。文章创新应该从多个方面去创新。角度创新，是指同一篇公文、同一个内容，从不同的角度切入，用不同的角度来阐述。例如，每年的工作报告都要部署工作，涉及服务保障、市场开发、精益管理、改革创新、安全井控、党的建设等方面，每年从这个角度写，就会年年相似，总结和安排部分也会雷同。这个时候，如果从工作安排背后的工作思路角度来加以阐述，就能写出新意，而且还能加深大家对所写内容的理解。例如：以安全合规为前提，全面守住发展底线；以效率效益为中心，全面提高发展质量；以市场营销为关键，全面巩固发展基础；以改革创新为引领，全面增强发展动能；以党的建设为根本，全面厚植发展优势，等等。这是对具体工作安排背后的深层次工作思路的揭示，能让受众既明白干什么，还清楚为什么干，这么干有什么重要意义，这就是阐述角度创新所带来的效果。

3. 学会换位思考。在公文写作中，写作者要把握好与主方、客方之间的关系。主方，是指发布公文、使用公文的个人或组织，或者是领导集体，或者是领导个人；客方，就是公文的接受者、执行者，主要是企业所属单位和特定群体。而公文写作者，是连接主方与客方之间的桥梁，是受命将公文主体的意图与公文客体的意向连接和贯穿起来的纽带，而并非真正的主方。所以，写作者需要具有双重视角和双重观照，同时具备主角意识和配角意识，能够站在领导者和受众的角度考虑问题。衡量一篇文稿价值的根本标准是什么？领导是否满意。只有悟透领导的想法、跟上领导的步伐、提出有价值的观点、体现领导的风格，才能让领导满意。

（1）要善于站位领导视角。古人钦佩的是"上马击狂胡，下马草军书"之人，今天需要的是"遇事能解、张口能说、提笔能写"的业务骨干人才。无论是综合部门，还是业务部门，都需要既懂业务又懂管理的人，因为只有这样的人才是真正的人才。要想成为能带好队伍、会指导工作、善于引领发展的人才，就要在做好业务的基础上，练就能说会写的本领。要时刻牢记，公文写作是代领导立言，公文以单位、部门名义上报或者下发，体现的是领导者的思路，所以公文起草者必须杜绝"起草者自己的话越多，越体现起草者水平"的思想，公文是对领导者思想的记录和整理，而不是起草者自己独出机杼。起草者的工作是将领导者的思想、思路等准确、完整、顺畅地表达出来，而不是将领导者的思想任意解释或随意增删、修改。公文起草者在领受任务的时候，一定要将领导的要求听清楚、问明白、记准确、录全面，对重点问题了如指掌：什么时候交初稿，以此安排工作进度，该加班加点的要加班加点；文稿将用于什么场合，发文或参会范围是什么，以此确定写作的语气、内容；领导者想表达什么，一定要准确、全面地记录领导者的意图，最好使用录音笔，对于不清楚的问题，可以请领导再讲一遍，确保理解领导意图没有偏差和遗漏。这是起草好公文的重要前提。要把领导是否满意作为衡量公文价值的根本标准。写出让领导满意的公文，不是单纯地作文。

（2）要正确领会领导意图。如果领导对你说："你写得很好，文笔不错，到时我在会上根据大家谈的再讲几点就可以了。"这说明领导讲究说话艺术，讲话比较委婉，其实就是告诉你，你并没有真正领会领导意图，写的不是领导想讲的内容。有的领导性格比较直，说话直来直去，就会直接告诉你写得不行。无论是哪一种方式，其实都是批评你犯了主观主义错误。所以，要时刻谨记：从事文字工作，所思、所想、所写都必须要在深刻领会领导的意图上下功夫。如果需要起草一份公文或文稿，有的领导会交代主要意图、提示几个重点，有时还会给你一份写作提纲，那么你是幸运的，你只需要系统梳理领导平时对一些重点工作的理念、要求，结合新情况、新问题、新挑战，草拟出来文稿后，在确保没有低级错误的前提下，主动去向领导请示、汇报，当面征询领导对文章的篇章结构是否满意（是否体现了领导的思路和想法），对一些问题的分析和对应措施是否满意，弄清领导想表达什么观点，要达到什么目的，需要强调什么问题，想提哪些要求，之后根据领导的指导意见修改完善即可。如果有的领导说，你先拿出一份文稿给他看看再说，领导没有给你透漏自己的任何想法打算，就连主要意图、应用场合、突出问题等关键要点都没有说，那就要主动找领导请示，如果领导一直在忙没有时间，还要向相关领导、部门去侧面了解。最关键的还是要积极主动思考，善于运用"投石问路"和"抛砖引玉"的方法，先根据自己掌握的情况和侧面了解到的信息，整理出一份简明提纲呈送领导审阅或当面汇报，以引发领导的思考，进而确定文稿的框架。这种方法有利于体现和把握领导意图，也能避免走弯路，避免文稿被推倒重来。

上述是起草公文的基础性工作、关键性环节和一些经验方法，切忌自作主张一挥而就，自认为保证领导满意。这样的做法只有从事文字工作很多年的老"笔杆子"才可以去试。如果你还在学习成长的阶段，就要老老实实、一步一个脚印向前走。只有仔细揣摩、认真领会、全面把握并紧紧围绕领导意图去组织、策划，才能保证不跑题、不偏离方向；只有写出来的内容如同领导自己头脑里所想、领导自己嘴里所说，领导才会产生共鸣。自作主张、自作聪明是大忌，完全不考虑领导的需求另搞一套是禁忌，照搬照抄其他同级单位领导的理念，尤其是不符合新形势、新要求和本单位实际的语句更是禁忌。

（3）要准确把握领导思想。避免讲话文稿落入"八股"俗套。最典型的案例就是搭个框架、把领导以往的讲话语句都装进去。自以为是地认为这样的讲话文稿领导绝对说不出来什么，因为所有的讲话都是他以前讲过的。殊不知，这样的讲话文稿就是没有把握领导思想，没有认真思考领导现在的要求和讲话的场合，做了无用功。那么，什么样的领导讲话文稿是高质量的文稿呢？就是"源于领导又深于领导"，能够给领导以辅助甚至是有所启发的文稿。高质量文稿是如何起草出来的呢？就是根据领导的想法深入思考和研究，自觉把思维活动上升到领导层次，对领导意图进行扩展、完善和升华，使之更加系统化、科学化、具象化。领导讲话文稿的起草过程，是具有一定文字功底的工作者，利用自身的聪明才智，运用自身的知识积累，对领导的想法和要求进行系统梳理、查漏补缺、修饰完善，对领导的意图进行提炼、深化、升华、再造的过程。文字工作者要牢固树立"不在其位，要谋其政"的观念，具备"身在兵位、胸为帅谋"的精神，通过日常的点滴积累，学习领悟领导的思想、理念和讲话特点。只有这样，才能把领导没交代而必须要写的写出来，把领导想说而没有完整表达的说到位，形成思想深刻、内涵丰富、逻辑严密、辞章优美的公文。

（4）要充分体现领导观点。要正确理解起草文稿的工作定位，起草者仅仅是在帮助领导梳理思想观点，再用起草者的文笔更系统地表达出来。既然是这样，那就要自己模拟好领导的角色，身临其境地从领导的角度来思考和组织文字，这样就可以写出领导想说的话。其实，领导的思想思之七八便可以交出"优秀答卷"。那么，如何达到"七八"甚至是"九十"的水平呢？这就需要"扮演"好领导的角色。如果有时间，起草者可以独自坐在偌大的会场去感受、去体会，想象自己就是领导，应该怎么去汇报，应该怎么去讲话。我们常讲，要熟悉领导讲话，就是要体会领导观点所体现出的智慧。只有忘掉自己，进入角色，用心体会，时间久了才会有所悟、有所感、有所思，提升站位高度，增强大局意识，接近领导的所思所想。我们常听说某某非常熟悉领导的想法。这话对，也不对。说"对"，指的是起草者对领导观点有所悟、有所感、有所思；说"不对"，指的是领导的观点也是动态变化的，是持续趋于完善和完美的，起草者再熟悉领导观点也仅仅是对领导以往的观点的梳理与认知。即便如此，起草者也是非常了不起的。很多业务部门的负责同志说："我们不了解领导的思想，办公室帮忙修改一下材料吧。"笔者认为，业务部门的负责同志更应该熟悉领导的思想，尤其是领导对各主营业务的发展观点和工作要求。不熟悉领导思想，怎么统筹安排工作？怎么能够将上级部署执行落实到位呢？因此，无论是业务部门，还是办公室系统，凡领导掌握的大事都要掌握，领导思考的重要问题都要思考，尤其要把注意力放在对全局工作的了解和考虑上。要尽可能地熟悉领导对业务工作的思想理念与发展观点，任何时候都不能当"门外汉""跛脚鸭"。如果条件允许，要尽可能地参加领导出席的主要会议活动，做好领导在不同场合、对不同业务的讲话记录、反复学习揣摩，弄清楚领导讲的思想、理念和要求，以及领导讲话的缘由和目的。最重要的是，要抓住主要矛盾和矛盾的主要方面，深入剖析集团公司领导和公司领导对一些问题的批示和要求，潜心研究领导讲话的主要内容，尤其是工作会议和一些业务会议讲话文稿，特别是领导脱稿发挥的部分，善于捕捉领导思想的闪光点和创新点，抓住对全局和局部工作的最新表述、最新研判、最新观点、最新见解。用好、发展好这些闪光点和创新点，就能让领导讲话文稿栩栩如生、更具价值。

（5）要准确把握领导风格。避免讲话文稿落入大众化文稿俗套。公文的文体是有严格规范的，公文是受命文章。公文受命于谁？受命于组织安排，受命于工作需要。每个行业的企业都肩负着明确的职责和使命，公文要有所体现。什么样的公文，就要有什么样的风格；什么样的风格，就要服从于什么样的需要。所以，一篇好的公文，要实现既定工作目标，就要有好的谋划、好的安排、好的内容。

什么是好的谋划？就是要体现组织的集体智慧，尤其是组织的集体智慧，把集体决策的事表述好，把组织的集中观点体现好。要抓住主要矛盾和矛盾的主要方面，高屋建瓴提出问题、细致入微分析问题、突出重点解决问题。提出的问题要切中要害，分析的缘由要鞭辟入里，解决的措施要铿锵有力。

什么是好的安排？就是要有好的结构布局，使得整篇公文更得体、更恰当、更能体现组织意图，更方便收文单位执行落实。结构更得体，就是意图表达清晰、逻辑表述清晰、观点体现清晰的公文结构。意图表达清晰，指的是开篇点题，不拖泥带水；逻辑表述清晰，指的是各级标题有着紧密的逻辑关系，看标题就能明白要干什么事；观点体现清晰，指的是各级标题均为观点标题，有着十分清晰的行文意图。

什么是好的内容？就是需要对公文内容进行精雕细刻，体现出组织的特点，体现出领导的思想、观点和风格，具有一定的行文特色。好公文的特色主要表现在三个方面：一是重事实，应该在调研基础上行文的，必须开展调查研究，开展案例剖析，用事实说话，用事实证明；二是重文采，采用富有文采的长句、铿锵有力的短句、气势恢宏的排比，表达所要表达的内容，还要常用朴实无华的语言，使得所讲内容更具说服力和感染力；三是重数据，无论是什么类型的公文、什么风格的公文，都非常注重逻辑、用数据说话。

公文起草的过程，实际上就是熟悉和养成高站位、大格局、好风格的过程。高站位，就是要熟悉公司的主营业务、掌握公司发展战略；大格局，就是要体现出领导者的风格和特征，观大势、谋全局、志存高远；好风格，就是要适应领导工作习惯、学习领导思维方式，改造自己的思想、行为、风格和语言习惯，务求达到"神似"。这就需要，平时通过多听领导讲话、多读领导文章、多与领导交流，学习领导的思想政治理论，学习领导的政策把握能力，学习领导的分析解决问题能力，学习领导的工作行为习惯，涵养领导的风格文化魅力。只有这样，才能做到量体裁衣，优化组合各类元素，完成一篇篇高质量的定制文稿。

（6）要细心揣摩受众心态。领导经常讲，准备讲话文稿，首先要考虑的是这篇讲话文稿的受众是谁。领导讲话是讲给谁听的，了解清楚参会范围，具体是哪些人参会，有没有公司领导，有没有部门领导，有没有基层干部员工。其实，拟发公文也是同样的道理。准备拟发的公文是印发给谁的，有哪些单位要学习贯彻执行。其次，要考虑的是这篇讲话文稿的作用是什么，就是起草讲话文稿的意图要搞清楚，是传达贯彻上级精神，还是统筹部署公司工作，抑或是指出工作中存在的突出问题。传达贯彻上级精神，要提出具体要求，结合公司实际抓好落实；统筹部署工作，要抓住主次，将重要的事放在前面，次要的事放在后面；指出突出问题，要弄清楚这些问题产生的原因和影响，要有针对性地进行剖析和分解，指出这些问题的负面影响和所应汲取的教训，提出整改提升的工作举措。还要弄清楚受众群体，要讲受众感兴趣的话，不能千篇一律地做"官样文章"。老百姓就烦"官样文章"，所以要始终装着员工群众，心里装着受众，学会揣摩（最重要的是理解、体会）受众的心理，根据受众的接受能力和不同身份撰写公文。

通常而言，常见的有三类讲话：第一类是会议讲话（会议通报），受众是全体与会者；第二类是汇报发言（工作报告），受众是上级单位领导；第三类是情况介绍（工作交流函件），受众是兄弟单位或同行人员。在起草第一类公文时，要讲形势、讲目标、讲任务、讲问题，多举例子、多摆事实、用数据说话，用生动形象、通俗易懂的语言，深入浅出地把道理讲明白、把问题讲清楚、把任务部署下去。要让受众认同、接受，愿意去履行应尽的责任。在起草第二类公文时，心里想着的是上级领导决策部署、批示要求及重点督办事项等，要科学安排公文结构，讲究文章逻辑关系，重视内容语言表达，汇报成绩不避讳问题，工作成效要用事实和数据证明。在起草第三类公文时，要重视对本单位、本部门基本情况的客观描述，工作特色的总结提炼、工作经验的解释和诠释，要让兄弟单位、部门能够更深入了解本单位、部门的实际工作成效。

总而言之，每份公文都有其特定的对象和适用场合（场景）。首先，要明确受众对象、明确会议的性质和目的，根据会议目的确定讲话主题；其次，要明确参会范围，找出参会人员的共性和共同面对的问题，根据"受众"的职责、心理和预期进行选材；最后，要充分运用辩证思维，身临其境模仿会议场景，进行正反向分析受众听到讲话后的所思所想，再用公文修辞法进行"精装修"，为公文提供全新的视角和表达思路。

4. 学会转化提升。起承转合法是诗词创作常用的方法，公文写作同样要用到起承转合法。衡量一个人驾驭问题的能力和水平，看其能否熟练运用起承转合方法就够了。起承转合，是一般性的诗文结构原则的变化运用，体现的是作者的创造能力。这是绝句创作的最常见方法，主要指的是按照事物的发展顺序、感情波澜的自然起伏或事理的内在逻辑进行艺术创作。此法往往表现为起、承、转、合在一首诗中四句的具体运用。"起"，诗的开头；"承"，接着开头的意思加以发展；"转"，是转折，开拓新意；"合"，是结束全篇。为了写好绝句，在采用此法时要求："起"要扣题、突兀；"承"要连贯、自然；"转"要新颖、巧妙，多为结句做准备；"合"要含蓄、深邃或铿锵有力，点明本旨，起到画龙点睛的作用。

柴国兰《观梅有感》：

芳菲独占映柴门，

傲骨清芬感自尊。

疏影摇窗诗兴动，

岁寒泼墨赋香魂。

诗歌赏析：诗人第一句写梅花开了，第二句承接深入赞扬梅花的高贵品质，第三句转到诗人心理活动，第四句也是最后一句，是诗眼。一首咏梅寄托思念的抒情诗在"感"字中诞生了。

通过上面对诗歌的欣赏，更加深了对起承转合的认识。运用起承转合的能力就是转化能力。公文写作的素材很多，最主要的是通过学习掌握、消化吸收，将其转化为表达公文意图的有效素材。这就是创造，是富有智慧的思想行为活动。君不见，文字工作者每年将多少零散的、浅层次的素材变成了系统的、有机的、富有深度的公文，给人以鼓舞、启迪、鞭策和触动，为企业发展贡献了自己的智慧和力量。这是一个潜移默化、春风化雨的思想升华过程和能量转化过程。所以，重视公文管理工作，尊重文字工作者的劳动，是爱企爱岗的一种美德。下面，简要介绍三个方面的转化过程。

（1）从知识的抽象化到有形化。知识需要不断沉淀和积累，才能实现转化和提升。读书是积累知识、增长智慧的有效途径，必须坚定不移做好"多读书""读好书"两篇文章。"多读书"的目的是学习借鉴和转化应用，多读书可以开阔视野、训练思维能力，让思维能力不断沉潜深化，从而实现思想认知上的飞跃；"读好书"的目的是参悟更深邃的思想、更有用的方法，教会自己分辨是非曲直、轻重缓急，得到更有见地、有意义的思想见解，更好地运用到实际工作中。书籍是写作者的好友，很多领导喜欢读哲学类的书籍，因为哲学是思想力的源泉。其实，我们在发现问题、分析问题、解决问题的过程中，运用的就是哲学思想。坚持问题导向、目标导向、结果导向，就充满了哲学思想。这最初是中央经济工作会议上提出的一个重要方针，也是会议释放的一个重大信息。导向是行动的指引和方向。坚持问题导向，就是以解决问题为指引，集中全部力量和有效资源攻坚克难，全力化解工作中的突出矛盾和问题；坚持目标导向，就是以实现目标为方向，持之以恒、一步一步地朝着既定目标奋斗前行；坚持结果导向，就是以工作成效为标准，以实实在在的业绩接受检验、评判工作。做好经济工作必须坚持这"三个导向"，做好其他各方面工作也必须坚持这"三个导向"。

在公文起草的过程中，会遇到这样或那样的问题。坚持问题导向，实质上是一个及时发现问题、科学分析问题、着力解决问题的过程，这正是马克思主义最优良的方法论传统和最鲜明的方法论特征。树立问题意识，就要学习掌握马克思主义立场、观点、方法，学习掌握马克思主义辩证唯物史观，自觉用习近平新时代中国特色社会主义思想武装头脑，做到学思用贯通、知信行统一。我们要勇于担当尽责、直面问题挑战。既要从思想上勇于正视矛盾、敢于面对问题，更要从行动上不怕触及矛盾、善于化解问题。因此，我们不要惧怕任何问题，起草公文的过程，实际上也是对企业主营业务和自己所从事业务的一次全面梳理和全面检验。在这个过程中，我们要善于综合运用马克思主义哲学的系统思维来"谋篇布局、把关定向、擘画未来"，善于运用马克思主义哲学的辩证法和方法论来恰当处理一些问题和矛盾，善于使用发展的观点、联系的观点和历史的观点统筹安排各类素材。

（2）从政策的抽象化到具体化。传达落实上级政策和要求，是公文写作的一项基本任务。无论是会议报告，还是工作报告、领导讲话，在总结工作、分析形势、部署工作时，都要和上级精神保持高度一致，理念创新、观点创新、举措创新都要在准确贯彻上级精神的基础上进行。所以说，悟透上级精神是公文写作的第一步，公文内容要准确把握和体现上级的精神实质，做到引用不偏离、传达不衰减，执行不走样、落实不打折。不折不扣落实上级精神，还要注意避免"上下一般粗"、照抄照搬。各级单位、部门在贯彻落实的时候，务必结合本单位、部门的工作实际，研究起草既符合上级精神，又符合单位、部门工作实际的公文，否则广大干部员工可能就无所适从了。学习上级文件和批示要求，主要是找方向、找依据，这需要公文写作者站在领导的高度和指导工作的角度思考问题。

（3）从管理的概念化到现实化。公文写作水平的提升离不开对企业管理情况的了解和掌握。管理是一项非常复杂的系统工程。"现代管理学之父"彼得·德鲁克（Peter F. Drucker）认为："管理是一种工作，它有自己的技巧、工具和方法；管理是一种器官，是赋予组织以生命的、能动的、动态的器官；管理是一门科学，一种系统化的并到处适用的知识；同时管理也是一种文化。" 管理的"管"主要是指管控好三个方面，即对人行为的管理、对事物的管理、对资金的管理；管理的"理"主要是做好八个方面，即理"优"战略、理"清"目标、理"实"职责、理"顺"制度、理"快"流程、理"精"标准、理"低"风险、理"畅"信息。文字工作者应当紧密结合所在岗位，有针对性地了解企业管理的各方面工作，积极参与工作实践，尽快掌握较为系统的知识和技能，切忌不能让"管理"成为只停留于你脑海中的一个抽象的概念、一个熟悉的词语，必须通过自己的努力真正认识企业的管理、真正掌握所从事业务乃至企业全业务链的管理技能。

第六章 公文写作技巧与能力提升路径

要写好公文，不仅需要文字功底，更需要作者具备良好的理论素养、思想深度、认识水平、逻辑思维、知识储备、创新意识、工作作风和担当精神。很多公文写作新手会遇到这样的情况，自己起草的材料，领导没有用也没有改，而是直接要求重写或交由其他人重新起草，这说明领导认为这个材料没法改。由于缺乏必要的、有效的入门培训，在实际工作中，公文写作人员写材料主要靠"干中学"，靠一篇又一篇完整材料的实战来感悟提升。很多时候，文稿都是在时间紧、任务重、要求高的情况下，加班加点通宵达旦完成的。在如此紧张的时间里，大家最关心的问题是如何尽快完成任务。这种"过关""任务式"心态，让写作者很难抱着学习的心态去写作。由于赶时间，领导在修改时，也往往注重改后的结果，没时间详细说明"为什么这样改"，关键要靠自己领悟。

凡事要想干好都需要一个过程。下面简要介绍一些公文写作经验，希望能给读者提供一定帮助。

第一节 公文写作的技巧

对于任何单位、任何部门来说，掌握公文写作的技巧都至关重要。学习公文写作的技巧，一般需要经过三个阶段。

一、临摹领悟

临摹，是指按照原作仿制作品的过程。初学者要先按照比较规范的范文进行模仿，无论是公文、新闻、讲话、报告，都需要先学习格式、规范和内部安排，最初级的就是临摹会议通知、会议纪要、批复、新闻稿件这类材料。只要格式正确便成功了 50%。这类公文的内容大多数是制式内容，只有会议纪要需要将领导在会议上提出的要求稍加整理。这是初学者必须迈出的第一步。

在学习写文章方面，要非常虚心地向文字高手学习，学习写作规范、写作思路、写作手法等，不要总觉得自己有多高明，认为自我要求非常严格，重视战略引领，重视文章构思，重视文章装修。

对于文章的开头，应开门见山，首先提出观点，引起读者注意，然后再作阐释论述。不能一上来就大段引用经典论述，给人以距离感。

在文章的语言上，要照顾读者的心理，学会使用人民群众的语言。文章不仅要讲清道理，而且语言要生动活泼，做到"理情并茂"。这样的文章才能给人留下深刻印象。

其实，临摹就是学习写文章。写作，是在临摹的基础上进行创作的过程。创作过程其实也需要借鉴他人的好经验、好做法，这种借鉴是学习他人长处、转化为公文语言的过程。借用鲁迅先生的话说，就是文体可采用张三的形式，结构可融汇李四的骨架，内容可涉及王五的涵盖，语言可借鉴赵六的精彩，然后进行优化组合，创新创造形成自己的作品。在起草领导讲话、工作报告等综合性文稿时，要以自己写为主，做到借鉴有度。要多借用别人的思想、少借用别人的语言，一定要结合自身的情况加以改造、整合和提升，切忌生搬硬套。

■ 二、从谏如流

在中国的历史上，有很多帝王善于纳谏，广泛征求意见以治理天下，在这些帝王中，唐太宗李世民是最具代表性的。李世民之所以能够做到从谏如流，主要是因为他有自知之明。作为帝王，李世民深深知道，即便他握有天下大权，但仅凭借他一个人，发挥一己之长，虽废寝忘食、忧劳万分，也不可能做到尽善尽美。唐太宗曾对魏徵等人说："拥有美质的玉，原先只是一块石头，如果没有良工巧匠的精琢细磨，它几乎与瓦砾无别。但是，如果遇到了良工巧匠，它就会变成万世之宝。"正所谓"玉不琢，不成器；人不学，不知义"。岂不知"良药苦口利于病，忠言逆耳利于行"。善于纳谏，是一种修养、一种技术、一种文化。从谏如流，就会使自己愈加智慧、愈加理智、愈加超凡。

文章是写出来的，更是改出来的。为什么一定要修改文章呢？因为改文章就是改思想，改的过程就是思想完善的过程。所以，写文章不能认为写完就万事大吉了，还要虚心听取别人的意见，善于吸收别人的智慧闪光点，否则就是对自己思想的禁锢，孤立自己终究不是什么大智慧。

很多重要综合性文稿都需要经过多轮集体讨论，我们要主动参与其中，用心听取别人的见解和意见，分析发言人的出发点和落脚点，对照自己想要表达的初衷和目的，思考是否正确、能否为我所用。思想的火花、灵感的迸发，常常是在这样的讨论和交流中碰撞出来的。文字工作者，要多听业务人员的认识和见解，多从业务人员那里学习专业知识和专业表述。要把别人提出的看法和见解当作对自己的支持和帮助，而不要介意别人对材料内容的意见和建议，就算是语言刻薄点又有何妨。善于纳谏，汲取众人智慧为我所用，就是忠于职守、善待自己。文字工作者一定要有较高的站位和宽阔的胸襟，这样才能使自己快速成长为有助于企业发展、有机会施展远大抱负的高端人才。

三、大道至简

"大道至简"出自老子《道德经》："万物之始，大道至简，衍化至繁。""大道至简"，是指把复杂冗繁表象层层剥离之后，回归至本真。"大道至简"是宁静以致远、"闲看庭前花开花落，漫随天外云卷云舒"的闲适；"大道至简"是一种至善至美、"空山不见人，但闻人语响"的意境。"大道至简"，因简而难。对于文章、诗画而言，讲的是一种恰到好处的美。笔者赞同"大道至简"的道理和做法，但大家不要理解偏了，不要过于求简，就如同"删繁就简三秋树，领异标新二月花"。一篇文章、一幅诗画，想表达什么、想表现什么，做到恰到好处，一点不多、一点不少，没有一丝一毫的废话和笔墨，这就达到了"大道至简"的境界。

如果说"大道至简"是一种境界，那么"道法自然"便是一种遵循。《庄子》有云："长者不为有余，短者不为不足。是故凫胫虽短，续之则忧；鹤胫虽长，断之则悲。"所以，文章的长短要根据实际需要而定，提倡短文并不是越短越好，但是文章太过冗长就是过犹不及。余秋雨先生一直主张，研究文化和文学，先做加法，后做减法。减法更为重要，也更为艰难。但"减而见筋，减而显神，减而得脉"。写文章就是这样，初学者文章写得长也比较惜文，这是很正常的现象。但是对于处于高阶的文字工作者，就要具有相当强的文章掌控力，为文力求简洁、为文力求完美。蒲松龄在《聊斋志异·陆判》中说："断鹤续凫，矫作者妄；移花接木，创始者奇。"这里提到这句话，是想告诉初学者，不能急于求成，总想着断鹤续凫、移花接木是不对的，首要的是把基础夯实。如果基础不牢固，就很容易将文章越写越长，且在别人指出问题所在，甚至其本人了解问题所在的情况下，依然不知道如何精简或者精简不到理想的状态。这是因为，初学者无法掌控整篇文章的架构和论点，写作过程中思想容易出现摇摆，论点出现发散，在组合论据的时候出现了偏差。要么是论点无法高度聚焦，要么是不太相关的论据出现了堆砌现象。要实现由繁到简的跨越，就要注重系统思维和逻辑思维养成。在写作过程中，首先要准确掌握计划起草文章的目的（要围绕什么观点论述）和受众（接收者是哪些人，要让这部分人落实什么工作，怎么样才能落实好这项工作）；其次要围绕论点收集整理素材，上级部署要求，公司作了哪些安排及目前的进展状态，存在哪些问题，下一步要在哪几个方面发力解决这些问题。通过深入思考、细致总结，把感性认识上升到理性认识，透过现象看到本质，抓住主要矛盾和矛盾的主要方面，运用总结分析问题的能力，起草出高质量的简练文章。

第二节　公文写作能力的提升路径

　　早在两千多年前教育家孔子就告诉了我们如何写出一手好文章，大家闲暇的时候不妨认真研读《礼记·中庸》，其中有这样一句话："博学之，审问之，慎思之，明辨之，笃行之。"博学，意思是学习要广泛涉猎；审问，意思是有针对性地提问请教；慎思，意思是学会周全地思考；明辨，意思是形成清晰的判断力；笃行，意思是用学习得来的知识和思想指导实践。这不就是提升公文写作能力的有效途径吗？

　　一、博学之，做到博学笃志。这是学习的第一个阶段。是指要有思维的开放性和包容性，广纳百家之长。尤其是学习知识的过程中，更需要有开放的眼光和广博的胸襟。

　　博学笃志，意思是广泛学习而意志坚定，出自《论语·子张》："博学而笃志，切问而近思，仁在其中矣。"清代王永彬在《围炉夜话》中说："博学笃志，切问近思，此八字是收放心的功夫。"这些都是很好的例子，只要坚持学习，意志就会越来越坚定。公文写作在很大程度上源于对学习、对实践的积累。其范围非常广泛，包括知识、能力、方法、观点、语言以及信心的积累。

知识的积累，包括理论知识、专业知识和各种社会知识的积累，没有深厚的专业知识和较宽的知识面，就不可能站得高、看得远、想得深、讲得准。能力的积累，主要包括组织、协调、沟通、写作、思维等方面的能力，这些都离不开实践磨炼和平时积累。方法的积累，主要包括格式规范、方法技巧，也包括借鉴别人或者自己总结一些有用的方法。观点的积累，重点是收集上级领导、公司领导一些重要的讲话、批示要求和重要观点。语言的积累，重点收集《人民日报》和《求是》杂志重要文章中的生动语言、精彩语句、凝练说法。信心的积累，就是要敢于承担责任、勇于冲锋在前、能够从谏如流，在写作的磨炼过程中积累经验、提升能力、坚定信心、增强底气。平时多注重基础资料储备，才不会感到"书到用时方恨少"。如果真有这样的感受，属实源于"本领恐慌"。

二、审问之，做到敏思笃行。这是学习的第二个阶段。是指要仔细观察、思考学习的对象，在此基础上提出疑问。尤其是思考的过程中要有怀疑和否定的精神，敢于提出问题。

《礼记·中庸》："好学近乎知，力行近乎仁，知耻近乎勇。知斯三者，则知所以修身；知所以修身，则知所以治人；知所以治人，则知所以治天下国家矣。"这是孔子的名言。意思是说，勤奋好学就接近智，做任何事情只要努力就接近仁，懂得了是非善恶就是勇的一种表现。知道这三点，就知道怎样修身养性；知道修身养性，就知道怎样管理他人；知道怎样管理他人，就知道怎样治天下和国家了。我们可以从中领悟到，每个人都必须要做到博学笃志、敏思笃行，方能干出一番事业。

敏思，"学而不思则罔，思而不学则殆"。意思是说，学是思的基础，思是学的深化。"吾生也有涯，而知也无涯。"面对广博的知识海洋，要有所学，更要有所思，就是要将主要精力聚焦于某一个专业，在思考中提出独立的见解，培养自己的独立思考能力和创新能力，来适应时代的要求。

笃行，就是要竭力而行，努力实践。宋朝朱熹曾言："行之愈笃，则知之益明。"意思是说，实践越扎实，认识就会更加清晰，知识就会更巩固。"知易行难"，就是要我们力行，不要事先惧怕事情的艰巨，只要我们有充分的思考，完善的计划，就该刻不容缓付诸行动，踏实去做。

如果你是工程技术业务方面的一名公文写作者，你需要付出更为艰辛的努力。工程技术业务拥有非常优秀的历史传统，对公文写作质量和效率的要求更高。这与我们事业的难度系数息息相关。作为乙方单位，需要起草更多的请示、报告，需要开展更多的沟通协调工作，需要履行难度更高、风险更大的工程技术服务保障责任，需要为企业生产经营付出更为艰辛的努力。所以，在学习过程中：一要全面了解工程技术业务全产业链的基本情况、基本知识和主营业务的经营状况与经营难度；二要全面了解集团公司工程技术业务在全球所处的行业地位和在集团公司全产业链中的发展定位，熟悉工程技术业务发展战略；三要重点学习党中央、国务院及国家有关部委对石油天然气行业的指示批示和有关部署，集团公司党组关于油气勘探开发的部署要求和批示要求；四要牢牢把握本公司党委关于工程技术业务发展和履责方面的重要工作部署，包括生产运行、市场开发、投资方向、科技创新、管理创新、安全井控、深化改革等方方面面的工作安排及进展情况；五要牢牢把握本公司领导，尤其是主要领导引领和推动高质量发展的观点和要求，以及与公文写作相关的一些特点。

除此之外，我们还倡导广泛涉猎经史子集、哲学、经济学、管理学等方面的知识，了解国内和国际经济政治形势、发展趋势，努力做到"博学而不穷"。在此基础上研究集团公司、上级单位和公司的专题报告、重要文件、信息简报、行业分析等，通过深入思考，抓住主要矛盾和矛盾的主要方面，这样写出来的材料才能得要义。除了阅读学习外，还需要在实践中不断观察积累，多对基层单位和生产一线进行调查研究，丰富、深化自己对实践的认知，准确把握重要情况和核心观点，才能言之有物、有的放矢。在学习方式上，要善于利用好碎片化时间学习，遇到精彩的论述、有价值的观点、好的构思等，保存到电脑里，运用得当可以为材料增添色彩。

三、慎思之，做到周密思考。这是学习的第三个阶段。是指对于自己提出的问题，要谨慎思考、周密论证。要坚持实事求是，进行逻辑思考和推理，以便得出新的有价值的结论，逐步弥补自己的短板和不足，使自己的思想得到升华。

《礼记·缁衣》："言有物而行有格也，是以生则不可夺志，死则不可夺名。"意思是说，说话有事实依据，做事有法度规矩。所以，活着的时候，无人能改变他的志向，死后也无人能剥夺他的美名。宋代胡宏《胡子知言·文王》："行谨则能坚其志，言谨则能崇其德。"意思是说，做事谨慎，能使自己志向更加坚定；说话谨慎，能使自己德行更崇高。牢记一个"谨"字，所犯的错误会越来越少。

为什么要讲上面这段话呢？因为公文是各级党政机关在管理过程中形成的具有法定效力和规范体式的文书，是依法行政和进行公务活动的重要工具。公文的程序化、规范化和标准化，是公文的本质要求，反映了公文的内在规律和客观需要，更是公文生命力的关键所在。所以，公文非常注重严谨。作为一种特殊的文章和一种特定形式的文字工具，公文写作过程具有一定的特殊规律性，除了必须遵从诸如文字通顺，观点与材料统一，层次分明，主题明确，结构合理等一切文章写作的通则之外，还必须遵循合法、合体、严谨、求实、庄重、简明、细致、清晰、保密、主题突出、格式正确等基本要求，可以说公文写作需要注意的事项是非常多的，稍不注意便犯"忌"。

提高公文写作水平的一个重要途径，就是要善于思考。思考的广度和深度，决定了公文内容的广度与深度。同样一篇文章，不同的人来写，思考的程度不同，文章质量就截然不同。从某种意义上说，"写"只是写作最后的一个程序。在起草公文前，起草者一定要对有关问题进行深入研究。对于通知、函、会议纪要等公文，研究单项的、具体的问题就够了；如果起草综合性的工作报告、领导讲话和工作汇报，则要对全盘工作做深入、细致、全面的研究。公文是为工作服务的，我们经常讲，"开门当秘书，关门当领导"。要当好"领导"，就要做到与领导思路同频共振。研究工作，就要经常想着工作进展得怎么样，我能为领导决策做些什么？要模拟领导，如何看待工作，如何看待问题，如何汇报才更恰当、才更出彩。公文必须坚持实事求是，坚持问题导向，特别是要围绕中心工作的重点问题来构思和写作，这样才能剖析大势、把握大局、站位全局，将带有规律性和根本性的东西揭示出来，写出的公文才能切合实际、解决问题。

四、明辨之，做到精准研判。这是学习的第四个阶段。是指通过认真辨析"慎思"所得的各种初步认识成果，从而得出更加清晰、可靠的结论，进而形成科学的决策。

美国1991年的《国家教育目标报告》指出："应培养大量的具有较高批判性思维能力、能有效交流、会解决问题的大学生。""培养学生对学术领域问题和现实生活问题的批判思考能力，不仅是教育的重要目标，这对于当前复杂多变的世界，培养会思考的公民和有能力的劳动者，进而维护民主社会，都意义深远。"这里所指的"批判性思维"源自古希腊的苏格拉底的诘问。其实，早在春秋战国时期我国就已经形成了完整的批判性思维体系，"博学之，审问之，慎思之，明辨之，笃行之"作为中国传统的治学之道，与西方批判性思维所倡导的"洞察、分析、审验、评估、重建"有着异曲同工之妙。

批判性思维的本质还是基于逻辑思维和概率思维的一种思维方式，其研究的对象是命题，结论也只能是真或假。

我们提倡培养和提升批判性思维（与辩证思维有相同之处，也有不同之处），就是要求文字工作者勤于思考、善于琢磨，起草的公文不能流于表面，不能人云亦云。要透过现象看本质，把深层次问题提出来，把最本质的关键抓住，做到有所感悟、有所创造。只有这样，才能将经验提升为理论，用理论指导实践。要坚持悟到了才写，从领导的讲话中悟，从领导参与的政务活动中悟，从领导阅读的书报中悟。通过反复学习研究领导的讲话，悟出领导讲话的艺术与风格；从平时和领导的接触中悟，认真学习研究领导阅读的相关书籍、收集的文献资料和关注的新闻报道，悟出领导关注的知识类型；从领导批示和日常交办的重点工作中悟，见微知著、日积月累，悟出领导关注的重点工作。

五、笃行之，做到知行合一。这是学习的第五个阶段。是指既然想要学有所得，就要努力践履所学，把深思熟虑的结果实实在在地应用在生活实践当中，做到"知行合一"。有了明确的目标，坚强的意志，就能不被外界所干扰，达到"笃行"的目的。

实践证明，要想写出好的公文，关键在于高度针对性、思想高度集中的精准练习。大家都有这样的感受，凡是经过自己深入思考并多次修改的文章，都会印象深刻，与泛泛浏览资料的效果截然不同。在写作中掌握的知识点、形成的逻辑思维、碰撞的思想火花，都会成为自己独有的知识储备。精准练习，首先，要将各类常用公文都尝试一遍，了解不同公文的基本特点和文体格式，才能掌握不同文体的写作技巧，具备一定的基本功。其次，要养成一气呵成的习惯，现在的文字工作者长期使用智能平台写作，习惯于"先写容易的"和"复制粘贴"，写出的文章"拼凑"痕迹严重，是公文写作的大忌。因此，在文字写作初期就要养成良好习惯，按照提纲从头到尾顺着写，一气呵成写完。最后，要反复修改，刚学习写作的人在写完初稿后，往往自我感觉良好，或是觉得有问题也不知道怎么改，领导却总是要求你改不动了再给他。这个时候可以先把材料放一段时间，再回过头来看，强迫自己多换角度、加深思考、提高站位，以旁观者的心态进行修改，这样就能突破"改不动"的困境，促进写作水平的有效提高。

无论是起草公文还是修改公文，都要做到心无旁骛，保持平静的心态，不受周围的环境所影响。在时间安排上，要尽可能在自己思想活跃、精力旺盛的时间段起草公文。我们起草公文，通常是利用晚上、周末以及节假日等时间。集中精力构思才能找到灵感。灵感往往能够带来神来之笔，提高文章质量。灵感本质上是一种创造性思维的结果，是作者经过反复深入的思考，被外界环境给予的恰当"刺激"触发的结果。很多人误以为灵感是靠喝酒、喝咖啡等刺激得来的，但这只是个人缓解压力的行为习惯，与灵感的联系并不大。

好的公文往往都是集体智慧的结晶，比如工作报告、规划纲要、工作要点，以及重要的请示、报告等，在起草和完善过程中需要与各层面沟通交流。首先，要主动询问领导关于提纲结构的想法或想表达的重点内容，遇到领导不回应、不召唤等情况也不要干扰自己的思路，经过多次请示领导，及时将领导的意图体现在公文当中，将公文修改到尽善尽美是我们的职责所在。其次，要广泛与业务部门交流，要欢迎业务部门提出意见建议，这样才能够激发自己的灵感，补充自己的知识盲区和修正自己的认识误区，形成考虑周全、表达专业、数据准确的公文。最后，要深入了解基层实情，在基层报送材料的基础上，通过调研、新闻、访谈等方式，充分掌握基层单位的工作业绩，找准存在的问题，有针对性地部署下一步工作。

第七章　高度重视系统思维的养成

本是后山人，

偶做前堂客。

醉舞经阁半卷书，

坐井说天阔。

大志戏功名，

海斗量福祸。

论到囊中羞涩时，

怒指乾坤错。

这首《卜算子·自嘲》出自丁元英之口，丁元英是作家豆豆的小说《遥远的救世主》里的男主角，改编成电视剧《天道》后由王志文饰演，是一个虚构的人物。

这首词上片的大意是：我本来就是上不得台面的人，偶然得到机会能到高雅的地方做客。虽然书没有读过多少，但酒过三巡，却大谈特谈，如井底蛙一般高谈阔论起来（坐井观天说大话）。

这首词下片的大意是：纵然胸有大志却不屑功名利禄，用犹如大海广阔的胸襟来看到祸福。但说到自己口袋里的钱比别人少时，却生气地指着天骂世道不好（埋怨老天对自己不公平）。

此词一语双关。可以用来表示自己的谦虚，也可以视为自己的大智若愚。既可用于抬高自己也可用于贬低自己。

这首诗刻画的是一种弱势文化的诉求，虽然诗的本意绝无用来讽刺别人的意思，但在当时的环境和氛围下，几个被刻意邀请来的文人挑头起诗，却在丁元英诗词的字里行间读出了自己。正所谓"醉舞经阁半卷书，坐井说天阔"。这下好了，头上冒汗了，坐不住了。在高人面前自感惭愧，于是只能告退。

王志文老师在《天道》里酒桌上用这首诗"自嘲"，表现了中国人酒桌上的智慧，堪称教科书式的表演。面对群起而攻之的态势，依然泰然自若、从容应对，用一首诗便化解了危机。个人认为，其中充分体现出了系统思维的力量。

第一节　系统思维能力的重要性

有人说，比专业能力更重要的是系统思维能力。我认同这样的看法。系统思维能力不仅仅适用于个人，也适用于任何企业，乃至整个社会。没有毛泽东、邓小平等领袖的系统思维能力，就没有新中国的诞生和崛起；没有任正非这样优秀管理者的系统思维能力，就没有华为这样优秀的企业。

党的二十大报告中提出了"六个必须坚持"：必须坚持人民至上、必须坚持自信自立、必须坚持守正创新、必须坚持问题导向、必须坚持系统观念、必须坚持胸怀天下。

每次读到这里，笔者都无比激动，这是中国共产党的创新智慧，这是中国共产党之所以从胜利走向胜利的根本所在。企业管理同样需要"六个必须坚持"，这是企业高质量发展的制胜法宝，任何企业、每名企业管理人员都必须学深悟透。讲到这里，我们可以深刻地体会到，中国共产党非常注重系统思维，"六个必须坚持"本身就是系统思维的智慧结晶。中国共产党深刻地认识到，系统观念是辩证唯物主义重要的认识论和方法论，是贯穿习近平新时代中国特色社会主义思想的立场、观点、方法之一。

那么，什么是系统思维呢？系统思维是指统筹考虑全局、科学辩证地着力解决工作或生活中问题的一种科学思维。其实，系统思维不仅是一种思维技能，也是一种智慧。系统思维具备四个明显特征：

第一，思考问题顾全大局，而不是仅仅看到局部；

第二，分析问题鞭辟入里，而不是仅仅看到表象；

第三，看到问题总在变化，而不仅仅是静止状态；

第四，处理问题条理清晰，而不是显得杂乱无章。

自古以来，我国就有很多名人重视系统思维能力的养成。《荀子·劝学》中有这样一段话："物类之起，必有所始。荣辱之来，必象其德。肉腐出虫，鱼枯生蠹。怠慢忘身，祸灾乃作。"讲的是什么意思呢？大意是：任何事物的兴起，一定有其中的原因。一个人是荣还是辱，肯定和这个人的德行有着紧密的联系。就好像肉腐烂了就会生蛆、鱼枯死了就要生虫一样。懈怠疏忽忘记了做人准则，就会招致灾祸。由此可见，系统思维是多么重要，古人也是用全局的、变化的眼光深入思考和分析问题的，上述例子便是用系统的思维和事物的动态说明了做人的道理。

系统思维能力的重要性主要体现在五个方面：

第一，能够引领发展方向。方向远比效率更重要。作为企业管理人员，要能够做到明方向、定目标、抓落实。无论是企业领导，还是部门领导，都要根据上级部署要求，锚定奋斗目标，统筹安排好本企业或本部门的重点工作。这是顶层设计，是完成某年或某一阶段目标的工作基础。

第二，能够解决复杂问题。对于企业而言，面临的发展问题和挑战往往是复杂的、多元的且相互交织的，遇到问题和挑战，单纯思考某一方面的因素是远远不够的，既要从全局出发，系统思考、客观分析所有制约因素，还要抓住主要矛盾和矛盾的主要方面，制定符合客观实际的系统性解决方案。

第三，能够作出正确决策。在企业管理过程中，领导能够作出高质量决策是至关重要的。有的领导工作站位高、统筹能力强，能够主动思考问题，高质高效作出科学决策，业务部门可以精准推动各项工作，很容易取得事半功倍的效果；反之，领导者缺乏较强的系统思维和统筹推动能力，不能准确预测结果和后果，没有科学和有效的决策方案引领和推动工作，则会处处被动。

第四，能够提高管理效率。系统思维可以帮助我们更好地管理和分析企业的运营和管理过程。通过对企业面临的内外部环境进行全面分析，可以精准发现问题、抢抓发展机遇。只有高质量的决策＋高效率的管理，才能作出科学的管理策略和工作方案，抓住稍纵即逝的宝贵机遇，引领和推动企业不断开创新局面。

第五，能够增强创新能力。创新能力与系统思维能力有着密切关系。系统思维能力越强，工作思路越清晰，分析问题和解决问题的能力也就越强，就越容易实现创新目标。系统思维可以帮助我们更全面地了解事物内部和外部的各种因素和关系，更好地发现机会和创新点，从而提高创新力和竞争力。

大量事实证明，系统思维在现代管理和决策中具有十分重要的应用价值和实际效果，比如老一辈革命家，他们之所以能够百战百胜，就是因为全面客观地了解和分析面临的局面，带领人民走在正确的发展道路上，利用正确决策和管理效率，实现了以少胜多、以弱胜强的战略目标。

系统思维能力强的具体表现在三个方面：

第一，遇到问题沉稳、沉着、冷静，对待不同声音，不会立即暴跳如雷与人发生争执，而是愿意倾听别人的批评，善于听取别人的意见，真正能够做到"闻过则喜"。

第二，考虑问题周密、周全、周到，待人处事让人感觉很舒适、很舒服，既不妄自菲薄，也不妄自尊大，工作谦虚谨慎，懂得尊重别人，一般具有较高的品德和格局，处处先为别人考虑。

第三，非常注重修身、养性、自律，平时善于学习，勤奋干事，有规律的作息习惯，处理工作井井有条，工作作风和生活作风较好，能够做到自我完善、自我革新、自我提高。

比如，对于日常工作，会将一天、一周，甚至是一年工作计划安排得井井有条；每天下班前，及时总结梳理一天的工作，提前筹划第二天的工作；每天到单位按照轻重缓急、有条不紊地处理各项工作；能够很周到地为领导提供决策参谋信息，能够不失时机地请示领导有关问题，顺利推动各项工作。

系统思维能力较差的具体表现如下：

工作和生活中，没有系统思维能力的人，遇到问题就会表现得手忙脚乱、六神无主，干工作不知道从何入手，接到工作任务心理上比较抗拒，很多工作都认为非常艰巨、难以完成；生活中的问题也不知道如何去解决，有的甚至能让家庭中的日常琐事伤尽脑筋、不堪忍受。之前，听见不止一个人说，某某部门领导思维跳跃性太强，今天这个想法，明天那个想法，安排工作随心所欲，文稿材料改了又改，每次到了会议正式召开之时还是感觉举棋不定、缺乏信心。这就是缺乏系统思维能力的典型表现。

笔者在审核公文的过程中发现，有的公文考虑得非常周到，格式规范、目的明确、逻辑清晰；有的公文却错误百出，意图不明、内容空洞、毫无逻辑，修改起来非常麻烦；有的还不清楚部门具体考虑是什么。但凡能够修改的我都认真做到了逐一修改，实在没办法修改的只能退回拟稿。出现这样的情况，很明显是部门缺乏系统思维能力，尤其是部门领导系统思维能力不足造成的。这样的公文如果被通过，那就是失职。这样的公文一旦流转出去，会对公司形象和部门能力造成非常恶劣的负面影响。

有管理学家说："工资是发给日常工作的人的，高薪是发给承担责任的人的，奖金是发给作出结果的人的，股权就是发给能干和忠诚的人的！荣誉是发给有理想、有抱负的人的。辞退信是发给那些没有结果还要耍个性的人的！"由此可见，培养自己的系统思维能力、将自己打造成为有理想、有抱负的人是多么重要。一个人要时常思索自己，通过不断学习锻炼提升自己，而不是关注别人是不是与自己有竞争关系，也不要玩什么阴谋或者阳谋。我们坚持走阳光大道，事业才能节节攀高，生活才会越来越开心。

第二节　系统思维能力实践体会

庖丁解牛的故事大家可能都听过。但是，庖丁解牛的技艺如何呢？《庄子》一书中是这样描绘的。

庖丁为文惠君解牛，手之所触，肩之所倚，足之所履，膝之所踦，砉（huò）然向然，奏刀騞（huō）然，莫不中音。合于《桑林》之舞，乃中《经首》之会。

这段话的大意是：庖丁给梁惠王宰牛，手接触的地方，肩膀倚靠的地方，脚踩的地方，膝盖顶的地方，砉砉作响，进刀时发出"騞"的声音，没有不合音律的：合乎（汤时）《桑林》舞乐的节拍，又合乎（尧时）《经首》乐曲的节奏。

作者以浓重的笔墨，文采斐然地表现出庖丁解牛时神情之悠闲，动作之和谐。全身手、肩、足、膝并用，触、倚、踩、抵相互配合，一切都显得那么协调潇洒。

何以达到如此境界呢？主要是因为庖丁进行了系统思考和分析，具有很强的大局观。那么，庖丁这种能力是怎么练就的呢？就是注重探究解牛的规律。要想掌握这种规律，必须要进行系统思考和分析，从看到全牛，到掌握牛的生理上的天然结构，依照牛体本来的构造去解牛。即使是这样，每当碰到筋骨交错聚结的地方，就小心翼翼地提高警惕，视力集中到一点，动作缓下来，动起刀来非常轻，"豁啦"一声，牛的骨和肉一下子就解开了，就像泥土散落在地上一样。

我们在日常工作中，很多工作需要进行系统思考，既要掌握全局，又要关注重点，这样才能做到事半功倍。所以，在工作中，笔者一直非常注重每项业务的制度体系掌握，要求每个岗位必须熟练掌握集团公司和公司的业务管理制度。

实践案例一："三重一大"制度建设和运行

作为党委办公室，我们高度重视"三重一大"制度体系建设和执行。做好这项工作，主要把握五个方面。

一是准确把握"三重一大"事项决策制度规定和要求。为此，我们系统梳理了关于"三重一大"事项决策实施细则、决策事项清单、党组（委）工作规则、党委前置研究讨论重大经营管理事项、决策和运行监管系统数据报送等方面的制度系统，准确把握党委决策前、决策中、决策后的规定和要求。

二是严格督促业务部门坚决贯彻执行"三重一大"事项决策制度，做好议题立项前的调查研究和法律论证（如有必要），严格按照上级有关要求，结合公司实际，编制议题的方案，并在党委集体决策前充分征求公司领导、本部部门和成员企业（如有必要）的意见和建议，形成论证充分、符合实际的议题方案。

三是及时组织党委会履行民主集体决策程序。按照议题分类，在符合召开条件的前提下及时向党委汇报并组织会议。议题提出部门进行汇报，相关部门列席会议（坚决杜绝陪会现象）。公司党委委员按照倒序依次发言并表态，党委书记作总结发言（党委决策高质高效）。公司党委办公室负责会议记录并拟发会议纪要。

四是及时填报国务院国资委"三重一大"事项决策和运行系统信息。按照规定，党委会纪要在印发后的 3 个工作日内，必须及时、完整、准确填报"三重一大"议题的所有相关信息，包括会议通知、议题方案、会议纪要等。

五是积极向公司党委建言献策，策划组织了安全生产管理、干部队伍管理、全面从严治党等专题党委会，得到业务部门的热烈响应并及时向公司党委汇报准备情况。协助公司党委很好地履行了民主集中决策制度，落实了党委主体责任。

2022 年，公司本部"三重一大"决策和运行系统信息报送工作在工程技术业务系统排名居前，但我们发扬了风格，自动放弃了先进单位的名额，推荐的先进单位全是成员企业。

实践案例二：公文管理

公文是行政机关在行政管理过程中所形成的具有法定效力和规范体式的公务文书。公文管理是指公文在形成、运转、办理、传递、存贮到转换为档案或销毁的一个完整过程。公文管理得好与不好，直接影响政令畅通与否。

一是必须重视时效性。所有上级来文和外部来文，都有特定的办理时间限制，公文管理人员必须具有较强的时间观念和大局意识，及时规范办理，做到不延误、不漏发、不误发、不搁置，这是公文管理工作的一大准则。收到上级来文和外部来文，必须第一时间向部门领导汇报，按照部门领导签批意见呈送公司相应领导。如果公司领导不在单位，不能及时处理公文，必须第一时间通知相应部门，要求业务部门按照文件要求先行办理，然后请业务部门在公司领导返回单位后及时汇报工作进展或办理情况。如果公司领导公务繁忙，没有及时处理紧急待办公文，必须第一时间作出提示，并向公司领导汇报文件的紧急程度和重要程度，密切关注此类文件的处理情况，直至文件按时办结。如果接收到高密级文件，必须第一时间进行登记，严格按照保密要求呈送领导，并做好文件流转跟踪，直至涉密文件办理或流转收回。如果接收到上级重要会议文件，必须第一时间通知相应业务部门准备会议备参（如有必要），并要求业务部门及时向公司领导汇报会议备参准备情况，相应情况要作简要汇报。业务部门准备完毕的备参材料电子版要及时收集，每年年初做好整理汇编。

二是必须重视规范性。公文质量的好坏，直接关系到公文效用的发挥，直接影响到各级党政机关和企业形象。我们必须严格把控公文质量，这是公文管理人员的天职。那么，如何把控公文质量呢？必须准确掌握并严格

执行集团公司公文管理规定和有关要求， 确保公文管理各个环节都非常规范。比如，收到上级来文，立即做好收文登记，确保文件名称、文号、发文单位、来文日期、紧急程度及文件归类等信息都登记齐全，以便日后查找参阅。**必须及时正确审批各类公文，** 由于公文种类繁多、工作量大，领导在审批公文时偶尔会出现一些错误，比如将上级来文误认为是本级部门发文，批示意见为"同意"。遇到这种情况应立即向领导汇报并及时更正。有的部门呈送文件偶尔也发生错误，比如呈送给了不分管某项业务的领导，发现错误后应立即向领导汇报并及时更正或进行流程干预更正。**必须做到公文拟发规范有序，** 从公文格式、公文内容、主送单位、抄送单位等都要规范准确。比如，起草公文过程中，要明确发文主题、工作任务、责任单位、时间节点，要求内容逻辑清晰、要素齐全。**必须做到公文审核严格严肃，** 在审核公司发文时，从格式到内容都要逐一审核，要按照规定的程序进行审核，比如文件名称、主送单位（选择和名称）、抄送单位（选择和名称）、正文内容（包括附件名称及附件内容）、文件落款等，不能随意放过任何一个环节，全方位确保公文质量，确保公文效力，维护企业形象。

三是必须重视安全性。公文承载着企业秘密乃至国家秘密，确保公文安全是一项不可推卸的政治任务。现在网络科技日益发达，公文尤其是机要文件失泄密事件时有发生，必须引起高度警惕，坚决履行好公文安全管理责任。**必须做好涉密文件的管理和管控，** 每份涉密文件都要及时、规范登记，做好涉密文件的妥善保存，做到文件目录与文件一一对应，保密室和保密柜要严禁闲杂人等出入。**必须做好涉密文件的内部流转管理，** 每天流转出去的涉密文件要在当天下班前收回，坚决不允许涉密文件在保密管理办公室以外的办公场所留存。**必须严格按照要求上交和销毁涉密文件，** 上级要求按时收回的涉密文件要落实具体责任人，确保涉密文件按时上交并签字确认；必须销毁的涉密文件，要按照规定程序进行集中销毁，登记记录和报批手续要保存完好。**必须严格管控涉密文件网络传播，** 要求通过专网邮箱传达的必须严格执行，不得拷贝或通过外部社交网络和工具进行传播。**必须严禁公开谈论涉密文件涉密信息，** 尤其是保密管理岗位和接触到涉密文件的人员，加强保密知识和警示案例学习教育，确保企业秘密和国家秘密安全，企业利益和国家安全不受侵害。

实践案例三：会议组织

会议管理是一项系统工程，涵盖策划、筹备、组织、记录、纪要及材料归档等各个环节。

在会议策划阶段，需要请示领导的事项：会议主题、主要议程、出席领导、参会范围、会议地点，以及会议方案等。按照领导要求起草拟发会议通知、会议安排。

在会议筹备阶段，需要起草的材料包括：工作报告（视会议需要确定）、讲话提纲（需逐级审核、审定）、主持词（有的会议有多个主持人）、专题汇报（会前须逐页检查）等。

在会议组织阶段，需要特别注意的事项：会议材料发放（摆放）、多媒体播放系统（确保正常）、会议音响系统（确保正常）、会场摄影及录像（根据会议重要程度确定）、会议服务工作（水牌指示及会议引导、接待）等。

在会议总结阶段，需要做好的关键事项：领导讲话录音整理、新闻通讯稿起草及发布，以及会议通报、会议纪要拟发（根据会议需要）等。

关于会议主持人，讲一些具体实例。

比如某集团公司业务专题会，如果集团公司主要领导出席，主持人一般由集团公司分管领导担任；如果集团公司分管领导出席（一般仅1位），主持人一般由领导本人主持或领导指定某部门（或单位）负责同志担任。

比如××公司QHSE体系审核讲评会，如果上级审核单位主要领导出席，主持人由被审核单位主要负责同志担任即可；如果上级审核单位分管领导出席，被审核单位主要负责同志可以不参加会议，主持人由被审核单位分管负责同志担任即可。

比如××公司工作会议，如果上级单位主要领导出席，主持人由该公司主要负责同志担任；如果上级单位分管领导出席，主持人一般也由该公司主要负责同志担任。因工作会议环节较多，最后一个环节一般由该公司主要负责同志担任。

具体什么会议由谁担任主持人，需要根据会议主题和出席领导的级别、数量等因素确定。一般而言，由上级领导安排或主导的会议，由上级领导本人担任即可；邀请上级领导出席的会议，由发出邀请单位的有关负责同志担任即可。当然，还可能有一些其他的情况，具体情况具体分析。

实践案例四：工作调研

调查研究是谋事之基、成事之道，没有调查就没有发言权，没有调查就没有决策权；正确的决策离不开调查研究，正确的贯彻落实同样也离不开调查研究；调查研究是获得真知灼见的源头活水，是做好工作的基本功。

第一，必须做到"五个坚持"。

必须坚持群众路线，从群众中来，到群众中去，增进同人民群众的感情，真诚倾听群众呼声、真实反映群众愿望、真心关心群众疾苦，自觉向群众学习、向实践学习，从人民的创造性实践中获得正确认识，把党的正确主张变为群众的自觉行动。

必须坚持实事求是，坚守党性原则，一切从实际出发，理论联系实际，听真话、察实情，坚持真理、修正错误，有一是一、有二是二，既报喜又报忧，不唯书、不唯上、只唯实。

必须坚持问题导向，增强问题意识，敢于正视问题、善于发现问题，以解决问题为根本目的，真正把情况摸清、把问题找准、把对策提实，不断提出真正解决问题的新思路、新办法。

必须坚持攻坚克难，发扬斗争精神，增强斗争本领，勇于涉险滩、破难题，知难而进、迎难而上，把调查研究成果转化为推进工作、战胜困难的实际成效。

必须坚持系统观念，深入实际、深入基层、深入群众调查了解情况，把握好全局和局部、当前和长远、宏观和微观、主要矛盾和次要矛盾、特殊和一般的关系，前瞻性思考、全局性谋划、整体性推进党和国家各项事业。

第二，必须履行规定程序和要求。

明确调研内容。围绕做好事关全局的战略性调研、破解复杂难题的对策性调研、新时代新情况的前瞻性调研、重大工作项目的跟踪性调研、典型案例的解剖式调研、推动落实的督查式调研，突出重点、直击要害，结合实际确定调研内容。

制定调研方案。按照最新明确的调研方向和重点，结合分管业务，制定调研方案，确定调研的时间、地点、对象。办公室是公司党委和公司的参谋助手，一定要立足职能职责，紧密结合实际，主动走出去，到基层蹲点，到基层走访，了解基层所思、所想、所求，提供更有价值的决策参考信息。

务实开展调研。在调研方式上，可以采取以现场调研为主的多种调研方式，包括座谈访谈、随机走访、问卷调查、专家调查、抽样调查、统计分析等。不论哪种调研方式，都要将主要精力聚焦到被调研单位存在的问题上，一切以解决实际问题为中心，逐一倾听被调研单位的意见和建议。

简化调研形式。在调研行程安排上，要加强统筹，与日常工作、主题教育、课题研究等调研结合起来，提高效率效能。调查研究要严格执行中央八项规定及其实施细则精神，轻车简从，厉行节约，不搞层层陪同。

深化分析研究。全面梳理汇总调研情况，梳理形成问题清单、责任清单、任务清单，形成调研报告。通过深入分析、充分论证和科学决策，制定解决措施，明确责任单位、责任人和完成时限，做到问题不解决不松劲、解决不彻底不放手。

第三，简要探讨调研过程中的一些细节。

关于调研工作汇报会主持人。一些同事咨询我这个问题，在此谈一下个人见解。如果上级领导赴企业调研，调研主题是上级领导确定的，可以由上级领导作为汇报会的主持人。但我们一般安排企业有关领导作为主持人，以便对上级领导前来调研表示欢迎，并作工作汇报，在最后作表态发言。

有的专题工作调研，由上级调研组组长（一般级别不高，多是职能部门负责人）担任，负责简要介绍此次调研的目的、范围、方式等，并对被调研单位给予工作上的支持表示感谢。

关于调研车辆安排，这里重点讲1号车人员安排。

如果是小轿车（越野车），除司机外一般最多只能乘坐3人，后排右侧安排上级调研领导、左侧安排陪同领导（如果有专业公司领导参加，一般安排专业公司领导陪同；如果没有专业公司领导参加，一般安排被调研单位领导陪同；如果涉及两个或两个以上单位，一般安排负责接待单位的领导陪同）。副驾驶安排领导工作联系人。

如果是商务车（6座），除司机外一般最多只能乘坐5人，中间右侧座位安排上级调研领导，其余3个座位根据相关程度安排即可（如果有专业公司领导参加，安排在中间左侧座位即可，后排安排被调研单位有关负责同志；如果调研两个单位，则每个单位各安排1名有关负责同志），副驾驶安排领导工作联系人。

如果是考斯特（11座），可以选择的余地就更大了。一般安排调研组人员（上级单位领导＋随行人员＋领导工作联系人）、被调研单位有关负责同志。

第三节 系统思维能力的养成方法

首先，和大家分享佛教禅宗六祖惠能的故事。

佛教禅宗五祖弘忍在"以偈传衣"时，说所有弟子都可以献偈，谁的偈子写得好就传法给谁。首座弟子神秀作偈曰："身是菩提树，心如明镜台。时时勤拂拭，勿使惹尘埃。"这是神秀对于佛性本心的理解，他认为应该通过修行而渐悟：自己本身就是一棵菩提树，自己的内心也如同明镜一般，只要自己经常内省反思，防微杜渐，那么就能保持内心的明净如初。

弘忍虽不甚满意，但还是令众僧诵持。相传惠能不识字，听闻神秀的偈子后，请人代题偈曰："菩提本无树，明镜亦非台。本来无一物，何处惹尘埃。"惠能的偈子更符合禅宗对空性的理解，他凭此一偈，得到禅宗五祖的密传与衣钵。

相比之下，惠能的偈子更胜一筹，在中国佛教史上有着回归本源的意义。佛教的本旨关乎个人心性的修持与觉悟，惠能的偈子其实就是对外境的消解与涤荡，主张回归本心，与佛陀、龙树的般若性空理论一脉相承。

由此故事我们能够领会到，个人思维能力的养成至关重要。也从中看到，思维其本身固然重要，但要想有更高的修为，必须跳出本身的固有思维，从更高的高度看待一切事物。这也说明，一个人的工作能力和思维能力息息相关，而在诸多思维之中，系统思维是一种科学的、全局的、正面的、积极的、接地气的思维方式。系统思维能力是诸多思维能力的力量源泉。

培养系统思维能力要达到什么样的高度呢？

王志文老师说过这么一段话：活到一定程度，就会变成有高度、有深度、有广度，但没有温度的人。凡是有高度、深度、广度的人，一般温度都比较低，遇到事比较沉着，不以物喜，不以己悲。无故加之而不怒，猝然临之而不惊。

什么是有高度、有深度、有广度，但没有温度的人呢？高度、深度、广度和温度这四个维度，决定了一个人的格局和底色。人的思维就是自己的丰碑，前行的路上要不断修为。增加高度是登高望远的出路，增加深度就是提高涵养水平，拓展广度就是丰富思想，怀揣温度就能照亮黑暗、做人做事光明磊落。由此可见，人的思维是多么重要，系统思维是所有思维的集大成者，是指引人生走向更加光明前路的灯塔和启明星。

第一，站位要有高度。 正所谓"不谋万世者，不足谋一时；不谋全局者，不足谋一域"。唯有"会当凌绝顶"，才能"一览众山小"。所以，作为国有企业员工，要始终胸怀"国之大者"、心系"企之要情"，始终站在党和国家需要的角度去思考问题、谋划工作、推动实践，既为一域争光，更为全局添彩。

那么，具体要具备哪些方面的高度呢？

一是要有政治高度。"旗帜指引方向，核心领航未来。"我们干任何工作都要学会站在更高的位置思考问题，无论是办公室，还是业务部门，最基本的要求是要站在企业发展的高度统筹考虑应履行的职责、需要解决的问题。比如中油技服的业务部门，就必须站在集团公司战略发展的高度思考工程技术业务的高质量发展。为什么这么说呢？因为中油技服的业务部门负责战略规划编制、实施和协调推动，就是中国石油工程技术业务实现高质量发展的顶层设计部门、引领导航部门。比如某钻探企业的本部业务部门，就必须站在中国石油工程技术业务发展的高度统筹思考问题。为什么这么说呢？因为钻探企业是工程技术业务的重要组成部门和发展重要力量，如果钻探企业的业务部门都不能站在这个高度思考问题，心里想的、眼里看的、手里干的都是一些具体事务性工作，缺乏顶层设计、统筹谋划，缺乏大局观念，怎么可能履行好企业赋予的业务发展责任呢。所以，业务部门不能说：我们站位不高，方案编不好，汇报写不好，公文弄不好，请办公室站在公司高度拔拔高吧。如果这是谦虚之言，那无可厚非；但如果所负责的工作根本无法体现业务部门应有的专业素养和能力水平，那就是懒政、惰政、不作为。所以，企业的各级机关部门都必须具有较高的政治站位，干什么工作都要有章可循，就是要按照党和国家战略、按照上级战略规划和本企业行动计划推进项工作。企业管理创新和技术创新是比较自由的，只要是依法合规的创新行为且有利于企业高质量发展。所以，各级部门都要了解党中央精神和国家战略决策，所有干部员工都要认真学习贯彻习近平新时代中国特色社会主义思想和党的二十大精神，准确把握新发展理念的内容和内涵，积极践行以人民为中心的宗旨和理念，以及上级和本企业战略规划和行动部署，说话、干事、行文做到目标明确、行动正确、表达准确，这样落实在文字上、行动上、语言上的思想、理念、数据才能确保都是正确、准确的。

二是要有理论高度。恩格斯说："一个民族想要站在科学的最高峰，就一刻也不能没有理论思维。"正所谓"行之力则知愈进，知之深则行愈达"。由此可见，具有较高层次的理论知识和理论思维是多么重要。有人说，我不是搞理论研究的，为什么要求我必须有理论高度？学习马克思主义理论能有什么用处？学习马克思主义理论有助于树立正确的世界观和方法论，有助于提高思想道德和素质能力。这里所强调的"理论高度"，不仅是指对于马克思主义等思想学说的学习和掌握，更重要的是提醒大家注重培养自己研究和看待问题的理论高度。那么，作为国有企业员工应当具有哪些理论知识呢？应当具备政治、经济、文化、法律，以及专业技能等方面的理论知识。政治理论知识方面，如辩证唯物主义、唯物辩证法、马克思主义中国化的历程与启示、中国共产党党史、习近平新时代中国特色社会主义思想、新发展理念，以及"加大国内油气勘探开发力度""能源的饭碗必须端在自己手里"等习近平总书记重要指示批示精神，还有"两个确定""三个务必""四个自信""五位一体""六个必须"等的出处和含义。学习贯彻习近平总书记重要指示批示精神，了解掌握党和国家的大政方针，无论对于个人理论素养提升，还是指导和推动工作实践都是大有裨益的。实践证明，一个人具有越高的理论素养，其查找问题、分析问题、解决问题的能力就越强。

三是要有法纪高度。"法者，国之权衡也，时之准绳也。"这里是提醒大家要始终将纪律和规矩放在前面，自觉遵守法律法规，坚守底线和红线，将自己打造成为"忠诚、干净、担当"的合格党员干部和有用之才、可塑之才、可造之才。作为国有企业干部员工，都要把"我将无我、不负人民"

的思想理念根植在心中，工作中要做到兵位帅谋，胸怀全局、目光长远、甘于奉献、自担压力。对全局工作、整体部署、总体安排，要全面对接、全部承接、全力落实、全心完成。多打大算盘、多算长远账、多算整体账，少打小算盘、少盘小心思、少怀小九九，更不能为了局部利益或个人利益损害全局利益。这些话讲得太好了，建议谨记在心、领会精神，相信大家会受益匪浅。

第二，思维要有深度。一个人能否成功，不仅仅在于有多少能力，更重要的是追求成功的态度。正所谓"根深方能叶茂，源远才能流长"。《史记》中云："盖世必有非常之人，然后有非常之事；有非常之事，然后有非常之功。非常者，固常之所异也。"正所谓"事在人为，非常之人才能做非常之事，非常之事非常人所能为"。我们要保持政治定力和战略定力，在大是大非面前头脑清醒，在歪风邪气面前敢于斗争，在危险矛盾面前挺身而出，在失败失误面前主动担责，在各种诱惑面前坚守底线。旗帜鲜明讲政治，态度坚决敢亮剑。这才是国有企业最需要的干部员工。

那么，具体要在哪些方面有深度呢？

一是归纳思维要有深度。著名数学家高斯曾说："我的许多发现都是靠归纳取得的。"归纳是将零散的、碎片化的认知和实践进行归纳和梳理，从而找到规律性的东西。之前和其他单位一位同事聊天，他说很想推荐一位同事担任基层单位副职，但是给公司领导汇报了几次，公司领导都没有一丝反应。最后他放弃了对这位同事的推荐，转而推荐一位"90后"同事，结果公司领导满口称赞，说这位小伙子思维敏捷、文字功底不错，还有基层单位工作历练经验，工作总结、会议纪要等文字材料都整理得准确规范、质量效率都比较高。结果就是，这位"90后"小伙很快就被提拔成为一位副处级干部。这个例子说明，无论你身处什么岗位，无论你干什么工作，都要高度重视归纳思维培养，不断提高自己的归纳思维能力。再给大家举一个具体工作实例，例如，我们对川渝页岩气区域钻井队伍的钻井作业效率进行统计分析，就会发现制约钻井作业效率的诸多因素和背后深层次的原因；通过与北美页岩气进行对标分析，就会发现在自然条件、地质研究、工程技术、生产模式、装备配备等多方面都存在很大差异；通过与北美页岩气效益开发对比后，可以提出推动国内页岩气效益开发的措施和建议，形成呈送集团公司党组的专题报告；专题报告得到集团公司党组领导批示后，可能就会从集团公司层面大力推动国内页岩气革命。看似一件普通的日常工作，最后可能真的会"刮"起"飓风"。所以，我们千万不要轻视日常归纳工作，这是从低级劳动转变成高层次价值创造的基础性工作。具有较强归纳思维能力的人，对事物本质的认知和在工作中获得的价值是不一样的。

有人说："我不喜欢这份工作，不愿意做出过多的思考。"稻盛和夫曾说过：要想度过一个充实的人生，只有两种选择，一种是"从事自己喜欢的工作"，另一种是"让自己喜欢上工作"。若没有那种与生俱来就能从事自己喜欢的工作的好运气，那便试着让自己去喜欢上目前所从事的工作。稻盛和夫在《斗魂》中说："一个人对待工作的态度，决定了他的人生走向。"能力决定着你的现在，态度决定着你的未来。你对工作的态度，暴露了你的层次。这是为什么呢？因为由工作态度反映出来的状态，最能暴露出一个人的格局、思维方式、承压能力、工作耐力等重要品质。

二是逻辑思维要有深度。所谓"逻辑"，简单来说就是指一切事物客观运作的规律形式。换言之，某些现实的东西之所以存在，其背后肯定有导致其存在的逻辑。有人说，说话有深度的人，都有强大的逻辑思维能力。我认同这样的说法。在日常工作中，当你一层一层深入地探究下去，就会发现很多事情的背后，都有其存在的逻辑。我们要做的，就是找出这个逻辑，然后印证它的真实性。如果没有逻辑，很多事情我们就找不到源头的答案。比如，起草一份 QHSE 管理体系审核讲评会讲话文稿，通过分析发现，这样的文稿一般可以采用三段论结构，第一部分肯定企业的正确做法和取得的成效，第二部分深刻剖析面临的形势和任务，第三部分对下一步工作作出部署、提出要求（强调正确的要坚持、错误的要改正、发现的问题要整改，并对高风险方面提出管控要求）。此类讲话文稿的内在逻辑就是"肯定正确做法（肯定成绩）→强调正确方向（分析形势、传达精神）→制定正确措施（作出部署）→提出正确要求（提出要求）"。其他方面也是同样的道理。只要我们掌握了工作程序，找出来逻辑关系，任何工作都能够做得得心应手。所以，要想培养超强的逻辑思维能力，就要锻炼自己发现潜在逻辑、高度概括事务和分析解读信息的能力。只有具备了基本的能力，方法使用才能手到擒来。所以，建议对事情还缺乏深刻见解的朋友，先从寻找潜在逻辑、分析事物规律方面练习。

三是换位思维要有深度。换位思考，是设身处地为他人着想，就是把自己置于对方的位置上，站在对方立场上思考问题的一种思维方式。无论我们在什么平台工作，都要培养"身在兵位，胸为帅谋"的意识，练就兵位帅谋的本领。这不是官僚主义，也不是阿谀奉承，这是年轻人成长必须要经历的人生阶段。正所谓"宰相必起于州部，猛将必发于卒伍"。要想在工作中崭露头角，成为领导得力的参谋助手，乃至后来成长为能力出众的领导或行业精英，就要努力把自己打造成为真正能写又能谋的佼佼者。

学思践悟是提高换位思维能力的基础。换位思考能力的培养，有利于我们获得正确的角色意识，可以帮助我们真正理解受众心理、切实体验受众的情感和情绪，有利于实现与受众之间的心理互动，从而大大增强沟通的亲和力、感染力和说服力。所以，我们要积极学习换位思维，善于借鉴领导、同事和群众的工作技巧，不断汲取大家的长处和经验，在学习中汲取营养、增长才干、提升能力。对于普通员工需要在日常工作中经常思考，本职岗位的基本职责是什么，应具有什么样的能力，应当把工作干到什么水平，部门领导最重视的是什么方面、最关心的是什么地方、最担心的是什么事情。把这些基本问题思考清楚，对岗位职责、履职能力就会有更清晰的定位和把握，干起工作来很快就会得心应手。这就是大家经常说的"既要低头干活，又要抬头看路"。低头干活追求的质量和效率，抬头看路追求的是工作方向和重点。如果方向和重点出现偏差或错误，那么效率越高距离目标就越远，这样的工作质量也可能毫无意义。举个例子，建筑队在施工时将图纸拿倒了，本来想建一座上拱形桥，结果建成了美观的下拱形水渠。对于中层管理者，需要在不同场合依据受众角色的变换，站在企业高层管理者、下属、客户等角度，重新思考问题，从而理解问题的实质，为寻找解决问题的根本办法打下基础。

换位思维能力是管理能力的重要组成部分，这种能力不是与生俱来的，而是在日常工作和生活中通过观察、学习、锻炼，逐步养成的一种能力。培养换位思维能力最重要的就是需要超越自我，摆脱以自我为中心的思维模式。超越自我，指的是跳出惯性思维的束缚，从受众角度思考问题的心理活动。一般来讲，由于我们长期形成的思维定式，使得我们习惯于以自我为中心思考问题，而不进行换位思考。有的是因为站位不高、格局不够，导致自己不愿意站在受众角度去思考、处理问题，形成妄自尊大、颐指气使的个性；有的是因为性格孤僻、自我封闭，不善于换位思考，容易出现自话自说或与受众心理需求南辕北辙的现象。

四是辩证思维要有深度。耿超廷老师在《齐鲁壹点》上撰文说："事物是充满矛盾的，我们生活在一个充满矛盾的世界里。"这就不由得让我们想起了哲学中的辩证法。在这充满矛盾的世界里，潇洒地活着不易，潇洒快乐并且智慧地活着更不易。需要学会用辩证法，来化解你遇到的难题，解开你心中那些死结，才不至于钻牛角尖，让你浮躁得七窍生烟。如果学会用辩证法来分析问题，会让你心安理得平静地生活下去，快快乐乐地活着，活出自己的价值，活出自己的尊严，活出自己的精彩。

那么，什么是辩证思维呢？辩证思维就是指以变化发展视角认识事物发展变化规律的一种思维方式。辩证思维是客观辩证法在思维中的反映，联系、发展的观点也是辩证思维的基本观点。对立统一规律、质量互变规律和否定之否定规律是唯物辩证法的基本规律，也是辩证思维的基本规律，即对立统一思维法、质量互变思维法和否定之否定思维法。工作中，很多方面都需要用到辩证思维，比如起草领导讲话文稿，更是需要用到辩证思维，所有工作都要用变化发展角度去认识和看待，这样才能适应形势变化、应对困难和挑战，讲清问题、讲透根源、讲明措施，增强领导讲话的亲和力、感染力和说服力。

第三，眼界要有广度。登高望远，方知天外有天。实践证明，见识越广博、视野越开阔，越容易一览众山小、居高声自远。这就告诉我们，只有主动学习、主动实践、主动提升，才能不断拓展认识的广度和深度。只有摸准时代的脉搏、跟上时代的步伐、合上时代的节奏，才能更好地适应时代发展需求。正所谓"学如弓弩，才如箭镞。识以领之，方能中鹄"。

那么，具体要做到哪些方面呢？

一是阅识要有广度。杜甫那句脍炙人口的名言"读书破万卷，下笔如有神"，一语道出了广博的意义。读书就像行路，走的地方多了，看的情况多了，视野自然就会开阔、认知自然就会提高、研判能力也会随之增强。

毛泽东主席出众的才华给世界各国领袖留下了深刻的印象。毛泽东主席说："饭可以一日不吃，觉可以一日不睡，书不可一日不读。"读书是为了活着，是为了成为一个健全的人。博览是为了兼收并蓄，博采众长，最终为己所用。但是，读书也不是说什么书都要读，现在如浩瀚星辰的书籍是读不过来的。所以，我们要有选择，不能一味求多，重要的是得抓住要领，得其精髓，弃其糟粕。正如曾国藩所言："万卷虽多，而提要钩玄不过数句。"我们一定要选择有益于提升人生价值的书籍。毛泽东一生中爱读的八部书是《共产党宣言》《鲁迅全集》《社会学大纲》《资治通鉴》《红楼梦》《三国演义》《水浒传》《容斋随笔》。根据工作需要和个人爱好，我们每个人都要建立自己的读书目录。鲁迅先生说："不先泛览群书，则会无所适从或失之偏好，广然后深，博然后专。"只有博览群书，探索思考，才能达到"举一纲而万目张，解一卷而众篇明"的境界。

二是胸襟要有广度。胸襟决定容量，广度决定格局。真正有大格局的人，都是见识广、眼界宽、历练丰富、没有私心的人。见识广，思考问题的角度和深度就不一样，正所谓"成大事者不会拘囿于眼前，不会迷失于脚下"。无论从事什么职业、在什么位置，都不能有"井底之蛙"的心态，我们永远不要总是自以为是，永远不要对别人指手画脚，永远不要认为自己的智慧和能力远在他人之上。要真正明白"人外有人、山外有山"的道理。在面对同龄、同级、同事的提拔、重用、加薪时，要以平常心看待、公正心处理，由衷祝贺、祝福、祝愿。不能总盯着别人的短处，眼红别人的好处。这是非常不健康的心态，是视野短浅、认知肤浅的突出表现。要真正做到"不以个人恩怨辨是非，不以个人好恶识良莠"。工作中要有"赠人玫瑰，手有余香"的阳光心态和"愿为他人做嫁衣，甘做人梯举贤能"的奉献精神，学会赞赏别人的优点，审视改正自己的缺点，真正做到心胸开阔、海纳百川。

三是说话要有尺度。解决问题，首先要看清问题。大家经常说，这人看不清事（情的本源），说话挺冲（硬），要么是无知，要么是无畏，不懂得什么叫虚怀若谷。无论什么时候，我们都要学会说话，把握好分寸，切记"话不可随口，事不可随心"。任何时候说话都要符合自己的身份、符合组织纪律的规定，学会站在对方的角度、抓住重点、语速适中、保持微笑、注意礼仪。不能信口开河，更不能口若悬河、滔滔不绝。把握好说话的分寸，就是说话的角度、尺度都要做到头脑清醒，懂得哪些话能说、哪些话不能说、哪些话需要斟酌后决定说还是不说。正所谓"言多必失、行多必过"。我们要清楚，"事有可行而不可言者，可言而不可行者""人可言而我不可言，人可行而我不可行"。对于不符合党性原则的话、不符合政策规定的话、不符合组织要求的话，不能为了显得自己"知内幕""见识广""渠道多"就口无遮拦，更不能在大是大非问题上，妄加猜测、妄加议论、妄加散布。

第四，做人要有温度。 "天地之大，黎元为先。"意思是说天地虽然广袤无垠，但是黎民百姓才是国家的根本。此处提到这里，不是在讲君王多么亲民，而是强调我们每个人做人做事都要有温度，做到"不以善小而不为，不以恶小而为之"。本人认为，可以从三个方面提高个人涵养，不断提高别人与你相处的舒适感。

一是注重个人品德修养，提高人生境界。明朝刘基说："德不广不能使人来，量不宏不能使人安。"意思是说，道德不广大高尚就不能吸引人、凝聚人，气量不宽宏就不能使人们安全、安定。所以，我们不要妄自尊大、自恃清高，要知道"山的那边是海，海的那边还有山"。谦卑是一种态度，更是一种修养。总喜欢在别人面前侃侃而谈的人，要么是不自信的表现，要么就是没有存在感的人。我们不能拒绝谏言、恶语相向，要懂得尊重别人，不要随意打断别人说话，倾听是一种智慧、一种修养、一种尊重，是人与人心灵上的沟通。我们要善于做一位聆听者，即便别人是在提意见或者数落你的不是，也要静静听完，别人讲得对就虚心接受，别人讲得不对不一定非要当面揭穿或反驳。我们不要乱发脾气、有失涵养，火大伤肝、气大伤肾，经常发火非常不利于身心健康。人与人生来平等，存在即是合理，我们不要总动不动就感觉不平衡、不公平，要是世界那么完美就不会有战争了。发生战争一般都是两败俱伤，我们为什么要和自己的健康过不去呢？我们不要封闭自己、远拒他人，互动是一种能力，交流是一种方法，封闭只会让自己越来越闭塞，越来越与时代脱钩，以开放的态度与大家相处，将会不断获得智慧养分，促进自身素质能力提升。我们不要欺压别人、欺负弱者，孔子说："己所不欲，勿施于人。"自己不想要的结果，不要去强加于别人。尤其不要欺负老实人，老实人一般工作兢兢业业，也许有人工作质量和效率不高，但是却十分严谨，我们要时刻看到别人的长处，引导和指导别人弥补短处。我们要增强同理心，这是一种美德、一种境界、一种和谐。

二是注重发挥团队作用，提高决策能力。俗话说"三个臭皮匠顶个诸葛亮"。这句话告诉我们，人多智慧多，人多力量大，群策群力才可能有更好的良策，事情才可能有更好的结果。这句话还告诉我们一个道理，做人做事一定要懂得谦逊待人，要想办法争取别人的拥护和支持。我们要以史为鉴，刘邦因为善用张良、萧何、韩信、陈平、郦食其等文臣武将而得大汉天下，即便是这样，刘邦依然非常谦逊，他说："夫运筹帷幄之中，决胜千里之外，吾不如子房；镇国家，抚百姓，给饷馈，不绝粮道，吾不如萧何；连百万之众，战必胜，攻必取，吾不如韩信。三者皆人杰，吾能用之，此吾所以取天下者也。项羽有一范增而不用，此所以为我所擒也。"大家都十分熟悉的三国枭雄曹操，也十分重视人才，他对天下贤才发出由衷的呼唤："山不厌高，海不厌深。周公吐哺，天下归心。"以此表示自己有宽广的胸怀，求贤之心永无止境，犹如大海不辞涓流，高山不弃土石一样。他以礼贤下士的周公自励，号召天下贤才来归，开创一个"天下归心"的大好局面。这四句诗气魄宏伟，感情充沛，表现出统一天下的雄心和进取精神。所以有程昱、荀攸、贾诩、司马懿等一批谋士追随他，为他获得政治上、军事上的巨大成功发挥了重要作用。所以，我们不能搞小圈子、拉山头，不能搞团团伙伙，日常工作中掺杂着私心私利，把单位内部环境搞得乌烟瘴气。作为聪明人，我们一定要把自己的人搞得多多的，把敌人搞得少少的，团结朋友、孤立敌人，这是毛泽东同志在长期革命战争中形成的宝贵战略思想。

三是必须密切联系群众、坚持办好实事。北宋程颐在《伊川文集·代吕晦叔应诏疏》中云："为政之道，以顺民心为本，以厚民生为本，以安而不扰民为本。"这句话的意思是：为政的基本原则，是以顺应民心为根本，以增加人民生活财富为根本，以安民而不扰民为本。古人尚且如此，我们何尝不能呢？中油技服的服务理念是"基层好、成员企业好，技服才能好""大家的事情，大家一起商量办；商定的事情，大家一起办好"。工作中，我们要时常想着这两句话，做到言行合一，必定会大有裨益。俗话说："常说暖心话，必是暖心人。"如果到企业和基层调研或检查，一定要多用"我们""您"这类的词语，别人"高看一眼"，你就要展现出更高的热度、更大的热情，时刻保持头脑清醒、心态谦和，切不可居高临下、盛气凌人。在背着手的领导面前低三下四，在群众面前趾高气昂。这种作风要不得。与别人对话，要时时刻刻想着"良言一句三冬暖，恶语伤人六月寒"。工作中要低调做人、宽厚看人、热情待人，言谈举止、待人接物、为人处世都要让对方感到舒适、舒服、舒心，学会做群众和人才的暖心人、知心人、贴心人。

第八章 公文写作的三重境界

写作之于笔者有很深的渊源，最早可以追溯到 2000 年初，那时笔者虽忙于学业，但十分热衷于阅读课外书籍，神话故事、武侠小说、人物传记等，都是笔者平时涉猎的范围。笔者是学校门口书店的常客，每当新小说、新杂志到货，一般都会第一个知晓，并满载而归。书读多了就会自我"膨胀"，就开始模仿着写，却不料一发不可收拾，三年间竟然发表了几十篇小说。现在回想，那时的写作纯粹是兴趣使然，是不受任何拘束的丰富想象的条理呈现。工作以后，才真正接触到公文写作，却也并未感觉到多么困难，对国学大师王国维先生的三重境界越发感触深刻。

第一节 昨夜西风凋碧树。独上高楼，望尽天涯路

这句词很有意境，在此借指从事公文写作的第一重境界。出自宋代文学家晏殊的《蝶恋花·槛菊愁烟兰泣露》。原文如下：

槛菊愁烟兰泣露。罗幕轻寒，燕子双飞去。明月不谙离恨苦，斜光到晓穿朱户。

昨夜西风凋碧树。独上高楼，望尽天涯路。欲寄彩笺兼尺素，山长水阔知何处。

这首词是晏殊写闺思的名篇。词的上片运用移情于景的手法，取景注情，点出离恨；下片承离恨而来，通过高楼独望把主人公望眼欲穿的神态生动地表现出来。王国维在《人间词话》中把此词中"昨夜西风凋碧树。独上高楼，望尽天涯路"三句与柳永、辛弃疾的词句放到一起，称为三重境界。这样的词句都是出自名冠古今的大词人，一直备受赞誉、久负盛名。全词深婉中见含蓄，广远中富蕴涵。"昨夜西风凋碧树。独上高楼，望尽天涯路"

原意是：昨夜凛冽西风吹落了满树的叶子。（早上醒来）我独自登高远眺，西风黄叶，山阔水长，前方的路途最终通向哪里呢。王国维先生借此喻指做大学问者，必须登高望远，辨清路径，明确人生的目标与方向，树立远大的理想抱负。这充分体现了王国维先生的胸怀和气度。

为什么此处用"昨夜西风凋碧树。独上高楼，望尽天涯路"借指从事文字工作的第一重境界呢？一方面是从这句词的含义上来讲，其像极了在写作过程中备受打击的心情写照。"昨夜西风凋碧树"可理解为：昨天晚上讨论材料，大家对材料多持批判态度，提出了很多修改意见，把执笔者批得体无完肤。"独上高楼，望尽天涯路"可理解为：（执笔者）一个人登上高楼，望着条条马路（一时间）竟感到十分迷茫。另一方面是从王国维先生的思维角度来讲，文字工作者同样要先树立远大抱负，确定目标与方向，然后持之以恒潜心研究。从事文字工作，必须要始终持开放态度、拥有宽阔胸怀，善于接受别人的意见和建议，并始终心怀感恩之心，感谢一直以来关注、批判和支持自己的人。

有这么一段话，让笔者一直记忆犹新：

人不敬我，是我无才；

我不敬人，是我无德；

人不容我，是我无能；

我不容人，是我无量；

人不助我，是我无为；

我不助人，是我无善。

写文章和做人做事是一样的道理，体现的是一个人的站位、胸怀和品格。从事写作这么多年来，笔者越发感受到，一个人的写作能力高低不但与智商高低息息相关，更与情商高低有着很密切的关系。关注、批判和支持我们的人，都是能够促进我们能力提高的朋友，而不是站在对立面的人。我们要经常反省、勤于思考、善于沟通，只要是有利于工作，就要将大家团结到自己身边，让大家愿意关注我们，乐意帮助我们。

高瓴集团创始人兼首席执行官张磊先生在《价值》一书中说，深入思考、逻辑推理和缜密决策是这样有趣的事情。读书越多，这样的感受就会越深。同样的道理，关注的人越多，越要善于思考和分析别人提出的不同意见和建议，这是为文字工作者打开了另一扇窗户，是在引导文字工作者从多个维度思考问题。切忌听到别人的意见和建议就从主观意识上理解为是在有意攻击自己，是在和自己过不去。这是不可取的。拒绝别人的意见和建议，就是关闭了人生的一扇窗户、斩断了一方路途。虽说条条大路通罗马，但自己决绝地斩断了一条又一条道路，最终就有可能将自己困死。

笔者一直认为，无论从事什么样的工作，都既需要智商，又需要情商。从事文字工作者，要富有浪漫的理想主义情怀，而不是奉行刻板的教条主义。

文字工作者绝对不能缺乏干工作的新鲜感和敏感性，要始终保持对新情况、新问题的兴奋感和好奇心，切忌麻痹大意、墨守成规、习以为常。文字工作要常做常新，不要"八股"，不能老套。从事起草文稿工作时间长了就会有套路，容易成为束缚。

文字工作者可划分为三个等级。初级文字工作者，就是会临摹、会模仿，往往是别人提什么就修改什么，别人怎么说就怎么写，没有形成独立的思想和见解，最后将文稿写成了"四不像"。中级文字工作者，就是会统筹、会谋划，具备了一定的甄别和提炼能力，对于别人提出的意见和建议，能够做到辨别和吸收，最后可以形成质量较高的文稿。高级文字工作者，就是具有较强的系统性思维和战略性思维，谋篇布局紧扣中心任务，把握领导的思想和理念非常精准，不仅善于吸收别人提出的意见和建议，而且善于引导别人提出有助于文稿质量提高的观点和见解，最后形成的自然是精品文稿。以上三种等级，大抵可以同三重境界对应。

第二节　衣带渐宽终不悔，为伊消得人憔悴

这句词重在表意，在此借指从事公文写作的第二重境界。其出自宋代著名词人柳永的《蝶恋花·伫倚危楼风细细》。原文如下：

伫倚危楼风细细。望极春愁，黯黯生天际。草色烟光残照里，无言谁会凭阑意。

拟把疏狂图一醉。对酒当歌，强乐还无味。衣带渐宽终不悔，为伊消得人憔悴。

这首词是柳永的怀人之作。词人把漂泊异乡的落魄感受，同怀念意中人的缠绵情思结合在一起写，采用"曲径通幽"的表现方式，抒情写景，感情真挚。词的上片先说登楼引起"春愁"："伫倚危楼风细细。"全词就这么一句叙事，便把主人公的形象很生动地表现出来了。"风细细"，描绘的是高楼外的景物，为这幅画面添加了一点背景，使画面立刻活跃起来了。全词只有首句是叙事，其余全是抒情。"衣带渐宽终不悔，为伊消得人憔悴"这句话的意思是，我日渐消瘦下去却始终不感到懊悔，宁愿为她消瘦得精神萎靡、神色憔悴。在此表达的是一种坚贞不渝的爱情。究竟是什么使得主人公钟情若此呢？最后一语道破，"为伊消得人憔悴"——原来是为了心爱的姑娘。

为什么此处用"衣带渐宽终不悔，为伊消得人憔悴"借指从事文字工作的第二重境界呢？一方面，是从词句本身的含义上来讲，其很形象地描绘出了虽然备受现实打击却依然深爱写作这份职业，或者说是依赖这份职业的心境。"衣带渐宽终不悔"非常形象地指出，要想在文字写作上取得一定造诣，必须要有兴趣和毅力，最起码要有比较强的毅力，并且要永葆这份热情和忠贞，不后悔、不彷徨，一直潜心研究，才会有所收获。另一方面，是从王国维先生的思维角度来讲的，文字工作者同样要牢固树立坚定的信心和必胜的信念，能够持之以恒地沿着既定目标奋勇拼搏、开拓创新，矢志在文字写作上达到较高的造诣，将自己打造成有一定造诣的人。

文字工作的确是一份苦差事，没有毅力和兴趣是做不好的。笔者曾看到一位博主的文章里面有这么一段话很有道理：不想认命，就要拼命。十年前，你周围的人会根据你父母的收入看待你；十年后，你周围的人会根据你的收入对待你父母和你的孩子。这就是人性和人生，除了努力，别无选择。这位博主说："比我差的人还没放弃，比我好的人仍在努力，我就更没资格说我无能为力！你配不上自己的野心，也辜负了曾经历的苦难。"

读过《三国志》或《三国演义》的都知道，司马懿跌宕起伏的一生，也是非常值得品味的。有的人讲，在曹丕死后，司马懿大红大紫的日子暂停了好长一段时间。司马懿只好带着两个儿子司马师和司马昭在宛城（今河南南阳）闲住。大家对他的了解就是他是一位权臣。其实，司马懿的过人之处就在于"干一行爱一行"，从来不抱怨、不喊冤，完全把现实的思想和超人的才智都用在了干好工作上。当太子宾客的时候，司马懿努力和太子曹丕搞好关系；镇守宛地时，就努力维持地方稳定。这一点非常令人钦佩。

当前也有很多值得我们推崇的标杆和榜样，李雪健老师就是其中一位。李雪健老师说：他演好人会把善良演到极致；演坏人会独辟蹊径，决不概念脸谱；当角色需要他往中间站的时候，他会当仁不让；需要他当配角时，他也会心甘情愿当绿叶托红花。这就是专注，这就是敬业。文字工作者往往都是在当绿叶、做幕后工作，我们要学习李雪健老师的专注和敬业，努力将配角当好，努力将作用发挥到极致。希望文字工作者守住清净，做到心无旁骛；保持高尚人品，摆正自己的位置，既不妄自菲薄，也不妄自尊大。王志文老师说，他不高攀有钱人，因为他花不到对方的钱；他不小瞧穷人，因为他不靠对方生存；他不巴结有权人，因为对方不会白给你帮忙；他不奉承得意的小人，因为对方不入他眼。王志文老师说过的这段话笔者可以一字不落地背下来，因为这是文字工作者最需要的品行和心态。摆正位置、放平心态，心无旁骛地修炼文字基本功吧，这样才能有用武之地，才能体现文字工作者的价值。

第三节　蓦然回首，那人却在，灯火阑珊处

这句词重在抒情，在此借指从事公文写作的第三重境界。其出自宋代著名词人辛弃疾的《青玉案·元夕》。原文如下：

> 东风夜放花千树，更吹落、星如雨。宝马雕车香满路。凤箫声动，玉壶光转，一夜鱼龙舞。
> 蛾儿雪柳黄金缕，笑语盈盈暗香去。众里寻他千百度，蓦然回首，那人却在，灯火阑珊处。

这首《青玉案》与北宋婉约派大家晏殊和柳永所写的词相比，在艺术成就上毫不逊色。上片写元夕之夜灯火辉煌、游人如云的热闹场面，下片写不慕荣华、甘守寂寞的美人形象。美人形象便是作者理想人格的化身。"众

里寻他千百度，蓦然回首，那人却在，灯火阑珊处。"王国维把这种境界称为成大事业者、大学问者的第三种境界，确是大学问者的真知灼见。

"众里寻他千百度"极写寻觅之苦，而"蓦然"二字则写出了发现意中人后的惊喜之情，词人以含蓄的语言，表现了人物内心的活动，衬托出一个自甘寂寞、独立不移的人物形象。

此词的上片主要写元宵节的夜晚，满城灯火辉煌，街上游人熙熙攘攘，人们载歌载舞，一派繁荣狂欢的景象。"东风夜放花千树，更吹落、星如雨"描述的是元宵节的火树银花。下片，专门写人，讲女孩子们头上都戴着亮丽的饰物，行走过程中不停地说笑，在她们走后，衣香还在暗中飘散。作者在寻觅心爱的女孩，忽然眼前一亮，在那一角残灯旁边，看到了女孩。发现那人的一瞬间，是人生精神的凝结和升华，是悲喜莫名的感激铭篆。

作为一首婉约词，其用真情写出了有我之境和无我之境这两种境界。作为文字工作者，又何尝不要经历这两种境界呢？

第一种境界，有我之境，是绝大多数人的境界，即便是文字功底达到了很高的境界，这种境界也无法摆脱。为什么说无法摆脱呢？因为所起草的文字里面总能找到执笔者的影子，如一些习惯性的写法、一些习惯性的口吻、一些习惯性的逻辑思维等。有的人起草讲话提纲，习惯写成三段论，比如 QHSE 管理体系审核会议讲话，第一部分肯定工作成绩，第二部分分析面临的形势，第三部分部署下一步工作。有的人起草讲话提纲，喜欢在第一部分传达贯彻上级精神和要求（形势和任务），第二部分既讲成绩又同时指出存在的问题（重在指出问题），第三部分部署下一步工作（重在安排工作）。文章有千般写法，无论哪种写法都可以，只要符合客观实际，符合领导的意图和思维习惯即可。我们要深刻思考、勤于分析，逐步摆脱"泪眼问花花不语，乱红飞过秋千去""可堪孤馆闭春寒，杜鹃声里斜阳暮"这种有我之境，努力向"采菊东篱下，悠然见南山""寒波澹澹起，白鸟悠悠下"这种无我之境跃迁。

有的人说："我还是不太理解，什么是有我之境，而什么又是无我之境。"所谓"有我之境"，就是用自己的眼光来看事物，所以物我都带有本尊的主观色彩。比如，有的人写讲话文稿能够做到语言浑然天成，系统性、逻辑性很强，但是内容却比较空洞、表情达意不到位。要想做到语言和情意融为一体是非常难的，只有少数造诣很高的人才能做到。但这两句词却实现了。

以"泪眼问花花不语，乱红飞过秋千去"这句词为例。第一层写女主人公因花而有泪。见花落泪，对月伤情，是古代女子常有的情状。此刻女子正在忆念走马章台（汉长安章台街，后世借以指游冶之处）的丈夫，但可望而不可见，眼中唯有在狂风暴雨中横遭摧残的花儿。由此联想到自己的命运，不禁潸然泪下。第二层写因泪而问花。泪因愁苦而致，势必要找个发泄的对象。这个对象此刻已幻化为花，或者说花已幻化为人。于是女主人公对着花儿痴情地发问。第三层写花儿在一旁缄默，无言以对。紧接着第四层写花儿不但不语，反而像故意抛舍她似的纷纷飞过秋千而去。人儿走马章台，花儿飞过秋千，有情之人、无情之物对她都报以冷漠的态度，怎能不让人伤心！这种借客观景物的反应来烘托、反衬人物主观感情的写法，正是为了深化感情。词人一层一层深挖感情，并非刻意雕琢，而是像竹笋一样，自然生成，逐次展开，在浑然天成、浅显易懂的语言中，蕴藏着深挚真切的感情。

第二种境界，无我之境，是忘记了自我，用物去看待物，所以不知道自身是什么也不知道外物是什么。古人作词，大部分写的都是有我之境，杰出的人士却能独树一帜写出无我之境。从事文字工作的朋友，一定要客观分析、科学研判，在面对公事公文之时，要做到既能进入其中，又能游离其外。进入其中，是指能够驾轻就熟地谋篇布局、巧妙构思，站在领导的位置和角度清晰地、富有逻辑地表达出想表达的内容。游离其外，是指能够学会站在更高层次体会和评论自己起草的文稿内容，用苛刻的眼光评判、批判它。之所以要进入其中，就是要使文稿有气度、有生气；之所以要游离其外，就是要用更高的标准来要求自己、鞭策自己。

境界也有大小之分，不能以大小为标准来评判孰优孰劣。每个人的工作平台高低、大小不一样，并不是说平台高或平台大的人境界就一定高，平台低或平台小的人境界就一定低；也不是说毕业于名校、就职于高位的人境界就一定高，毕业于普通学校、就职于低位的人境界就一定低。以大小为标准来评判境界的高低肯定是非常不科学，也不符合客观实际的。比如文字写作，很多知名作家的学历并不高，却能写出让人回味的作品。铁人王进喜，只是工程技术队伍中的普通一员，却能助推中国"早日把石油落后的帽子甩到太平洋里去"。1965年7月，王进喜在石油工业部政工会上作题为《为石油事业艰苦奋斗一辈子》的长篇报告。报告讲述了大庆石油会战的前因后果，介绍了大庆经验，展现了英雄石油人的风采，轰动了首都北京城。

1966年10月4日，在北京人民艺术剧院，王进喜为演员李光复签名时，题写了"五讲"：讲进步不要忘了党，讲本领不要忘了群众，讲成绩不要忘了大多数，讲缺点不要忘了自己，讲现在不要割断历史。

铁人王进喜的"五讲"多么有深度。"五讲"是王进喜毕生学习和实践的结晶，是他留下的宝贵思想财富，是共产党员先进性的体现，是领导干部的世界观和方法论。通过"五讲"，我们可以看到铁人王进喜那高度的责任感、宽广的胸襟和奋斗的热情，以及看问题历史的、客观的、辩证的眼光。时隔近60年，铁人王进喜的"五讲"仍然绽放着光彩，具有时代气息和现实意义。如今，"五讲"题词就摆放在铁人王进喜纪念馆的展柜里。冬去春来，年复一年，南来北往的客人走进铁人纪念馆，都会驻足在"五讲"题词前，静静地阅读和思考。铁人王进喜的这种思想，就达到了无我的境界。